家藏文库

唐才子传

〔元〕辛文房 著 舒宝璋 校注

中州古籍出版社

· 郑州 ·

图书在版编目（CIP）数据

唐才子传 /（元）辛文房著；舒宝璋校注 . —郑州：中州古籍出版社，2021. 9
（家藏文库）
ISBN 978-7-5348-9801-3

Ⅰ.①唐… Ⅱ.①辛…②舒… Ⅲ.①诗人 – 生平事迹 – 中国 – 唐代 Ⅳ.① K825.6

中国版本图书馆 CIP 数据核字（2021）第 185901 号

TANG CAIZI ZHUAN

唐才子传

选题策划	卢欣欣　赵发杰
约稿统筹	卢欣欣
责任编辑	张　雯
责任校对	牛冰岩
封面设计	王　歌
版式设计	曾晶晶

出版社	中州古籍出版社（地址：郑州市郑东新区祥盛街 27 号 6 层 邮编：450016　电话：0371-65788693）
发行单位	河南省新华书店发行集团有限公司
承印单位	河南新华印刷集团有限公司
开　本	640 mm × 960 mm　1/16
印　张	31.25
字　数	470 千字
版　次	2021 年 9 月第 1 版
印　次	2021 年 9 月第 1 次印刷
定　价	59.00 元

本书如有印装质量问题，请与出版社调换。

引　言

　　益者三友，友直，友谅，友多闻。鲁迅老友许寿裳在《亡友鲁迅印象记》中回忆：19世纪20年代末，他儿子许世瑛考取了清华大学中国文学系，鲁迅应邀给开了一份参考书目：

　　《唐诗纪事》　　宋　计有功

　　《唐才子传》　　元　辛文房

　　《全上古三代秦汉三国六朝文》　　清　严可均

　　《全汉三国晋南北朝诗》　　丁福保

　　《历代名人年谱》　　清　吴荣光

　　《少室山房笔丛》　　明　胡应麟

　　《四库全书简明目录》

　　《世说新语》　　南朝宋　刘义庆

　　《唐摭（zhí）言》　　五代　王定保

　　《抱朴子外篇》　　晋　葛洪

　　《论衡》　　汉　王充

　　《今世说》　　清　王晫（zhuó）

　　许寿裳认为："虽仅寥寥几部，实在是初学文学者所必需翻阅之书。"

鲁迅在《唐宋传奇集·稗边小缀》中谈到中唐作家沈亚之的生平时说："《唐书》已不详亚之行事，仅于《文苑传序》一举其名。幸《沈下贤集》迄今尚存，并考宋计有功《唐诗纪事》，元辛文房《唐才子传》，犹能知其概略。"该二书所载，多不见于正史，故得以流传至今。

《唐才子传》之成书，稍晚于《唐诗纪事》。《唐诗纪事》初刻于南宋嘉定十七年（1224），共收唐代诗人1150家，几乎有名必录，以提供资料为主；《唐才子传》成书于元大德八年（1304），共收唐诗人397人，非卓有诗名者不录，以观赏诗篇为主。《唐诗纪事》所述本事及品评，多采掇前人著作，娓娓铺陈，而很少掺和己见；《唐才子传》所述之事简而明，所评之诗少而精，大都是匠心独运，议论风生。《唐诗纪事》行文似潺潺流水，朴实无华；《唐才子传》行文似云卷云舒，婀娜有致，故可读性强。

辛文房（字良史）自己也是诗人，著有《披沙集》，盖取"披沙应有地，浅处定无金"之意，惜早已亡佚；幸《唐才子传》尚存，可为不朽矣。

辛良史官至"省郎"，他原拟"进而就禄，退而保身"，果然不久即倾心于《唐才子传》的著述。此书之得以脱颖而出，乃急流勇退之功也。清人段玉裁于中年辞官归里，一心致力于《说文解字注》数十载，以底于成，非偶然也。

辛氏尚友古人，赞美唐诗"于法而能备，于言无所假"（法式完善，言辞新颖）；"端足以仰绪先尘，俯谢来世"（可谓秉承了传统，对得起后人）。以深入唐诗之林弥久，故有此真切领悟焉。

中华书局原总编傅璇琮认为：计有功是一位有建树的文献学家，而辛文房则是一位别具一格的评论家。他曾为众多的唐代诗人立传，而其主旨却似乎在因人而品诗，重点是标其诗格，而不在于考取其行迹。因此其材料（细节）上的疏误几乎随处可见。

我所校注的《唐才子传》于1987年7月由中州古籍出版社初版发行。不久即获傅璇琮校友10月9日来书，道："宝璋同志，大著《唐才子传校注》拜读，甚佩用功之勤。琮承乏亦编有类似之书，但迟迟未能出版。您先着鞭，有功学林，诚可贺也。近因应美国某大学之邀，拟作为访问学者去彼处住半年至一年，下周即启程。临行匆匆，谨候文祺！"

由傅璇琮主编、多位学者参撰的《唐才子传校笺》一书，凡四巨册，于1987至1990年相继由中华书局出齐。此书内容宏富，于辛氏书中言及的时间、地点、人名、篇名等多所考辨，引书达582种之多，述说精详，足资参证。如欲进一步研究唐代诗人行迹者，参阅《校笺》一书可能是一种最佳选择。

今值《唐才子传》校注本收入《家藏文库》书系之际，爰通读一过，订正了若干讹误，仍保留初版前言。倘有秋风落叶扫而未净之处，尚祈读者惠予指教为感。

舒宝璋

二〇一九年十月

于江西科技师范大学

前　言

《唐才子传》是一部简明生动的传记文学。它因诗系人，又详记诗人的逸事趣闻，故通过它可以看到有唐一代文坛的盛况，诗人、作家的思想、情感和生活情趣，从而透视唐王朝从繁荣富强到战乱兵荒的社会现实，这是极端可贵的。除此之外，《唐才子传》的价值，我认为至少还有三个方面：

一、因所记重在诗文论断，所以可以看到元人辛文房对唐诗和唐代诗人的一些精辟论点。如关于"次韵"，他认为会"窘束长才，牵接非类"，乃"诗家之大弊"，见本书卷八《皮日休》传；关于诗人罗虬的为人，他认为"实一狂夫也"，罗虬的诗，他仅谓"姑录为笑谈耳"，见本书卷九《罗虬》传。

二、因本传记旁采博收，所以可以了解到一些不见于正史的唐代诗人的事迹。《四库全书总目》云："是书原本凡十卷，总三百九十七人，下至妓女、女道士之类，亦皆载入。其见于新旧《唐书》者仅百人，余皆从传记、说部各书采辑。"

三、可据以补正《全唐诗》的某些阙失。如本书卷八《于武陵》篇云："武陵名邺，以字行。"《全唐诗》见不及此，误以于武陵、于邺为二人，分收其诗于卷五九五、卷七二五两处。《全唐诗》卷七六八所收诗，皆属"无世次可考者"，如只知武翊黄"及第为状头"，而不知第于何时；本书卷六《李绅》篇，云绅系"元和元年武翊黄榜进士"，由是可知武翊黄乃于元和元年（806）"及第为状头（榜首）"者。《全唐诗》卷七六九以下，皆属"无世次爵里可考"者，其中有的可从本书中得之——如《全唐诗》卷七七二马逢"无考"，本书卷五云："逢，关中人。贞元五年卢顼榜进士。"《全唐诗》卷七七五庾备"无考"，本书卷九云："备，龙纪元年进士。工古诗，……与同时于濆者，共一机轴，大为时流所许。"《全唐诗》卷七七八蔡昆"无考"，本书卷十《廖图》传云："图字赞禹，……湖南马氏辟致幕下，奏授天策府学士。与同时刘昭禹、李宏皋、徐仲雅、蔡昆、韦鼎、释虚中，俱以文藻知名，赓唱迭和。"按"湖南马氏"指马殷，为五代时楚政权的创立者。于此可知，蔡昆盖与廖图、刘昭禹、李宏皋、徐仲雅等齐名，同为五代时人，或仕于楚也。

史料或不尽相符，观点或失之片面，黄巢被诬为贼寇：此皆本书的缺失。

本书作者辛文房，元代西域人，字良史。好治唐诗。慕刘长卿（字文房）之为诗，因以其字为名；慕于良史之为人，遂以其名为字。辛能以汉语为诗，他自己的诗集名《披沙集》，惜已失传，仅元人苏天爵之《元文类》中，有其《苏小小歌》（七律）一首及《清明日游太傅林亭》（七绝）一首。西域人为唐诗人写传，而搜罗甚广，写作时又倾注以自己的情感，可见唐代文化影响的深远；亦可见一代诗国对后代各民族的精神颐养。这本书所以可贵，这也是一个很重要的原因。

《唐才子传》的版本源流，据历代著录情况，可扼要图示如下：

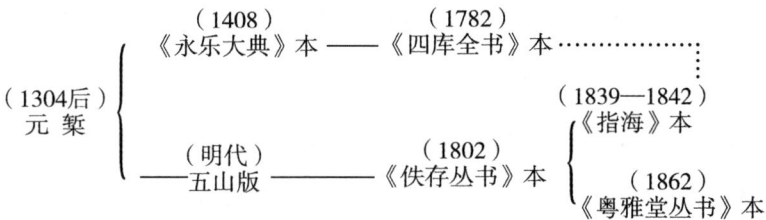

上海古典文学出版社1957年版（以下简称"沪本"）是据日本天瀑山人《佚存丛书》中的十卷足本重印的，给加了标点符号，校正了若干脱误，并附有《唐才子传》叙录五种及清人钱熙祚据阁本（即《四库全书》本）为《指海》本所作的"校识"一百九十六条，因此是一个比较完善的本子。

本书参照"沪本"，并作了以下几个方面的工作：

一、定目。本书篇目，辛文房自云："传成，凡二百七十八篇，因而附录不泯者又一百二十家。"今按二百七十八篇"传"，当不包括引言、《六帝》、《鬼》在内；"附录不泯者"一百二十家，经反复核实，今确定为一百二十一家。

二、注释。凡人名、地名、年号、职官等专名，皆择要而注；字词、典故及有关史实，并尽量注明。如卷二《李季兰》传言及"张建封妾盼盼"，即据《白居易集》卷十五《燕子楼三首》之序为之注（白与张为同时人）。又，卷三《鲍防》传中之"免三公、烹弘羊"，乃从《文苑英华》卷四八五唐人穆质之文而得其确解。（详见该篇校注）

三、解惑。于前人所未解者，皆试为诠释，冀得其解。如卷一首篇云："诗，文而音者也。"清人陆心源曰："'音'字恐误。"现据《文心雕龙·原道》，确定其为"章"字。又，同篇云："如方外高格，逃名散人，上汉仙侣，幽闺绮思，虽多征考实，故别总论之。"清人钱熙祚认为

"颇不可解"。现悉据本书内部结构，为之一一辨明。（详见该篇校注）

四、考订。遇有不合事理者，尽可能作些考订。如卷三《道人灵一》传后言及惟审、护国、文益、可止、清江、法照、广宣、无本等四十五人，"名既隐僻，事且微冥，今不复喋喋云尔"。其实"无本"即贾岛，鼎鼎有名，具见于卷五《贾岛》传；此处不当阑入。又，卷五《张登》篇中之"延平尉"，旧本作"延尉平"，实则二者皆误，应改为"廷尉平"才是。（详见该篇校注）

五、校勘。凡字词语句之误，今参照清人钱熙祚所作"校识"，或择善而从，或录资参考，或碍不可从，皆随文插入注中，俾便省览。此外或有所误者，亦酌为检校勘断。如卷七《薛逢》传"祸福无不自己求者"，宜据《左传》襄公二十三年语意，将"己"字改为"召"字；卷二《王昌龄》"四年之内"一语，比照宋计有功《唐诗纪事》卷二十四所引，当改为"四百年内"；卷五《张仲素》传引魏文帝语，据《樊川文集》卷十三，应为唐人杜牧语。

六、标点。"沪本"给加的标点，偶有未谛者，径为改易之，不一一注出。如卷二《沈千运》传之"还山吟天高，日暮寒山深"，今改为"还山吟，天高日暮寒山深"；卷六《元稹》传之"贬江陵，士曹参军李绛等论其枉"，今改为"贬江陵士曹参军，李绛等论其枉"；卷七《薛逢》传之"及铎相逢，又赋诗云"，今改为"及铎相（xiàng），逢又赋诗云"；等等。

本书正文中间有以"○"隔开者，盖辛氏自加之评论或补叙，今悉仍其旧。

本书注释，除征于古代文献外，还参考了时贤的著作，注中俱一一写明。这里谨表示感谢！注之前后重出者，各随文扼要而注，不采用"参见"之法，以省读者翻检之劳。

本书基本用简化字排,但亦有酌予保留繁体字或异体字者,以不害意为原则。

本书纰缪,定所难免;敬祈专家、读者,不吝赐教。

舒宝璋
一九八四年七月
于南昌师范专科学校

目 录

卷一

1 引 2
2 六帝 5
3 王绩 7
4 崔信明 11
5 王勃 12
6 杨炯 15
7 卢照邻 17
8 骆宾王 19
9 杜审言 21
10 沈佺期 22
11 宋之问 25
12 刘希夷 27
13 陈子昂 29
14 李百药 31
15 李峤 32

16	张说	34
17	王翰	35
18	吴筠	37
19	张子容	39
20	李昂	40
21	孙逖	41
22	卢鸿	42
23	王泠然	43
24	刘慎虚	44
25	王湾	45
26	崔颢	46
27	祖咏	48
28	储光羲	49

卷二

29	包融	52
30	崔国辅	54
31	卢象	55
32	綦毋潜	56
33	王昌龄	57
34	常建	60
35	贺兰进明	61
36	崔署	62

37	陶翰	63
38	王维	64
39	薛据	67
40	刘长卿	68
41	李季兰	69
42	阎防	76
43	李颀	78
44	张谓	79
45	孟浩然	80
46	丘为	82
47	李白	83
48	杜甫	86
49	郑虔	91
50	高适	92
51	沈千运	94
52	孟云卿	95

卷三

53	岑参	100
54	王之涣	101
55	贺知章	103
56	包何	104
57	包佶	105

58 张彪	106
59 李嘉祐	107
60 贾至	108
61 鲍防	110
62 殷遥	111
63 张继	112
64 元结	113
65 郎士元	115
66 道人灵一	116
67 皇甫冉	122
68 皇甫曾	123
69 独孤及	124
70 刘方平	126
71 秦系	127
72 张众甫	128
73 严维	129
74 于良史	130
75 灵彻上人	131
76 陆羽	133
77 顾况	135
78 张南史	136
79 戎昱	137
80 古之奇	140

81	苏涣	140
82	朱湾	142
83	张志和	144

卷四

84	卢纶	148
85	吉中孚	149
86	韩翃	151
87	耿𣵀	152
88	钱起	153
89	司空曙	155
90	苗发	156
91	崔峒	157
92	夏侯审	158
93	李端	158
94	窦叔向	160
95	康洽	161
96	李益	162
97	冷朝阳	164
98	章八元	165
99	畅当	166
100	王季友	167
101	张谓	169

102	于鹄	170
103	王建	170
104	韦应物	172
105	皎然上人	174
106	武元衡	176
107	窦常	177
108	窦牟	179
109	窦群	180
110	窦庠	181
111	窦巩	181
112	刘言史	182
113	刘商	184

卷五

114	卢仝	188
115	马异	189
116	刘叉	190
117	李贺	192
118	李涉	194
119	朱昼	196
120	贾岛	197
121	庄南杰	199
122	张碧	200

123	朱放	201
124	羊士谔	202
125	姚係	203
126	麴信陵	204
127	张登	204
128	令狐楚	206
129	杨巨源	207
130	马逢	208
131	王涯	208
132	韩愈	210
133	柳宗元	213
134	陈羽	214
135	刘禹锡	215
136	孟郊	217
137	戴叔伦	219
138	张仲素	221
139	吕温	222
140	张籍	223
141	雍裕之	224
142	权德舆	225
143	长孙佐辅	226
144	杨衡	227

卷六

- 145 白居易 ……………………………………………… 230
- 146 元稹 …………………………………………………… 233
- 147 李绅 …………………………………………………… 236
- 148 鲍溶 …………………………………………………… 237
- 149 张又新 ………………………………………………… 238
- 150 殷尧藩 ………………………………………………… 240
- 151 清塞 …………………………………………………… 241
- 152 无可 …………………………………………………… 242
- 153 熊孺登 ………………………………………………… 243
- 154 李约 …………………………………………………… 244
- 155 沈亚之 ………………………………………………… 245
- 156 徐凝 …………………………………………………… 247
- 157 裴夷直 ………………………………………………… 248
- 158 薛涛 …………………………………………………… 248
- 159 姚合 …………………………………………………… 250
- 160 李廓 …………………………………………………… 252
- 161 章孝标 ………………………………………………… 253
- 162 施肩吾 ………………………………………………… 254
- 163 袁不约 ………………………………………………… 255
- 164 韩湘 …………………………………………………… 256
- 165 韩琮 …………………………………………………… 258
- 166 韦楚老 ………………………………………………… 259

167	张祜	260
168	刘得仁	264
169	朱庆馀	265
170	杜牧	265

卷七

171	杨发	272
172	李远	272
173	李敬方	274
174	许浑	275
175	雍陶	277
176	贾驰	279
177	伍乔	279
178	陈上美	281
179	李商隐	282
180	喻凫	285
181	薛逢	285
182	赵嘏	288
183	薛能	290
184	李宣古	292
185	姚鹄	293
186	项斯	294
187	马戴	296

188 孟迟 … 297

189 任蕃 … 298

190 顾非熊 … 299

191 曹邺 … 300

192 郑嵎 … 301

193 刘驾 … 302

194 方干 … 303

195 李频 … 306

196 李群玉 … 307

卷八

197 李郢 … 312

198 储嗣宗 … 313

199 刘沧 … 314

200 陈陶 … 315

201 郑巢 … 316

202 于武陵 … 317

203 来鹏 … 317

204 温庭筠 … 319

205 鱼玄机 … 323

206 邵谒 … 324

207 于濆 … 326

208 李昌符 … 327

209 翁绶 ... 328

210 汪遵 ... 328

211 沈光 ... 331

212 赵牧 ... 331

213 罗邺 ... 332

214 胡曾 ... 333

215 李山甫 ... 334

216 曹唐 ... 335

217 皮日休 ... 337

218 陆龟蒙 ... 340

219 司空图 ... 342

220 僧虚中 ... 344

221 周繇 ... 346

卷九

222 崔道融 ... 350

223 聂夷中 ... 351

224 许棠 ... 352

225 公乘亿 ... 353

226 章碣 ... 353

227 唐彦谦 ... 355

228 林嵩 ... 356

229 高蟾 ... 357

230 高骈 358

231 牛峤 360

232 钱珝 361

233 赵光远 361

234 周朴 363

235 罗隐 364

236 罗虬 368

237 崔鲁 370

238 秦韬玉 371

239 郑谷 373

240 齐己 375

241 崔涂 376

242 喻坦之 378

243 任涛 379

244 温宪 379

245 李洞 380

246 吴融 382

247 韩偓 383

248 唐备 385

249 王驾 386

250 戴思颜 387

251 杜荀鹤 388

卷十

252	王涣	392
253	徐寅	393
254	张乔	394
255	郑良士	396
256	张鼎	396
257	韦庄	397
258	王贞白	399
259	张蠙	401
260	翁承赞	402
261	王毂	403
262	殷文圭	404
263	李建勋	407
264	褚载	408
265	吕岩	409
266	卢延让	413
267	曹松	414
268	裴说	416
269	贯休	416
270	张瀛	418
271	沈彬	419
272	唐求	421
273	孙鲂	422

274	李中	423
275	廖图	424
276	孟宾于	425
277	孟贯	427
278	江为	428
279	熊皎	429
280	陈抟	430
281	鬼	432

附录

四库全书总目提要(《唐才子传》)	434
《佚存丛书》本《唐才子传》天瀑山人跋	436
《指海》本《唐才子传》钱熙祚跋	437
丁丙《善本书室藏书志》(《唐才子传》)	438
陆心源《皕宋楼藏书志》(《唐才子传》)	439
《唐才子传》人名索引	440
隋唐五代中西历年份对照表	471

卷一

1 引①

魏帝著《论》②，称"文章经国之大业，不朽之盛事。年寿有时而尽，未若文章之无穷③"；诗，文而音者也④。唐兴，尚文，衣冠兼化，尤虑不可胜计。擅美于诗，当复千家。岁月苒苒⑤，迁逝沦落，亦且多矣，况乃浮沉畏途，黾勉卑官，存没相半，不亦难乎？崇事奕叶，苦思积年，心神游穹厚之倪，耳目及晏旷之际，幸成著述，更或凋零，兵火相仍，名逮于此，谈何容易哉⑥！夫诗，所以动天地，感鬼神，厚人伦，移风俗也。发乎其情，止乎礼义，非苟尚辞而已。溯寻其来，国风、雅、颂开其端⑦，《离骚》《招魂》放厥辞⑧；苏、李之高妙⑨，足以定律；建安之遒壮⑩，粲尔成家；烂熳于江左⑪，滥觞于齐、梁⑫，皆袭祖沿流，坦然明白。铿锵愧金石，炳焕却丹青，理穷必通，因时为变。勿讶于枳、橘⑬，非土所宜；谁别于渭、泾⑭，投胶自定，盖系乎得失之运也。唐几三百年，鼎钟挟雅道，中间大体三变。故章句有焦心之人，声律至穿杨之妙⑮，于法而能备，于言无所假。及其逸度高标，余波遗韵，临高能赋，闲暇微吟，旧格近体⑯，古风乐府之类⑰，芳沃当代，响起陈人。淡寂无枯悴之嫌，繁藻无淫妖之忌，犹金碧助彩，宫商自协，端足以仰绪先尘，俯谢来世。清庙之瑟⑱，薰风之琴⑲，未或简其沉郁，两晋风流，不相下于秋毫也。余遐想高情，身服斯道，穷其梗概行藏⑳，散见错出。使览于述作，尚昧音容，洽彼姓名,未辨机轴㉑。尝切病之顷,以端居多暇㉒,害事都捐,游目简编,宅心史集。或求详累帙,因备先传,撰拟成篇,班班有据。以悉全时之盛,用成一家之言,各冠以时,定为先后,远陪公议,谁得而诬也?如方外高格,逃名散人,上汉仙侣,幽闺绮思,虽多征考实㉓,故别总论之㉔。天下英奇,所见略似,人心相去,苦亦不多。至若触事兴怀,随附篇末。异方之士,弱冠斐然㉕,狃于见闻,岂所能尽?敢倡斯盟,尚赖同志,相与广焉。庶乎作九京于长梦㉖,咏一代之清风,后来奋飞,可畏相激,百世之下,犹期赏音也。传成,凡二百七十八篇,因而附录不泯者又一百二十家,厘为十卷,名以《唐才子传》云。有元大德甲辰春引㉗。

[校注]

①引:此字系注者所加。　②魏帝:指三国魏文帝曹丕(187—226),曹操的次子。《论》:指曹丕所著的《典论·论文》,为我国现存第一篇文学批评论文。　③"年寿"两句:语出《文选》卷五十二:"年寿有时而尽,荣乐止乎其身。二者必至之常期,未若文章之无穷。"　④文而音:清陆心源云:"'音'字恐误。"今按,似当作"文而章"。《文心雕龙·原道》:"至于林籁结响,调如竽瑟;泉石激韵,和若球锽,故形立则章成矣,声发则文生矣。"　⑤苒苒:疑当作"荏苒"。　⑥谈何容易:汉焦延寿《易林》:"朽舆瘦驷,不任御辔,君子服之,谈何容易?"此谓实行起来并不像所说的那么简单。　⑦国风、雅、颂:指《诗经》的十五国风,《大雅》《小雅》和《周颂》《鲁颂》《商颂》等。　⑧《离骚》:战国楚屈原自叙生平的长篇抒情诗。《招魂》:屈原所作,以招楚怀王之魂。汉王逸以为战国楚宋玉所作,以招屈原之魂者。　⑨苏、李:指

西汉苏武（？—前60）、李陵（？—前74）。今传"苏李诗"，乃东汉末托名之作。　⑩建安：汉献帝年号（196—220）。此指建安文学。自建安至魏初，诗歌成就显著，风格骏爽刚健，有"建安风骨"之称。　⑪江左：今江苏南部一带，为三国吴、东晋及南朝宋、齐、梁、陈诸朝的中心地区。从中原向南看，地在江南之左，故称。　⑫滥觞：谓江河发源处之水极少，仅能浮起酒杯。齐、梁：指南朝齐（479—502）和南朝梁（502—557）。那时的诗，多讲求音韵对偶，绮丽浮艳，世称"齐梁体"。　⑬枳（zhǐ）、橘：指枸橘和橘树。《晏子春秋·杂下》："橘生淮南则为橘，生于淮北则为枳，叶徒相似，其实味不同。所以然者何？水土异也。"　⑭渭、泾：指渭河、泾河（汇流于陕西省中部）。《诗·邶风·谷风》："泾以渭浊，湜湜其沚。"言泾水清，渭水浊，泾水以入渭而浊。比喻人品的高下。　⑮穿杨：能射穿杨柳之叶。形容技艺精湛。《战国策·西周》："楚有养由基者，善射，去柳叶者百步而射之，百发百中。"　⑯旧格：指西晋至梁、陈逐渐形成的一种旧体格律诗，颇讲究音律和对偶。近体：指继承旧格诗传统，形成于唐代的律诗和绝诗，其句数、字数、声韵、对偶等，都有严格规定。　⑰古风：比旧格诗产生较早的一种诗体，句数不拘，每句字数四、五、六、七言不等，不求对仗，平仄和用韵都比较自由。乐府：指汉代以来由乐府（官署名）所采录的民间诗歌，也泛指魏晋以降可以入乐的诗歌和仿乐府古题的文人作品。　⑱清庙：《诗·周颂》篇名。为周天子祭祀祖先的乐歌，内容主要是对周文王君臣的歌颂。　⑲薰风：即"熏风"，八风之一。《左传》隐公五年："夫舞，所以节八音而行八风。"《吕氏春秋·有始》："何谓八风？东北曰炎风，东方曰滔风，东南曰熏风，南方曰巨风，西南曰凄风，西方曰飂风，西北曰厉风，北方曰寒风。"汉高诱注："（熏风）巽气所生，一曰清明风。"　⑳行藏：指进退或行止。《论语·述而》:"用之则行,舍之则藏,唯我与尔有是夫!"
㉑机轴:机,弩牙;轴,车轴。喻重要地位。《后汉书·冯异传》李轶报冯异书:"今轶守洛阳,将军镇孟津,俱据机轴。千载一会,思成断金。" ㉒端居:平居。《梁书·傅昭传》:"终日端居,以书记为乐,虽老不衰,博极古今。" ㉓方外:世外,超脱于世俗礼教之外。多征考实:多方寻找资料并进行考证。 ㉔故别总论之:《指海》本钱熙祚跋云:"今隐逸仙释及名媛诸传,仍依时次,前后杂出,颇不可解。"今按,事迹可考、"前后杂出"者诚有之,如灵一、灵彻在本书卷三,皎然在卷四,清塞、无可在卷六,虚中、齐己、贯休在卷八、九、十之类;而"别总论之"者,谓将事迹无考诸人分类归总附论于有关各传之后也,如本书卷二《李季兰》后附论名媛二十三人,卷三《灵一》后附论仙释四十五人,《张众甫》后附论隐逸四人,皆即此意。 ㉕斐然:沪本云:"'斐'原作'裴',今改。" ㉖九京:同"九原"。指墓地。 ㉗有:助词。常置于单音节朝代名之前。有元大德甲辰:元成宗大德八年(1304)。引:唐以后称较短的序为"引"。此处为"作序"之意。

2 六 帝①

夫云汉昭回②,仰弥高于宸极③;洪钟希叩④,发至响于咸池⑤。以太宗天纵⑥,玄庙聪明⑦,宪、德、文、僖⑧,睿姿继挺⑨,俱以万机之暇⑩,特驻吟情,奎璧腾辉,衮龙浮彩,宠延臣下,每锡赠酬⑪。故上有好者,下必有甚焉者矣。

[校注]

①六帝：指唐太宗、唐玄宗、唐德宗、唐宪宗、唐文宗、唐僖宗。如蜻蜓点水，辛氏于帝王之诗，仅仅是点到而已。　②云汉昭回：云汉，天河；昭，光芒；回，运转，运行。《诗·大雅·云汉》："倬彼云汉，昭回于天。"　③仰弥高：仰，仰望；弥高，越觉得高，此谓极高。《论语·子罕》："仰之弥高，钻之弥坚。"宸极：北极星，借指君位或帝王所居。　④洪钟：大钟。《世本·作篇》："颛顼命飞龙氏铸洪钟，声振而远。"　⑤咸池：东方大泽，神话中指日浴处。战国楚屈原《离骚》："饮余马于咸池兮，总余辔乎扶桑。"《淮南子·天文训》："日出于旸谷，浴于咸池。"此指帝宫。　⑥太宗：唐太宗李世民（626—649年在位）。《全唐诗》卷一收其诗。　⑦玄庙：唐玄宗李隆基（712—756年在位）。《全唐诗》卷三收其诗。　⑧宪、德、文、僖：唐宪宗李纯（805—820年在位），唐德宗李适（kuò，779—805年在位），唐文宗李昂（827—840年在位），唐僖宗李儇（xuān，873—888年在位）。今按，以时为序，当以德宗居前。又，《全唐诗》卷四收有肃宗李亨（756—762年在位）诗四首，德宗诗十五首，文宗诗七首，宣宗李忱（847—859年在位）诗六首，而无宪宗、僖宗之作；疑此处"宪德文僖"或系"肃德文宣"之误。　⑨睿（ruì）：通达，明智。为称颂皇帝之辞。　⑩万机：即"万几"。《书·皋陶谟》："兢兢业业，一日二日万几。"旧题汉孔安国传："几，微也。言当戒慎万事之微。"故称天子治理万事为"万机"。　⑪赠酬：以诗文相赠答。

3 王 绩①

绩字无功,绛州龙门人,文中子通之弟也②。年十五,游长安,谒杨素③,一坐服其英敏④,目为神仙童子。隋大业末⑤,举孝廉高第⑥,除秘书正字⑦。不乐在朝,辞疾,复授扬州六合县丞⑧。以嗜酒妨政,时天下亦乱,遂托病风,轻舟夜遁⑨。叹曰:"网罗在天,吾将安之?"乃还故乡。至唐武德中⑩,诏征以前朝官待诏门下省⑪。绩弟静谓绩曰:"待诏可乐否?"曰:"待诏俸薄,况萧瑟⑫。但良酝三升,差可恋耳。"待诏江国公闻之曰⑬:"三升良酝,未足以绊王先生。"特判日给一斗。时人呼为"斗酒学士"。贞观初⑭,以疾罢归。河渚间有仲长子光者⑮,亦隐士也,无妻子。绩爱其真,遂相近结庐,日与对酌。君有奴婢数人,多种黍,春秋酿酒;养凫雁、莳药草自供⑯。以《周易》《庄》《老》置床头⑰,无他用心也。自号"东皋子"⑱。虽刺史谒见⑲,皆不答。终于家。性简傲,好饮酒,能尽五斗,自著《五斗先生传》。弹琴,为诗,著文,高情胜气,独步当时。撰《酒经》一卷、《酒谱》一卷。李淳风见之⑳,曰:"君酒家南董也㉑。"及诗赋等传世。

论曰:唐兴,迨季叶㉒,治日少而乱日多,虽草衣带索㉓,罕得安居。当其时,远钓弋者不走山而逃海,斯德而隐者矣。自王君以下,幽人间出,皆远腾长往之士,危行言逊㉔,重拨祸机㉕,糠核轩冕㉖,挂冠引退㉗,往往见之。跃身炎冷之途㉘,标华黄绮之列㉙。虽或累聘丘园㉚，勉加冠佩，适足以速深藏于薮泽耳。然犹有不能逃白刃、死非命焉。夫迹晦名彰㉛，风高尘绝，岂不以有翰墨之妙㉜，骚雅之奇美哉！文章为不朽之盛事也。耻不为尧舜民，学者之所同志；致君于三五㉝，懦夫尚知勇为。今则舍声利而向栖栖㉞，鹿冠乌几㉟，便于锦绣之服；柴车矛舍㊱，安于丹雘之厦㊲；藜羹不糁㊳，甘于五鼎之味㊴；素琴浊酒㊵，和于醇饴之奉㊶；樵青山，渔白水，足于佩金鱼而纡紫绶也㊷，时有不同也，事有不侔也。向子平曰㊸："吾故知富不如贫，贵不如贱，第未知死何如生？"此达人之言也。《易》曰："遁之时义大哉！㊹"

[校注]

①王绩（约589—644）：唐绛州龙门（今山西河津）人。《全唐诗》卷三十七收其诗。　②文中子：隋哲学家王通的门人私下给他的谥号。　③杨素（？—606）：隋弘农华阴（今属陕西）人，隋文帝时任尚书左仆射，执掌朝政。　④坐："座"的本字。　⑤大业：隋炀帝年号（605—618）。　⑥孝廉：举荐孝行廉洁之士任官吏的科目名。但隋唐无孝廉之举，此盖指举进士而言。　⑦秘书正字：秘书省（掌理图籍的官署）的属官，掌校雠典籍、刊正文章等。　⑧扬州六合：今属江苏南京市。县丞：辅佐县令（长）的官，掌文书仓狱等，与县令（长）、县尉，皆县之长吏。　⑨夜遁：清钱熙祚云："二字阁本作'遁去'。"今按，不若"夜遁"义胜，故不从。　⑩武德：唐高祖年号（618—626）。　⑪待诏：等候君命。门下省：掌审查诏令、签署章奏的官署。　⑫萧瑟：萧条冷落。战国楚宋玉《九辩》："悲哉！秋之为气也。萧瑟兮草木摇落而变衰。"　⑬江国公：陈叔达，南朝陈宣帝之十六子，封义阳王；隋大业中，

拜内史舍人,出为绛郡通守;入唐,授丞相府主簿,后拜侍中,进封江国公。见《旧唐书》本传。　⑭贞观:唐太宗年号(627—649)。　⑮仲长子光:姓仲长,名子光,字不曜,唐洛阳人。隐居于北渚,非其力不食。　⑯莳(shì):栽种。　⑰《周易》:即《易经》,儒家经典之一。书中主要是通过八卦的形式来推测自然和社会的变化。《庄》:即《庄子》,道家经典之一。其中内篇七篇,为战国时庄子所著;外篇、杂篇,或掺有他人所作。《老》:即《老子》,又称《道德经》,为道家主要经典。相传为春秋末老子所著。书中主要用"道"来说明宇宙万物的演变之由。王绩《答冯子华处士书》:"床头素书数帙,《庄》《老》及《易》而已。"　⑱东皋子:王绩曾居于东皋(今山西河津),故以为号。绩《自撰墓志》云:"尝耕东皋,世号东皋子。"其著作,后人辑为《东皋子集》。　⑲刺史:州一级的地方行政长官。　⑳李淳风(602—670):唐岐州雍县(今陕西凤翔)人,明于天文历算。　㉑南董:春秋齐史官南史,晋史官董狐,皆以直笔不讳著称。此以"南董"指忠实严谨的著作家。五代孙光宪《北梦琐言》卷六:"东皋子王绩,字无功,有《杜康庙碑》《醉乡记》,备言酒德。"　㉒季叶:末世,衰世。沪本云:"'叶'原作'业',今改。"　㉓草衣带索:编草为衣,以绳为带。喻指隐者。《列子·天瑞》:"孔子游于太山,见荣启期行乎郕之野,鹿裘带索,鼓琴而歌。"鹿裘,裘之粗者。　㉔危行言逊:行为正直,言语谦逊。《论语·宪问》:"邦有道,危言危行;邦无道,危行言孙(xùn)。"　㉕祸机:祸患的机括。谓祸患潜伏,一触即发,有如弩上发箭的机件。　㉖糠核轩冕:以轩冕为糠核。糠,谷皮;核,糠中的粗屑。糠核,喻低贱之物。轩,高车;冕,卿以上所戴之冠。轩冕,指显赫之位。　㉗挂冠:谓辞官而去。《后汉书·逢萌传》:"时王莽杀其子宇,萌谓友人曰:'三纲绝矣!不去,祸将及人。'

即解冠挂东都城门，归，将家属浮海，客于辽东。"　㉘炎冷：谓人情冷暖，世态炎凉。　㉙黄绮：汉初商山有四隐士，名东园公、绮里季、夏黄公、甪（lù）里先生。黄绮，指其中的夏黄公、绮里季，泛称隐士。晋陶渊明《饮酒二十首》之六："咄咄俗中愚，且当从黄绮。"　㉚丘园：丘墟，园圃。《易·贲》："贲于丘园。"借指隐居之处。　㉛夫：旧本作"失"，今正。　㉜翰墨：笔墨。指文辞之事。三国魏曹丕《典论·论文》："古之作者，寄身于翰墨，见意于篇籍。"　㉝二五：指二皇五帝。通以伏羲、女娲、神农为三皇，以黄帝、颛顼、帝喾、帝尧、帝舜为五帝。　㉞栖栖：疑当作"栖遁"（指隐居而言）。　㉟鹿冠：鹿皮冠，隐士所戴。乌几：疑为"乌巾"（黑头巾，隐士所用）。　㊱柴车：简陋无饰之车。汉韩婴《韩诗外传》卷十之十一："疏食恶肉，可得而食也，驽马柴车，可得而乘也。"矛舍：同"茅舍"。　㊲丹艧：疑为"丹雘（huò）"之误。指红色的涂漆。《书·梓材》："若作梓材，既勤朴斫，惟其涂丹雘。"唐孔颖达疏："雘是彩色之名，有青色者，有朱色者。"　㊳藜羹不糁（sǎn）：内无米粒的野菜汤。《庄子·让王》："孔子穷于陈蔡之间，七日不火食，藜羹不糁，颜色甚惫，而弦歌于室。"　㊴五鼎：古代祭礼，士以三鼎，卿以五鼎盛羊、豕、肤（切肉）、鱼、腊以祭。借指贵族官僚的奢侈生活。　㊵素琴：不加雕饰的或无弦的琴。梁萧统《陶渊明传》："渊明不解音律，而蓄无弦琴一张，每酒适，辄抚弄以寄其意。"《晋书·陶潜传》："性不解音，而畜素琴一张，弦徽不具，每朋酒之会，则抚而和之，曰：但识琴中趣，何劳弦上声！"浊酒：浑浊的酒。梁江淹《恨赋》："及夫中散下狱，神气激扬，浊醪夕引，素琴晨张。"　㊶醇：味道浓厚的美酒。饴（yí）：用麦芽制成的糖浆。《诗·大雅·绵》："堇荼如饴。"　㊷金鱼：金鱼符，佩饰。唐时官员有鱼符，盛之以袋，分玉、金、银三等；三品以上佩金鱼袋。纡

(yū)：系结。紫绶：紫色丝带，用于印组或服饰。三品以上用金章紫绶。㊸向子平：东汉朝歌（今河南淇县）人，名长，字子平，隐居不仕。光武帝建武中，子女婚嫁已毕，遂不问家事，出游五岳名山，不知所终。 ㊹遁之时义大哉：《易·遁》："遁之时义大矣哉！"唐孔颖达疏："叹美遁德，相时度宜，避世而遁，自非大人照几，不能如此。其义甚大，故云大矣哉。"

4 崔信明①

信明，青州人②。少英敏，及长，强记，美文章。高孝基语人曰③："崔生才冠一时，但恨位不到耳。"隋大业中④，为尧城令⑤。窦建德僭号⑥，信明弟仕贼，劝信明降节，当得美官，不肯从，遂逾城去，隐太行山中⑦。唐贞观六年⑧，诏即家拜兴势丞⑨，迁秦川令⑩，卒。信明恃才蹇亢⑪，尝自矜其文。时有扬州录事参军荥阳郑世翼⑫，亦骜倨忤物，遇信明于江中，谓曰："闻君有'枫落吴江冷'之句，仍愿见其余。"信明欣然多出旧制⑬。郑览未终曰："所见不逮所闻！"投卷于水中，引舟而去。今其诗传者数篇而已⑭。

[校注]

①崔信明：唐青州益都（今属山东）人。《旧唐书》本传说他性傲慢，常赋诗，自谓高于李百药，时人莫之许也。《全唐诗》卷三十八收其诗一首。 ②青州：约当今山东潍坊市西部。 ③高孝基：高构，字孝基，隋北海（今山东潍坊市西部）人，有知人之鉴。唐初名臣房玄龄、

杜如晦，皆其所举荐。 ④大业：隋炀帝年号（605—618）。 ⑤尧城：在今河南安阳市东。令：县令，县官辖万户以上者。 ⑥窦建德（573—621）：隋末河北农民起义首领。公元618年称夏王，建都乐寿（今河北献县），改年号为"五凤"。僭（jiàn）号：冒立国号。按，这是对农民所建政权的诬称。（下同） ⑦太行（háng）山：在山西高原与河北平原之间。 ⑧贞观六年：公元632年。 ⑨兴势：今陕西洋县。 ⑩秦川：今甘肃清水县一带。 ⑪謇亢（jiǎn kàng）：骄傲。《新唐书》本传谓崔信明"謇亢以门望自负"。 ⑫扬州：约当今江苏扬州地区。录事参军：州郡属官，掌各曹文书、参谋军务及举弹善恶等。荥（xíng）阳：今属河南郑州市。郑世翼（？—637左右）：唐荥阳人，武德（618—626）中历万年丞、扬州录事参军。 ⑬"信明"句：《旧唐书·郑世翼传》谓信明欣然出示旧作百余篇。 ⑭"今其诗"句：按今存崔诗，仅《送金竟陵入蜀》一首而已。

5 王　勃①

勃字子安，太原人，王通之诸孙也②。六岁善辞章。麟德初③，刘道祥表其材④，对策高第⑤。未及冠⑥，授朝散郎⑦。沛王召署府修撰⑧。时诸王斗鸡会⑨，勃戏为文檄英王鸡⑩。高宗闻之⑪，怒斥出府。勃既废，官剑南⑫，登山旷望，慨然思诸葛之功⑬，赋诗见情。又尝匿死罪官奴，恐事泄，辄杀之⑭。事觉，当诛；会赦，除名。父福畤坐是左迁交趾令⑮。勃往省觐⑯，途过南昌。时都督阎公新修滕王阁成⑰，九月九日，大会宾客，将令其婿作记，以夸盛事。勃至，入谒，帅知其才，因请为之。勃欣然对客操觚⑱，顷刻而就，文不加点⑲，满座大惊。酒酣辞别，帅赠百缣⑳，即举帆去。至炎方，舟入洋海，溺死，时年二十九㉑。勃属文绮丽，请者甚多，金帛盈积。心织而衣，笔耕而食，然不甚精思。先磨墨数升，则酣饮，引被覆面卧，及寤，援笔成篇，不易一字，人谓之"腹稿"。尝言人子不可不知医，时长安曹元有秘方㉒，勃尽得其术。又以虢州多药草㉓，求补参军㉔。倚才陵籍㉕，僚吏疾之。有集三十卷及《舟中纂序》五卷，今行于世。〇勃尝遇异人，相之曰："子神强骨弱，气清体羸，脑骨亏陷，目睛不全；秀而不实㉖，终无大贵矣！"故其才长而命短者，岂非相乎㉗？

[校注]

①王勃（650或649—676）：《全唐诗》卷五十五、五十六收其诗，谓系绛州龙门（今山西河津）人。王勃生卒年据杨炯说。　②王通（584—617）：王勃的祖父，隋哲学家，字仲淹。主张儒、佛、道三教合一，而以儒为立足点。　③麟德：唐高宗年号之一（664—665）。　④刘道祥：当作"刘祥道"。祥道，历御史中丞，迁吏部黄门侍郎，知选事，麟德初拜右相。《新唐书·王勃传》："麟德初，刘祥道巡行关内，勃上书自陈，祥道表于朝。"　⑤对策：皇帝提出政治、经义等问题，书之于简策，由应考者作出针对性回答。　⑥冠（guàn）：冠礼，古代男子二十岁结发加冠，行成人之礼。按，王勃授朝散郎时年仅十七岁。　⑦朝散郎：侍于帝王、有官名而无固定职事的官，其地位在朝散大夫之下。唐代文散官分九品二十九阶，朝散郎为从七品上。　⑧沛王：高宗第六子李贤，永徽六年（655）封潞王，龙朔元年（661）徙封沛王。　⑨斗鸡：使鸡相

斗的游戏。战国时已有。《战国策·齐策一》:"临淄甚富而实,其民无不吹竽鼓瑟,击筑弹琴,斗鸡走犬。"　⑩英王:高宗第七子李显,初封周王,仪凤二年(677)徙英王,永隆元年(680)立为皇太子,弘道元年(683)十二月即位(即唐中宗)。按,与沛王斗鸡时,他尚未徙为英王。见《资治通鉴·唐纪》十六、十八。　⑪高宗:唐高宗李治,公元649—683年在位。　⑫官剑南:当作"客剑南"。《新唐书·王勃传》:"勃既废,客剑南。"　⑬诸葛:诸葛亮(181—234),三国蜀汉政治家、军事家。在蜀中励精图治,赏罚严明,政绩卓著。　⑭"又尝"三句:按,此官奴名曹达。《旧唐书·王勃传》:"有官奴曹达犯罪,勃匿之,又惧事泄,乃杀达以塞口。"　⑮福畤(zhì):王通之子,历任太常博士、雍州司功参军等。生六子,勃行三。交趾:古县名,在今越南河内西北。　⑯省觐(xǐng jìn):探望,拜见。　⑰都督:地方最高军政长官(都督本州军事,兼任州刺史)。阎公:指洪州牧阎伯屿(《文苑英华》作"玙")。滕王阁:唐高祖李渊子滕王李元婴于永徽四年(653)任洪州都督时始建。上元二年(675)郡督阎伯屿宴僚属于此。故址在今江西南昌市沿江路赣江边。　⑱操觚(gū):谓命笔为文。觚,供写字用的木板。晋陆机《文赋》:"或操觚以率尔,或含毫而邈然。"此言勃执笔写《滕王阁序》。聂文郁《王勃诗解》谓王勃参加阎伯屿之滕王阁宴当在龙朔三年(663),《滕王阁序》应即作于此时。录之以备一说。　⑲文不加点:谓文思敏捷,下笔一气呵成,不必修改。　⑳缣(jiān):双丝织就的细绢,可供书写之用。　㉑炎方:南方炎热之地。时年二十九:《旧唐书》作"时年二十八",聂文郁《王勃年谱》云:"应为卒年二十六。"　㉒曹元:唐代名医,字真道,京兆人。王勃十一岁时在长安遇之,从其学《周易章句》及《黄帝素问》《难经》,凡十五月而毕。见《王子安集·黄帝八十一难经序》)。 ㉓虢(guó)州：虢州辖境相当于今河南西部灵宝市、栾川县以西、伏牛山以北地。 ㉔参军：南北朝始以"参军"为官名。掌参谋军务等，位任颇重，有谘议参军、记室参军、录事参军、诸曹参军等。唐代州刺史的属官亦以参军为名。 ㉕陵籍：当作"陵藉"(欺压之意)。《魏书·崔休传》："内有自得之心，外则陵藉同列。" ㉖秀而不实：谷类抽穗开花而不凝浆结实。喻人的资质秀异而无所成就。《论语·子罕》："苗而不秀者有矣夫，秀而不实者有矣夫！" ㉗相：形貌。迷信者认为，形貌可决定人的命运。

6 杨 炯①

炯，华阴人。显庆六年举神童②。授校书郎③。永隆二年④，皇太子舍奠⑤，表豪俊，充崇文馆学士⑥。后为婺州盈川令⑦，卒。炯恃才凭傲，每耻朝士矫饰，呼为"麒麟楦"⑧。或问之，曰："今假弄麒麟戏者，必刻画其形覆驴上，宛然异物；及去其皮，还是驴耳！"闻者甚不平，故为时所忌。初，张说以箴赠盈川之行⑨，戒其苛刻。至官，果以酷称。炯博学善文，与王勃、卢照邻、骆宾王以文辞齐名⑩。海内称"四才子"，亦曰"四杰"⑪，效之者风靡焉。炯尝谓："吾愧在卢前，耻居王后。"张说曰："盈川文如悬河，酌之不竭。耻王后，信然⑫；愧卢前，谦也。"有《盈川集》三十卷行于世⑬。

[校注]

①杨炯(650—约693)：唐华阴(今属陕西)人。《全唐诗》卷五十

收其诗。《全唐文》卷一九一载其《梓州官僚赞·司法参军杨炯自赞》云："吾少也贱，信而好古。游宦边城，江山劳苦。岁聿云徂，小人怀土。归欤归欤，自卫反鲁。"　②显庆六年：公元661年。按，《四部丛刊》本《杨盈川集》附录元马端临《文献通考》引宋晁公武曰："炯，华阴人，显庆四年举神童。"当从之，杨炯此时年十岁，与童子科之年正合。神童：指分科取士中的"童子科"。《新唐书·选举志上》："凡童子科，十岁以下能通一经，及《孝经》《论语》卷诵文十通者，予官；通七，予出身。"　③校书郎：在国家藏书室中掌校雠典籍的官。按，杨炯任校书郎当始于上元二年（675）或上元三年（676）。《杨炯集·浑天赋·序》："显庆五年，炯时年十一，待制弘文馆。上元三年，始以应制举，补校书郎。"上元三年，《文苑英华》卷十八作"上元二年"。　④永隆二年：公元681年。　⑤皇太子：指高宗第六子李贤。舍奠：陈设酒食以祭奠先圣先师。本作"释奠"。《礼记·文王世子》："凡始立学者，必释奠于先圣先师。"《新唐书·杨炯传》："永隆二年，皇太子已释奠，表豪俊充崇文馆学士。中书侍郎薛元超荐炯及郑祖玄、邓玄挺、崔融等，诏可。"　⑥崇文馆：官署名。掌经籍图书、教授及课试诸生等。　⑦婺州盈川：今浙江衢州市市区以东、龙游县西。《资治通鉴·唐纪十九》："炯终于盈川令。"元胡三省注："衢州龙丘县，武后如意元年（692）分置盈川县。县西有刑溪，陈时，土人留异恶'刑'字，改曰'盈川'，因为县名。"　⑧麒麟楦（xuàn）：谓虚有其表。《太平广记》卷二六五："唐衢州盈川县令杨炯，词学优长，恃才简倨，不容于时。每见朝官，目为'麒麟楦'，忤怨。人问其故，杨曰：'今铺乐假弄麒麟者，刻画头角，修饰皮毛，覆之驴上，巡场而走，及脱皮褐，还是驴马。无德而衣朱紫者，与驴覆麟皮何别矣！'"　⑨张说（yuè）：唐洛阳人，武后时策贤良方正第一，授太子校书，累官中书令，封燕国公。箴：一种意在规劝的文体。《张说之文集·赠别杨盈川箴》云："君服六艺，道德为尊；君居百里，风化之源。才勿骄吝，政勿烦苛；明神是福，而小人无冤。" ⑩王勃（650或649—676）：唐绛州龙门（今山西河津）人。卢照邻（约637—约686）：唐幽州范阳（今河北涿州）人。骆宾王（约638—684）：唐婺州义乌（今属浙江）人。 ⑪四杰：指王、杨、卢、骆。见《旧唐书·杨炯传》。 ⑫信然：此二字原无。《旧唐书·杨炯传》引张说："杨盈川文思如悬河注水，酌之不竭，既优于卢，亦不减王。'耻居王后'，信然；'愧在卢前'，谦也。"今据补。 ⑬《盈川集》：两《唐书》著录为三十卷，《崇文总目》仅著录为二十卷，今只存《四部丛刊》影印明万历童佩所辑的十卷本及附录一卷。

7 卢照邻①

照邻，字昇之，范阳人。调邓王府典签②，王爱重，谓人曰："此吾之相如也③。"后迁新都尉④，婴病，去官⑤，居太白山草阁⑥，得方士玄明膏饵之⑦。会父丧，号恸，因呕，丹辄出，疾愈甚。家贫苦，贵官时时供衣药，乃去具茨山下⑧，买园数十亩，疏颖水周舍⑨，复豫为墓，偃卧其中。自以当高宗之时⑩，尚吏，己独儒；武后尚法⑪，己独黄、老⑫；后封嵩山⑬，屡聘贤士，己已废；著《五悲文》以自明。手足挛缓⑭，不起行已十年。每春归秋至，云壑烟郊，辄舆出户庭，悠然一望。遂自伤，作《释疾文》，有云："覆焘虽广⑮，嗟不容乎此生；亭育虽繁⑯，恩已绝乎斯代。"

与亲属诀，自沉颍水。有诗文二十卷及《幽忧子》三卷行于世⑰。

[校注]

①卢照邻（约637—约686）：唐幽州范阳（今河北涿州）人。《全唐诗》卷四十一、四十二收其诗。　②邓王：李元裕，唐高祖第十七子，封邓王，好学，善谈名理，与卢照邻为布衣交。典签：唐朝诸王府掌文书的官。典，掌管；签，摘录事由。　③相如：司马相如，西汉辞赋家，为汉武帝所赏识。此引以为比。　④新都：今属四川。尉：县尉，辅佐县令（长）的官，掌地方治安等，与令、丞合称为长吏。　⑤婴病，去官：《旧唐书》本传："后拜新都尉，因染风疾去官。"风疾，指麻风病。　⑥太白山：在陕西周至县西南。　⑦方士：方术之士，好求仙炼丹，自谓能长生不死的人。玄明膏：一种驱热消肿的药。饵：服，食。　⑧具茨山：在河南禹州北。　⑨颍水：即颍河，发源于嵩山，经河南中部向东南流，至安徽西北部汇入淮河。　⑩高宗：唐高宗李治，公元649—683年在位。　⑪武后：唐高宗后武则天，公元684—705年在位。　⑫黄、老：黄老学派，即道家学派。以传说中的黄帝和老子为创始人，故名。西汉初，统治者颇崇尚黄老"清净无为"的治术，对后世有一定影响。　⑬封：帝王筑坛祭天。《大戴礼记·保傅》："是以封泰山而禅梁甫，朝诸侯而一天下。"　⑭手足挛缓：按《新唐书·卢照邻传》作："足挛，一手又废。"　⑮覆焘：覆盖。焘，本作"帱"。《礼记·中庸》："辟如天地之无不持载，无不覆帱。"此借指天地。　⑯亭育：抚养，培育。《老子》五十一章："故道生之，德畜之，长之育之，亭之毒之，养之覆之。"亭之，使结果实；毒之，使成熟。　⑰《幽忧子》：卢照邻号幽忧子，有《幽忧子集》二十卷，久佚；今存明张燮所辑七卷本及附录一卷。

8 骆宾王①

宾王,义乌人。七岁能赋诗。武后时,数上疏言事,得罪,贬临海丞②,鞅鞅不得志,弃官去。文明中③,徐敬业起兵欲反正④,往投之,署为府属⑤。为敬业作檄传天下⑥,暴斥武后罪。后见,读之,矍然曰:"谁为之?"或以宾王对,后曰:"有如此才不用,宰相过也。"及败,亡命,不知所之。后宋之问贬还⑦,道出钱塘⑧,游灵隐寺⑨。夜月,行吟长廊下曰:"鹫岭郁苕峣⑩,龙宫隐寂寥⑪。"未得下联。有老僧燃灯坐禅⑫,问曰:"少年不寐,而吟讽甚苦,何耶?"之问曰:"欲题此寺而思不属。"僧笑曰:"何不道'楼观沧海日,门对浙江潮'?"之问终篇曰:"桂子月中落,天香云外飘。扪萝登塔远⑬,刳木取泉遥。云薄霜初下,冰轻叶未凋⑭。待入天台寺,看余渡石桥⑮。"僧一联,篇中警策也⑯。迟明访之⑰,已不见。老僧即骆宾王也⑱,传闻桴海而去矣⑲。后中宗诏求其文⑳,得百余篇及诗等十卷,命郗云卿次序之㉑,及《百道判集》一卷,今传于世。

[校注]

①骆宾王(约638—684):唐婺州义乌(今属浙江)人。《全唐诗》卷七十七至七十九收其诗。 ②临海:今属浙江。丞:县的佐官。按,骆宾王贬临海丞在调露二年(680)秋。 ③文明:唐睿宗年号(684)。

④徐敬业(?—684):唐曹州离狐(今山东菏泽西北)人,历任太仆少卿、眉州刺史,袭封英国公。武后当政,贬柳州司马,旋至扬州举兵,以匡复唐室为号,讨伐武后;兵败死。 ⑤府属:徐敬业自称匡复府上将,骆宾王为其属官。 ⑥檄(xí):用于声讨的文告。此指骆宾王的《讨武曌檄》。 ⑦宋之问(约656—713):唐虢州弘农(今河南灵宝)人,一说汾州(治今山西汾阳)人,官至考功员外郎。睿宗时贬钦州,后赐死。 ⑧钱塘:今浙江杭州。 ⑨灵隐寺:始建于东晋咸和元年(326),在今浙江省杭州市西湖西北之灵隐山麓。 ⑩鹫岭:即鹫山、灵山、灵鹫山。在印度,为圣者所居。相传灵隐山东南之飞来峰,即由灵鹫山之小岭飞来者,故又名灵鹫峰。苕峣:当作"岧峣(tiáo yáo)"。山势高峻貌。 ⑪龙宫:岩洞名,在飞来峰下,名龙泓洞。 ⑫坐禅(chán):佛教徒静坐修行,排除杂念,使心神恬静自在,谓之"坐禅"。 ⑬萝:萝藦,一名"芄兰",多年生蔓草。 ⑭"云薄"两句:《全唐诗》卷五十三作:"霜薄花更发,冰轻叶未凋。凤龄尚遐异,搜对涤烦嚣。" ⑮天台寺:天台山,在浙江天台县北,上有国清寺。相传汉刘晨、阮肇曾入天台采药。按,《全唐诗》卷五十三作"天台路",下句"渡"作"度",似较胜。 ⑯警策:指精彩深刻的语句。晋陆机《文赋》:"立片言而居要,乃一篇之警策。" ⑰迟明:将近天明,犹言黎明。 ⑱"老僧"句:《太平广记》卷九十一唐孟棨《本事诗》云:"寺僧有知者曰:此骆宾王也。" ⑲桴(fú)海:谓乘舟浮海。桴,以竹木编成的小舟。《论语·公冶长》:"道不行,乘桴浮于海。" ⑳中宗:唐中宗李显,公元684年及705—710年在位。㉑郗云卿:郗,一作"郄"。明皇甫汸《杨盈川集序》:"骆集十卷,郗云卿为之序。"

9 杜审言①

审言，字必简，京兆人②。预之远裔③。咸亨元年宋守节榜进士④，为隰城尉⑤。恃高才傲世见疾。苏味道为天官侍郎⑥，审言集判⑦，出谓人曰："味道必死。"人惊问何故，曰："彼见吾判，当羞死耳！"又曰："吾文章当得屈、宋作衙官⑧，吾笔当得王羲之北面⑨。"其矜诞类此。坐事贬吉州司户⑩。及武后召还⑪，将用之，问曰："卿喜否？"审言舞蹈谢。后令赋《欢喜诗》，称旨，授著作郎⑫，为修文馆直学士⑬，卒。初，审言病，宋之问、武平一往省候⑭，曰："甚为造化小儿相苦⑮，尚何言！然吾在，久压公等。今且死⑯，但恨不见替人也⑰。"少与李峤、崔融、苏味道为"文章四友"⑱。有集一卷，今不存，但传诗四十余篇而已⑲。

[校注]

①杜审言（约645—708）：两《唐书》并谓襄州襄阳（今湖北襄阳）人，官至修文馆直学士、尚书膳部员外郎。《全唐诗》卷六十二收其诗。　②京兆：约当今陕西省咸阳、渭南两地区大部。　③预：杜预（222—284），西晋京兆杜陵（今陕西西安东南）人，著有《春秋左氏经传集解》。　④咸亨元年：公元670年。宋守节榜：谓首名为宋守节之榜（下同）。进士：指贡举的人才。唐代分科取士，有秀才、明经、进士、俊士等五十余科，其中以进士名位最高。　⑤隰（xí）城：今山西汾阳。　⑥苏味道（648—705）：唐赵州栾城（今属河北）人，武后时官居相位。

天官侍郎：吏部的副长官。　⑦集：成，完毕。判：判牍，判理案件的文辞。　⑧屈、宋：指战国楚屈原和宋玉。衔官：军府的属官。　⑨笔：指笔迹、书法。王羲之（303—361）：东晋书法家。北面：学生面朝北向老师行弟子之礼。　⑩吉州：约当今江西吉安。司户：州府主管民户的属官。　⑪武后：武则天，公元684—705年在位。　⑫著作郎：著作局的长官，掌撰拟文字；下设著作佐郎、校书郎、正字等官。　⑬修文馆：唐武德四年（621）设修文馆于门下省，九年（626）改为弘文馆，神龙元年（705）改名昭文馆，二年复名修文馆。杜审言入修文馆，当在706年顷。直学士：修文馆置大学士四人、直学士八人、学士十二人，分掌校正图书、教授生徒及参议朝廷典章等。　⑭宋之问（约656—713）：唐虢州弘农（今河南灵宝）人，一说汾州（今山西汾阳）人，官至考功员外郎。武平一：唐太原（今属山西）人，武后时隐于嵩山，中宗时拜修文馆学士。　⑮造化小儿：对司命者（命运之神）的戏称。　⑯今且死：《新唐书·杜审言传》此下尚有"固大慰"一句，是。　⑰替人：事业上的接替者。　⑱李峤（约645—约714）：唐赵州赞皇（今属河北）人，官至中书令，善诗文，与苏味道齐名，号"苏李"。崔融（653—706）：唐齐州全节（今山东济南东）人，任司礼少卿，知制诰，为文典丽，当时罕有其比云。　⑲末句后：清钱熙祚云："阁本末有'杜甫其孙也'五字。"

10 沈佺期①

佺期字云卿，相州人②。上元二年郑益榜进士③。工五言。由协律、考功郎受赇④，长流驩州⑤。后召拜起居郎⑥，兼修文馆直学士⑦，常侍宫中。既侍宴，帝诏学士等为回波舞⑧，佺期作弄辞悦帝⑨，诏赐牙绯⑩。历中书舍人⑪。佺期尝以诗赠张燕公⑫，公曰："沈三兄诗清丽，须让居第一也。"诗名大振。○自魏建安迄江左⑬，诗律屡变。至沈约、鲍照、庾信、徐陵⑭，以音韵相婉附，属对精致。及佺期、之问⑮，又加靡丽。回忌声病，约句准篇，著定格律，遂成近体，如锦绣为文，学者宗尚⑯。语曰："苏、李居前，沈、宋比肩。"谓唐诗变体，始自二公，犹汉人五字诗始自苏武、李陵也⑰。有集十卷，今传于世。

[校注]

①沈佺期（约656—716）：唐相州内黄（今河南内黄西）人。《全唐诗》卷九十五至九十七收其诗。 ②相州：约当今河北邯郸地区南部、河南安阳地区北部一带。 ③上元二年：公元675年。 ④协律：协律郎，太常寺属官，掌举麾节乐、调和律吕、监试乐人典课等。考功郎：吏部属官，掌官吏考课黜陟之事。赇（qiú）：贿赂。 ⑤驩（huān）州：约当今越南义安省南部及河静省一带。 ⑥起居郎：记载帝王言行的官，属门下省。高宗时一度将起居郎改为"左史"，旋复旧。 ⑦修文馆直学士：修文馆置直学士八人，位在大学士之次。 ⑧回波舞：舞曲名，唐中宗时造。其曲六言四句，开头例有"回波尔时"四字，故名。 ⑨弄辞：犹乐词。沈所作《回波乐词》云："回波尔时佺期，流向岭外生归；身名已蒙齿录，袍笏未复牙绯。" ⑩牙绯（fēi）：牙笏（hù）与绯服。唐制，五品以上执象牙笏（上朝用的手板），六品以下执竹木笏；三品以上服紫，五品以上服绯（红色官服），六品、七品服绿。 ⑪中书舍人：中

书省的属官,掌诏令、侍从、宣旨、接纳上奏文表等。 ⑫张燕公:指张说,曾任中书令,封燕国公。 ⑬魏建安:《新唐书·宋之问传》作"汉建安",当从之。建安,汉献帝年号之一(196—220);魏,指三国魏(220—265)。江左:指东晋(317—420)及南朝(420—589),这些朝代皆以江左(今江苏南部一带)为基地,故称。 ⑭沈约(441—513):南朝梁吴兴武康(今浙江德清)人,字休文,与周颙(yóng)等创四声八病之说;与谢朓(tiǎo)、王融诸人所作诗,皆重声律,号"永明体"。永明,齐武帝年号(483—493)。鲍照(约414—466):南朝宋东海(郡治今山东郯城北)人,字明远,长于乐府及七言歌行,风格俊逸;曾任前军参军,世称"鲍参军"。庾信(513—581):祖籍南阳新野(今属河南)人,字子山,善诗赋骈文;在梁时与徐陵齐名,称"徐庾体"。徐陵(507—583):南朝陈东海郯(今山东郯城北)人,字孝穆,擅作宫体诗,与庾信齐名。 ⑮之问:宋之问,初唐诗人,辞尚华靡,格律严整,与沈佺期齐名,号为"沈宋"。 ⑯如锦绣为文,学者宗尚:《新唐书·宋之问传》作"如锦绣成文,学者宗之",近是。 ⑰"犹汉人"句:旧本作"犹始自……",清钱熙祚云:"阁本'犹'字下有'汉人五言诗'五字,当据补。"今从之。明胡应麟谓"苏李"乃指苏味道、李峤。《诗薮》外编卷四云:"唐人语云:'苏、李居前,沈、宋比肩。'《诗话》:'谓苏武、李陵',非也。汉苏、李未有律诗,于沈、宋何与?盖谓苏味道、李峤,与佺期、之问同辈,而年行差前。"姑录以备考。《诗话》,指宋尤袤《全唐诗话》卷之一。

11 宋之问①

之问字延清,汾州人。上元二年进士②。伟貌,辩给。甫冠,武后召与杨炯分直习艺馆③,累转尚方监丞④。后游龙门⑤,诏从臣赋诗,左史东方虬诗先成⑥,后赐锦袍;之问俄顷献,后览之嗟赏,更夺袍以赐。后求北门学士⑦,以有齿疾不许,遂作《明河篇》,有"明河可望不可亲"之句以见志⑧。谄事张易之⑨,坐贬泷州⑩。后逃归,匿张仲之家⑪。闻仲之谋杀武三思⑫,乃告变,擢鸿胪簿⑬,迁考功郎⑭。复媚太平公主⑮。以知举贿赂狼藉,下迁越州长史⑯,穷历剡溪山水⑰,置酒赋诗,日游宴,宾客杂遝。睿宗立⑱,以无悛悟之心,流钦州⑲,御史劾奏⑳,赐死,人言刘希夷之报也㉑。徐坚尝论其文㉒,如良金美玉,无施不可。有集行世。

[校注]

①宋之问(约656—713):虢州弘农(今河南灵宝)人。一说唐汾州(治今山西汾阳)人。《全唐诗》卷五十一至五十三收其诗。 ②上元二年:公元675年。 ③习艺馆:掌教习宫人书算诸艺之所,又名翰林内教坊。 ④尚方监:掌制造御用器物的官署,属少府,主管有令及丞。 ⑤龙门:龙门石窟,位于河南洛阳市南之龙门山,始凿于北魏太和十八年(494)顷,西魏、北周、隋、唐,续有开凿。 ⑥左史:记载帝王言行的官,属门下省。东方虬(qiú):武则天时为左史,尝云百年后可与西门豹作对。陈子昂《寄东方左史修竹篇书》称其《孤桐篇》骨气端翔,音

韵顿挫，"不图正始之音，复睹于兹"云。　⑦后：先后的"后"。上文"后游""后赐""后览"之"后"，并指武后。北门学士：唐高宗时，武后密令文学之士元万顷等人参决朝议，以分宰相之权。各官衙皆在宫城之南，诸学士独于北门出入，故称。　⑧"明河"句：此为《明河篇》第二十一句，其下三句为："愿得乘槎一问津。更将织女支机石，还访成都卖卜人。"宋计有功《唐诗纪事》卷十一云："盖之问求为北门学士，天后不许，故此篇有乘槎访卜之语。后见其诗，谓崔融曰：'吾非不知其才，但以其有口过（齿疾）尔。'之问终身耻之。"　⑨张易之（？—705）：唐定州义丰（今河北安国）人，武后时历官显要，封恒国公，专擅朝政。中宗复位时被杀。　⑩泷（shuāng）州：今广东罗定市一带。　⑪张仲之：唐洛阳（今属河南）人，与兄循之并以学业著名。　⑫武三思（？—707）：唐并州文水（今属山西）人，武则天之侄，封梁王，参与国政，神龙三年（707）被诛。　⑬鸿胪簿：鸿胪寺（掌朝祭礼仪的官署）掌簿书的官。　⑭考功郎：吏部属官，掌官吏考课黜陟之事。　⑮太平公主：唐高宗女，武后所生。睿宗时专权用事，玄宗时赐死。　⑯越州：约当今浙江绍兴地区。长史：州府的属官，掌州府内部事务等。　⑰剡（shàn）溪：在浙江嵊州南，居曹娥江上游。　⑱睿（ruì）宗：唐睿宗李旦，公元684年及710—712年在位。　⑲钦州：约当今广西钦州、灵山等地。　⑳御史：掌纠察、弹劾的官，唐有侍御史、殿中侍御史和监察御史三种。　㉑刘希夷（651—679）：唐汝州（今属河南）人，善为从军、闺情之诗。传为宋之问使奴所杀。　㉒徐坚（659—729）：唐湖州长城（今浙江湖兴市吴兴区一带）人，字元固。通览经史，为文典实，曾与韦述等合撰《初学记》三十卷。

12 刘希夷①

希夷，字延芝②，颍川人③。上元二年郑益榜进士④，时年二十五，射策有文名⑤。苦篇咏，特善闺帷之作，词情哀怨，多依古调，体势与时不合，遂不为所重。希夷美姿容，好谈笑，善弹琵琶，饮酒至数斗不醉，落魄不拘常检⑥。尝作《白头吟》⑦，一联云："今年花落颜色改，明年花开复谁在？"既而叹曰："此语，谶也⑧。石崇谓'白首同所归'，复何以异⑨？"乃除之；又吟曰："年年岁岁花相似，岁岁年年人不同。"复叹曰："死生有命，岂由此虚言乎？"遂并存之。舅宋之问苦爱后一联⑩，知其未传于人，恳求之，许而竟不与。之问怒其诳己，使奴以土囊压杀于别舍⑪，时未及三十，人悉怜之。有集十卷及诗集四卷，今传。○希夷天赋俊爽，才情如此，想其事业勋名，何所不至；孰谓奇蹇之运⑫，遭逢恶人，寸禄不能沾，长怀顿挫，斯才高而见忌者也。贾生悼长沙之屈⑬，祢衡痛江夏之来⑭，倏焉折首，夫何殒命。以隋侯之珠，弹千仞之雀，所较者轻，所失者重⑮。玉进松摧，良可惜也。况于骨肉相残者乎！

[校注]

①刘希夷（651—679）：唐汝州（今属河南）人。《全唐诗》卷八十二收其诗。　②延芝：按唐刘肃《大唐新语》卷八作"挺之"，宋计有功《唐诗纪事》卷十三引作"庭芝"；名字相应，当以"挺之"为近是。

③颍川：今河南许昌一带。按《大唐新语》卷八作"汝州"，当从之。 ④上元二年：公元675年。 ⑤射策：由主试者命题，书于简策，分甲、乙科，列置于案；令应试者随意抽取作答，然后按题目难易与所答内容以定其优劣。 ⑥落魄：放浪不羁。 ⑦《白头吟》：《全唐诗》题为《代悲白老翁（一作白头吟）》。 ⑧谶（chèn）：迷信的人指行将应验的预言、预兆。 ⑨"石崇"二句：《大唐新语》此句作"与石崇'白首同所归'何异也"，可参照。石崇（249—300），晋渤海南皮（今河北南皮东北）人，字季伦。任荆州刺史时，以劫掠客商致财产无数，于河阳置金谷园，奢靡无度。八王之乱时，为赵王伦嬖人孙秀所杀。白首同所归：晋潘岳《金谷集作诗》："投分寄石友，白首同所归。"后潘岳与石崇同日被孙秀谮杀，临刑前始晤，石谓潘曰："安仁，卿亦复尔邪？"潘曰："可谓'白首同所归'。"谮，被杀。 ⑩宋之问（约656—713）：唐虢州弘农（今河南灵宝）人，一说汾州（治今山西汾阳）人。 ⑪"之问"两句：按《大唐新语》仅云："诗成未周，为奸所杀，或云宋之问害之。" ⑫奇蹇（jiǎn）之运：犹言命运特别坎坷。 ⑬贾生：贾谊（前200—前168），汉文帝时任博士，后为大臣所排挤，贬为长沙王太傅，作《吊屈原赋》，亦以抒己之愤懑。 ⑭祢（mí）衡（173—198）：汉平原般（今山东临邑东北）人，性刚傲物。因得罪曹操，被送与荆州刘表；表复转给江夏太守黄祖，衡遂被祖所杀。江夏：郡名，治所在今湖北云梦。 ⑮"以隋侯"四句：语本《庄子·让王》："今且有人于此，以隋侯之珠弹千仞之雀，世必笑之。是何也？则其所用者重而所要者轻也。"隋侯之珠，传说中的宝珠。汉东之国有隋侯，一日，见大蛇伤断，以药敷之。后蛇于江中衔大珠以报，因名曰隋侯之珠。见《淮南子·览冥训》汉高诱注。千仞之雀，飞得极高的鸟雀。古以八尺为仞，千仞，极言其高。

13 陈子昂①

子昂字伯玉，梓州人②。开耀二年许且榜进士③。初，年十八时，未知书，以富家子，任侠尚气弋博④，后入乡校⑤，感悔，即于州东南金华山观读书⑥，痛自修饰⑦，精穷坟典⑧，耽爱黄、老、《易》象⑨。光宅元年⑩，诣阙上书，谏灵驾入京⑪。召见，武后奇其才，遂拜麟台正字⑫，令云："地藉英华⑬，文称昂晔。"累迁拾遗⑭。圣历初⑮，解官归。会父丧，庐冢次。县令段简贪残⑯，闻其富，造诈诬子昂；胁取赂二十万缗⑰，犹薄之，遂送狱。子昂自筮卦⑱，惊曰："天命不祐，吾殆穷乎？"果死狱中，年四十三。子昂貌柔雅，为性褊躁，轻财好施，笃朋友之义⑲。唐兴，文章承徐、庾余风⑳，天下祖尚，子昂始变雅正㉑。初为《感遇诗》三十章，王适见而惊曰㉒："此子必为海内文宗。"由是知名。凡所著论，世以为法。诗调尤工。尝劝后兴明堂太学㉓，以调元气。与游英俊，多秉权衡。柳公权评曰㉔："能极著述，克备比兴㉕，唐兴以来，子昂而已。"有集十卷，今传。○呜呼，古来材大，或难为用。象以有齿，卒焚其身㉖，信哉，子昂之谓欤？

[校注]

①陈子昂（659—700）：唐梓州射洪（今属四川）人。《全唐诗》卷八十三、八十四收其诗。子昂生卒年采彭庆生说，详《陈子昂诗注》所

附《年谱》。　②梓州：今四川涪（fú）江流域中部。　③开耀二年：公元682年。《新唐书》本传作"文明初"，则为684年。许且，疑当作许旦。　④弋博：以博戏取胜。沪本云："'弋'原作'才'，从《唐书》改。"　⑤乡校：乡间的学校，亦聚会议事之所。　⑥金华山观（guàn）：在射洪县境。宋王象之《舆地纪胜》卷一五四："玉京观，在射洪县北金华山上，……有陈拾遗读书堂，刘蜕诗及卢藏用《祭文》。"《新修潼川府志》卷六："玉京观在射洪县北金华山，本名金华观，宋治平二年赐名玉京。"观，道观，道教所奉之神庙。　⑦修饬：清钱熙祚云："'饬'阁本作'饬'，与《新唐书》合。"　⑧坟典：谓三坟、五典等古代典籍。　⑨黄、老：指黄老学派，以传说中的黄帝和老子为道家的创始人。《易》象：指《周易》占卜之象。《周易》有六十四卦，每一卦六爻，共三百八十四爻，旨在通过象征天地风雷水火山泽等现象的八卦形式，以推测自然和人事的吉凶变化，故云。　⑩光宅元年：公元684年。　⑪灵驾：指唐高宗李治的灵柩。高宗于弘道元年（683）卒于洛阳宫，传灵驾将西归，子昂乃献书阙下以谏之。见唐卢藏用《陈氏别传》。　⑫麟台：武后时曾改秘书省为"麟台"，旋复旧。正字：掌校雠典籍的官。　⑬地籍英华：卢藏用《陈氏别传》引作"地籍英灵"，是。　⑭拾遗：武后时始置左右拾遗之官，掌供奉、讽谏之事，分属门下、中书二省。按《陈氏别传》谓系"右拾遗"。　⑮圣历：唐武后年号之一（698—700）。　⑯段简：时为射洪县令。段简之诬害子昂，盖奉武三思之命。详见《文苑英华》卷六七一沈亚之《与江州郑使君书》。　⑰缗（mín）：用绳穿成串的钱。

⑱筮（shì）：用蓍（shī）草占卜吉凶。　⑲笃朋友之义：清钱熙祚云："阁本此下有'与游英俊，多秉权衡'八字。天瀑本此八字误置在下文'以调元气'下，上下文语气并不属。案《新唐书》云：'然轻财好施，

笃朋友，与陆余庆、王无竞、房融、崔泰之、卢藏用、赵元最厚。'即此所云'与游英俊……'也。"可参酌。 ⑳徐、庾：指徐陵、庾信。 ㉑雅正：典雅，纯正。《后汉书·舆服志上》："汉兴，文学既缺，时亦草创，承秦之制。后稍改定，参稽六经，近于雅正。" ㉒王适：唐幽州（今北京市和天津市一带）人，工诗文，官至雍州司功参军。 ㉓明堂：古代帝王宣明政教之所，凡朝会、祭祀、庆赏、选士、养老及教学等大典，均于此举行。太学：汉武帝始置太学，立五经博士，为传授儒家经典之最高学府。 ㉔柳公权（778—865）：唐京兆华原（今陕西铜川市耀州区）人，工书法，懿宗时官至太子少师。 ㉕比兴：比是比喻，即所谓"以彼物比此物"；兴是寄托，即所谓"先言他物以引起所咏之词也"。 ㉖"象以"两句：喻因才大而招祸。《左传》襄公二十四年："象有齿以焚其身，贿也。"

14 李百药[①]

百药字重规，定州人[②]。幼多病，祖母以百药名之。七岁能文。袭父德林爵[③]。会高祖招杜伏威[④]，百药劝朝京师[⑤]，中道而悔，怒，饮以石灰酒，因大利几死[⑥]，既而宿病皆愈。贞观中[⑦]，拜中书舍人[⑧]，迁太子庶子[⑨]。尝侍帝，同赋《帝京篇》[⑩]，手诏褒美，曰："卿何身老而才之壮，齿宿而意之新乎！"百药才行，天下推服。好奖荐后进。翰藻沉郁，诗尤所长。有集传世。

[校注]

①李百药（565—648）：唐博陵安平（今河北安平县）人。隋时署礼部员外郎；入唐，历任中书舍人、散骑常侍等。撰《北齐书》五十卷。《全唐诗》卷四十三收其诗。　②定州：今河北保定、石家庄一带。　③德林：李德林（531—591），北齐时累官通直散骑常侍兼中书侍郎；周武帝克齐，授内史上士；隋文帝即位，授内史令，及陈平，授柱国，爵郡公。　④高祖：唐高祖李渊（566—635），唐王朝建立者，于公元618年称帝，年号"武德"。杜伏威（？—624）：隋末农民起义首领。唐武德二年（619）归附后，封吴王；五年（622），至长安；七年（624），被毒死。　⑤劝朝：沪本云："'劝'原作'勤'，从《唐书》改。"　⑥利：痢，腹泻。　⑦贞观：唐太宗年号（627—649）。　⑧中书舍人：中书省的属官。　⑨太子庶子：太子的属官。　⑩"同赋"句：唐太宗先赋，百药和之。

15　李　峤①

峤字巨山②，赵州人③。十五通"五经"④，二十擢进士，累迁为监察御史⑤。武后时，同凤阁鸾台平章事⑥，后因罪贬庐州别驾⑦，卒。峤富才思，有所属缀，人辄传讽。明皇将幸蜀⑧，登花萼楼⑨，使楼前善水调者奏歌⑩。歌曰："山川满目泪沾衣，富贵荣华能几时？不见只今汾水上，惟有年年秋雁飞。⑪"帝惨怆，移时，顾侍者曰："谁为此？"对曰："故宰相李峤之词也⑫。"帝曰："真才子!"不待终曲而去。峤前与王勃、杨炯接⑬；中与崔融、苏味道齐名⑭；晚诸人没，为文章宿老，学者取法焉。今集五十卷，《杂咏诗》十二卷，《单题诗》一百二十首，张方为注⑮，传于世。

[校注]

①李峤（约645—约714）：唐赵州赞皇（今河北赞皇县）人。《全唐诗》卷五十七至六十一收其诗。　②巨山：旧本作"巨川"。宋计有功《唐诗纪事》卷十作"巨山"，今据改。　③赵州：今河北赵县。　④五经：指《诗》《书》《易》《礼》《春秋》，儒家的五部经典。　⑤监察御史：掌纠察、弹劾的官。　⑥同凤阁鸾台平章事：唐以尚书、中书、门下三省长官为宰相，但不常设置；由其他官员代行其职时，称"同中书门下平章事"；武后时，一度称中书、门下为"凤阁""鸾台"，故云。　⑦庐州：今安徽合肥、庐江一带。别驾：州刺史的佐吏，也称"别驾从事史"。因随刺史出巡时，多另乘传车，故名。　⑧"明皇"句：唐玄宗李隆基，公元712—756年在位，死后谥为"至道大圣大明孝皇帝"；天宝十四年（755），安史之乱起，次年，逃往四川，故云。　⑨花萼：萼，花蒂，与花同生，以护持花瓣。花、萼，喻兄弟友爱。古作"华鄂"。《诗·小雅·棠棣》："棠棣之华，鄂不韡（wěi）韡，凡今之人，莫如兄弟。"　⑩水调：曲调名。相传隋炀帝开汴河时，曾自作《水调歌》。唐时水调凡十一叠，前五叠为歌，后六叠为"入破"。　⑪汾水：即汾河，黄河第二大支流，纵贯山西省大部。"山川"等四句：即李峤所作《汾阳行》的末四句，全诗见《全唐诗》卷五十七。　⑫宰相：辅佐皇帝、统领群僚、总揽政务的最高行政长官。　⑬王勃（650或649—676）：唐绛州龙门（今山西河津）人。杨炯（650—约693）：唐华阴（今属陕西）

人。 ⑭崔融（653—706）：唐齐州全节（今山东济南一带）人。苏味道（648—705）：唐赵州栾城（今属河北）人。 ⑮张方：疑即张芳。明焦竑《国史经籍志》卷五："庾信《哀江南赋》一卷，唐张芳注。"

16 张 说①

说字道济，洛阳人。垂拱四年举学综古今科②，中第三等。考策日封进③，授太子校书④。令曰："张说文思清新，艺能优洽。金门对策⑤，已居高科之首；银榜效官⑥，宜申一命之秩⑦。"后累迁凤阁舍人⑧。睿宗时⑨，兵部侍郎、平章事⑩。开元十八年⑪，终左丞相燕国公⑫。说敦气节，重然诺。为文精壮，长于碑志。朝廷大述作，多出其手。诗法特妙。晚谪岳阳，诗益凄婉，人谓得江山之助。今有集三十卷行于世。子均⑬，开元四年进士，亦以诗鸣。

[校注]

①张说（667—730）：唐河南洛阳人。善为文，玄宗时封燕国公，与许国公苏颋（tǐng）齐名，时称"燕许大手笔"。《全唐诗》卷八十五至八十九收其诗。 ②垂拱四年：公元688年。 ③"考策"句：谓张说于永昌元年（689）中策贤良方正第一。 ④太子校书：皇太子的侍从之臣，掌校雠典籍等。 ⑤金门：金马门，汉代宫门名，门旁有铜马，故名。此指宫廷。对策：应考者对答皇帝所提出的政治、经义等问题。 ⑥银榜：即金榜，指殿试揭晓之榜。 ⑦一命：周代官阶自一命至九命，一命最低。此泛指官职。秩：俸禄。 ⑧凤阁舍人：武后时一度改中书省为凤

阁，故凤阁舍人即中书舍人（中书省的属官）。　⑨睿宗：唐睿宗李旦，公元684年及710—712年在位。　⑩兵部：尚书省六部之一，掌武官的选用、考查及有关兵籍、军备等事宜。兵部侍郎：兵部的副长官。平章事：同中书门下平章事（代行宰相职务）。　⑪开元十八年：公元730年。　⑫左丞相：尚书省长官之一，协助皇帝处理政务，总辖吏、户、礼三部之事。燕国公：张说于玄宗时封燕国公。　⑬子均：张说的长子名均，能文，袭燕国公，累官至刑部尚书；后因归附安禄山，肃宗时，长流合浦（今广东雷州半岛一带）。

17　王　翰①

翰字子羽，并州人②。景云元年卢逸下进士及第③。又举直言极谏④。又举超拔群类科⑤。少豪荡，恃才不羁，喜纵酒。枥多名马，家蓄妓乐。翰发言立意，自比王侯，日聚英杰，纵禽击鼓为欢。张嘉贞为本州长史⑥，厚遇之。翰酒间自歌，以舞属嘉贞，神气轩举。张说尤加礼异⑦。及辅政，召为正字⑧，擢驾部员外郎⑨。说罢⑩，翰出为仙州别驾⑪。以穷乐畋饮，贬岭表道⑫，卒。翰工诗，多壮丽之词。文士祖咏、杜华等⑬，尝与游从。华母崔氏云："吾闻孟母三迁⑭，吾今欲卜居，使汝与王翰为邻，足矣。"其才名如此。燕公论其文如琼杯玉斝⑮，虽烂然可珍，而多玷缺云。有集，今传。○太史公恨古布衣之侠，湮没无闻⑯，以其义出存亡生死之间，而不伐其德⑰，千金驷马，才啻草芥⑱。信哉！名不虚立也。观王翰之气，其若人之俦乎⑲？

[校注]

①王翰（约687—726后）：《旧唐书》作"王澣"，此从《新唐书》本传。并州晋阳（今山西太原市西南）人。其诗传世者不多，以《凉州词》为最著。　②并州：今山西汾河中游地区。　③景云元年：公元710年。谭优学《唐诗人行年考》谓王翰实二年榜。卢逸：卢元规之次子，曾官给事中、荆府长史。见《新唐书》卷七十三上《宰相世系表》二上卢氏。　④直言极谏：唐科举名目之一。原为臣对君尽力规劝之意。《史记·孝文本纪》二年："举贤良方正能直言极谏者，以匡朕之不逮。"　⑤超拔群类科：唐科举名目之一。　⑥张嘉贞：唐猗氏（今山西临猗）人，武后时为监察御史，开元中任中书令。长史：州的属官，总管州的内部事务。时张嘉贞任并州长史。　⑦张说（667—730）：唐河南洛阳人。时任并州大都督。　⑧正字：掌校雠典籍的官。《旧唐书·职官志》："秘书正字，正第九品下阶。"　⑨驾部：兵部的属司，掌舆辇、传乘、邮驿、厩牧等。驾部员外郎：驾部的副长官。　⑩说罢：指张说以素与姚崇不相能，被罢为相州刺史。　⑪仙州：今河南叶县一带。别驾：州刺史的佐吏。　⑫贬岭表道：疑有误。宋计有功《唐诗纪事》卷二十一云："坐事贬道州司马。"道州，今湖南道县一带。司马，州的佐吏，主众曹文书。　⑬祖咏（699—约746）：唐洛阳人。其诗多状景绘物，寄隐逸之意。杜华：未详。　⑭孟母三迁：孟子幼年居墓地附近，游戏时辄与人为"墓间之事"；孟母遂迁居街市间，又学"为贾人衒卖之事"；复迁学宫旁，"乃设俎豆揖让进退"。孟母云："真可以居吾子矣。"乃定居。见汉刘向《列女传·母仪》。　⑮燕公：指燕国公张说。瑴（jué）杯：有缺口的酒杯。唐刘肃《大唐新语·文章》作"琼林"，近是。玉斝（jiǎ）：玉制温酒器，圆口，旁有把手，下有三足。

⑯ "太史公"两句：太史，官名，掌天文历法、史实记载等。汉司马迁尊称其父司马谈为"太史公"。此指司马迁。《史记·游侠列传》："古布衣之侠，靡得而闻矣。……自秦以前，匹夫之侠，湮灭不见，余甚恨之。"

⑰ "以其义"两句：按《史记·游侠列传》云："今游侠，其行虽不轨于正义，然其言必信，其行必果，已诺必诚，不爱其躯，赴士之厄困，既已存亡死生矣，而不矜其能，羞伐其德，盖亦有足多者焉。"伐，夸耀。

⑱ 才啻：疑为"不啻"之误。　⑲ 俦（chóu）：同辈，伴侣。

18 吴　筠①

筠字贞节，华阴人。通经义②，美文辞。举进士不中，隐居南阳倚帝山为道士③。天宝中④，玄宗遣使诏至京师，与语甚悦，敕待诏翰林⑤，献《玄纲》三篇⑥。帝问道，对曰："深于道者，惟老子五千言⑦，其余徒费纸札耳。"复问神仙治炼之术⑧，曰："此野人之事⑨，积岁月求之，非人主所宜留意。"筠每陈设名教世务⑩，帝重之。初，筠爱会稽山水⑪，往来天台、剡中⑫，与李白、孔巢父相遇酬唱⑬，至是因荐于朝，帝即遣使召之。筠性高鲠，其待诏翰林时，特承恩顾。高力士素奉佛⑭，尝短筠于上前。筠故多著赋文，深诋释氏⑮，颇为通人所讥云。后知天下将乱，苦求还嵩山⑯，诏为立道观⑰。大历间卒⑱，弟子谥为宗元先生⑲。善为诗，有集十卷，权德舆序之⑳。

[校注]

①吴筠（？—778）：唐华州华阴（今属陕西）人。《全唐诗》卷七八八收其与颜真卿等人所联句，卷七八九收其与严维等人所联句，卷八五三收其所作诗一卷。　②经义：儒家经典的义理。　③南阳：今河南南阳地区。南阳倚帝山：《全唐诗》卷八五三作"嵩山"，与下文"苦求还嵩山"语合。道士：奉守道教经典规戒并熟习各种斋醮祭祷仪式的人。　④天宝：唐玄宗年号之一（742—756）。　⑤待诏翰林：唐初，凡文辞、经学或医卜之士，均值于翰林院，以候君命。玄宗时即以此命官，称"翰林待诏"，掌四方表疏批答及应和文章诸事。亦称"待诏金銮"。　⑥《玄纲》：指天道形成的秩序、模式。　⑦老子：春秋时思想家，道家的创始人。著有《老子》。老子五千言：指《道德经》，即《老子》，道家的主要经典。《史记·老子韩非列传》："于是老子乃著书上下篇，言道德之意，五千余言而去。"　⑧治炼：疑当作"冶炼"。　⑨野人：指在"野"的人。《左传》僖公二十三年："（晋公子重耳）出于五鹿，乞食于野人，野人与之块。"　⑩名教：以正名定分为主的封建礼教。世务：当世之务。《史记·平津侯主父列传》："是时，赵人徐乐、齐人严安俱上书言世务。"

⑪会稽：今浙江绍兴。　⑫天台：天台山，在浙江天台县北。剡（shàn）中：今浙江嵊州西南，曹娥江上游一带。　⑬李白（701—762）：字太白，天宝初至会稽，与吴筠相善。孔巢父（？—784）：唐冀州（今河北衡水）人。曾与李白、韩准、裴政、张叔明、陶沔隐居于徂（cú）徕山（今山东泰安市东南），号"竹溪六逸"。　⑭高力士（684—762）：唐宦官，玄宗时封渤海郡公，权力极大。　⑮释氏：泛指佛教徒。佛教创始者为印度释迦牟尼，故称。南朝梁慧皎《高僧传·释道安》："（东晋道

安)以为大师之本，莫尊释迦，乃以释命氏。" ⑯嵩山：五岳之一，在河南登封市北。 ⑰道观：道教的庙宇。 ⑱大历：唐代宗年号之一(766—779)。 ⑲宗元先生：《全唐诗》作"宗玄先生"，是。 ⑳权德舆（759—818）：唐天水略阳（今甘肃秦安东南）人，字载之。有《权文公集》。

19 张子容①

子容，襄阳人，开元元年常无名榜进士②，仕为乐城令③。初与孟浩然同隐鹿门山④，为死生交，诗篇唱答颇多。后值乱离⑤，流寓江表⑥，尝送内兄李录事归故里云⑦："十年多难与君同，几处移家逐转蓬⑧。白首相逢征战后，青春已过乱离中。行人杳杳看西日，归马萧萧向北风！汉水、楚云千万里，天涯此别恨无穷。"后竟弃官归旧业。有诗集。兴趣高远，略去凡近⑨。当时哲匠⑩，咸称道焉。

[校注]

①张子容：唐襄阳（今属湖北）人。《全唐诗》卷一一六收其诗。②开元元年：公元713年。开元元年常无名榜：按，本书《王湾》作"开元十一年常无名榜"，二者必有一误。 ③乐城：今河北献县。④孟浩然（689—740）：唐襄阳（今属湖北）人。与王维齐名，时称"王孟"。鹿门山：在湖北襄阳市襄州区城东南十五公里。唐时山上有神庙，以二石鹿夹道口，名鹿门庙，并以名山。 ⑤乱离：指"安史之乱"

(755—763)。　⑥江表：指江南一带。从中原看，其地在长江以外，故称。　⑦李录事：疑为"李巎"。巎工诗，有侠气，开元十五年（727）进士，曾官左武卫录事（左武卫将军的属官，掌文书）。　⑧转蓬：随风飘散的蓬草。三国魏曹植《杂诗》其二："转蓬离本根，飘飖随长风。"　⑨凡近：才识浅陋。　⑩哲匠：明智而富有才艺的人。

20 李 昂①

昂，开元二年王丘下状元及第②。天宝间③，仕为礼部侍郎，知贡举④，奖拔寒素甚多。工诗，有《戚夫人楚舞歌》一篇⑤，播传人口，真佳作也。

[校注]

①李昂：唐开元中任考功员外郎。《全唐诗》卷一二〇收其诗二首。　②开元二年：公元714年。王丘下：谓在王丘主试下。状元：唐人称第一名进士为"状元"或"状头"。　③天宝：唐玄宗年号之一（742—756）。　④礼部：尚书省六部之一，掌礼乐、祭祀及学校贡举等事宜。礼部侍郎：礼部的副长官。知贡举：受命主持进士考试的官。　⑤戚夫人：汉高祖刘邦之妃，生子如意，封赵王。高祖死，吕后将她斩去四肢，剜眼熏耳，食以哑药，置于厕中，呼为"人彘（zhì）"。《戚夫人楚舞歌》：《全唐诗》题作《赋戚夫人楚舞歌》，凡七言三十二句，其首尾数句云："定陶城中是妾家，妾年二八颜如花。闺中歌舞未终曲，天下死人乱如麻。……曲未终兮袂更扬，君流涕兮妾断肠。已见储君归惠帝，徒留爱子付周昌。"

21 孙逖①

逖，博州人②。幼而有文，属思警敏，援笔成篇。开元二年③，举手笔俊拔、哲人奇士、隐沦屠钓及文藻宏丽等科第一人及第④。玄宗引见⑤，擢左拾遗⑥、集贤殿修撰⑦，改考功员外郎⑧，迁中书舍人⑨。与颜真卿、李华、萧颖士皆同时⑩，称海内名士。仕终刑部侍郎⑪。善诗，古调今格，悉其所长。集二十卷，今传。

[校注]

①孙逖（？—约761）：唐博州武水（今山东聊城西）人。《全唐诗》卷一一八收其诗，谓系河南人，仕终太子詹事。　②博州：今山东聊城。　③开元二年：公元714年。　④屠钓：周吕望未显时曾屠牛于朝歌，垂钓于渭滨。泛指隐居未遇之贤者。隐沦屠钓，亦唐代科举名目。　⑤玄宗：唐玄宗李隆基（712—756年在位）。　⑥左拾遗：门下省的属官，掌供奉、讽谏之事。　⑦集贤殿修撰：唐有集贤殿书院，掌刊辑经籍、搜求佚书等事。以宰相一人知院事，下设学士、直学士、修撰、正字等官。　⑧考功员外郎：吏部考功司的副长官，掌官吏考课及黜陟之事。　⑨中书舍人：中书省的属官，掌诏令、侍从诸事。　⑩颜真卿（708—784）：唐京兆万年（今陕西西安）人，官至检校吏部尚书、太子太师，封鲁郡公，世称"颜鲁公"。李华（约715—约774）：唐赞皇（今属河北）人，官至检校吏部员外郎。萧颖士（717—759）：祖籍南兰陵（今江苏常州西北）

人，曾任秘书正字、扬州功曹参军等。 ⑪刑部：尚书省六部之一，掌法律、刑罚等。刑部侍郎：刑部的副长官。

22 卢　鸿①

鸿字浩然，隐居嵩山。博学，善八分书②。工诗，兼画山水树石。开元初，玄宗备礼征再三，不至。诏曰："鸿有泰一之道③，中庸之德④，钩深诣微⑤，确乎自高。诏书屡下，每辄辞托，使朕虚心引领⑥，于今有年，虽得素履幽人之介⑦，而失考父滋恭之谊⑧。礼有大伦，君臣之义，不可废也⑨。有司其赍束帛之具⑩，重宣兹旨，想其翻然易节，副朕意焉。"鸿遂至东都谒见⑪，不拜。宰相问状，答曰："礼者，忠信所薄⑫。臣敢以忠信见帝。"召升内殿，置酒。拜谏议大夫⑬，固辞，复下诏许还山。将行，赐隐居服，官营草堂。鸿到山中，广精舍⑭，从学者五百人。及卒，诏赐万钱营葬。后皮日休为《七爱诗》谓⑮："傲大君者，必有真隐，卢征君是也⑯。"工诗，今传甚多。

[校注]

①卢鸿：唐幽州范阳（今河北涿州）人，徙家洛阳。《全唐诗》卷一二三作"卢鸿一"，收其《嵩山十志》诗十首。　②八分书：汉字书体名，形似隶书而势多波磔。唐张怀瓘云："若八字分散，……名之为八分。"　③泰一：天神名。《鹖冠子·泰鸿》："泰一者，执大同之制，调泰鸿之气，正神明之位者也。"　④中庸：不偏、不变之意。儒家以此为

最高之德。《论语·雍也》："中庸之为德也，其至矣乎！" ⑤钩：探取，探索。《易·系辞上》："钩深致远。" ⑥引领：伸颈远望。喻盼望殷切。

⑦素履：朴素的行为。喻指布衣之士。《易·履》："初九，素履往，无咎。"幽人：指隐士。《易·履》："履道坦坦，幽人贞吉。"介：操守。《孟子·尽心上》："柳下惠不以三公易其介。" ⑧考父滋恭之谊：借指君臣之义。 ⑨"礼有大伦"三句：大伦，指封建社会的伦常大道，有利于封建统治的人与人关系的根本准则。《论语·微子》："长幼之节，不可废也；君臣之义，如之何其废之？欲洁其身，而乱大伦！"《孟子·公孙丑下》："内则父子，外则君臣，人之大伦也。" ⑩有司：主管某事的官吏。古代设官分职，各有专司，故称。赍（jī）：携物送人。束帛：帛五匹为束，每匹皆两端合卷，每端计一丈八尺，故一束共有十端。古代多用作聘问之礼。具：犹言礼物。 ⑪东都：指洛阳。 ⑫薄：附着。 ⑬谏议大夫：门下省的属官，掌侍从、规谏等。 ⑭精舍：学舍。《后汉书·党锢列传》："淑少学，明《五经》，遂隐居，立精舍讲授，诸生常数百人。"

⑮皮日休（约838—约883）：唐襄阳（今属湖北）人，咸通八年（867）进士，曾任太常博士，诗文与陆龟蒙齐名。《七爱诗》：见《全唐诗》卷六〇八。 ⑯征君：征士（不就朝廷征聘之士）的敬称。

23 王泠然①

泠然，山东人。开元五年裴耀卿下进士②，授将仕郎③，守太子校书郎④。工文、赋、诗。气质豪爽，当言，无所回忌，乃卓荦奇才⑤，济世之器。惜其不大显而终。有集，今传。

[校注]

①王泠然：有《上张说书》云："公之用人，盖已多矣；仆之思用，其来久矣；拾遗补阙，宁有种乎？仆虽不佞，亦相公一株桃李也。"见宋计有功《唐诗纪事》卷二十。《全唐诗》卷一一五收其诗四首。　②裴耀卿：字焕之，唐稷山（今属山西）人，历仕州县，皆有惠政，累官至尚书左仆射。《新唐书·艺文志四》："《崔液集》十卷，裴耀卿纂。"　③将仕郎：散官（授有虚衔而无实职的官）名，属从九品下文官阶。　④守：犹"摄"，谓暂时署理某职务。太子校书郎：太子的侍臣，掌校雠典籍等。　⑤卓荦（luò）：卓绝出众。晋左思《咏史》："弱冠弄柔翰，卓荦观群书。"

24 刘慎虚①

慎虚，嵩山人。姿容秀拔。九岁属文，上书，召见，拜童子郎②。开元十一年徐徵榜进士③，调洛阳尉，迁夏县令④。性高古，脱略势利，啸傲风尘。后欲卜隐庐阜⑤，不果。交游多山僧道侣。为诗情幽兴远，思雅词奇，忽有所得，便惊众听。当时东南高倡者数十人，声律婉态，无出其右，惟气骨不逮诸公。永明以还⑥，端可杰立江表⑦。善为方外之言⑧，夫何不永？天碎国宝⑨，有志不就，惜哉！集今传世。

[校注]

①刘慎虚：宋计有功《唐诗纪事》卷二十五作"刘眘虚"。眘，古

"慎"字。《全唐诗》卷二五六收其诗，谓系江东人。　②童子郎：十岁以内、侍从皇帝的官。　③开元十一年（723）徐徵榜：按，本书《刘长卿》作"开元二十一年徐徵榜"，二者必有一误。　④夏县：在山西省西南部。　⑤庐阜：即庐山。在江西九江市南。多巉岩、峭壁、清泉、飞瀑之胜。　⑥永明：南朝齐武帝年号（483—493）。在此期间，沈约、谢朓、王融、周颙等人之诗，要求严守四声八病，强调声韵格律，以此制约，不可增减，世称"永明体"。　⑦江表：指长江以南地区。　⑧方外：超然于世俗礼教之外。　⑨"夫何"两句：疑有脱误。《唐诗纪事》引殷璠语云："惜其不永天年，陨碎国宝。"

25　王　湾①

湾，开元十一年常无名榜进士②。与学士綦毋潜契切③。词翰早著，为天下所称。往来吴、楚间④，多有著述。如《江南意》一联云⑤："海日生残夜，江春入旧年。"诗人以来，罕有此作，张燕公手题于政事堂⑥，每示能文，令为楷式。曾奉使登终南山⑦，有赋，志趣高远，识者不能弃焉。

[校注]

①王湾：唐洛阳人，终洛阳尉，《全唐诗》卷一一五收其诗十首。　②开元十一年（723）常无名榜：按本书《张子容》作"开元元年常无名榜"，《刘慎虚》作"开元十一年徐徵榜"，三者必有所误。　③学士：司文学撰述之官。綦（qí）毋潜（692—约749）：开元进士。　④吴、楚：

吴，苏浙皖一带；楚，湘鄂赣一带。泛指长江中下游。 ⑤《江南意》：一作"《次北固山下》"。 ⑥张燕公：张说（667—730），唐河南洛阳人，玄宗时官终左丞相，封燕国公。政事堂：宰相治理政事之所，设于门下省或中书省，后亦称"中书门下"。 ⑦终南山：秦岭山峰之一，在陕西西安市南。

26 崔 颢①

颢，汴州人②。开元十一年源少良下及进士第③。天宝中，为尚书司勋员外郎④。少年为诗，意浮艳，多陷轻薄；晚节忽变常体⑤，风骨凛然。一窥塞垣，状极戎旅，奇造往往并驱江、鲍⑥。后游武昌，登黄鹤楼⑦，感慨赋诗。及李白来，曰："眼前有景道不得，崔颢题诗在上头⑧。"无作而去，为哲匠敛手云⑨。然行履稍劣，好蒲博⑩，嗜酒，娶妻择美者，稍不惬即弃之，凡易三四。初，李邕闻其才名⑪，虚舍邀之。颢至；献诗，首章云："十五嫁王昌⑫。"邕叱曰："小儿无礼！"不与接而入⑬。颢苦吟咏，当病起清虚⑭，友人戏之曰："非子病如此，乃苦吟诗瘦耳！"遂为口实。天宝十三年卒。有诗一卷，今行。

[校注]

①崔颢（？—754）：唐汴州（今河南开封）人。《全唐诗》卷一三〇收其诗。谭优学《唐诗人行年考》定崔颢生卒年为公元694—758年，可参。 ②汴州：今河南开封地区东部。 ③源少良：源匡赞之子，曾任司

勋员外郎。见《新唐书》卷七十五上《宰相世系表》五上源氏。　④尚书司勋员外郎：尚书省吏部司勋司（掌功赏等事）的副长官，从五品。　⑤意浮艳：当作"属意浮艳"。晚节：晚年。《史记·外戚世家》："汉兴，吕娥姁为高祖正后，男为太子。及晚节，色衰爱弛，而戚夫人有宠，其子如意几代太子者数矣。"　⑥江、鲍：指南朝梁江淹（444—505）和南朝宋鲍照（约414—466）。　⑦黄鹤楼：故址在今湖北武昌蛇山的黄鹄矶头，相传始建于三国吴黄武二年（223）。宋乐史《太平寰宇记》："昔曹祎登仙，每乘黄鹤于此憩驾，故号为黄鹤楼。"　⑧崔颢题诗：《文苑英华》卷三一二崔颢《登黄鹤楼》诗云："昔人已乘白云（黄鹤）去，兹地空遗黄鹤楼。黄鹤一去不复返，白云千载空悠悠。晴川历历汉阳树，春草萋萋鹦鹉洲。日暮乡关何处是，烟波江上使人愁。"　⑨哲匠：明智而富有才艺的人。　⑩蒲博：樗（chū）蒲之戏，赌博的一种，以掷骰（tóu）所得彩色（有卢、雉、犊、白等称）而定其胜负。　⑪李邕（678—747）：唐扬州江都（今江苏扬州）人，李善之子，能文善书，自成风格。《旧唐书》本传："天宝初，为汲郡、北海二太守。"　⑫十五嫁王昌：《文苑英华》卷二一三收崔颢《王家小妇》诗云："十五嫁王昌，盈盈入画堂。自矜年最小，复倚婿为郎。舞爱《前溪》绿，歌怜《子夜》长。闲来斗百草，度日不成妆。"王昌，借指美少年。南朝乐府及唐人诗句中多有之。如上官仪诗："南国自然胜掌上，东家复是忆王昌。"李商隐诗："王昌且在墙东住，未必金堂得免嫌。"韩偓诗："何必苦劳魂与梦，王昌只在此墙东。"　⑬不与接而入：宋计有功《唐诗纪事》卷二十一作"不与接而去"。　⑭清虚：谓形体消瘦。《世说新语·言语》："庾公造周伯仁，伯仁曰：'君何所欣说而忽肥？'庾曰：'君复何所忧惨而忽瘦？'伯仁曰：'吾无所忧，直是清虚日来，滓秽日去耳。'"

27 祖 咏①

咏，洛阳人。开元十二年杜绾榜进士，有文名。殷璠评其诗剪刻省静②，用思尤苦，气虽不高，调颇凌俗，足称为才子也。少与王维为吟侣③。维在济州④，寓官舍，赠祖三诗，有云："结交三十载⑤，不得一日展。贫病子既深，契阔余不浅。"盖亦流落不偶，极可伤也。后移家归汝坟间别业⑥，以渔樵自终。有诗一卷，传于世。

[校注]

①祖咏（699—约746）：唐洛阳人。《全唐诗》卷一三一收其诗。
②殷璠：唐丹阳（今属江苏）人。论诗反对轻艳矫饰，提倡风骨与声律统一。"剪刻省静……足称为才子也。"见所编《河岳英灵集》卷下。
③王维（701—761）：字摩诘，太原祁县（今山西祁县）人。长于书画，尤善吟诗。王维生卒年，参见陈贻焮《王维诗选》。　④济州：今山东茌平西南。王维曾任济州司仓参军。　⑤三十载：《全唐诗》卷一二五王维《赠祖三咏》诗作"二十载"。　⑥汝坟：汝水上的堤防，在今河南叶县北。别业：在本宅以外另建的供游玩休憩的园林房屋，叫"别业"，也叫"别墅（shù）"或"别馆"。

28 储光羲①

光羲,兖州人。开元十四年严迪榜进士②。有诏中书试文章③。尝为监察御史④。值安禄山陷长安⑤,辄受伪署。贼平后自归,贬死岭南⑥。工诗,格高调逸,趣远情深,削尽常言,挟风雅之道,养浩然之气⑦。览者犹听韶濩音⑧,先洗桑濮耳⑨,庶几乎赏音也。有集七十卷,《正论》十五卷,《九经分义疏》二十卷,并传。

[校注]

①储光羲(约707—约762):唐兖州(今属山东)人。一说润州延陵(今江苏丹阳南)人。《全唐诗》卷一三六至一三九收其诗。谭优学《唐诗人行年考》定为润州延陵人,可参。 ②严迪:《文苑英华》卷五一三录其《张侯下纲判》一道。 ③中书:中书省,秉承皇帝旨意、掌管机要并发布政令的官署,与门下省、尚书省同为全国之行政中枢。 ④监察御史:掌分察百僚、巡按郡县、纠视刑狱、肃整朝仪的官,正八品上,属御史台察院,与侍御史、殿中侍御史同为御史台的成员。 ⑤安禄山(? —757):唐营州柳城(今辽宁朝阳南)人。玄宗时任平卢兵马使、营州都督,兼任平卢、范阳、河东三节度使。公元755年冬起兵叛乱,南下陷洛阳,次年称帝,入长安。至德二年(757)为其子安庆绪所杀。 ⑥岭南:唐岭南道,在五岭以南,约当今广东、广西及越南北部地区,治所在广州。 ⑦"格高"五句:见唐殷璠《河岳英灵集》卷中。风雅之道:《诗经》有《国风》《大雅》《小雅》等,《诗·大序》以为"风"

是用于教化、风刺,"以一国之事,系一人之本"的作品,"雅"是"言王政之所由废兴"的作品。浩然之气:儒家指一种至大至刚、处处皆合于"义"的精神状态。《孟子·公孙丑上》:"我善养吾浩然之气。"

⑧韶濩(hù):相传为殷汤之乐;谓其能"绍继夏禹""防濩下民",故称。 ⑨桑濮:桑间濮上,桑间在濮水之上,属古卫国地,相传为男女聚会之所。《礼记·乐记》:"桑间濮上之音,亡国之音也;其政散,其民流。"洗鼙濮耳:谓听了后不愿再听。晋皇甫谧《高士传·许由》:"尧又召(由)为九州长,由不欲闻之,洗耳于颍水滨。"

卷二

29 包 融①

融，延陵人。开元间，仕历大理司直②。与参军殷遥、孟浩然交厚③。工为诗。二子何、佶④，纵声雅道，齐名当时，号"三包"。有诗一卷，行世。○夫人之于学，苦心难⑤；既苦心，成业难；成业者获名不朽，兼父子兄弟间尤难。历观唐人父子如三包，六窦⑥，张碧、张瀛⑦，顾况、非熊⑧，章孝标、章碣⑨；公孙如杜审言、杜甫⑩，钱起、钱珝⑪，温庭筠、温宪⑫；兄弟如皇甫冉、皇甫曾⑬，李宣古、李宣远⑭，姚係、姚伦等⑮，皆联玉无瑕，清尘远播⑯。芝兰继芳⑰，重难改于父道；骚雅接响，庶不愧于祖风⑱。四难之间⑲，挥麈之际⑳，亦可以为美谈矣。

[校注]

①包融：唐润州延陵（今江苏丹阳南）人。与贺知章、张旭、张若虚齐名，号"吴中四友"。《全唐诗》卷一一四收其诗八首。 ②大理司直：大理寺（审核刑狱案件的官署）的属官，掌承旨出使推覆及参议疑狱。 ③参军：王府的属官。州刺史的属官亦称参军。殷遥：玄宗时任为忠王府仓曹参军。孟浩然：玄宗时曾任荆州从事。 ④何、佶：包何，字幼嗣，大历起居舍人，曾师事于孟浩然。包佶（jí），字幼正，包何之弟，官至谏议大夫、御史中丞。 ⑤苦心：勤奋用心，刻苦经营。 ⑥六窦：指窦叔向及其五子：窦常（749—825）、窦牟（749—822）、窦群（760—814）、窦庠（约761—823）及窦巩（约762—821）。本书卷四并有传。

⑦张碧：贞元中累举进士不第。孟郊读其集诗云："天宝太白没，六义已消歇。大哉《国风》本，丧而王泽竭。先生今复生，斯文信难缺。下笔证兴亡，陈辞备风骨。高秋数奏琴，澄潭一轮月。谁作采诗官，忍之不挥发。"张瀛：张碧之子。事广南刘氏，官至曹郎。 ⑧顾况（约730—约806）：至德二年（757）进士，官著作郎。非熊：即顾非熊，顾况之子，困于举场三十年，始及第。 ⑨章孝标：元和十四年（819）进士，仕终秘书正字。章碣：章孝标之子，颇有异才而屡试不第。 ⑩杜审言（约645—708）：官至修文馆直学士、尚书膳部员外郎。杜甫（712—770）：杜审言之孙。 ⑪钱起（约720—约782）：唐吴兴（今浙江湖州）人，"大历十才子"之一。钱珝（xǔ）：钱起的曾孙（此误为"孙"），昭宗时仕为中书舍人。参见本书《钱珝》。 ⑫温庭筠（约812—866）：唐太原（今山西太原西南）人，宰相温彦博之孙。温宪：温庭筠之子（此误为"孙"），官至郎中。参见本书卷九《温宪》。 ⑬皇甫冉（约717—约770）：晋高士皇甫谧之后，唐天宝十五年（756）进士。皇甫曾：皇甫冉之弟。天宝十二年（753）进士。 ⑭李宣古：唐澧阳（今湖南澧县）人，会昌三年（843）进士。李宣远：李宣古之弟，并以诗鸣。 ⑮姚係：贞元元年（785）进士。姚伦：姚係之弟，官至扬州大都督府参军。

⑯清尘：虚静无为之风。战国楚屈原《远游》："闻赤松之清尘兮，愿承风乎遗则。" ⑰芝兰：喻优秀子弟。《晋书·谢安传》："譬如芝兰玉树，欲使其生于庭阶耳。" ⑱慊（qiàn）：憾，亏缺。《孟子·公孙丑下》："彼以其富，我以吾仁；彼以其爵，我以吾义；吾何慊乎哉？" ⑲四难：指上文所言之苦心难、成业难、获名不朽难兼父子兄弟间尤难。 ⑳挥麈（zhǔ）：挥动麈尾（一种上圆下方、装有把柄、类似羽扇的"雅具"，用麈鹿的尾制成，详《文史知识》1982年第7期《麈尾与魏晋

名士清谈》一文)。魏晋人清谈时,每执麈尾挥动,以显身份,而助谈锋,后人因称谈论为"挥麈"。

30 崔国辅^①

国辅,山阴人。开元十四年严迪榜进士^②。与储光羲、綦毋潜同时举县令^③,累迁集贤直学士^④、礼部郎中^⑤。天宝间,坐是王鉷近亲^⑥,贬竟陵司马^⑦。有文及诗,婉娈清楚,深宜讽咏。乐府短章,古人有不能过也。初至竟陵,与处士陆鸿渐游三岁^⑧,交情至厚,谑笑永日。又相与较定茶水之品,临别谓羽曰:"予有襄阳太守李憕所遗白驴、乌犎牛各一头^⑨,及卢黄门所遗文槐书函一枚^⑩,此物皆己之所惜者,宜野人乘蓄^⑪,故特以相赠。"雅意高情,一时所尚。有酬酢之歌诗并集传焉。

[校注]

①崔国辅(687—755):《全唐诗》卷一一九收其诗,谓系吴郡(今江苏苏州)人。 ②山阴:今浙江绍兴。傅璇琮《唐代诗人丛考·王昌龄事迹考略》谓崔国辅乃清河(今属河北)人,曾任山阴尉,故王昌龄称其为"山阴崔少府"云。严迪:作有《张侯下纲判》,见《文苑英华》卷五一三。 ③储光羲(约707—约762):祖籍兖州(今属山东)。綦毋潜(692—约749):唐虔州南康(今属江西)人。 ④集贤直学士:集贤殿书院的属官,掌校正图书、教授生徒等。位在集贤院学士之下。 ⑤礼部郎中:礼部属司的长官。 ⑥王鉷(hóng):唐太原祁县(今属山西)

人。长于搜刮,供玄宗挥霍,后因罪被杀。 ⑦竟陵:约当今湖北天门一带。司马:州的佐官。 ⑧处士:指具有才德而隐居不仕的人。陆鸿渐(733—804):陆羽,字鸿渐,唐竟陵人。以嗜茶著名,撰有《茶经》三篇。 ⑨太守:州郡的最高行政长官。李憕(chéng):唐汶水人。为官以任事称。死于安史之乱。乌犎(fēng)牛:一种黑色的野牛,领上之肉隆起,状如骆驼,日行可三百余里。 ⑩卢黄门:旧本作"卢□"。清钱熙祚云:"阁本作'卢黄门'三字。"今据补。卢黄门,疑指卢藏用(约664—约713),官终黄门侍郎。文槐书函:饰有槐树花纹的封套。 ⑪野人:泛指无官职者。乘蓄:旧本作"□蓄"。清钱熙祚云:"阁本空格作'乘'。"今据补。乘,乘骑;蓄,饲养。

31 卢 象①

象字纬卿,汶水人②。鸿之侄也③。携家来居江东最久。仕为校书郎、左拾遗、膳部员外郎④。授安禄山伪官,贬永州司户参军⑤。后为主客员外郎⑥。有诗名,誉充秘阁⑦,雅而不素,有大体,得国士之风⑧。集二十卷,今传。同仕有韦述⑨,为桑泉尉⑩。时诏求逸书,命述等编校于朝元殿⑪。后为翰林学士⑫,有诗名,今亦传焉。

[校注]

①卢象:开元中,由前进士补秘书郎,转右卫仓曹掾,丞相张九龄深器之。《全唐诗》卷一二二收其诗。 ②汶水:今山东泰安一带。

③鸿：卢鸿，唐幽州范阳（今河北涿州）人，后徙家洛阳。　④校书郎：掌校雠典籍的官。左拾遗：门下省的属官，掌供奉、讽谏之事。膳部员外郎：礼部属司的副长官，掌饮食、祭器之事。　⑤永州：辖境相当于今湖南永州、东安、祁阳和广西全州、灌阳等市县地。司户参军：一州内主管民户的属官。　⑥主客员外郎：礼部属司的副长官，掌蕃国朝聘及接待、给赐诸事。《刘梦得文集》卷二十三《唐故尚书主客员外郎卢公集序》云："贬永州司户，移吉州长史，征拜主客员外郎，道病留武昌，遂不起。"　⑦秘阁：通指皇家藏书之所或掌管文艺图籍的官署。　⑧国士：国中才能出众者。《战国策·赵策一》："知伯以国士遇臣，臣故以国士报之。"　⑨韦述（？—757）：京兆（今陕西西安、咸阳一带）人，曾任集贤院直学士等职。　⑩桑泉：唐县名，故地在今山西临猗县西。　⑪朝元殿：唐有朝元阁，或即此。《资治通鉴》唐天宝七载十二月"或言玄元皇帝降于朝元阁"，元胡三省注："上于华清宫中起老君殿，殿之北为朝元阁，以或言老君降于此，改曰降圣阁。"　⑫翰林学士：玄宗时，于翰林院以外别建学士院，选择有文学的朝臣充翰林学士，负责起草机密诏令等。

32　綦毋潜①

潜字孝通，荆南人②。开元十四年严迪榜进士及第③。授宜寿尉④，迁右拾遗，入集贤院待制⑤，复授校书，终著作郎⑥。与李端同时⑦。诗调屹崒峭蒨⑧，足佳句，善写方外之情，历代未有。荆南分野，数百年来，独秀斯人。后见兵乱，官况日恶，挂冠归隐江东别业⑨。王维有诗送之曰："明时久不达，弃置与君同。天命无怨色，人生有素风⑩。"一时文士咸赋诗祖饯⑪，甚荣。有集一卷行世。

[校注]

①綦毋潜（692—约749）：《全唐诗》卷一三五收其诗。 ②荆南人：误。据《元和姓纂》卷二，綦毋潜应为虔州（今属江西）人；宋陈振孙《直斋书录解题》卷十九谓系南康（今属江西赣州）人。 ③严迪：《文苑英华》卷五一三《张侯下纲判》之五，系严迪所作。 ④宜寿：疑为"宜春"之误。宜春，今属江西省。 ⑤集贤院：集贤殿书院，掌勘辑经籍、搜求佚书等。待制：轮番值日，以备顾问的官。按，綦毋潜迁右拾遗应在入集贤院待制后。见《新唐书·艺文志四》。 ⑥著作郎：秘书省著作局的长官，掌撰拟文字等。 ⑦李端：唐赵州人。按，李端系大历五年（770）进士，"大历十才子"之一，恐不大可能与綦毋潜同时。 ⑧屹崒（zú）：高耸险峻。峭蒨（qiàn）：鲜明貌。晋左思《招隐诗二首》："峭蒨青葱间，竹柏得其真。" ⑨挂冠：汉逢萌之子被王莽所杀，萌恐祸及于家，乃解冠挂东都城门，归家将属浮海，客于辽东。见《后汉书·逢萌传》。后因谓辞官为"挂冠"。 ⑩"明时"四句：见《全唐诗》卷一二五，题作"送綦毋校书弃官还江东"，全诗二十句，此为首四句，其末四句云："微物纵可采，其谁为至公？余亦从此去，归耕为老农。" ⑪祖饯：设宴饯别远行的人。

33 王昌龄①

昌龄字少伯，太原人。开元十五年李嶷榜进士②，授汜水尉③。

又中宏辞④，迁校书郎⑤。后以不护细行，贬龙标尉⑥。以刀火之际，归乡里，为刺史闾丘晓所忌而杀⑦。后张镐按军河南⑧，晓愆期⑨，将戮之，辞以亲老乞恕，镐曰："王昌龄之亲欲与谁养乎？"晓大惭沮。昌龄工诗，缜密而思清⑩。时称"诗家夫子王江宁"，盖尝为江宁令⑪。与文士王之涣、辛渐交友至深⑫，皆出模范，其名重如此。有诗集五卷；又述作诗格律、境思、体例共十四篇，为《诗格》一卷；又《诗中密旨》一卷及《古乐府解题》一卷，今并传。〇自元嘉以还⑬，四年之内⑭，曹、刘、陆、谢⑮，风骨顿尽。逮储光羲⑯、王昌龄颇从厥迹，两贤气同而体别也。王稍声峻，奇句俊格，惊耳骇目。奈何晚途不矜小节，谤议腾沸，两窜遐荒⑰，使知音者喟然长叹。至归全之道⑱，不亦痛哉！

[校注]

①王昌龄（约698—约756）：《河岳英灵集》谓系太原（今属山西）人，《旧唐书》作京兆长安（今陕西西安）人，《新唐书》作江宁（今江苏南京）人。《全唐诗》卷一四〇至一四三收其诗。按，王昌龄《郑县宿陶太公馆中赠冯六元二》云："本家蓝田下，非为渔弋故。"《别李浦之京》云："故园今在灞陵西。"则以京兆长安人为近是。 ②李巅：曾官左武卫录事。 ③汜（sì）水：唐县名，在今河南荥阳市西北。 ④宏辞：博学宏词，唐科举名目之一。清徐松《登科记考》谓昌龄"中宏词"在开元二十二年（734）云。 ⑤迁校书郎：据《旧唐书》本传，王昌龄任校书郎应在任汜水尉之前。宋陈振孙《直斋书录解题》卷十九云："（开元）二十二年选宏辞，超绝群类，为汜水尉。"可参。 ⑥龙标：或作"龙檦"，唐县名，在今湖南洪江市西。谭优学《唐诗人行年考》定昌

龄贬龙标尉在天宝七载（748）。　⑦闾丘晓：姓闾丘，名晓，曾任亳州（今属安徽）刺史，后以行军误期为宰相张镐所杖杀。　⑧张镐：唐博州（约当今山东聊城）人，字从周，肃宗时拜同平章事。　⑨愆（qiān）期：误期。玄宗末年，安禄山起兵，张巡、许远合兵守睢（suī）阳（今属河南商丘）。巡向张镐告急。镐倍道进，令亳州刺史闾丘晓克日赴援。晓逡巡不进，比镐至而城已陷，故云"愆期"。　⑩缜密：《新唐书》本传作"绪密"，是。　⑪夫子：或作"天子"。江宁：今江苏南京市。令：当作"丞"。王昌龄《留别岑参兄弟》诗云："江城建业楼，山尽沧海头。副职守兹县，东南棹孤舟。"见《文苑英华》卷二八七。　⑫王之涣（688—742）：唐晋阳（在今山西太原市西南）人，时与王昌龄、高适相唱和。辛渐：沪本云："目录中'辛渐'，作'辛霁'。"今按，作"辛渐"是。《全唐诗》卷一四三有王昌龄《别辛渐》诗云："别馆萧条风雨寒，扁舟月色渡江看。酒酣不识关西道，却望春江云尚残。"　⑬元嘉：南朝宋文帝年号（424—453）。其时诗作，多描绘山水，讲究辞藻对偶等，被称为"元嘉体"，以颜延之、鲍照、谢灵运之诗为代表。　⑭四年之内：宋计有功《唐诗纪事》卷二十四引唐殷璠语，作"四百年之内"，是。　⑮曹：指曹植（192—232），三国魏诗人，其诗善用比兴，语言精练而辞采华茂。刘：指刘桢（？—217），东汉末为曹操丞相掾属，五言诗颇负盛名，为"建安七子"之一。陆：指西晋之陆机（261—303）、陆云（262—303）兄弟。谢：指南朝宋谢灵运（385—433），晋时袭封康乐公，后与颜延之齐名。　⑯储光羲（约707—约762）：唐兖州（今属山东）人，其诗多离别、怀人之思。　⑰两窜：指储光羲贬死岭南，王昌龄贬龙标尉。　⑱归全：犹全归，大归，最后归宿。

34 常 建①

建，长安人。开元十五年与王昌龄同榜登科。大历中，授盱眙尉②。仕颇不如意，遂放浪琴酒，往来太白、紫阁诸峰，有肥遁之志③。尝采药仙谷中，遇女子，遍体毛绿，自言是秦时宫人，亡入山，采食松叶④，遂不饥寒，因授建微旨⑤，所养非常。后寓鄂渚，招王昌龄、张偾同隐，获大名当时⑥。集一卷，今传。○古称高才而无贵仕，诚哉是言！曩刘桢死于文学，鲍照卒于参军⑦，今建亦沦于一尉，悲夫！建属思既精，词亦警绝，似初发通庄，却寻野径，百里之外，方归大道，旨远兴僻，能论意表，可谓一倡而三叹矣⑧。

[校注]

①常建（708—?）：《全唐诗》卷一四四收其诗。有《落第长安》诗云："家园好在尚留秦，耻作明时失路人。恐逢故里莺花笑，且向长安度一春。"其非长安人可知。　②大历中：公元772年顷。其时距开元十五年（727）已四十余载，相隔太久，疑有误。盱眙（xū yí）：今属江苏省。　③太白：山名，在陕西太白县东南。紫阁：峰名，在陕西西安市鄠邑区。肥遁：退隐。《易·遁》："上九，肥遁，无不利。"唐孔颖达疏："上九最在外极，无应于内，心无疑顾，是遁之最优，故曰肥遁。"　④采食：沪本云："'采'原作'来'，今改。"　⑤微旨：隐微的旨意。《三国志·吴·赵达传》："（达）治九宫一算之术，究其微旨，是以能应机立成，对问

若神。" ⑥鄂渚：今湖北武汉市武昌城区以西。战国楚屈原《九章·涉江》："乘鄂渚而反顾兮，欸秋冬之绪风。"张偾：即张偾（tuǐ）。《全唐诗》卷一四〇有王昌龄之《为张偾赠阎使臣》诗。岑仲勉《读〈全唐诗〉札记》云："偾、僓形近易讹。" ⑦刘桢（？—217）：汉末东平（今属山东）人，为"建安七子"之一。曾参与曹丕的宴饮，丕命夫人甄氏出拜，桢平视甄氏，以不敬得罪。按，唐殷璠《河岳英灵集》卷上，此下尚有"左思终于记室"一句。左思（约250—约305），西晋临淄（今山东淄博市东）人，官秘书郎，齐王（司马冏）命为记事督，不就。鲍照（约414—466）：南朝宋东海（今山东郯城一带）人，曾任临海王刘子顼前军参军。子顼起兵失败，照为乱兵所杀。 ⑧"似初发"数句：唐殷璠《河岳英灵集》卷上作："建诗似初发康庄，却寻野径，百里之外，方归大道，所以其旨远，其兴僻，佳句辄来，唯论意表。"可参。一倡而三叹，宗庙奏乐，一人唱歌，三人赞叹而应和之。《荀子·礼论》："清庙之歌，一倡而三叹也。"此指其诗婉转而富于情味。

35 贺兰进明①

进明，开元十六年虞咸榜进士及第②。仕为御史大夫③。肃宗时④，出为河南节度使⑤。时禄山群党未平⑥，尝帅师屯临淮备贼⑦，竟亦无功。进明好古博雅，经籍满腹。其所著述一百余篇，颇穷天人之际⑧。又有古诗、乐府等数十篇，大体符于阮公⑨，皆今所传者云。

[校注]

①贺兰进明：唐玄宗、肃宗时人。安史之乱，睢阳被围，张巡遣南霁云至临淮向进明求援。贺兰嫉张巡、许远之声威功绩出己上，云："睢阳存亡已决，兵出何益！"竟不肯出师救，睢阳遂陷。《全唐诗》卷一五八收其诗七首。　②虞咸：有《对太宝择嗣判》一首，收于《文苑英华》卷五三六。　③御史大夫：御史台的长官，掌监察、执法等。　④肃宗：唐肃宗李亨（756—762年在位）。　⑤河南：河南道，约当今黄河淮河之间的广大地区。节度使：总揽一方的军、民、财政大权的官。　⑥禄山：安禄山。　⑦临淮：今安徽泗县东南。　⑧天人之际：泛指天时、人事及二者的关系。汉司马迁《报任少卿书》："仆窃不逊，……亦欲以究天人之际，通古今之变，成一家之言。"　⑨阮公：喻指乐律。西晋阮咸，为"竹林七贤"之一，善弹琵琶。其所弹琵琶四弦有柄，状如月琴，即名"阮咸"，也简称"阮"。

36 崔　署①

署，宋州人②。少孤贫，不应荐辟③，志况疏爽，择交于方外。苦读书，高栖少室山中④。与薛据友善⑤。工诗，言词款要，情兴悲凉，送别、登楼⑥，俱堪泪下。集传于今也。

[校注]

①崔署：宋计有功《唐诗纪事》卷二十作"崔曙"。唐玄宗时人。

《全唐诗》卷一五五收其诗。　②宋州：约当今河南商丘。　③荐辟（bì）：荐举和征召。　④少（shào）室山：在河南登封市北，因山有石室，故名。　⑤薛据：唐玄宗时人，与王维、杜甫相友善，晚岁遁居终南山以终。　⑥送别：南朝梁江淹有《别赋》，写离别之苦。《文苑英华》卷二七一有崔曙《送薛据之宋州》一首。登楼：汉末王粲有《登楼赋》，情辞激切悲愤，感伤气氛浓厚。此泛指文人思乡、怀才不遇之作。

37 陶　翰①

翰，润州人②。开元十八年崔明允下进士及第，次年中博学宏辞。与郑昉同时③。官至礼部员外郎④。为诗词笔双美⑤，既多兴象⑥，复备风骨⑦。三百年以前，方可论其裁制。大为当时所称。今有集相传⑧。

[校注]

①陶翰：唐润州人。《全唐诗》卷一四六收其诗。　②润州：今江苏镇江一带。　③郑昉（fǎng）：《文苑英华》卷一八九录其《人不易知》诗一首，卷五三二录其《请命服判》一道。　④礼部：尚书省六部之一，掌礼乐、祭祀、学校贡举等。礼部员外郎：礼部第一司的副长官。　⑤词笔：指文辞与义理。南朝梁刘勰《文心雕龙·总术》："今之常言，有文有笔，以为无韵者笔也，有韵者文也。夫文以足言，理兼诗书；别目两名，自近代耳。"　⑥兴（xìng）象：指触景生情，托事于物，取譬引类，以抒己意的修辞方式。　⑦风骨：指仗义执言，刚健清新，意若凌云，理

直气足的写作风格。《文心雕龙·风骨》:"故辞之待骨,如体之树骸;情之含风,犹形之包气。结言端直,则文骨成焉;意气骏爽,则文风生焉。"⑧今有集相传:《陶翰集》宋时已佚,见《新唐书·艺文志四》。

38 王 维①

维字摩诘,太原人。九岁知属辞,工草隶②,闲音律。岐王重之③。维将应举,岐王谓曰:"子诗清越者,可录数篇,琵琶新声,能度一曲,同诣九公主第④。"维如其言。是日,诸伶拥维独奏,主问⑤:"何名?"曰:"郁轮袍⑥。"因出诗卷。主曰:"皆我习讽,谓是古作,乃子之佳制乎?"延于上座,曰:"京兆得此生为解头⑦,荣哉!"力荐之。开元十九年状元及第⑧,擢左拾遗,迁给事中⑨。贼陷两京⑩,驾出幸。维扈从不及,为贼所擒,服药,称喑病。禄山爱其才,逼至洛阳,供旧职,拘于普施寺⑪。贼宴凝碧池⑫,悉召梨园诸工合乐。维痛悼,赋诗曰:"万户伤心生野烟,百官何日再朝天?秋槐花落空宫里,凝碧池头奏管弦⑬。"诗闻行在所⑭。贼平后,授伪官者皆定罪,独维得免,仕至尚书右丞⑮。维诗入妙品上上,画思亦然,至山水平远,云势石色,皆天机所到⑯,非学而能。自为诗云:"当代谬词客,前身应画师⑰。"后人评维"诗中有画,画中有诗⑱",信哉!客有以《按乐图》示维者⑲,曰:"此霓裳第三叠最初指也⑳。"对曲果然。笃志奉佛,蔬食素衣,丧妻,不再娶,孤居三十年。别墅在蓝田县南辋川㉑,亭馆相望。尝自写其景物奇胜，日与文士丘丹、裴迪、崔兴宗游览赋诗㉒，琴樽自乐。后表宅请以为寺。临终，作书辞亲友，停笔而化。代宗访维文章㉓，弟缙集赋诗等十卷上之㉔，今传于世。

[校注]

①王维（701—761）：唐太原祁县（今属山西）人，官至尚书右丞，世称"王右丞"。《全唐诗》卷一二五至一二八收其诗。 ②草隶：一种草写的隶书，笔势介于隶书与章草之间。 ③岐王：指李业（唐睿宗李旦第五子）之子李珍，嗣李范（睿宗第四子）为岐王，肃宗时任宗正员外卿。 ④九公主：睿宗之女。 ⑤主：即九公主。 ⑥郁轮袍：王维所作琵琶曲名。 ⑦京兆：府名，治所在长安万年（今陕西西安市），辖境约当今陕西咸阳、渭南两地区大部。解（jiè）头：唐代举进士例由地方解送入试，其第一名称"解头"或"解元"。 ⑧状元：第一名进士。 ⑨给事中：门下省的重要属官，以给事殿中，备顾问应对，故名。其位在侍中及门下侍郎之下，掌驳正政令违失等。 ⑩贼：指安禄山。 ⑪晋施寺：宋计有功《唐诗纪事》卷十六作"菩提寺"。今按，菩提寺在洛阳城南，见北魏杨衒之《洛阳伽蓝记》卷三；"晋施、菩提"盖形近而误，当据正。 ⑫凝碧池：唐洛阳禁苑中池名。 ⑬"万户"四句：见《全唐诗》卷一二八，题为《菩提寺禁裴迪来相看说逆贼等凝碧池上作音乐供奉人等举声便一时泪下私成口号诵示裴迪》。诗中"百官"作"百僚"，"花落"作"叶落"。 ⑭行在所：皇帝临时驻在之所。 ⑮尚书右丞：尚书省长官之一，协助皇帝处理政务，总辖兵、刑、工三部之事。 ⑯天机：天赋的悟性，聪明。 ⑰"当代"二句：《全唐诗》卷一二五题为《偶然作六首》，其六云："老来懒赋诗，惟有老相随。宿世谬词客，前身

应画师。不能舍余习,偶被世人知。名字本皆是,此心还不知。"　⑱"后人评"二句:唐殷璠《河岳英灵集》卷中云:"维诗词秀调雅,意新理惬,在泉为珠,著壁成绘。"宋苏轼《东坡志林》云:"味摩诘之诗,诗中有画;观摩诘之画,画中有诗。"　⑲《按乐图》:唐李肇《唐国史补》作"《奏乐图》"。　⑳霓裳:《霓裳羽衣曲》,唐代宫廷舞乐,全曲分散序、中序、曲破三部分:散序为器乐演奏,中序且歌且舞,曲破为全曲高潮,繁音急节,声调铿锵,结束时舞而不歌。第三叠:谓反复咏唱至第三次。指:指法。唐李肇《唐国史补·王摩诘辨画》云:"人有画《奏乐图》,维熟视而笑。或问其故,维曰:'此是《霓裳羽衣曲》第三叠第一拍。'好事者集乐工验之,一无差谬。"　㉑辋川:辋谷水,在陕西蓝田县南,如车轮辐辏,故名。王维《辋川六言》诗云:"桃红复含宿雨,柳绿更带春烟。花落家童未扫,莺啼山客犹眠。"　㉒丘丹:唐苏州嘉兴人,历检校尚书户部员外郎,兼侍御史。《全唐诗》卷三〇七收其诗十一首。今按,丘丹比王维要晚一辈,此"丘丹"可能系"丘为"之误。裴迪:唐关中(今陕北一带)人,初与王维、崔兴宗居终南山,同唱和。《全唐诗》卷一二九收其诗二十九首。崔兴宗:唐玄宗时人,官至右补阙。《全唐诗》卷一二九收其诗五首。　㉓代宗:唐代宗李豫(762—779年在位)。　㉔弟缙:王维之弟王缙(700—781),少好学,与王维同以文翰著称,累授侍御史、武部员外等。《全唐诗》卷一二九收其诗八首。王缙《别辋川别业》诗云:"山月晓仍在,林风凉不绝。殷勤如有情,惆怅令人别。"

39 薛 据①

据,荆南人。开元十九年王维榜进士。天宝六年,又中风雅古调科第一人,于吏部参选②,据自恃才名,请受万年录事③,流外官诉宰执④,以为赤县是某等清要,据无媒,改涉县令⑤。后仕历司议郎,终水部郎中⑥。据为人骨鲠,有气魄,文章亦然。尝自伤不得早达,造句往往追凌鲍、谢⑦。初,好栖遁,居高山炼药。晚岁置别业终南山下,老焉。有集,今传。

[校注]

①薛据:唐荆南(治今湖北荆州)人。《全唐诗》卷二五三收其诗十二首,谓系河中宝鼎(今山西万荣西南)人。 ②吏部:尚书省六部之首,掌内外官吏之选授、勋封、考课等。唐代科举取士,仅给予出身资格,须再经吏部考选,始能授官。 ③万年:唐县名,今陕西西安市南。 ④流外官:九品以下的官。宰执:宰相一级的官。 ⑤赤县:指直属京都的县,如唐之长安、万年。清要:职位清贵、掌握枢要的官。媒:中介。涉县:今属河北省。 ⑥司议郎:疑当为"司仪郎",鸿胪寺的属官,掌丧葬仪式等。水部郎中:工部属司的长官,掌水道之事。 ⑦鲍、谢:指南朝宋鲍照(约414—466)、谢灵运(385—433)。

40 刘长卿①

长卿字文房，河间人。少居嵩山读书，后移家来鄱阳最久②。开元二十一年徐徵榜及第。至德中③，历监察御史，以检校祠部员外郎出为转运使判官④，知淮西岳鄂转运留后⑤。观察使吴仲孺诬奏非罪⑥，系姑苏狱久之，贬潘州南巴尉⑦。会有为辨之者，量移睦州司马，终随州刺史⑧。长卿清才冠世，颇凌浮俗，性刚，多忤权门，故两逢迁斥，人悉冤之。诗调雅畅，甚能炼饰。其自赋伤而不怨，足以发挥风雅，权德舆称为"五言长城"⑨。长卿尝谓："今人称前有沈、宋、王、杜⑩，后有钱、郎、刘、李⑪。李嘉祐、郎士元何得与余并驱？"每题诗不言姓，但书长卿，以天下无不知其名者云。灞陵碧涧有别业⑫。今集诗赋文等传世。淮南李穆⑬，有清才，公之婿也。

[校注]

①刘长卿（？—约789）：唐河间（今属河北）人。《全唐诗》卷一四七至一五一收其诗。　②鄱（pó）阳：疑当作"洛阳"。《刘随州诗集》卷六有《京口怀洛阳旧居兼寄广陵二三知己》诗。　③开元二十一年徐徵榜：按本书卷一《刘慎虚》作"开元十一年徐徵榜"，二者必有一误。又，傅璇琮《唐代诗人丛考·刘长卿事迹考辨》谓长卿可能至天宝中始登第，谨录以备考。至德：唐肃宗年号（756—758）。　④检校（jiào）祠部员外郎：礼部祠部曹的副长官，属加官性质。转运使判官：

助理转运使负责转运谷物财货的官,其位略低于副使。 ⑤知:担任。淮西:约当今河南信阳、湖北黄冈、安徽六安等地区。岳鄂:应为"鄂岳"。见宋计有功《唐诗纪事》卷二十六。鄂岳,约当今湖北咸宁及湖南岳阳地区。转运留后:未正使任命的转运使。 ⑥吴仲孺:郭子仪的女婿,大历时任鄂岳观察使。 ⑦姑苏:今江苏苏州。潘州南巴:今广东茂名市东南。 ⑧睦州:辖境相当于今浙江建德、桐庐、淳安等地。据傅璇琮《唐代诗人丛考·刘长卿事迹考辨》,长卿一生凡两次贬谪。一在肃宗时,由苏州长洲尉贬为潘州南巴尉。一为代宗时,因吴仲孺之陷,由淮西鄂岳转运留后贬为睦州司马。随州:今湖北随州一带。 ⑨权德舆(759—818):唐天水略阳(今甘肃秦安东南)人,字载之。五言长城:五言诗的权威。《新唐书·秦系传》:"(系)与刘长卿善,以诗相赠答。权德舆曰:'长卿自以为五言长城,系用偏师攻之,虽老益壮。'" ⑩沈、宋、王、杜:指沈佺期、宋之问、王维、杜甫。 ⑪钱、郎、刘、李:指钱起、郎士元、刘长卿、李嘉祐。 ⑫灞陵:在今陕西西安市东北。 ⑬李穆:《全唐诗》卷二一五收其诗《寄妻父刘长卿》(一作严维诗,题为《发桐庐寄刘员外》)一首云:"处处云山无尽时,桐庐南望转参差。舟人莫道新安近(一作'远'),欲上潺湲行自迟。"

41 李季兰①

季兰名冶,以字行②,峡中人③。女道士也。美姿容,神情萧散,专心翰墨,善弹琴,尤工格律④。当时才子,颇夸纤丽,殊少荒艳之态。始年六岁时,作《蔷薇》诗云:"经时不架却⑤,心绪乱纵横。"其父见曰:"此女聪黠非常,恐为失行妇人。"后以交游文士,微泄风声,皆出乎轻薄之口。夫士有百行⑥,女唯四德⑦,季兰则不然,形气既雄,诗意亦荡,自鲍昭以下⑧,罕有其伦。时往来剡中⑨,与山人陆羽⑩、上人皎然⑪,意甚相得。皎然尝有诗云:"天女来相试,将花欲染衣。禅心竟不起,还捧旧华归⑫。"其谑浪至此⑬。又尝会诸贤于乌程开元寺,知河间刘长卿有阴重之疾⑭,诮曰:"山气日夕佳⑮。"刘应声曰:"众鸟欣有托。"举座大笑,论者两美之。天宝间,玄宗闻其诗才,诏赴阙,留宫中月余,优赐甚厚,遣归故山。评者谓:上比班姬则不足⑯,下比韩英则有余⑰,不以迟暮,亦一俊媪。有集,今传于世。○论曰:《诗》云"《关雎》乐得淑女,以配君子⑱。忧在进贤,不淫其色。哀窈窕,思贤才,而无伤善之心焉⑲。"故古诗之道,各存六义⑳,然终归于正,不离乎雅。是有昔贤妇人,散情文墨,斑斑简牍,概而论之。后来班姬伤秋扇以暂恩㉑,谢娥咏絮雪而同素㉒;大家七诫,执者修省㉓;蔡琰胡笳,闻而心折㉔。率以明白之操,徽美之诚,欲见于悠远,寓文以宣情,含毫而见志;岂泛滥之故,使人击节沾洒,弹指追念㉕,良有谓焉。噫!笔墨固非女子之事,亦在用之如何耳。苟天之可逃㉖,礼不必备,则词为自献之具㉗,诗有妒情之作;衣服酒食,无闲净之容,铅华膏泽,多鲜饰之态,故不相宜矣。是播恶于众,何关雎之义哉㉘!历观唐以雅道奖士类㉙,而闺阁英秀,亦能熏染,锦心绣口㉚,蕙情兰性,足可尚矣。中间如李季兰、鱼玄机㉛,皆跃出方外,修清净之教,陶写幽怀,留连光景,逍遥闲暇之功,无非云水之念,与名儒比隆,珠往琼复。然浮艳委托之心，终不能尽，白璧微瑕，惟在此耳。薛涛流落歌舞㉜，以灵慧获名当时，此亦难矣。三者既不可略㉝，如刘媛、刘云㉞、鲍君徽、崔仲容㉟、道士元淳、薛缊㊱、崔公达、张窈窕㊲、程长文㊳、梁琼、廉氏㊴、姚月华、裴羽仙㊵、刘瑶、常浩㊶、葛鸦儿、崔莺莺㊷、谭意哥㊸、户部侍郎吉中孚妻张夫人㊹、鲍参军妻文姬㊺、杜羔妻赵氏㊻、张建封妾盼盼㊼、南楚材妻薛媛㊽等，皆能华藻㊾，才色双美者也。或望幸离宫，伤宠后掖㊿；或以从军万里，断绝音耗；或祗役连年㉛，迢遥风水；或为宕子妻，或为商人妇㉜。花雨春夜，月露秋天，玄鸟将谢，宾鸿来届㉝；捣锦石之流黄，织回文于缃绮㉞，魂梦飞远，关山到难。当此时也，濡毫命素，写怨书怀，一语一联，俱堪堕泪。至若间以丰丽，杂以纤秾，导淫奔之约，叙久旷之情，不假绿琴，但飞红纸㉟，中间不能免焉。尺有短而寸有长㊱，故未欲椎埋之云尔㊲。

[校注]

①李季兰（？—784）：唐乌程（今浙江湖州市）人。因上诗叛将朱泚，为德宗所杀。《全唐诗》卷八〇五收其诗十六首。　②以字行：成年后只用字而不用名。　③峡中：指长江三峡中的巫峡。《全唐诗》卷八〇五有李季兰《从萧叔子听弹琴赋得三峡流泉歌》云："妾家本住巫山云，巫山流泉常自闻。"　④格律：指格律诗。　⑤架却：犹架毕。不架却，《全唐诗》作"未架却"，似较胜。　⑥百行：指各种善行。汉蔡邕《陈寔碑》："兼资九德，总修百行。"　⑦四德：封建礼教认定妇女须有的四种德行，即妇德（贞顺）、妇言（辞令）、妇容（婉娩）、妇功（丝麻）。　⑧鲍昭：指鲍照，唐时避武后讳，改照为"昭"。东汉，班固之妹名班

昭,按文意不当指"鲍昭";或因"班""鲍"音近而误欤?抑借指鲍照之妹鲍令晖欤?宋尤袤《全唐诗话》卷六引唐高仲武语,正作"鲍令晖"。　⑨剡(shàn)中:今浙江嵊州市一带。　⑩山人:山居者,隐士。陆羽(733—804):唐竟陵(今湖北天门市)人,撰有《茶经》。　⑪上人:佛教称有德智善行的人,亦用于对僧人的敬称。皎然:唐诗僧,名昼,湖州(今属浙江)人,为南朝宋谢灵运十世孙。　⑫"天女"四句:《全唐诗》卷八二题作《答李季兰》。禅(chán)心:佛家指寂静入定之心。旧华:同"旧花"。　⑬谑(xuè)浪:谓戏谑不敬。《诗·邶风·终风》:"谑浪笑敖,中心是悼。"　⑭河间:今属河北省。刘长卿(?—约789):唐河间(今属河北)人,有"五言长城"之誉。阴重之疾:指疝气。　⑮山气:与"疝气"谐音。山气日夕佳:语出晋陶渊明《饮酒二十首》之五:"采菊东篱下,悠然见南山。山气日夕佳,飞鸟相与还。"　⑯班姬:指西汉班婕妤,班固的祖姑,成帝时被选入宫,善诗赋。　⑰韩英:指韩兰英,南朝宋孝武帝时献《中兴赋》,受赏,入宫,明帝时用为宫中职僚,齐武帝以为博士。　⑱"《关雎(jū)》"二句:《诗·周南·关雎》云:"关关雎鸠,在河之洲。窈窕淑女,君子好逑。"　⑲伤善:沪本云:"'善'原作'害',依《诗·序》改。"今按,自"《关雎》"至"之心焉",并见《诗·大序》。　⑳六义:通指风、雅、颂、赋、比、兴而言。前三者为诗的类型,后三者乃表现的手法。　㉑"班姬"句:班婕妤初为汉成帝所宠,其后赵飞燕专宠于成帝。班婕妤恐久见危,乃求供养太后于长信宫,作《纨扇诗》(即《怨歌行》)以自悼云:"新裂齐纨素,皎洁如霜雪。裁成合欢扇,团团似明月。出入君怀袖,动摇微风发。常恐秋节至,凉飙夺炎热。弃捐箧笥中,恩情中道绝。"　㉒"谢娥"句:东晋谢安的侄女谢道韫,聪慧有才辩。一日遇雪,谢安问:"白雪纷纷何所似？"侄儿谢朗答："撒盐空中差可拟。"道韫曰："未若柳絮因风起。"安大悦。见《世说新语·言语》。㉓大家：指曹大家。东汉班昭恒出入宫廷，任皇后妃嫔的教师，其夫为曹世叔，因被称为"曹大家"。著有《女诫》一卷，分《卑弱》《夫妇》《敬慎》《妇行》《专心》《曲从》《叔妹》七篇，故云"七诫"。㉔蔡琰：汉末女诗人，字文姬。著有《悲愤诗》《胡笳十八拍》等，写她为乱军所掳，流入南匈奴，后被赎归汉，与亲子分离的悲惨遭遇。㉕击节：节，一种乐器。击节，打节拍。形容对诗文艺术的赞赏。弹指：佛家语，此为许诺、赞叹之意。㉖天：古人以天为至尊，谓臣之于君、子之于父、妇之于夫，皆如事天。《左传》宣公四年："君，天也。天可逃乎？"㉗词：文辞。自献：把自己的见解贡献出来。㉘关雎之义：《关雎》为《诗·周南》第一篇，亦十五《国风》的第一篇。关雎之义，旧说以为是歌咏"后妃之德"，又说是讽刺周康王好色晏起之作，故置之于首，以总括全《诗》云。㉙雅道：指正道，风雅之道。㉚锦心绣口：谓文思优美，辞藻华丽。㉛鱼玄机（约844—868）：女道士，唐长安（今陕西西安）人，工诗，常与温庭筠等以诗相赠答。㉜薛涛（？—832）：唐长安（今陕西西安）人，幼随父入蜀，后为乐妓，能诗，时称"女校书"。㉝三者：指上述李季兰、鱼玄机及薛涛三人。㉞如：同"而"。刘媛：宋计有功《唐诗纪事》卷七十九作"女郎刘媛"，并录其《长门怨》二首。《全唐诗》卷八〇一收其诗三首。刘云：《唐诗纪事》卷七十九作"女郎刘云"，并录其《有所思》一首。《全唐诗》卷八〇一收其诗三首。㉟鲍君徽：字文姬，唐德宗尝召入宫。《全唐诗》卷七收其诗四首。崔仲容：《唐诗纪事》卷七十九录其诗《赠所思》等三首。㊱道士元淳：《唐诗纪事》卷七十八作"女道士元淳"，录其《寄洛中诸姊》一首。薛缊：《唐诗纪事》卷七十九作"女郎薛蕴

（一作韫）"，录其《古意》《赠郑女郎》各一首。《全唐诗》卷七九九收其诗三首，云："薛韫（一作蕴）字馥，彦辅孙女也。" ㊲崔公达：《唐诗纪事》卷七十九作"女郎崔公达"，录所作《独夜词》一首。《全唐诗》卷八〇一作"崔公远（一作达）"。张窈窕：《唐诗纪事》卷七十九作"女郎张窈窕"，录所作《寄故人》等二首。窈窕居蜀，为时所重。《全唐诗》卷八〇二收其诗六首。 ㊳程长文：《唐诗纪事》卷七十九录其《书情上使君》一首云："妾家本住鄱阳曲，一片坚心比孤竹。当年一八盛容仪，红笺草隶恰如飞。"《全唐诗》卷七九九收其诗三首，谓系鄱阳人，诗题之一作《狱中书情上使君》，云："长文为强暴所诬，系狱，献诗雪冤。" ㊴梁琼：《全唐诗》卷八〇一收其诗四首。廉氏：《唐诗纪事》卷七十九作"女郎廉氏"，并录其所作《峡中即事》一首。《全唐诗》卷八〇一收其诗三首。 ㊵姚月华：《全唐诗》卷八百收其诗六首，云："姚月华，尝梦月坠妆台，觉而大悟，聪慧过人。少失母，随父寓扬子江，见邻舟书生杨达诗，命侍儿乞其稿。达立缀艳诗致情。自后屡相酬和。会其父有江右之行，踪迹遂绝。"裴羽仙：《全唐诗》卷八〇一收其《哭夫》二首，注云："时以夫征戍，轻入，被擒，音信断绝，作诗哭之。" ㊶刘瑶：《全唐诗》卷八〇一收其诗三首，作"刘（一作裴）瑶"。常浩：《唐诗纪事》卷七十九作"倡妓常浩"，录所作《赠卢夫人》一首。 ㊷葛鸦儿：《唐诗纪事》卷七十九作"女郎葛鸦儿"，录所作《怀良人》一首。崔莺莺：唐女子，字双文，曾与张生赋诗赠答。元稹有《会真记》叙其事。《全唐诗》卷八百收其诗三首。 ㊸谭意哥：宋秦醇《谭意哥传》谓意哥小字英奴，生于英州，流落长沙，性敏慧，解音律，尤工诗笔，不甘为娼，遂从良而终云。见《唐宋传奇集》卷八。 ㊹吉中孚："大历十才子"之一。《全唐诗》卷七九九收有其妻张夫人诗五首，谓系楚州山阳（今江苏淮安）人。　㊺鲍参军：指鲍照。其妻文姬，《唐诗纪事》卷七十九作"女郎张文姬"，并录所作《溪口云》《沙上鹭》各一首。　㊻杜羔：唐贞元进士，永和中为万年令，以工部尚书致仕卒。其妻赵氏，或作"刘氏"。《太平广记》卷二七一引《玉泉子》云："杜羔妻刘氏善为诗。羔累举不中第，乃归。将至家，妻即先寄诗与之曰：'良人的的有奇才，何事年年被放回？如今妾面羞君面，君到来时近夜来。'羔见诗，即时回去，竟登第。"《全唐诗》卷七九九云："赵（一作刘）氏，洹水人。"收其诗四首。洹水，今河北魏县西南。　㊼张建封：唐南阳（今属河南）人，德宗时任徐泗濠节度使，卒赠司徒。《白居易集》卷十五《燕子楼三首（并序）》云："徐州故张尚书有爱妓曰盼盼，善歌舞，雅多风态。予为校书郎时，游徐泗间。张尚书宴予，酒酣，出盼盼以佐欢，欢甚。予因赠诗云：'醉娇胜不得，风袅牡丹花。'一欢而去。迩后绝不相闻，迨兹仅一纪矣。昨日，司勋员外郎张仲素绩之访予，因吟新诗，有《燕子楼》三首，词甚婉丽。诘其由，为盼盼作也。绩之从事武宁军累年，颇知盼盼始末。云：'尚书既殁，归葬东洛。而彭城有张氏旧第，第中有小楼，名燕子。盼盼念旧爱而不嫁，居是楼十余年，幽独块然，于今尚在。'"《全唐诗》卷八〇二收其诗四首，云："关盼盼，徐州妓也。张建封纳之。张殁，独居彭城故燕子楼，历十余年。"清汪立名《白香山年谱》，考定纳盼盼为妾者非建封，乃其子愔。旧说实误，则居易此诗所言之"张尚书"，乃指张建封之子徐州刺史张愔。　㊽南楚材妻薛媛：《全唐诗》卷七九九收其《写真寄夫》一首，云："薛媛，濠梁人，南楚材妻也。"又云："南楚材旅游陈，受颍牧之眷，欲以女妻之。楚材许诺，因托言有访道行，不复返旧。薛媛善画，妙属文，微知其意，对镜图形，为诗寄之。楚材大惭，遂归偕老，里人为语称之。"　㊾皆能华藻：清钱熙祚云："阁本作'皆雅擅华藻'。" (50)离宫：皇帝在正宫以外临时居住的宫室。后掖：后宫，掖庭（宫中旁舍），并妃嫔居住之所。 (51)祗(zhī)役：犹服役。 (52)宕子妻：在外流浪者之妻。三国魏曹植《怨歌行》："借问叹者谁？自云宕子妻。"商人妇：出外经商者之妻。唐白居易《琵琶行》："门前冷落车马稀，老大嫁作商人妇。商人重利轻别离，前月浮梁买茶去。去来江口守空船，绕船月明江水寒。" (53)玄鸟：燕子。因其羽毛黑，故名。宾鸿：鸿雁。来去如宾，故称。 (54)锦石：美石之有纹理者。流黄：指黄色的绢。《乐府诗集》卷三十四《相逢行》："大妇织绮罗，小妇织流黄。"回文：通指可以顺读、倒读或回旋着读的诗文，如十六国前秦苏蕙之《璇玑图》诗，即织于锦上以寄其夫窦滔者。 (55)绿琴：绿绮琴。晋傅玄《琴赋序》："楚庄有鸣琴曰绕梁，中世司马相如有琴曰绿绮，蔡邕有琴曰焦尾，皆名器也。"《史记·司马相如传》："是时卓王孙有女文君新寡，好音。故相如缪与令相重，而以琴心挑之。"红纸：红色诗笺。 (56)"尺有"句：比喻各有短处和长处，不能一概而论。语本战国楚屈原《卜居》。 (57)椎埋：椎杀并埋葬。谓一概抹杀。

42 阎　防①

防，河中人。开元二十二年李琚榜及第②。颜真卿甚敬爱之，欲荐于朝，不屈。为人好古博雅，诗语真素，魂清魄爽，放旷山水，高情独诣。于终南山丰德寺，结茅茨读书③。百丈溪是其隐处，题诗云："浪迹弃人世，还山自幽独。始傍巢、由踪，吾其获心曲④。"又云："养闲度人事，达命知止足。不学鲁国儒，俟时劳伐辐⑤。"后信命不务进取⑥，以此自终。有诗集行世。

[校注]

①阎防：唐玄宗时河中（今山西永济市一带）人。《全唐诗》卷二五三收其诗五首。　②李琚：玄宗第七子，封光王，领广州都督，后为李林甫所害。　③茅茨（cí）：茅屋。汉张衡《东京赋》："慕唐虞之茅茨，思夏后之卑室。"　④"浪迹"四句：见所作《百丈溪新理茅茨读书》诗首四句。巢、由，指巢父、许由。相传皆唐尧时人，隐居不仕者。《汉书·鲍宣传》："尧舜在上，下有巢由。"心曲，内心深处的某种感受。⑤"养闲"四句：属《百丈溪新理茅茨读书》诗末四句，此上尚有八句为："荒庭何所有？老树半空腹。秋蜩鸣北林，暮鸟穿我屋。栖迟乐遵渚，恬旷寡所欲。开卦推盈虚，散帙攻节目。"度人事，宋计有功《唐诗纪事》卷二十六引作"废人事"，较胜。鲁国儒，古时鲁地的儒生。喻见机行事者。《史记·叔孙通传》："于是叔孙通使征鲁儒生三十余人（共起朝仪），鲁有两生不肯行，曰：'公所事者且十主，皆面谀以得亲贵。……公所为不合古，吾不行。公往矣，无污我！'叔孙通笑曰：'若真鄙儒也，不知时变。'遂与所征三十人西。"鲁国儒，《唐诗纪事》引作"东国儒"，盖指鲁诸生之西行者，似较切。俟时，等待时机。伐辐（fú）：砍下树木以制作连接车辆和车毂的木条。此谓制备车辆，以便出发。　⑥信命：任随天命。《列子·力命》："今昏昏昧昧，纷纷若若，随所为，随所不为。日去日来，孰能知其故？皆命也夫！信命者亡寿夭，信理者亡是非，信心者亡逆顺，信性者亡安危。"

43 李　颀①

　　颀，东川人②。开元二十三年贾季邻榜进士及第③，调新乡县尉④。性疏简，厌薄世务，慕神仙，服饵丹砂⑤，期轻举之道，结好尘喧之外。一时名辈，莫不重之。工诗，发调既清，修辞亦秀，杂歌咸善，玄理最长⑥，多为放浪之语，足可震荡心神。惜其伟材，只到黄绶⑦。故其论家⑧，往往高于众作。有集，今传。

[校注]

　　①李颀（690—约753）：《全唐诗》卷一三二至一三四收其诗。　②东川：李颀有"东川别业"在颍阳（今河南登封市西），故云。说详傅璇琮《唐代诗人丛考·李颀考》。　③贾季邻：玄宗时任长安尉。见《资治通鉴》唐天宝十一载。　④新乡：今属河南省。　⑤服饵：服食。丹砂：朱砂，即硫化汞（HgS）。道家以之为"长生"之药。见晋葛洪《抱朴子内篇·金丹》。　⑥发调既清：唐殷璠《河岳英灵集》卷上作"发调既新"。玄理：以老庄学说和《周易》卦象糅合儒家经义的一种哲学思想。起于魏晋时。

　　⑦黄绶：指县级官吏。《汉书·百官公卿表上》："（县）皆有丞、尉，秩四百石至二百石，是为长吏。"又："（凡吏秩）比二百石以上，皆铜印黄绶。"　⑧故其论家：清钱熙祚云："'家'上当依阁本补'道'字。"今按，唐殷璠《河岳英灵集》卷上全句正作"故其论道家，往往高于众作"。又按，王维《赠李颀》云："闻君饵丹砂，甚有好颜色。"李颀之《送暨道士》《寄焦炼师》《谒张果先生》等诗，皆"论道家"之作也。

44 张　諲①

諲，永嘉人。初隐少室下②，闭门修肄，志甚勤苦，不及声利。后应举，官到刑部员外郎。明易象，善草隶，兼画山水，诗格高古。与李颀友善，事王维为兄，皆为诗酒丹青之契③。维赠诗云："屏风误点惑孙郎④，团扇草书惊内史⑤。"李颀赠曰："小王破体闲支策⑥，落月梨花空照壁⑦。诗堪记室妒风流⑧，画与将军作勍敌⑨。"天宝中，谢官，归故山偃仰⑩，不复来人间矣。有诗传世。

[校注]

①张諲（yīn）：唐永嘉（今浙江温州）人。　②少室：山名，在河南登封市北。　③丹青：丹砂和青䨼（huò），两种可制颜料的矿石。此指绘画艺术。《晋书·顾恺之传》："尤善丹青，图写特妙。"　④点：点染，谓挥毫作画。孙郎：指三国吴孙策（175—200）。《三国志·吴·孙策传》注引《江表传》："策时年少，虽有位号，而士民皆呼为孙郎。"　⑤团扇：宫扇，多用于宫廷仪仗。惊：《文苑英华》卷二四二、宋计有功《唐诗纪事》卷二十、《全唐诗》卷一二五并作"轻"。内史：指晋书法家王羲之（303—361），官至右军将军、会稽内史，故称。　⑥小王：指王羲之之子王献之（344—386），工书，变其父行体而为行草并用，故云"破体"。与父齐名，并称"二王"。支策：谓执笔。　⑦"落月"句：写所作行草给人的感受。　⑧记室：指汉末文学家陈琳（？—217），广陵（今江苏扬州）人，"建安七子"之一。初从袁绍，后归曹操，为司空军

谋祭酒,管记室。 ⑨将军:指唐画家曹霸,谯郡(今安徽亳州一带)人,官左武卫将军,善画马,工肖像。杜甫有《丹青引》《观曹将军画马图歌》二诗赞其艺。勍(qíng)敌:强敌,劲敌。 ⑩偃(yǎn)仰:俯仰,悠然自得貌。《诗·小雅·北山》:"或栖迟偃仰,或王事鞅掌。"

45 孟浩然①

　　浩然,襄阳人。少好节义,诗工五言。隐鹿门山②,即汉庞公栖隐处也③。四十游京师,诸名士间尝集秘省联句④,浩然曰:"微云淡河汉,疏雨滴梧桐。"众钦服。张九龄、王维极称道之⑤。维待诏金銮⑥一旦私邀入,商较风雅。俄报玄宗临幸,浩然错愕,伏匿床下,维不敢隐,因奏闻。帝喜曰:"朕素闻其人而未见也。"诏出,再拜,帝问曰:"卿将诗来耶?"对曰:"偶不赍。"即命吟近作。诵至"不才明主弃,多病故人疏"之句⑦,帝慨然曰:"卿不求仕,朕何尝弃卿,奈何诬我?"因命放还南山。后张九龄署为从事⑧。开元末,王昌龄游襄阳⑨,时新病起,相见甚欢,浪情宴谑,食鲜疾动而终⑩。○古称祢衡不遇⑪,赵壹无禄⑫。观浩然磬折谦退⑬,才名日高,竟沦明代⑭,终身白衣⑮,良可悲夫!其诗文采丰茸,经纬绵密,半遵雅调,全削凡近⑯。所著三卷,今传。王维画浩然像于郢州⑰,为浩然亭。咸通中,郑諴谓贤者名不可斥⑱,更名曰"孟亭",今存焉。

[校注]

①孟浩然（689—740）：唐襄阳（今属湖北）人。《全唐诗》卷一五九、一六〇收其诗。　②鹿门山：在湖北襄阳市襄阳区。东汉时立神祠于山，刻二石鹿列神道口，名鹿门庙，因以名山。孟浩然《夜归鹿门山歌》云："山寺鸣钟昼已昏，渔梁渡头争渡喧。人随沙岸向江村，余亦乘舟归鹿门。鹿门月照开烟树，忽到庞公栖隐处。岩扉松径长寂寥，惟有幽人自来去。"　③汉庞公：汉末庞德公，襄阳人，刘表数延请，不应，后携家登鹿门山采药，不返。　④秘省：秘书省，典司图籍的官署。联句：两人或多人共作一诗，相连成篇之谓。　⑤张九龄（678—740）：唐韶州曲江（今广东韶关市西南）人，时镇荆州。王维（701—761）：唐太原祁县（今属山西）人，官至尚书右丞。　⑥待诏金銮：等候君命于金銮殿外。此指待诏翰林院。　⑦"不才"二句：见孟浩然《岁暮归南山》，全诗云："北阙休上书，南山归敝庐。不才明主弃，多病故人疏。白发催年老，青阳逼岁除。永怀愁不寐，松月夜窗虚。"　⑧从事：州府长官的僚属。张九龄出镇荆州时，任孟浩然为从事。　⑨王昌龄（约698—约756）：唐京兆长安（今陕西西安）人。　⑩食鲜：吃了鲜鱼等容易发病之物。勤疾：当作"疾动"。宋计有功《唐诗纪事》卷二十三："开元二十八年，王昌龄游襄阳，时浩然疾发背且愈，相得欢饮。浩然宴谑，食鲜疾动，终于南园，年五十有二。"　⑪祢衡（173—198）：东汉文学家。因得罪曹操，被送给荆州刘表，刘表复转给江夏太守黄祖，终被杀。　⑫赵壹：东汉辞赋家。恃才傲物，为乡党所摈，屡抵罪，几至于死。光和初，举郡上计到京师，为时所重。后西归，所过州郡，争礼致命，十辟公府，皆不就。　⑬磬折：磬，古代乐器，以石或玉制成，其形略如曲尺，悬于架上，敲击发

声。磬折,谓弯腰如磬,表示恭敬。 ⑭明代:指社会清平之世。 ⑮白衣:古时未仕者着白衣,故称。 ⑯全削凡近:唐殷璠《河岳英灵集》卷中作"全削凡体",是。 ⑰郢州:今湖北钟祥、京山一带。 ⑱咸通:唐懿宗年号(860—874)。郑缄:《文苑英华》卷八二六皮日休《郢州孟亭记》:"(咸通)四年,荥阳郑公诚刺是州,……曰:'焉有贤者之名,为趋厮走养朝夕言于刺史前耶?'命易之以先生姓。"按,郑缄,此作"郑诚";《唐诗纪事》卷二十三作"郑诚"《新唐书·艺文志四》:"《郑诚集》卷亡。字申虞,福州闽县人。大中国子司业,郢、安二州刺史,江西节度副使。"当以作"郑诚"为是。清徐松《登科记考》卷二十二以为当从《淳熙三山志》作"郑诚",并录以备考。

46 丘 为①

为,嘉兴人。初累举不第,归山读书数年。天宝初刘单榜进士②。王维甚称许之,尝与唱和。初,事继母孝,有灵芝生堂下。累官太子右庶子③。时年八十余,母犹无恙,给俸禄之半。观察使韩滉以为致仕官给禄④,所以惠养老臣,不可在丧为异,唯罢春秋羊酒。初还⑤,县令谒之,为候门磬折⑥,令坐⑦,方拜,里胥立庭下⑧,既出,乃敢坐。经县署,降马而过⑨,举动有礼。卒年九十六。有集行世。

[校注]

①丘为:唐嘉兴(今属浙江)人。《全唐诗》卷一二九收其诗十三首。 ②刘单:曾任奉先县尉。《文苑英华》卷三三九有杜甫《新画山水

障歌》，题下注云："奉先尉刘单宅作。" ③太子右庶子：太子的属官，掌右詹坊（管家）之事。 ④观察使："道"的最高行政长官。按，此句之上，当补"及居忧"三字，见宋计有功《唐诗纪事》卷十七。韩滉（723—787）：唐长安人，字太冲，官至检校左仆射、同中书门下平章事。致仕官：已年老退休的官。 ⑤初还：刚回到乡里。 ⑥磬折：弯腰如磬，以表恭敬。 ⑦令坐：县令已就座。 ⑧里胥：乡里小吏。此上疑漏一"与"字。 ⑨降马而过：《唐诗纪事》卷十七作"降马而趋"，是。

47 李 白①

白字太白，山东人。母梦长庚星而诞②，因以命之。十岁通五经，自梦笔头生花，后天才赡逸。喜纵横击剑，为任侠，轻财好施。更客任城③，与孔巢父、韩准、裴政、张叔明、陶沔居徂徕山中④，日沉饮，号"竹溪六逸"。天宝初，自蜀至长安，道未振⑤，以所业投贺知章⑥，读至《蜀道难》，叹曰："子谪仙人也。"⑦乃解金龟换酒⑧，终日相乐。遂荐于玄宗，召见金銮殿⑨，论时事，因奏颂一篇⑩，帝喜，赐食，亲为调羹，诏供奉翰林⑪。尝大醉上前，草诏，使高力士脱靴⑫。力士耻之，摘其《清平调》中飞燕事⑬，以激怒贵妃⑭。帝每欲与官，妃辄沮之。白益傲放，与贺知章、李适之、汝阳王琎、崔宗之、苏晋、张旭、焦遂为"饮酒八仙人"⑮。恳求还山，赐黄金，诏放归。白浮游四方，欲登华山，乘醉跨驴，经县治。宰不知，怒引至庭下曰："汝何人，敢无礼？"白供状不书姓名，曰："曾令龙巾拭吐，御手调羹，贵妃捧砚，力士脱靴。天子门前,尚容走马;花阴县里⑯,不得骑驴?"宰惊愧,拜谢曰:"不知翰林至此。"白长笑而去。尝乘舟,与崔宗之自采石至金陵⑰,著宫锦袍坐,傍若无人。禄山反,明皇在蜀,永王璘节度东南,白时卧庐山,辟为僚佐⑱。璘起兵反,白逃还彭泽⑲。璘败,累系浔阳狱⑳。初,白游并州,见郭子仪,奇之,曾救其死罪㉑;至是,郭子仪请官以赎,诏长流夜郎㉒。白晚节好黄老㉓,度牛渚矶,乘酒捉月,沉水中。初,悦谢家青山㉔,今墓在焉。有文集二十卷,行世。〇或云:白,凉武昭王暠九世孙也㉕。

[校注]

①李白(701—762):祖籍陇西成纪(今甘肃秦安县),生于中亚碎叶城(今吉尔吉斯斯坦的托克马克市西南),以寓居山东,亦称山东人。《全唐诗》卷一六一至一八五收其诗。 ②长庚:金星(又名太白星)早晨见于东方,古称"启明";黄昏见于西方,古称"长庚"。 ③任城:今山东济宁。 ④孔巢父(?—784):唐冀州(今河北衡水)人,字弱翁。韩准、裴政:李白有《送韩准裴政孔巢父还山》诗云:"韩生信英彦,裴子含清真,孔侯复秀出,俱与云霞亲。"张叔明:鲁中诸生之一。《旧唐书·李白传》:"少与鲁中诸生孔巢父、韩准、裴政、张叔明、陶沔等隐于徂徕山。"陶沔:曾任单父县尉。李白有《登单父陶少府半月台》诗云:"陶公有逸兴,不与常人俱。筑台像半月,回向高城隅。"单父,今山东单(shàn)县。半月台,在旧单县城东北隅,相传为陶沔所筑。徂徕山:在山东泰安市东南。 ⑤振:成。 ⑥贺知章(659—744):唐越州永兴(今属浙江杭州萧山区)人。官至秘书监,后还乡为道士。好诗酒,与李白友善。 ⑦《蜀道难》:唐殷璠《河岳英灵集》谓此诗"奇

之又奇，自骚人以还，鲜有此体"。谪（zhé）仙人：被降至人间的神仙。喻指才学优异者。　⑧金龟：唐代高级官员的佩饰。李白《对酒忆贺监二首》之一云："四明有狂客，风流贺季真。长安一相见，呼我谪仙人。昔好杯中物，今为松下尘。金龟换酒处，却忆泪沾巾。"　⑨金銮殿：唐宫殿名，在长安大明宫内。　⑩颂：此指白所作《宣唐鸿猷》，见清王琦《李太白年谱》。　⑪供奉翰林：以翰林（文学侍从之官）的身份供职于皇帝左右，掌四方表疏批答及应和文章等。　⑫高力士（684—762）：唐宦官，玄宗时封渤海郡公，权力极大。　⑬《清平调》：开元中，唐玄宗与杨玉环月夜赏牡丹于沉香亭，李白奉旨作《清平调》词三首，其二云："一枝红艳露凝香，云雨巫山枉断肠。借问汉宫谁得似？可怜飞燕倚新妆。"飞燕：指赵飞燕，汉成帝皇后，体轻善舞，故称"飞燕"。初入宫为婕妤，后立为皇后。平帝时废为庶人，自杀死。　⑭贵妃：指杨贵妃（719—756），即杨太真，小字玉环。晓音律，初为玄宗第十八子寿王瑁之妃，后入宫得玄宗宠爱，天宝四载（745）封为贵妃。安史之乱时，随玄宗西逃，被军士缢死于马嵬驿（今陕西兴平西）。　⑮李适之：唐太宗的曾孙。开元中，累官刑部尚书；天宝初，为李林甫所害。汝阳王琎：唐睿宗之孙。玄宗爱之，封汝阳王；历官太仆卿。崔宗之：唐灵昌（今河南滑县西南）人，崔日用之子，袭封齐国公。后谪官金陵，常与白诗酒唱和。苏晋：唐蓝田（今属陕西）人，数岁知为文。玄宗时累迁吏部侍郎，终太子左庶子。张旭：唐吴县（今江苏苏州一带）人，善草书，世号"张颠"，又称"草圣"。文宗时，以李白歌诗、斐旻舞剑及张旭草书为三绝。焦遂：与李白同时人，相传其口吃难言，唯醉后应答如响。　⑯花阴：即华阴，今属陕西省。　⑰采石：即采石矶，原名牛渚矶。在安徽省马鞍山市长江东岸，为牛渚山突出长江而成。金陵：今江苏南京市，战国楚为金陵邑，东晋以来多沿称。⑱永王璘：玄宗第十子（一作第十六子）李璘，封永王，领荆州大都督及山南、江西、岭南、黔中四道节度使。安史之乱后，因起兵失败，被杀。辟为僚佐：李白《赠江夏韦太守良宰》诗云："仆卧香炉顶，餐霞漱瑶泉。门开九江转，枕下五湖连。半夜水军来，浔阳满旌旃。空名适自误，迫胁上楼船。"⑲彭泽：在今江西省北部。⑳浔阳：今江西九江市。㉑并（bīng）州：今山西太原市。郭子仪（697—781）：唐大将，因屡著战功，官至中书令，进封汾阳郡王。民间传说，李白游长安时，见郭子仪因犯法被绑赴刑场，曾出面相救。㉒"郭子仪"两句：永王失败时，郭子仪任左仆射兼天下兵马副元帅，对李白的受牵连，曾发表过从宽处理的意见。㉓晚节：晚年时。㉔谢家青山：在今安徽当涂县。时李阳冰为当涂令，李白往依之，悦谢家青山，遂有终焉之志，后竟卒于此。㉕凉武昭王暠：十六国西凉的创建者李暠，卒谥武昭王。按，李白为其九世孙之说，始见于唐李阳冰之《草堂集序》，郭沫若在《李白与杜甫》中认为"也不可尽信"，姑录以备考。

48 杜　甫①

甫字子美，京兆人②。审言生闲，闲生甫③。贫，少不自振，客吴、越、齐、赵间④。李邕奇其材⑤，先往见之。举进士不中第，困长安。天宝三载，玄宗朝献太清宫、飨庙及郊⑥，甫奏赋三篇⑦，帝奇之，使待诏集贤院⑧。命宰相试文章，擢河西尉，不拜，改右卫率府胄曹参军⑨。数上赋颂⑩，高自称道，且言："先臣恕、预以来，承儒守官十一世⑪，迨审言以文章显。臣赖绪业，自七岁属辞，且四十年。然衣不盖体，常寄食于人，窃恐转死沟壑，伏惟天子哀怜之。若令执先臣故事⑫，拔泥涂久辱，则臣之述作，虽不足鼓吹六经，先鸣数子⑬，至沉郁顿挫，随时敏给，扬雄、枚皋⑭，可企及也。有臣如此，陛下其忍弃之？"会禄山乱，天子入蜀，甫避走三川⑮。肃宗立，自鄜州羸服欲奔行在⑯，为贼所得。至德二年，亡走凤翔，上谒，拜左拾遗⑰。与房琯为布衣交⑱，琯时败兵，又以琴客董廷兰之故罢相⑲。甫上书言罪细不宜免大臣，帝怒，诏三司杂问⑳。宰相张镐曰㉑："甫若抵罪，绝言者路。"帝解，不复问。时所在寇夺，甫家寓鄜，弥年艰窭㉒，孺弱至饿死，因许甫自往省视。从还京师，出为华州司功参军㉓。关辅饥㉔，辄弃官去。客秦州，负薪拾橡栗自给㉕。流落剑南，营草堂成都西郭浣花溪㉖。召补京兆功曹参军㉗，不至。会严武节度剑南西川㉘，往依焉。武再帅剑南，表为参谋，检校工部员外郎㉙。武以世旧，待甫甚善，亲诣其家。甫见之，或时不巾㉚，而性褊躁傲诞，常醉登武床，瞪视曰："严挺之乃有此儿㉛！"武中衔之，一日欲杀甫，集吏于门，武将出，冠钩于帘者三，左右走报其母，力救得止。崔旰等乱，甫往来梓、夔间㉜。大历中，出瞿塘，溯沅、湘以登衡山㉝。因客耒阳㉞，游岳祠。大水暴至，涉旬不得食。县令具舟迎之，乃得还，为设牛炙㉟、白酒，大醉，一夕卒，年五十九。甫放旷不自检，好论天下大事，高而不切也。与李白齐名，时号"李、杜"。数尝寇乱，挺节毋所污。为歌诗，伤时挠弱㊱，情不忘君，人皆怜之。坟在岳阳。有集六十卷及润州刺史樊晃纂小集㊲，今传。〇能言者未必能行，能行者未必能言。观李、杜二公，崎岖版荡之际，语语王霸㊳，褒贬得失，忠孝之心，惊动千古，骚雅之妙㊴，双振当时，兼众善于无今，集大成于往作，历世之下，想见风尘。惜乎长辔未骋㊵，奇才并屈，竹帛少色㊶，徒列空言，呜呼哀哉！昔谓杜之典重，李之飘逸，神圣之际，二公造焉。观于海者难为水㊷，游李、杜之门者难为诗，斯言信哉！

[校注]

①杜甫（712—770）：唐襄阳（今属湖北）人，曾祖时迁居巩县（今属河南）。《全唐诗》卷二一六至二三四收其诗。 ②京兆：今陕西西安一带。杜甫居此十余年，尝自称"少陵野老"。 ③审言：杜审言（约645—708），杜甫之祖父，官修文馆直学士、尚书膳部员外郎。闲：杜闲，杜甫之父，官朝议大夫，兖州司马，终奉天（今陕西乾县）令。居家京兆（奉天，唐属京兆府），自此始。 ④吴、越、齐、赵间：今江苏、浙江及山东、河北一带。 ⑤李邕（678—747）：唐李善之子，天宝初，为汲郡、北海二太守。见《旧唐书》本传。 ⑥朝献：接受朝觐和献物。飨（xiǎng）：祭献。庙：太庙（皇家祖庙）。郊：南郊（祭天地处）。 ⑦奏赋三篇：指《三大礼赋》，即《朝献太清宫赋》《朝享太庙赋》及《有事于南郊赋》。 ⑧集贤院：集贤殿书院。 ⑨河西：今陕西合阳县东。右卫率府：东宫十卫率府之一，掌东宫羽卫兵仗之政令。见《资治通鉴》唐高祖武德七年（624）胡注。右卫率府胄曹参军为看守兵器、管理门禁的小官。 ⑩数上赋颂：除《三大礼赋》外，杜甫还上过《封西岳赋》《雕赋》《天狗赋》等。下文所引，见《文苑英华》卷一三六《进雕赋表》，文字略有异同。 ⑪恕：杜恕，三国魏散骑黄门侍郎、幽州刺

史。杜甫以他为远祖。预：杜预，西晋驸马都尉、镇南大将军，封当阳县侯。杜甫以他为十三代祖。自杜预至杜审言，则为十一世。　⑫执先臣故事：意谓像杜恕、杜预、杜审言那样受到重用。　⑬六经：指《诗》《书》《礼》《乐》《易》《春秋》六部儒家经典。数子：《新唐书》作"诸子"，近是。　⑭扬雄（前53—后18）：汉蜀郡成都（今属四川）人，著有《长杨赋》《羽猎赋》等。枚皋：西汉淮阴（今属江苏）人，枚乘之子。为文下笔敏捷，武帝时为郎。　⑮三川：唐县名，在今陕西洛川县西。至德元载（756），杜甫自长安往鄜州，经此。　⑯鄜（fū）州：今陕西富县一带。羸（léi）服：身着贫贱之衣。行在：皇帝临时居住之处。　⑰凤翔：今属陕西省。左拾遗：门下省的属官，掌供奉、讽谏之事。　⑱房琯（guǎn）：唐河南人。玄宗时，官文部尚书、同中书门下平章事；肃宗时，多参与朝中机要。布衣交：贫贱之交。　⑲琯时败兵：肃宗时，房琯请兵讨安禄山，全军覆没。董廷兰：唐琴工，为房琯所昵，屡借势索贿，为有司劾治。　⑳三司：唐以御史大夫、中书、门下为"三司"，掌受理刑狱。　㉑张镐：唐博州（今山东聊城）人。　㉒弥（mí）年艰窭（jù）：经年艰苦贫困。　㉓华州：即华州，今陕西渭南市华州区一带。司功参军：州府的佐吏。　㉔关辅：指关内（函谷关以西）畿辅（京都周围附近）地区。　㉕秦州：今甘肃天水。橡栗：栎树的果实，似栗而小，通名橡实，俗称橡子，可食以救饥。　㉖剑南：约当今四川中南部地区。唐剑南道治所在益州（今四川成都）。浣花溪：一名濯锦江，为锦江支流，在成都西郊。溪畔有浣花草堂，即杜甫所居。　㉗功曹参军：州府的佐吏，掌考查官吏、记录功劳等。在府（如京兆府）为功曹参军，在州（如华州）为司功参军。　㉘严武：唐华阴（今属陕西）人，曾两任剑南节度使，封郑国公。剑南西川：唐方镇名。至德二载（757）分剑南节度使西部地置。治所在成都府（今四川成都）。　㉙参谋：节度使的佐官。检校工部员外郎：工部属司的副长官，属加官性质。　㉚巾：冠的一种，用纱罗布葛等制成。　㉛严挺之：严武之父。开元中进给事中，典贡举，时号平允。后为李林甫所排挤，郁郁以终。五代王定保《唐摭言》卷十二《酒失》云："杜工部在蜀，醉后登严武之床，厉声问武曰：'公是严挺之子否？'武色变。甫复曰：'仆乃杜审言儿。'于是少解。"今按，"杜审言儿"当作"杜审言孙"。　㉜崔旰：《旧唐书》作"崔宁"，《新唐书》作"崔旰"。今按，作"崔旰"是。代宗时，旰任剑南西川都知兵马使，于永泰元年（765）闰十月，杀节度使郭英义；邛、泸、剑三州起兵讨旰，蜀中大乱。梓：梓州，今四川三台县。夔（kuí）：夔州，今重庆奉节县。　㉝大历：唐代宗年号之一（766—779）。瞿塘：瞿塘峡，长江三峡之一，在重庆奉节、巫山两县间。衡山：五岳之一，在湖南衡阳市。　㉞耒（lěi）阳：今属湖南。耒，旧本作"来"，从两《唐书》改。　㉟牛炙（zhì）：烤牛肉。　㊱挠弱：扰乱，积弱。　㊲润州：今江苏镇江一带。樊晃：《元和姓纂》卷四："文孙晃，兵部员外，润州刺史。"《新唐书·艺文志四》："杜甫小集六卷"下云："润州刺史樊晃集。"《钱注杜诗》附有樊晃之《杜工部小集序》。　㊳版荡：即"板荡"，谓政局变化，社会动荡不安。王霸：王业与霸业。儒家认为：以德行仁政者为王，以力假仁者谓之霸。　㊴骚雅：骚，指骚体，以《离骚》为代表；雅，指正声，以《诗经》为代表。骚雅，泛指浪漫主义和现实主义两种传统的艺术手法。　㊵长辔（pèi）：驾驭牲口、堪以行远的嚼子和缰绳。借指驾驭待发的良马。　㊶竹帛：古代供书写用的竹简和白绢。借指史册。　㊷"观于"句：谓眼界既经开阔，便难得再见好诗。唐元稹《离思》："曾经沧海难为水，除却巫山不是云。"

49 郑　虔①

虔，郑州人，高士也。苏许公为宰相②，申以忘年之契，荐为著作郎。尝以当世事，著书八十余篇。有告虔私撰国史者，虔苍惶焚之，坐谪十年。玄宗爱其才，开元二十五年，为更置广文馆③，虔为博士。广文博士，自虔始。杜甫为交，有赠诗曰："才名四十年，坐客寒无毡。惟有苏司业，时时与酒钱④。"其穷饥轗轲⑤，淡如也。好琴酒篇咏，善图山水。能书，苦无纸，于慈恩寺贮柿叶数屋⑥，逐日就书殆遍。尝自写其诗并画表献之，玄宗大署其尾曰："郑虔三绝。"与李、杜为密友，多称郑广文。禄山反，伪授水部员外郎，托以疾，不夺⑦。贼平，张通、王维并囚系⑧，三人皆善画，崔圆使绘斋壁，因为析解，得贬台州司户⑨，卒。有集行世。

[校注]

①郑虔：唐郑州荥阳（今属河南）人。《全唐诗》卷二五五收其诗一首。　②苏许公：苏颋，唐京兆武功（今属陕西）人，袭封许国公，开元间为相。　③广文馆：学院名。唐玄宗时设，置博士及助教，掌教国子监中习进士课业的生徒。　④"才名"四句：见杜甫《戏简郑广文虔兼呈苏司业》诗。苏司业：苏源明，唐京兆武功人，玄宗时，官国子司业；肃宗时，官秘书少监。　⑤轗轲：同"坎坷"，道路不平貌。喻不得志。《古诗十九首》之四："无为守穷贱，轗轲长苦辛。"　⑥慈恩寺：唐高宗为其母文德皇后所建，故名。遗址在今陕西西安市南，今仅存大雁塔。

⑦水部员外郎：工部属司的副长官，掌有关水道的政令。不夺：犹不改。

⑧张通：唐河间（今属河北）人，官曹州刺史，工画山水。王维（701—761）：唐太原祁县（今属山西）人，官至尚书右丞，晓音律，精书画，善为山水诗。 ⑨崔圆：唐武城（今属山东）人。玄宗时，历京兆参军，拜中书侍郎、同平章事。肃宗时，为淮南节度使，终检校尚书右仆射。台州：约当今浙江台州地区。司户：州的属官，主管民户及赋税。

50 高　适①

适字达夫，一字仲武，沧州人②。少性拓落，不拘小节，耻预常科，隐迹博徒，才名便远③。后举有道，授封邱尉④，未几，哥舒翰表掌书记⑤。后擢谏议大夫。负气敢言，权近侧目。李辅国忌其才⑥。蜀乱，出为蜀、彭二州刺史，迁西川节度使，还为左散骑常侍⑦。永泰初，卒。适尚气节，语王霸，衮衮不厌⑧。遭时多难，以功名自许。年五十始学为诗，即工⑨，以气质自高，多胸臆间语。每一篇已，好事者辄传播吟玩。尝过汴州⑩，与李白、杜甫会，酒酣登吹台⑪，慷慨悲歌，临风怀古，人莫测也。中间唱和颇多。今有诗文等二十卷及所选至德迄大历述作者二十六人诗为《中兴间气集》二卷⑫，并传。

[校注]

①高适（约700—765）：唐渤海蓨（tiáo）（今河北景县）人，以写边塞诗著称，与岑参齐名，并称"高岑"。《全唐诗》卷二一一至二一四

收其诗。高适生卒年，从刘开扬《高适诗集编年笺注》。　②沧州：今属河北。《旧唐书》本传："高适，渤海蓨人也。"《新唐书》本传谓系"沧州渤海人"。　③常科：通常科举名目，指秀才、明经、进士等。博徒：博弈之徒。便远：宋计有功《唐诗纪事》卷二十三作"自远"，近是。　④有道：唐科举名目之一。宋晁公武《郡斋读书志》卷十七："（高适）天宝八载（749）举有道科中第。"封邱：今河南封丘县。　⑤哥舒翰（？—757）：唐大将，突厥族哥舒部人。玄宗时，任陇右节度使，后兼河西节度使，封西平郡王。掌书记：节度使的属官，掌笺奏文书等。《旧唐书·高适传》："客游河右，河西节度使哥舒翰见而异之，表为左骁卫兵曹，充翰府掌书记。"时在天宝十一载（752）顷。　⑥李辅国（704—762）：唐宦官。安禄山叛乱，玄宗入蜀，他劝太子亨（肃宗）在灵武即位，从此专权用事。代宗时，更为跋扈，不久遇刺死。　⑦蜀州：今四川崇州一带。彭州：今四川成都市西北。西川：指剑南西川。辖今四川盐亭、大竹、邻水、合江、重庆市永川区以西、四川邛崃山、大雪山、大凉山以东和江油市、北川以南地区，治益州（今成都）。左散骑常侍：门下省的属官，常侍于皇帝左右，掌规谏，不典事。　⑧王霸：王业与霸业之事。衮衮：说话滔滔不绝貌。　⑨年五十始学为诗：此语与事实不符。高适的代表作《燕歌行》，自序云作于开元二十六年（738），此时高适才三十多岁，又据刘开扬《高适诗集编年笺注》，高适二十岁时已有《行路难二首》及《古歌行》之作。五十，疑当作"十五"。即工：疑为"既工"之误。又，《新唐书·高适传》作"年五十始为诗即工"，亦通。　⑩汴州：今河南开封市。　⑪吹台：故址在今河南开封市东南禹王台公园内，相传为春秋时晋师旷奏乐之处。　⑫《中兴间气集》：诗歌总集名，唐高仲武编选，凡二卷，二十六家，一百三十余首。以所收皆肃宗、代宗"中兴"时之作，故名。按，此高仲武是否即高适？高适是否"一字仲武"？都值得研究。此书所选，下迄大历（766—779），而高适已卒于永泰初（765），殆不可能编选之。

51 沈千运^①

千运，吴兴人。工旧体诗，气格高古，当时士流，皆敬慕之，号为"沈四山人"②。天宝中，数应举不第，时年齿已迈，遨游襄、邓间③，干谒名公。来濮上，感怀赋诗曰④："圣朝优贤良，草泽无遗族。人生各有命，在余胡不淑。一生但区区，五十无寸禄。衰落当捐弃，贫贱招谤讟⑤。"其时多艰，自知屯蹇⑥，遂浩然有归欤之志，赋诗曰："栖隐无别事，所愿离风尘。不来城邑游，礼乐拘束人⑦。"又曰："如何巢与由，天子不得臣⑧。"遂释志，还山中别业。尝曰："衡门之下，可以栖迟⑨。有薄田园，儿稼女织，偃仰今古，自足此生。谁能作小吏走风尘下乎？"高适赋《还山吟》赠行曰⑩："还山吟，天高日暮寒山深，送君还山识君心。人生老大须恣意，省君解作一生事，山间偃仰无不至⑪。石泉淙淙若风雨，桂花松子常满地。卖药囊中应有钱，还山服药又长年。白云劝尽杯中物，明月相随何处眠？眠时忆同醒时意⑫，梦魂可以相周旋。"肃宗议备礼征致，会卒而罢。有集传世⑬。

[校注]

①沈千运（约707—约757）：唐吴兴（今浙江湖州）人。《全唐诗》

卷二五九收其诗五首。生卒年据孙望《蜗叟杂稿·箧中集作者事辑》。②沈四山人：亦称"沈四逸士"。唐高适有《赠别沈四逸士》诗，见《高常侍集》卷三。　③襄：襄州，今湖北襄阳一带。邓：邓州，今河南邓州一带。　④濮上：今河南濮阳一带。感怀赋诗：诗题为《濮上言怀》。⑤谤讟（dú）：诽谤，怨言。按，此下尚有十二句云："栖栖去人世，屯蹶日穷迫。不如守田园，岁晏望丰熟。壮年失宜尽，老大无筋力。始觉前计非，将贻后生福。童儿新学稼，少女未能织。顾此烦知己，终日求衣食。"　⑥屯（zhūn）蹇（jiǎn）：屯、蹇，并《易》卦名，意为艰难困苦、不顺利。　⑦"栖隐"四句：见所赋《山中作》。　⑧"如何"二句：亦见《山中作》。巢与由：指巢父、许由，古之隐者。　⑨"衡门"二句：谓住处简陋，同样可以安居。《诗·陈风·衡门》："衡门之下，可以栖迟；泌之洋洋，可以乐饥。"　⑩高适：唐蓨（今河北景县）人，字达夫，以写边塞诗著称，与岑参齐名。《还山吟》：全题作《赋得还山吟赠沈四山人》。　⑪毋不至：《高常侍集》卷五作"无不至"，是。　⑫忆同：当作"忆问"。　⑬有集传世：按，唐人元结编录沈千运、孟云卿、王季友、于逖、张彪、赵微明、元季川七人诗为《箧中集》，今存。

52　孟云卿①

云卿，关西人②。天宝间不第，气颇难平，志亦高尚，怀嘉遁之节③。与薛据相友善④。尝流寓荆州，杜工部多有与云卿赠答之作⑤，甚爱重之。工诗，其体祖述沈千运，渔猎陈拾遗⑥，词气伤怨。虽然模效，才得升堂，犹未入室，然当时古调⑦，无出其右，一时之英也。如"虎豹不相食,哀哉人食人⑧!"又"朝亦常苦饥,暮亦常苦饥。飘飘万里余,贫贱多是非。少年莫远游,远游多不归⑨"。皆为当代推服。韦应物过广陵,遇孟九赠诗云⑩:"高文激颓波,四海靡不传。西施且一笑⑪,众女安得妍。"其才名于此可见矣。仕终校书郎。集今传。○云卿禀通济之才,沦吞噬之俗,栖栖南北,苦无所遇,何生之不辰也!身处江湖,心存魏阙⑫,犹杞国之人忧天坠相率而逃者⑬,匹夫之志⑭,亦叵念矣。

[校注]

①孟云卿:唐河南人。《全唐诗》卷一五七收其诗。 ②关西:泛指函谷关(或潼关)以西地区。按,元结《送孟校书往南海序》云:"平昌孟云卿,与元次山同州里,以辞学相友,几二十年,……云卿少次山六七岁,云卿名声满天下,知己在朝廷。"则应为河南人,而平昌(今属河北)盖其郡望耳。至杜甫《寄张十二山人彪三十韵》有"关西得孟邻"之句,乃取孟母三迁以为喻,并与云卿无涉也。 ③嘉遁:谓隐居遁世。《易·遁》:"九五,嘉遁贞吉。" ④薛据:唐荆南(今湖北江陵)人,官终水部郎中。 ⑤杜工部:指杜甫。其《解闷十二首》之五云:"李陵苏武是吾师,孟子论文更不疑。"孟子,即指孟云卿而言。又《别崔潩因寄薛据孟云卿》诗云:"荆州遇薛孟,为报欲论诗。"知其时薛据孟云卿盖同客于荆州也。 ⑥沈千运(约707—约757):唐吴兴(今浙江湖州)人。天宝中,数应举不第。陈拾遗:指陈子昂(659—700)。 ⑦然当时:"然"字原无。清钱熙祚云:"'当'上当依阁本补'然'字。"今从之。 ⑧"虎豹"二句:见所作《宋郊》诗。 ⑨"朝亦"六句:见所作《悲哉行》。万里余,《文苑英华》卷二——作"万余里",较胜。 ⑩韦

应物（737—791）：唐京兆长安（今陕西西安）人，曾任滁州、江州、苏州刺史。其诗多田园佳兴。广陵：今江苏扬州市。孟九：指孟云卿。《文苑英华》卷二一八有韦应物诗，题为《广陵遇孟云卿作》。　⑪西施：春秋末年越国人，吴王夫差的宠妃。　⑫"身处"两句：谓其有嘉遁之情而念念不忘世事。语本《庄子·让王》："身在江海之上，心居乎魏阙之下，奈何？"魏阙，古代宫门上巍然高出的楼观。喻指朝廷。　⑬"犹杞国"句：谓不必要的忧虑和行动。《列子·天瑞》："杞国有人忧天地崩坠，身无所寄，废寝食者。"　⑭匹夫：庶民，百姓。

卷三

53 岑 参①

参,南阳人,文本之后②。天宝三年赵岳榜第二人及第。累官左补阙、起居郎,出为嘉州刺史③。杜鸿渐表置安西幕府,拜职方郎中,兼侍御史④,辞罢。别业在杜陵山中⑤。后终于蜀。参累佐戎幕,往来鞍马烽尘间十余载,极征行离别之情,城障塞堡,无不经行。博览史籍,尤工缀文,属词清尚,用心良苦,诗调尤高,唐兴罕见此作。放情山水,故常怀逸念,奇造幽致,所得往往超拔孤秀,度越常情,与高适风骨颇同⑥,读之令人慷慨怀感,每篇绝笔,人辄传咏⑦。至德中,裴休、杜甫等常荐其识度清远⑧,议论雅正,佳名早立,时辈所仰,可以备献替之官⑨;未及大用而谢世,岂不伤哉!有集十卷行于世,杜确为之序云⑩。

[校注]

①岑参(约715—770):唐南阳(今属河南)人,诗与高适齐名,并称"高岑"。 ②文本:岑文本,唐贞观中,擢中书舍人,累官至中书令。 ③左补阙:门下省的属官,掌进谏、荐举之事。起居郎:门下省的属官,掌记载帝王言行。嘉州:今四川乐山。 ④杜鸿渐:唐濮阳(今属河南)人。玄宗时,为朔方判官;肃宗时,累迁河西、荆南节度使;代宗时,进中书侍郎。安西幕府:安西都护府的僚属。职方郎中:兵部的属官,掌舆图、军制、镇戍、征讨之事。侍御史:御史台的成员,掌弹劾官吏等。 ⑤杜陵:今陕西西安市东南。 ⑥高适(约700—765):唐渤

(今河北景县)人，官终散骑常侍。　⑦传咏：沪本云："'咏'原作'味'，形近之误，今改。"　⑧裴休：唐济源（今属河南）人，宣宗时以兵部侍郎进同中书门下平章事。按，其时杜甫、岑参等早已去世，疑"裴休"当为"裴荐"之误。宋计有功《唐诗纪事》卷二十三作"左拾遗裴荐、杜甫等尝荐参识度清远……"，当从之。　⑨献替：臣对君劝善规过，议兴议革，献可替否，谓之"献替"。《左传》昭公二十年："君所谓可，而有否焉，臣献其否，以成其可；君所谓否，而有可焉，臣献其可，以去其否。"　⑩"杜确"句：杜确所作《岑嘉州集序》云："入为右补阙，频上封章，指述权佞。"又云："（岑诗）属辞尚清，用意尚切，其有所得，多入佳境。迥拔孤秀，出于常情。每一篇绝笔，则人人传写，虽闾里士庶，戎夷蛮貊（mò），莫不讽诵吟习焉。"

54　王之涣①

之涣，蓟门人②。少有侠气，所从游皆五陵少年③，击剑悲歌，从禽纵酒。后折节工文④，十年名誉日振。耻困场屋⑤，遂交谒名公。为诗情致雅畅，得齐、梁之风⑥。每有作，乐工辄取以被声律。与王昌龄、高适、畅当忘形尔汝⑦。尝共诣旗亭，有梨园名部继至⑧。昌龄等曰："我辈擅诗名，未定甲乙。可观诸伶讴诗，以多者为优。"一伶唱昌龄二绝句，一唱适一绝句。之涣曰："乐人所唱皆下俚之词。"须臾，一佳妓唱曰："黄沙远上白云间，一片孤城万仞山。羌笛何须怨杨柳，春风不度玉门关⑨。"复唱二绝，皆之涣词。三子大笑。曰："田舍奴，吾岂妄哉⑩！"诸伶竟不谕其故，拜曰："肉眼不识神仙。"三子从之酣醉终日。其狂放如此云。有诗传于今。

[校注]

①王之涣（688—742）：《全唐诗》卷二五三收其诗六首，谓系并州人。据傅璇琮《唐代诗人丛考·靳能所作王之涣墓志铭跋》，之涣之郡望为太原，自五代祖王隆之为北魏绛州刺史，始占籍绛郡。王之涣，本书旧本目录及正文皆作"奂"，今据唐靳能《太原王府君墓志铭序》，《文苑英华》卷二九九、卷三一二及宋计有功《唐诗纪事》卷二十六改。　②蓟门：即居庸关，在今北京昌平。王之涣曾寓居于此。唐高适有《蓟门不遇王之涣郭密之因以留赠》诗，见《高常侍集》卷六。　③五陵少年：指豪门贵族子弟。汉朝皇帝每立陵墓，例有贵族外戚及四方富豪迁居于陵墓附近。其中最著者为高祖长陵、惠帝安陵、景帝阳陵、武帝茂陵及昭帝平陵。　④后折节：旧本作"中折节"。清钱熙祚云："阁本'中'作'后'。"今据改。折节，谓强自克制，一改平日志向。　⑤场屋：科举考试之所。　⑥齐、梁之风：南朝齐梁时出现的一种诗风，多讲求音律对偶，遣词绮丽浮艳，世称"齐梁体"。　⑦畅当：唐河东（今山西永济）人，大历七年（772）进士，贞元初为太常博士。按，畅当年龄与王之涣等相去太远，此或有误。唐薛用弱《集异记》载旗亭讴诗事甚详，并无畅当在内。　⑧旗亭：酒店。梨园名部：名艺人。　⑨"黄沙"四句：为王之涣《凉州词二首》之一。春风，《文苑英华》作"春光"。　⑩田舍奴：农家子弟（含轻蔑意）。按，"田舍奴，吾岂妄哉"乃王之涣所说，"三子大笑"句宜在此语之后。见唐薛用弱《集异记》卷二。

55 贺知章①

知章，字季真，会稽人②。少以文词知名，性旷夷，善谈论笑谑。证圣初，擢进士超拔群类科。陆象先在中书，引为太常博士③。象先与知章最亲善，常曰："季真清谈风韵，吾一日不见，则鄙吝生矣。"当时贤达，皆倾慕之。为太子宾客④。开元十三年，迁礼部侍郎兼集贤院学士⑤。晚年尤加纵诞，无复礼度，自号"四明狂客"⑥。又称"秘书外监"⑦，遨游里巷。又善草隶，每醉辄属辞，笔不停辍，咸有可观，每纸不过数十字，好事者共传宝之。天宝三年，因病，梦游帝居⑧。及寤，表请为道士，求还乡里，即舍住宅为千秋观⑨。上许之，诏赐镜湖、剡溪一曲，以给渔樵⑩，帝赋诗及太子百官祖饯。寿八十六。集今传。

[校注]

①贺知章（659—744）：唐越州永兴（今属浙江杭州萧山区）人。《全唐诗》卷一一二收其诗。　②会稽：唐越州（今浙江绍兴）古称会稽。　③陆象先：唐睿宗景云中，累官同中书门下平章事；玄宗时，迁太子少保，卒。中书：中书省。与门下省、尚书省同为全国政务中枢。太常博士：太常寺（掌宗庙礼仪的官署）的属官。　④太子宾客：侍奉太子的官，掌调护、侍从、规谏等。　⑤礼部侍郎：礼部（尚书省六部之一，掌礼乐、祭祀、贡举等）的副长官。集贤院学士：集贤殿书院的属官，掌校正典籍、教授生徒等，位在集贤直学士之上。　⑥四明：四明山，唐属

越州。相传山上有方石,四面如窗,中通日月星宿之光。 ⑦秘书外监:秘书省(掌图籍的官署)的长官。"外"者,含有受排挤而无实权之意。 ⑧帝居:天帝所居之处。 ⑨千秋观:故址在今浙江绍兴市。后改名天长观,宋改鸿禧观,明为明真观,清称道士庄。 ⑩镜湖:汉代大型农田水利工程之一。在今浙江绍兴会稽山北麓,周围三百余里。唐以后逐渐淤浅。今仅存市南一段较宽的河道,被称为"鉴湖"。剡溪:即曹娥江的上游。在今浙江嵊州南。渔樵,清钱熙祚云:"阁本此下有'后改为天长观'六字。"

56 包 何①

何字幼嗣,润州延陵人。包融之子也②。与弟佶俱以诗鸣③,时称"二包"。天宝七年杨誉榜及第④。曾师事孟浩然,授格法⑤。与李嘉祐相友善⑥。大历中,仕终起居舍人⑦。诗传者可数。盖流离世故,卒多素辞,大播芳名,亦当时望族也⑧。

[校注]

①包何:唐润州延陵(今江苏镇江)人。《全唐诗》卷二〇八收其诗。 ②包融:盛唐诗人。与贺知章、张旭、张若虚齐名,号"吴中四友"。 ③佶(jí):包佶,天宝六载(747)登进士,官至谏议大夫、御史中丞。 ④杨誉:《文苑英华》卷一三八收其《纸鸢赋》一首,云:"知我者使我飞浮,不知我者谓我拘留。……我于风兮有待,风于我兮何求!" ⑤格法:掌握诗歌格律之法。 ⑥李嘉祐:唐赵州(今河北赵县

一带）人，代宗时任袁州刺史。　⑦赵居舍人：掌修记言之史的官，属中书省，从六品上。　⑧世故：犹世变。素辞：朴实无华的词语。芳名：美名。望族：有声望的世家大族。

57 包　佶①

佶字幼正，天宝六年杨护榜进士，累迁秘书监②。刘晏治财，奏为汴东两税使③。及晏罢，以佶为诸道盐铁等使④。未几，迁刑部侍郎、太常少卿，拜谏议大夫、御史中丞⑤。居官谨确⑥，所在有声。佶天才赡逸，气宇清深，心醉古经，神和大雅，诗家老斫轮也⑦。与刘长卿、窦叔向诸公皆莫逆之爱⑧。晚岁沾风痹之疾⑨，辞宠乐高，不及荣利。卒封丹阳郡公⑩。有诗集行于世。

[校注]

①包佶（jí）：包何之弟。《全唐诗》卷二〇五收其诗。　②杨护：累官左巡使、殿中侍御史。见《旧唐书·代宗纪》。秘书监：秘书省（掌图籍的官署）的长官，领太史、著作二局。　③刘晏（715—780）：唐曹州南华（今山东东明）人。上元元年（760）官户部侍郎，充度支等使；广德元年（763）任吏部尚书、同平章事。精于理财，尝自比于贾谊、桑弘羊。汴东：约当今河南开封地区东部。两税使：掌管夏、秋两税事务的长官，属临时派遣性质。　④罢：谓罢官。诸道盐铁等使：指诸道盐铁使兼诸道转运使，以管理食盐专卖为主，兼掌银铜铁锡的采冶事宜。　⑤刑部侍郎：刑部（尚书省六部之一）的副长官。太常少卿：太常寺（掌宗庙

礼仪的官署）的副长官。谏议大夫：门下省的属官，掌侍从、规谏等。御史中丞：御史台（司弹劾的官署）的副长官。 ⑥谨悫：同"谨愿"。 ⑦老斫轮："轮"字旧本所无。清钱熙祚云："'斫'下当依阁本补'轮'字。"今从之。老斫轮，指经验丰富、技艺精湛的老手。《庄子·天道》："斫轮，徐则甘而不固，疾则苦而不入。不徐不疾，得之于手而应于心，口不能言，有数存焉于其间。臣不能以喻臣之子，臣之子亦不能受之于臣，是以行年七十而老斫轮。" ⑧刘长卿（？—约789）：唐河间（今属河北）人。窦叔向：唐代宗时人，以工诗称。官至左拾遗、内供奉，贬为溧水令，卒赠工部尚书。 ⑨风痹（bì）：因风、寒、湿引起的一类疾病，肢体酸痛无定处者，名行痹，又名风痹。今名风湿性关节炎。 ⑩丹阳郡：隋丹阳郡辖今江苏南京、溧阳及安徽芜湖一带。唐无此建制。郡公：封爵名，位在国公之下、县公之上。

58 张 彪①

彪，颍上人②。初赴举，无所遇。适遭丧乱，奉老母避地，隐居嵩山，供养至谨。与孟云卿为中表③，俱工古调诗。云卿有赠云："善道居贫贱，洁服蒙尘埃。行行无定心，坎壈难归来。"④性高简，善草书，志在轻举⑤。《咏神仙》云："五谷非长年，四气乃灵药⑥。列子何必待，吾心满寥廓⑦。"时与杜甫往还，尝寄张十二山人诗云⑧："静者心多妙，先生艺绝伦。草书何太古，诗兴不无神。曹植休前辈，张芝更后身⑨。数篇吟可老，一字买堪贫。"观工部之作⑩，可知其人矣。

[校注]

①张彪：唐玄宗时人。《全唐诗》卷二五九收其诗四首。　②颍上：县名，今属安徽省。　③孟云卿：唐河南（今河南洛阳一带）人，天宝时官校书郎。　④云卿有赠：据《文苑英华》卷二四四，"善道"四句乃张彪所作，题为《北游还酬孟云卿见寄》。　⑤轻举：谓飞升成仙。晋孙绰《游天台山赋序》："非夫遗世玩道，绝粒茹芝者，乌能轻举而宅之？"　⑥五谷：黍、稷、菽、麦、稻。泛指谷物。四气：指四时阴阳变化，温热凉寒之气。　⑦列子：列御寇，战国郑人，主张无所作为，一切听其自然。《庄子·逍遥游》中把他写成"御风而行"的神仙："夫列子御风而行，泠然善也，旬有五日而后反。……此虽免乎行，犹有所待者也。若夫乘天地之正，而御六气之辩，以游无穷者，彼且恶乎待哉！"　⑧寄张十二山人诗：杜甫于乾元二年（759）秋作于秦州，原题为《寄张十二山人彪三十韵》。　⑨曹植：三国魏诗人。此句意谓张彪之诗像曹植那样超越了前辈。张芝：东汉书法家，有"草圣"之称。此句意谓彪之草书，宛若张芝转世后所写。　⑩工部：指杜甫。

59　李嘉祐①

嘉祐，字从一，赵州人。天宝七年杨誉榜进士，为秘书正字②。以罪谪南荒。未几何，有诏量移为鄱阳宰，又为江阴令，后迁台、袁二州刺史③。善为诗，绮丽婉靡，与钱、郎别为一体，往往涉于齐、梁④。时风人拟为吴均、何逊之敌⑤，自振藻天朝，大收芳誉，中兴风流也⑥。有集，今传。

[校注]

①李嘉祐：唐赵州（今河北赵县一带）人。工诗，与严维、刘长卿、冷朝阳等相友善。《全唐诗》卷二〇六、二〇七收其诗。　②杨誉：所作《纸鸢赋》，见《文苑英华》卷一三八。秘书正字：秘书省的属官，掌校正典籍等。　③量移：官吏被贬至远方，遇赦后酌量移至稍近处任职。鄱阳：今江西鄱阳县。江阴：今属江苏省。台：台州，约当今浙江台州。袁：袁州，约当今江西宜春。　④钱、郎：指钱起、郎士元，皆"大历十才子"之一。齐、梁：指南朝齐、梁时绮丽浮艳的诗风。　⑤风人：诗人。吴均（469—520）：南朝梁文学家，文工于写景，诗清新可喜，号为"吴均体"。何逊（？—约518）：南朝梁诗人，长于写景及炼字。　⑥中兴：指唐肃宗、代宗在位，安史之乱既平，"文教中兴，人才辈出"之时。

60　贾　至①

至，字幼几②，洛阳人。曾之子也③。曾开元间与苏晋同掌制诰④。至天宝十年，明经擢第，累官起居舍人，知制诰⑤。从幸西川⑥，尝撰传位肃宗册文，既进稿，玄宗曰："先天诰命，乃父所为。今兹大册，尔又为之。两朝盛典，出卿家父子，可谓继美矣。"大历初，迁京兆尹，以散骑常侍卒⑦。初尝以事谪守巴陵⑧，与李白相遇，日酣杯酒，追忆京华旧游，多见酬唱。白赠诗有云："圣主恩深汉文帝，怜君不遣到长沙⑨。"至特工诗，俊逸之气，不减鲍昭、庾信⑩，调亦清畅，且多素辞⑪，盖厌于漂流沦落者也。有集三十余卷，今传。

[校注]

①贾至（718—772）：官至礼部侍郎。《全唐诗》卷二三五收其诗。　②字幼几：宋计有功《唐诗纪事》卷二十二作"字幼邻"。　③曾之子：贾曾（？—727），工文辞，与苏晋齐名，时称"苏贾"。　④苏晋：数岁知为文。唐玄宗初年为中书舍人。掌制诰：负责起草诏令。　⑤天宝十年：疑为开元末或天宝初。《全唐文》卷三六八贾至《虙（fú）子贱碑颂》云："天宝初，至始以校书郎尉于单父……"可证。明经：科举考试名目之一，以通晓经义为主，与进士科并列。起居舍人：中书省的属官，掌修记言之史。知制诰：主持起草诏令并审阅、判行。　⑥西川：指剑南西川。　⑦京兆尹：京都地区的行政长官。散骑（jì）常侍：在皇帝左右规谏过失兼备顾问的官。　⑧守：任太守。巴陵：郡名，今湖南岳阳地区。　⑨"圣主"二句：见《李太白全集》卷十一《巴陵赠贾舍人》诗。汉文帝（前202—前157）：平定诸吕之乱后，以代王入即帝位。长沙：郡名，治所在今湖南长沙市。西汉贾谊（前200—前168）为文帝所赏识，任为博士；后为大臣周勃、灌婴等所排挤，贬为长沙王太傅。此谓贾至谪守巴陵，尚未远达长沙也。　⑩鲍昭：即鲍照。唐时避武后讳，改照为"昭"。庾信（513—581）：北周文学家。　⑪素辞：朴素平易、不事雕琢的语言。

61 鲍 防^①

防字子慎。天宝十二年杨儇榜进士，襄阳人也。善辞章，笃志于学，累官至太原尹、河东节度使^②。人乐其治，不减龚、黄^③，诏图形别殿。又历福建、江西观察使。」乱，从幸奉天^④，除礼部侍郎，封东海公，又迁御史大夫。贞元元年，策贤良方正，得穆质、柳公绰等，皆位至台鼎^⑤，世美其知人。时比岁旱，质对汉故事免三公、烹弘羊^⑥，权近独孤恼欲下按治。防曰："使上闻所未闻，不亦善乎？"置质高第。帝见策嘉之，授工部尚书^⑦，卒。防工于诗，兴思优足，风调严整，凡有感发，以讥切世弊，正国音之宗派也。与谢良为诗友^⑧，时亦称鲍、谢云。有集，今传。

[校注]

①鲍防（约722—约790）：《全唐诗》卷三〇七收其诗八首。 ②太原尹：太原府（今山西太原市及晋中地区大部）的行政长官。河东节度使：河东道（今山西省）的军政长官。 ③龚、黄：汉宣帝时渤海太守龚遂与颍川太守黄霸各有治绩，并称"龚黄"，历来被作为封建"循吏"的代表。 ④奉天：今陕西乾县。 ⑤穆质：唐河内人，举贤良方正，擢给事中。柳公绰（763—830）：唐京兆华原（今陕西铜川市耀州区）人，举贤良方正，官终兵部尚书。台鼎：比喻三公或宰相的地位，犹星有三台，鼎足而立。 ⑥免三公、烹宏羊：三公，辅佐国君掌握军政大权的最高长官。西汉以丞相、太尉、御史大夫为三公；东汉以太尉、司徒、司空

为三公；唐沿汉制，已无实际职务。弘羊，指桑弘羊，西汉洛阳人，武帝时任治粟都尉，主张盐铁官营，后为昭帝所诛杀。《文苑英华》卷四八五唐穆质《贤良方正能直言极谏策》云："至若两汉旧仪，三公当免；卜式著议，弘羊可烹，此又一时之事也。"　⑦工部尚书：工部（尚书省六部之一）的长官，掌各项工程、工匠、屯田、水利、交通等。　⑧谢良：当属"谢良弼"之误。《新唐书》本传："与中书舍人谢良弼友善，时号'鲍谢'云。"宋计有功《唐诗纪事》卷四十七："防于诗尤感发，以讥切当世，与中书舍人谢良弼友善，号鲍谢。"

62 殷　遥①

遥，丹阳人②。天宝间，常仕为忠王府仓曹参军③。与王维结交，同慕禅寂④，志趣高疏，多云岫之想⑤。而苦家贫，死不能葬，一女才十岁，日哀号于亲爱，怜之者赗赠，埋骨石楼山中⑥。工诗，词彩不群，而多警句，杜甫曾称许之。有诗传于今。

[校注]

①殷遥：唐句容（今属江苏）人。《全唐诗》卷一一四收其诗五首。　②丹阳：今江苏南京一带。　③忠王：玄宗第三子，初名嗣昇，曾多次更名，天宝三载（744）更名亨，即后之唐肃宗。仓曹参军：王府的属官，掌仓谷事务。　④禅寂：谓僧侣坐禅寂定。　⑤云岫（xiù）：喻隐居。岫，山洞。晋陶渊明《归去来辞》："云无心以出岫，鸟倦飞而知还。"　⑥赗（fèng）赠：送给丧家以丧葬所需的财物。石楼山：在山西吕梁山西麓，石楼县东南。

63 张 继①

继字懿孙，襄州人。天宝十二年礼部侍郎杨浚下及第②。与皇甫冉有髫年之故，契逾昆玉③。早振词名，初来长安，颇矜气节。有《感怀》诗云："调与时人背，心将静者论。终年帝城里，不识五侯门④。"尝佐镇戎军幕府，又为盐铁判官⑤。大历间，入内侍，仕终检校祠部郎中⑥。继博览有识，好谈论，知治体，亦尝领郡⑦，辄有政声。诗情爽激，多金玉音，盖其累代词伯，积袭弓裘⑧，其于为文，不雕自饰，丰姿清迥，有道者风⑨。集一卷，今传。

[校注]

①张继：唐襄州（今湖北襄阳）人。唐独孤及《毗陵集·唐故扬州庆云寺律师一公塔铭·序》谓系南阳人。《全唐诗》卷二四二收其诗。　②杨浚：曾官校书郎，开元中尝作《圣典》三卷上之。天宝末，曾连续四年主持贡举。礼部侍郎杨浚下：犹言"在……主持下"。下同。　③皇甫冉（约717—约770）：天宝十五载（756）进士。髫（tiáo）年：童年。《全唐诗》卷二五〇皇甫冉《酬张继》小序云："懿孙，余之旧好。"昆玉：弟兄。　④帝城：京城。五侯门：泛指权贵之家。　⑤镇戎军：治所在今宁夏固原一带。幕府：衙署。盐铁判官：盐铁使（掌食盐专卖及矿业开采的官）的僚属。　⑥内侍：在宫廷供职。祠部郎中：祠部（礼部的属司，掌祭祀、天文、医卜等）的长官。检校祠部郎中，属加官性质，地位较本官为高。按，《新唐书·艺文志》作"检校祠部员外郎，分掌财赋于洪州"，与此小异。

⑦领郡：兼任州郡的官。　⑧词伯：道德、文辞方面堪为表率者。积袭：世代相传。弓裘：喻父子世传的事业。《礼记·学记》："良冶之子，必学为裘；良弓之子，必学为箕。"　⑨道者：指有道之士。

64 元　结①

结字次山，武昌人。鲁山令元紫芝族弟也②。少不羁，弱冠始折节读书③。天宝十三年进士，礼部侍郎杨浚见其文，曰："一第，愍子耳④。"遂擢高品。后举制科⑤。会天下乱，沉浮人间，苏源明荐于肃宗，授右金吾兵曹，累迁御史，参山南来瑱府，除容管经略使⑥。始隐于商山中⑦，称元子。逃难入猗玗洞，称猗玗子⑧，或称浪士。渔者或称聱叟。酒徒——漫叟⑨，及为官，呼漫郎。皆以命所著。性梗僻，深憎薄俗，有忧道闵世之心。《中兴颂》一文，灿烂金石，清夺湘流。作诗著辞，尚聱牙。天下皆知敬仰。复嗜酒，有句云："有时逢恶客⑩。"自注："非酒徒即恶客也。"有《文编》十卷及所集当时人诗为《箧中集》一卷⑪，并传。

[校注]

①元结（719—772）：《全唐诗》卷二四〇、二四一收其诗，谓系河南（今河南洛阳）人。　②鲁山：县名，在河南省中部偏西。元紫芝：唐元德秀（696—754），字紫芝。为鲁山令一年，即去职，以弹琴自娱。时称"元鲁山"。房琯云："见紫芝眉宇，使人名利之心都尽。"　③折节：谓转变志向。　④一第，愍（hùn）子耳：唐皮日休《文薮序》云："比见元

次山纳《文编》于有司，侍郎杨公浚见《文编》，叹曰：'上第，污元子耳！'"可参。　⑤制科：唐以科举取士，除由地方贡举外，经皇帝亲自在殿廷诏试者，为"制科举"，简称"制举"或"制科"。《新唐书·选举志上》："其天子诏者曰制举，所以待非常之才焉。"　⑥苏源明：唐京兆武功（今属陕西）人。玄宗时，官国子司业；肃宗时，官秘书少监。右金吾兵曹：即右金吾兵曹参军，中书省的属官，掌京师治安及有关军务等。御史：掌纠察、弹劾的官。山南：山南道。因在终南山、华山之南，故名。约当今陕西南部、河南西南部、四川东北部及湖北西北部之地。来瑱（tiàn）：唐永寿（今属陕西）人。肃宗上元元年（760）由陕州刺使改任山南东道节度使；代宗宝应元年（762）任兵部尚书、同平章事，知山南东道节度使；宝应二年（763）赐死。容管：约当今广西。《资治通鉴》唐代宗大历六年"前容管经略使元结等皆寄治苍梧"，元胡三省注："容管领辩、白、牢、钦、禺、汤、瀼、岩、古等州，在桂管西南。"经略使：边防军事长官。　⑦商山：在陕西商洛市商州区东。　⑧琦玗洞：在湖北黄石市东，今名飞云洞。琦玗子：宋计有功《唐诗纪事》卷二十二作"猗玗子"。今按，当以作"琦玗洞""琦玗子"为是。《尔雅·释地》："东方之美者，有医无闾之珣玗琪焉。"晋郭璞注："珣玗琪，玉属。"　⑨酒徒——漫叟：意谓"酒徒呼为漫叟"。见唐李肇《唐国史补》卷上。　⑩恶客：指不会喝酒的人。《次山集》卷三《将船何处去》诗云："有时逢恶客，还家亦少酣。"　⑪《文编》：编成于大历三年（768），凡二百三首，分为十卷。《文苑英华》卷七〇一有元结《文编序》。《箧中集》：包括唐沈千运、王季友、于逖、孟云卿、张彪、赵微明、元季川（皆元结的亲友）等七人的五言古诗共二十四首，集前有元结于乾元三年（760）所作自序。

65 郎士元①

士元，字君胄，中山人也。天宝十五载卢庚榜进士②。宝应初，选京畿县官。诏试政事中书，补渭南尉③，历左拾遗，出为郢州刺史④。与员外郎钱起齐名⑤。时朝廷自丞相以下，出牧奉使，无两君诗文祖饯，人以为愧，其珍重如此。二公体调，大抵欲同，就中郎君稍更闲雅，逼近康乐⑥，珠联玉映，不觉成编，掩映时流，名不虚矣。有别业在半日吴村⑦，王季友、钱起等皆见题咏⑧，每夸胜绝。诗集今传于世。

[校注]

①郎士元：唐中山（今河北定州）人，"大历十才子"之一。与钱起并称"钱郎"。《全唐诗》卷二四八收其诗。　②卢庚：疑当作"卢庚"。卢庚有《梓潼神鼎赋》，见《文苑英华》卷八十六。　③政事中书：宰相治理政事的处所。渭南：县名，今属陕西省。　④左拾遗：《全唐诗》卷二四八作"右拾遗"。郢州：约当今湖北钟祥、京山一带。　⑤钱起（约720—约782）：天宝进士，"大历十才子"之一。唐高仲武《中兴间气集》上卷以钱起为先，下卷以郎士元居首。　⑥康乐：晋、宋间诗人谢灵运（385—433），袭封"康乐公"，故称。　⑦半日吴村：即半日村，在今陕西渭南。钱起有《题郎士元半日吴村别业兼呈李长官》诗，郎士元有《酬王季友题半日村别业兼呈李明府》诗。《太平寰宇记》卷二十九华州渭南县："半日村：此村山高蔽亏，阳影常照其一半。"　⑧王季友：唐河南（今洛阳一带）人。

66 道人灵一①

一公，剡中人②。童子出家，瓶钵之外，余无有。天性超颖，追踪谢客，隐麻源第三谷中③，结茆读书。后百业精进，居若耶溪云门寺④，从学者四方而全矣。尤工诗，气质淳和，格律清畅。两浙名山，暨衡、庐诸甲刹，悉所经行⑤。与皇甫昆季、严少府、朱山人、彻上人等为诗友⑥，酬赠甚多。刻意声调，苦心不倦，骋誉丛林。后顺寂于岑山⑦。集今传世。论曰：自齐、梁以来，方外工文者⑧，如支遁、道遒、惠休、宝月之俦⑨，驰骤文苑，沉淫藻思，奇章伟什，绮错星陈，不为寡矣。厥后丧乱，兵革相寻，缁素亦已狼藉⑩，罕有复入其流者。至唐累朝，雅道大振，古风再作，率皆崇衷像教，驻念津梁，龙象相望⑪，金碧交映。虽寂寥之山阿，实威仪之渊薮。宠光优渥，无逾此时。故有颠顿文场之人，憔悴江海之客，往往裂冠裳，拨罾缴，杳然高迈，云集萧斋⑫，一食自甘，方袍便足，灵台澄皎⑬，无事相干；三余有简牍之期，六时分吟讽之隙⑭，青峰瞰门，绿水周舍，长廊步屧⑮，幽境寻真，景变序迁，荡入冥思。凡此数者，皆达人雅士，夙所钦怀。虽则心侔迹殊，所趣无间⑯，会稽传孙、许之玄谈⑰，庐阜接谢、陶于白社⑱，宜其日锻月炼，志弥厉而道弥精。佳句纵横，不废禅定⑲，岩穴相邃，更唱迭酬。苦于三峡猿⑳，清同九皋鹤㉑，不其伟欤！与夫迷津畏途，埋玉世虑，蓄愤于心，发在篇咏者，未可同年而论矣㉒。然道或浅深，价有轻重，未能悉采。其乔松于灌莽，野鹤于鸡群者㉓，有灵一、灵彻、皎然㉔、清塞㉕、无可、虚中㉖、齐己、贯休八人㉗，皆东南产秀，共出一时，已为录实。其或虽以多而寡称，或著少而增价者，如惟审、护国㉘、文益、可止㉙、清江、法照㉚、广宣、无本㉛、修睦、无闷㉜、太易、景云㉝、法振、栖白㉞、隐峦、处默㉟、卿云、栖一㊱、淡交、良乂㊲、若虚、云表㊳、昙域、子兰㊴、僧鸾、怀素㊵、惠标、可朋㊶、怀浦、慕幽㊷、善生、亚齐㊸、尚颜、栖蟾㊹、理莹、归仁㊺、玄宝、惠侃㊻、法宣、文秀㊼、僧泚、清尚㊽、智暹、沧浩、不特等四十五人㊾，名既隐僻，事且微冥，今不复喋喋云尔。

[校注]

①灵一：唐代宗时人，本姓吴，自幼出家。《全唐诗》卷八〇九收其诗，谓系"广陵人，居余杭宜丰寺"。 ②剡中：今浙江嵊州一带。 ③谢客：晋、宋间诗人谢灵运（385—433），自幼寄养于外家，族人因名为"客儿"，世称"谢客"。隐：隐居。清钱熙祚云："阁本'隐'下有'居'字。"麻源：《文苑英华》卷二七四灵一《送陈元初卜居麻源》诗云："欲向麻源隐，能寻谢客踪。空山几十里，幽谷第三重。岩宇宁须葺，荷衣不待缝。因君见往事，为我谢乔松。" ④百业：佛家指善业。若耶溪：源自若耶山（今浙江绍兴市南），北流入运河。云门寺：在绍兴市南云门山。唐初，僧智永居此三十年。 ⑤衡：南岳衡山，在湖南衡阳市。庐：庐山，在江西九江市南。甲刹：头等佛寺。 ⑥皇甫昆季：皇甫冉、皇甫曾兄弟。严少府：严维，唐越州（今浙江绍兴）人，肃宗时授诸暨尉。唐代称县令为明府，县尉为少府，故云。朱山人：朱放，唐襄州南阳人，隐居剡溪，德宗时拜左拾遗，不就。彻上人：灵彻（一作灵澈），唐

越州会稽人，本姓汤。后为云门寺律僧，诗名振于辇下。上人，佛教称具备德智善行的人。　⑦顺寂：犹圆寂（谓僧人寿终）。岑山：在浙江龙游县南。　⑧齐、梁以来：观下文，此处当作"晋、宋以来"。方外：指世外，超脱于世俗礼教之外的人。　⑨支遁（314—约366）：晋僧，本姓阚氏，年二十五，始释形入道。道道：疑为"道猷"之误。梁慧皎《高僧传》："释道猷，吴人，初为生公弟子。……乃敕住新安，为镇寺法主。"惠休：南朝宋僧，本姓汤，善属文。武帝令使还俗，位至扬州从事。宝月：齐武帝时人，善解音律。见《古今乐录》。　⑩缁素：僧徒衣缁（黑色），俗众衣素（白色），此以"缁素"指僧俗人等。　⑪像教：立像以设教，此指佛教。津梁：佛家指引渡众生超脱苦海的桥梁或渡船之类，喻指佛法。龙象：佛家称修行勇猛、力量最大的阿罗汉为"龙象"，因水行以龙力最大，陆行以象力最大，故云。　⑫裂：扯裂。拨：废除。矰缴（zhuó）：系有丝绳以射飞鸟的箭。萧斋：此指佛寺。语本唐李肇《唐国史补》卷中："梁武帝造寺，令萧子云飞白大书一'萧'字，至今一'萧'字存焉。李约竭产自江南买归东洛，匾于小亭以玩之，号为'萧斋'。"⑬一食：一箪（dān）食，喻简陋的饮食。《论语·雍也》："一箪食，一瓢饮，在陋巷，人不堪其忧，回也不改其乐。"方袍：指僧衣。灵台：心灵。《庄子·庚桑楚》："（万恶）不可纳于灵台。"　⑭三余：泛指空闲时间。《三国志·魏书·王肃传》注引《魏略》："冬者岁之余，夜者日之余，阴雨者时之余也。"六时：佛教分一昼夜为晨朝、日中、日没、初夜、中夜、后夜六时。　⑮步屟（xiè）：步行。　⑯心侔（móu）迹殊：存心相同而行事各异。所趣无间：志趣所在极为相近。按，"所"上当有"而"字，于义始洽。　⑰孙、许：疑指孙绰（314—371，东晋玄言诗人）、许逊（239—374，晋道士）。玄谈：指魏晋时以老庄学说和《周易》

卦象为依据而进行的辨析名理的谈论。 ⑱庐阜：庐山。谢、陶：指晋、宋间诗人谢灵运（385—433）、陶渊明（365—427），并以旷达著称。白社：白莲社，晋释慧远、慧永等十八人同修净土之法，在庐山东林寺所结的社。 ⑲禅定：佛家指坐禅时住心于一境，以冥思妙理，为成佛基本功夫之一。 ⑳三峡猿：指生活清苦、经常悲啼的猿。北魏郦道元《水经·江水注》："每至晴初霜旦，林寒涧肃，常有高猿长啸，属引凄厉，空谷传响，哀转久绝。故渔者歌曰：巴东三峡巫峡长，猿鸣三声泪沾裳。" ㉑九皋鹤：指清高自守、声闻于天的鹤。《诗·小雅·鹤鸣》："鹤鸣于九皋，声闻于天。"九皋，曲折深远的沼泽。 ㉒迷津畏途：心志迷妄于惊骇的道路。埋玉世虑：才华埋没于世俗的忧虑。同年：等同。 ㉓乔松：像高大的松树那样挺立。野鹤：像林野的仙鹤那样突出。 ㉔皎然：唐湖州（今属浙江）人，为谢灵运十世孙。 ㉕清塞：姓周名贺，与贾岛、无可齐名。 ㉖无可：唐天仙寺僧，贾岛的从弟。《全唐诗》卷八一三、八一四收其诗。虚中：唐宜春（今属江西）人，与齐己、尚颜等为诗友，《全唐诗》卷八四八收其诗十四首。 ㉗齐己：唐益阳（今属湖南）人，自号"衡岳沙门"，多与郑谷相酬唱。贯休（832—912）：唐兰溪（今属浙江）人，号"禅月大师"，能诗善画，兼工篆隶草书。 ㉘惟审：有《赋得闻晓莺啼》等诗三首，见《全唐诗》卷八五〇。护国：唐江南僧，工词翰，有声大历（766—779）间，《全唐诗》卷八一一收其诗十二首。 ㉙文益：五代南唐僧，余杭（今属浙江）人，《全唐诗》卷八二五收其诗一首，谓其本"姓鲁，住金陵清凉寺，世称法眼宗"云。可止：《全唐诗》卷八二五收其诗九首，云："可止，姓马氏，范阳房山人。长近体律诗。乾宁中，赐紫。后唐明宗令住持洛京长寿寺，署号'文智大师'。有《三山集》。" ㉚清江：唐会稽僧，善为诗，与清昼（皎然）

合称"会稽二清"。《全唐诗》卷八一二收其诗。法照：与钱起为诗友。《全唐诗》卷八一〇收其诗三首。㉛广宣：唐蜀中僧，与刘禹锡最善。《全唐诗》卷八二二收其诗，卷七八九有他与李益的联句。无本：唐贾岛（779—843），僧名"无本"。见本书卷五《贾岛》。按，无本既非另一人，则不当列于此四十五人之内。㉜修睦（？—918）：唐末任洪州（今江西南昌市）僧正，与贯休、处默、栖隐为诗友。《全唐诗》卷八四九收其诗二十首。无闷：今传《暮春送人》《寒林石屏》二诗，见《全唐诗》卷八五〇。㉝太易：与司空曙为诗友。按，《全唐诗》作"大易"。景云：与岑参为诗友。《全唐诗》卷八〇八收其诗三首。㉞法振：唐诗僧，名闻于大历、贞元间。《全唐诗》卷八一一收其诗十六首，卷七八九有他与李益的联句。栖白：唐越中僧，工诗，与姚合、李洞等交善。宣宗朝，尝居荐福寺，内供奉，赐紫。《全唐诗》卷八二三收其诗十六首。㉟隐峦：唐末匡庐僧。《全唐诗》卷八二五收其诗五首。处默：唐诗僧，与修睦、贯休为诗友。《全唐诗》卷八四九收其诗八首。㊱卿云：唐末五代岭南僧，与五代南唐沈彬为诗友。《全唐诗》卷八二五收其诗四首。栖一：《全唐诗》卷八四九收其《垓下怀古》《武昌怀古》诗二首，谓系武昌人，与贯休同时。㊲淡交：唐苏州昭隐寺僧，僖宗时人，《全唐诗》卷八二三收其诗三首。良乂：唐宣宗时人，与浙东观察副使卢邺为诗友。《全唐诗》卷八二三收其《答卢邺》一首。㊳若虚：五代南唐僧，隐庐山石室。李主累征之，不就。《全唐诗》卷八二五收其诗三首。云表：《全唐诗》卷八二五收其诗一首，谓其"唐末于豫章讲法华慈恩大疏，法席称盛"云。㊴昙域：唐诗僧贯休的弟子。《全唐诗》卷八四九收其诗三首。子兰：唐诗僧，昭宗时为文章供奉。《全唐诗》卷八二四收其诗。㊵僧鸾：有逸才而无拘检，早岁称乡衔。谒薛子能尚书于嘉州，能以其颠率，难为举子，乃出家。后入京，为文章供奉，赐紫，柳玭大夫甚爱其才。见《太平御览》卷二六四引宋孙光宪《北梦琐言》卷十。《全唐诗》卷八二三收其诗二首。怀素：唐长沙人，本姓钱，嗜酒，善草书。《全唐诗》卷八〇八收其诗二首，谓系"京兆人，姓范（一作'钱'），从玄奘法师出家；上元三年（676），诏住西太原寺，寻归西京"云。 ㊶惠标：《文苑英华》卷一五九收其诗《山二首》，卷一六三收其《咏水三首》。可朋：五代后蜀诗僧，丹棱（今属四川）人，欧阳炯以之比孟郊、贾岛。《全唐诗》卷八四九收其诗四首。 ㊷怀浦：今传《赠智舟三藏》《初冬旅舍早怀》二诗，见《全唐诗》卷八五〇。慕幽：有《剑客》《三峡闻猿》等诗六首，见《全唐诗》卷八五〇。 ㊸善生：唐贞元时僧。《全唐诗》卷八二三收其诗四首。亚齐：翁承赞有《访建阳马驿僧亚齐》诗一首，见《全唐诗》卷七〇三。 ㊹尚颜：与陈陶、陆龟蒙为诗友。《全唐诗》卷八四八收其诗三十四首，云："尚颜，字茂圣，俗姓薛，尚书能之宗人也。出家荆门，工五言诗，集五卷。"栖蟾：《唐诗纪事》卷七十六作"楼蟾"。《全唐诗》卷八四八云："栖蟾，居屏风岩。"收其诗十二首。 ㊺理莹：《全唐诗》卷八〇八收其诗一首，谓"与寇坦同时"。归仁：唐末江南僧，住京洛灵泉。《全唐诗》卷八二五收其诗六首。 ㊻玄宝：《全唐诗》卷八五〇收其《路》一首云："南北东西去，茫茫万古尘。关河无尽处，风雪有行人。险极山通蜀，平多地入秦。营营名利者，来往岂辞频。"惠侃：未详。 ㊼法宣：《全唐诗》卷八〇八收其诗二首，谓系"常州弘业寺沙门，隋末人；入唐，常敕召至东都"云。文秀：唐末江南诗僧，长居长安，以文章应制，与郑谷为诗友。《全唐诗》卷八二三收其诗一首。 ㊽僧泚：《全唐诗》卷八一〇作"释泚"，收其诗二首。清尚：《全唐诗》卷八四九收其《哭僧》一首，谓与齐己同时。 ㊾智暹：未详。沧浩：《全唐诗》卷八五〇收其《怀旧山》一首云："一坐西林寺，从来未下山。不因寻长者，无事到人间。宿雨愁为客，寒花笑未还。空怀旧山月，童子诵经闲。"不特：未详。

67 皇甫冉①

冉字茂政，安定人②，避地来寓丹阳，耕山钓湖，放适闲淡，或云秘书少监彬之侄也③。十岁能属文，张九龄一见④，叹以清才。天宝十五年卢庚榜进士⑤，调无锡尉，营别墅阳羡山中⑥。大历初，王缙为河南节度，辟掌书记⑦。后入为左金吾卫兵曹参军，仕终拾遗、左补阙⑧。公自擢桂礼闱⑨，便称高格。往以世道艰虞，遂心江外，故多飘薄之叹⑩。每文章一到朝廷，而作者变色⑪，当年才子，悉愿缔交，推为宗伯⑫。至其造语玄微，端可平揖沈、谢，雄视潘、张⑬。惜乎长辔未骋，芳兰早凋，良可痛哉！有诗集三卷，独孤及为序⑭，今传。

[校注]

①皇甫冉（约717—约770）：晋高士皇甫谧之后。《全唐诗》卷二四九、二五〇收其诗，谓系润州丹阳（今属江苏）人，盖本之于《新唐书·艺文志》丁部集录别集类小注。《嘉定镇江志》卷十八云："皇甫敬德，丹阳人，官银青光禄大夫、泽州刺史。价，敬德子，官朝散大夫、饶州乐平县令。彬，价子，官秘书少监、集贤院修撰。"冉为彬之侄，故亦丹阳人。 ②安定：今甘肃泾川一带。冉之先世为安定乌氏人，见《旧

唐书·皇甫无逸传》。 ③秘书少监：秘书省（掌图籍的官署）的副长官。彬：皇甫彬。皇甫冉的伯父，玄宗时任集贤院修撰。 ④张九龄（678—740）：唐韶州曲江（今属广东）人，官至同中书门下平章事。 ⑤天宝十五年：《新唐书·文艺中·萧颖士传》作"天宝中"。 ⑥阳羡山：在江苏宜兴南。 ⑦王缙（700—781）：王维之弟。河南：方镇名，约当今黄河、淮河之间。节度：节度使，总揽一方的军、政、财大权的官。掌书记：节度使的属官，掌笺奏文书等。 ⑧左金吾卫兵曹参军：门下省的属官，掌京师治安及有关军务等。按，独孤及《毗陵集》卷十三《唐故左补阙安定皇甫公集序》云："历无锡县尉、左金吾兵曹。今相国太原公之推毂河南也，辟为书记。"则冉之为左金吾卫兵曹参军，当在任河南节度掌书记之前。左补阙：《全唐诗》卷二四九作"右补阙"。按，当以独孤及《毗陵集》所题"左补阙"为准。 ⑨擢桂：折桂，谓登科。礼闱：礼部试进士之所。 ⑩遂心江外：清钱熙祚云："阁本作'避地江外'。"飘薄：同"漂泊"。 ⑪作者：著作家。 ⑫宗伯：公认的大师。 ⑬端：真正。沈、谢：指南朝梁沈约和南朝齐谢朓。潘、张：指西晋潘岳和张载、张协兄弟。 ⑭独孤及（725—777）：唐河南洛阳人，工诗文，擅议论。曾官左拾遗、礼部员外郎、常州刺史等。

68 皇甫曾①

曾字孝常，冉之弟也。天宝十七年杨儇榜进士②。善诗，出王维之门，与兄名望相亚③。当时以比张氏景阳、孟阳，协居上品，载处下流，侍御、补阙，文词亦然④。体制清紧，华不胜文⑤，为士林所尚。

仕历侍御史，后坐事贬舒州司马，量移阳翟令⑥。有诗一卷，传于世。

[校注]

①皇甫曾：《全唐诗》卷二一〇收其诗，谓于"天宝十二载登进士第"。傅璇琮《唐代诗人丛考·皇甫冉皇甫曾考》推断其卒于贞元元年（785）。　②天宝十七年杨儇（xuān）榜：按，天宝无十七年，本书卷三《鲍防》作"天宝十二年杨儇榜"，当从之。　③相亚：谓不相上下。④张氏景阳、孟阳：指西晋张协（字景阳）及其兄张载（字孟阳）。协居上品，载处下流：梁钟嵘《诗品》将梁以前的诗人划分为上、中、下三品，"晋黄门郎张协"划为上品，"晋中书张载"归于下品，故云。侍御、补阙：指侍御史皇甫曾及其兄左补阙皇甫冉。　⑤体制清紧：宋计有功《唐诗纪事》卷二十七作"体制清洁"，近是。华不胜文：谓长于文词，短于铺张。　⑥侍御史：应为"殿中侍御史"，见唐独孤及《唐故左补阙安定皇甫公集序》。舒州：今安徽潜山。司马：州的佐吏，主众曹文书。量移：官吏被贬至远方，遇赦后酌量移至近处。阳翟：今河南禹州。

69 独孤及①

及字至之，河南人。卯角时诵《孝经》②，父试之曰："尔志何语？"曰："立身行道，扬名于后世。"天宝末，以道举高第，代宗召为左拾遗，迁礼部员外郎，历濠、舒、常三州刺史③。及性孝友，喜鉴拔④。为文必彰明善恶，长于议论。工诗，格调高古，风尘迥绝，得大名当时。有集传世。○尝读选中沈、谢诸公诗⑤，有题：

《新安江水至清，浅深见底，贻京邑游好》⑥；及《石门新营所住，四面高山，回溪石濑，茂林修竹》；及《田南树园激流植援》《斋中读书》《南楼中望所迟客》⑦《晚登三山，还望京邑》等数端⑧，皆奇崛精当，冠绝古今，无曾发其韫奥者。逮盛唐⑨，沈、宋、独孤及、李嘉祐、韦应物等诸才子集中⑩，往往各有数题，片言不苟，皆不减其风度，此则无传之妙。逮元和以下⑪，佳题尚罕，况于诗乎？立题乃诗家切要，贵在卓绝清新，言简而意足，句之所到，题必尽之，中无失节，外无余语⑫，此可与知者商榷云。因举而论之。

[校注]

①独孤及（725—777）：唐河南洛阳人，与李华、萧颖士同以古文著名，亦能诗。《全唐诗》卷二四六、二四七收其诗。　②丱（guàn）角：指童年。古时儿童发式，有两小辫上翘如角，故云。《孝经》：孔门后学撰，今《十三经注疏》本系唐玄宗注、宋邢昺疏。　③濠：濠州，今安徽凤阳、定远一带。舒：舒州，今安徽安庆、潜山一带。沪本云："'舒'原误作'馆'，从《唐书》改。"常：常州，今江苏常州、无锡一带。　④鉴拔：鉴别和选拔人才。　⑤选：指南朝梁萧统所编的《文选》。沈：指沈约（441—513）。谢：指谢灵运（385—433）、谢朓（464—499）。　⑥《新安江》诗：沈约作。　⑦《石门》《田南》《斋中》《南楼》诸诗：皆谢灵运作。　⑧《晚登》诗：谢朓作。　⑨盛唐：通指唐玄宗开元（713—741）中至代宗大历（766—779）初的一段时期。　⑩沈：指沈佺期（约656—716）。宋：指宋之问（约656—713）。李嘉祐：唐赵州（今河北赵县一带）人。韦应物（约737—791）：唐京兆万年（今陕西西安）人。　⑪元和：唐宪宗年号（806—820）。　⑫余语：多余的字句。

70 刘方平①

方平,河南人。白皙,美容仪。二十工词赋,与元鲁山交善②。隐居颍阳大谷③,尚高不仕。皇甫冉、李颀等相与赠答④,有云:"篱边颍阳道,竹外少姨峰⑤。"神意淡泊,善画山水,墨妙无前。汧国公李勉延至斋中⑥,甚敬爱之。欲荐于朝,不忍屈,辞还旧隐。工诗,多悠远之思,陶写性灵,默会风雅,故能脱略世故,超然物外。区区斗筲,何足以系刘先生哉⑦!有集,今传。

[校注]

①刘方平:唐玄宗、肃宗时人。《全唐诗》卷二五一收其诗。 ②元鲁山:指元德秀(696—754)。 ③颍阳:颍水源头之北,今河南登封市西。 ④皇甫冉(约717—约770):唐润州丹阳(今属江苏)人。李颀(690—约753):有"东川别业"在颍阳一带。 ⑤少姨峰:在今河南登封市北的少室山。唐杨炯有《少室山少姨庙碑》,谓少姨庙之神,相传即夏启之母涂山氏之妹云。 ⑥汧(qiān)国公:清钱熙祚云:"阁本'汧'上有'时'字。"李勉:唐高祖曾孙李择言之子。肃宗时为监察御史,代宗时为滑亳节度使,德宗时以检校司空同平章事。 ⑦斗筲:斗,量器,十升为一斗。筲,竹器,容一斗二升。斗筲,喻指低微的职位。《后汉书·郭太传》:"大丈夫焉能处斗筲之役乎?"系:拴缚。

71 秦 系①

系字公绪，会稽人。天宝末，避乱剡溪，自称"东海钓客"。北都留守薛兼训奏为仓曹参军②，不就。客泉州南安九日山，中有大松百余章③，俗传东晋时所植。系结庐其上，穴石为研④，注《老子》，弥年不出。时姜公辅以直言罢为泉州别驾⑤，见系，辄穷日不能去，筑室与相近，遂忘流落之苦。公辅卒，妻子在远，系为营葬山下，每好义如此。张建封闻系不可致，请就加校书郎⑥。与刘长卿、韦应物善⑦，多以诗相赠答。权德舆曰："长卿自以为五言长城，系用偏师攻之⑧，虽老益壮。"年八十余卒。南安人思之，号其山为高士峰，今有丽句亭在焉。集一卷，今传。

[校注]

①秦系：唐越州会稽（今浙江绍兴）人。《全唐诗》卷二六〇收其诗。　②北都：唐玄宗时以并州（今山西太原一带）为高祖发祥地，升为太原府，并建为北都。留守：由朝廷直辖的陪京或行都的地方行政长官，多派亲王或大臣充任。薛兼训：曾任怀恩都知兵马使。仓曹参军：王府的属官，掌仓谷事务。　③泉州南安九日山：今福建南安市丰州镇有金鸡山，即其地。大松：清钱熙祚云："阁本'松'作'杉'，与《新唐书》合。"章：大材量名。《史记·货殖列传》："水居千石鱼陂，山居千章之材。"　④穴石为研：在石上镂出浅坑，以作砚台之用。　⑤姜公辅：唐德宗时爱州日南（今属越南）人，曾官谏议大夫，同中书门下平

章事。别驾：州刺史的佐吏。 ⑥张建封：唐南阳人，德宗时任徐泗濠节度使，卒赠司徒。致：招致。加校书郎：加予校书郎之衔。 ⑦刘长卿（？—约789）：官至隋州刺史。韦应物（约737—791）：曾任滁州、江州、苏州等刺史。 ⑧权德舆（759—818）：唐天水略阳（今甘肃秦安东南）人，字载之。五言长城：五言诗之擅长者。见《新唐书·秦系传》。偏师：指全军的一部分，以别于主力。比喻另辟蹊径。

72 张众甫①

众甫，京口人②。隐居，不务进取，与皇甫御史友善，精庐接近③。后各游四方，曾寄处士诗云④："伏腊同鸡黍⑤，柴门闭雪天。"时官亦有征辟者，守死善道⑥，卒不就。众甫诗婉媚绮错，巧用文字，工于兴喻，文流中佳士也。○同在一时者，有赵微明、于逖、蒋涣、元季川⑦，俱山颠水涯，苦学贞士。名同兰茝之芳，志非银黄之术⑧。吟咏性灵，陶炼衷素，皆有佳篇，不能湮落。惜其行藏之大⑨，概不见于记录，故缺其考详焉。

[校注]

①张众甫：唐肃宗、代宗时人。《全唐诗》卷二七五收其诗三首，谓系清河人，初为河南寿安县尉，后拜监察御史，为淮宁军从事。 ②京口：今江苏镇江市。 ③皇甫御史：指殿中侍御史皇甫曾。精庐：聚徒讲学之所。 ④处士：指张众甫。《文苑英华》卷二五三有皇甫曾《寄张众甫》诗。 ⑤伏腊：泛指节日。鸡黍：款待宾客的饭菜。此指进餐。

⑥守死善道：以生命来维护"道"的完善。见《论语·泰伯》。 ⑦赵微明：唐天水（今属甘肃）人。《箧中集》收其诗三首。于逖：唐玄宗时人，与元结、李白、独孤及等相善。详见孙望《蜗叟杂稿·箧中集作者事辑》。蒋涣：唐义兴人，天宝末为给事中，永泰初历鸿胪卿。元季川：唐代宗、德宗时人，名融。或云系元结（字次山）之弟，见宋计有功《唐诗纪事》卷三十二。 ⑧兰茝（chǎi）：并香草名。战国楚屈原《九歌·湘夫人》："沅有芷（一本作'茝'）兮澧有兰，思公子兮未敢言。"银黄：银和金。此指银印和金印，喻高官显爵。术：清钱熙祚云："阁本'术'作'素'。" ⑨行藏：谓进退出处。《论语·述而》："用之则行，舍之则藏。"

73 严 维①

维字正文，越州人②。初隐居桐庐，慕子陵之高风③。至德二年，江淮选补使、侍郎崔涣下以词藻宏丽进士及第④。以家贫亲老，不能远离，授诸暨尉，时已四十余⑤。后历秘书郎⑥。严中丞节度河南⑦，辟佐幕府。迁余姚令。仕终右补阙⑧。维少无宦情，怀家山之乐，以业素从升斗之禄⑨，聊代耕耳。诗情雅重，挹魏、晋之风，锻炼铿锵，庶少遗恨。一时名辈，孰匪金兰⑩？诗集一卷，今传。

[校注]

①严维：唐玄宗、肃宗时人，与刘长卿善。《全唐诗》卷二六三收其诗。 ②越州：约当今浙江绍兴。 ③桐庐：今属浙江杭州市。子陵：东

汉严光，字子陵，与刘秀同学。刘秀即位后，他改名隐居于桐庐之富春山。被召为谏议大夫，坚辞不就。　④至德二年：公元757年。崔涣：唐博陵（今属河北）人，玄宗时拜门下侍郎同平章事，肃宗时任江淮宣谕选补使，代宗时迁御史大夫。　⑤时：清钱熙祚云："阁本'时'作'年'。"　⑥秘书郎：掌理典籍的官。　⑦严中丞：指严武。武曾任京兆少尹，兼御史中丞，故称。节度河南：任河南道节度使。　⑧右补阙：中书省的属官。　⑨业素：清钱熙祚云："阁本'业'作'儒'。"今按，"儒素"亦扞格难通，疑当作"业儒"。　⑩金兰：喻知己之交。见《易·系辞上》。

74 于良史^①

良史，至德中，仕为侍御史②。诗体清雅，工于形似，又多警句。盖其珪璋特达，早步清朝③，兴致不群，词苑增价。虽平生似昧，而篇什多传。

[校注]

①于良史：唐玄宗、肃宗时人，张建封镇徐州，辟为从事。《全唐书》卷二七五收其诗七首。　②侍御史：御史台（司弹劾的官署）的成员，位在御史中丞之下。　③珪璋：贵重的玉制礼器。喻指高尚的人品。清朝：清明的朝廷。

75 灵彻上人①

灵彻，姓汤氏，字澄源，会稽人。自童子辞父兄入净②，戒行果洁。方便读书，便觉勤苦，授诗法于严维，遂籍籍有声③。及维卒，乃抵吴兴，与皎然居何山游讲④。因以书荐于包侍郎佶⑤，佶得之大喜；又以书致于李侍郎纾⑥，时二公又以文章风韵为世宗。贞元中，西游京师，名振辇下。缁流疾之，遂造飞语，激动中贵，因诬奏得罪，徙汀州，会赦，归东越⑦。时吴、楚间诸侯，各宾礼招延之。元和十一年，终于宣州开元寺⑧，年七十有一，门人迁归，建塔于山阴天柱峰下⑨。上人诗多警句，能备众体。如《芙蓉寺》云⑩："经来白马寺，僧到赤乌年⑪。"《谪汀州》云："青蝇为予客，黄耳寄家书⑫。"性巧逸，居沃州寺，尝取桐叶剪刻制器，为莲花漏⑬，置盆水之上，穿细孔漏水，半之则沉，每昼夜十二沉为行道之节。初居嵩阳兰若，后来住匡庐东林寺⑭。如天目、四明、栖霞及衡、湘诸名山，行锡几遍⑮。尝与灵一上人约老天台⑯，未得遂志。虽结念云壑，而才名拘牵，罄息经微⑰，吟讽无已。所谓拔乎其萃，游方之外者也。有集十卷，及录大历至元和中名人《酬唱集》十卷，今传。

[校注]

①灵彻上人（746—816）：彻，旧本目录作"澈"；《文苑英华》卷一

九〇、二二〇作"澈",卷三〇三、三四五作"彻"。《全唐诗》卷八一〇收其诗十六首,谓系"云门寺律僧"。　②入净:入佛寺为僧。　③方便:佛教谓启发诱导。授:同"受"。严维:唐越州人,仕终右补阙。籍:登。　④吴兴:今浙江湖州市。皎然:唐湖州人,名昼,为南朝宋谢灵运十世孙。　⑤包侍郎佶:刑部侍郎包佶。　⑥李侍郎纾:礼部侍郎李纾,字仲舒。　⑦缁流:僧众。以其多著黑服,故称。中贵:显贵的宦官。汀州:辖境相当于今福建三明、永安、漳平二市以西地区。东越:今浙江绍兴。　⑧宣州:约当今安徽宣城宣州区。开元寺:唐代为老子所立之庙,各州皆有之。《资治通鉴》唐开元二十九年五月:"命画玄元真容,分置诸州开元观。"玄元,唐代尊老子为"玄元皇帝"。　⑨山阴:今浙江绍兴。天柱峰:在绍兴东南之宛委山。　⑩《芙蓉寺》:宋计有功《唐诗纪事》卷七十二作《芙蓉园新寺诗》。　⑪"经来"两句:白马寺,在河南洛阳,始建于东汉,为中国最早的佛寺之一。赤乌,三国吴大帝年号之一(238—251)。两句意谓本寺所诵经文,乃来自洛阳白马寺;本寺之有僧众,盖始于东吴赤乌年间。　⑫青蝇:语本《诗·小雅·青蝇》:"营营青蝇,止于樊。岂弟君子,无信谗言!"此以青蝇喻小人。黄耳:犬名。相传晋陆机因羁寓京师,久无家问,遂作书,盛以竹筒,系于所养骏犬名曰"黄耳"者之项。犬寻路南行,至其家,得报还洛云。见《晋书·陆机传》。　⑬沃州寺:原址在沃洲山(今浙江新昌县东)。桐叶:旧本作"桐弃"。沪本云:"'弃'疑是'叶'字之误。"今据改。莲花漏:计时滴漏之器。状如莲花,故名。　⑭嵩阳兰若:嵩阳寺,原址在河南登封市太室山(嵩山东峰)。匡庐东林寺:庐山东林寺,晋江州刺史桓尹为释慧远所建。　⑮天目:山名,在浙江省西北。山有两峰,峰顶各有一池,相对如目,故称。四明:山名,在浙江宁波市西南。上有方石,四面如窗，中通日月星辰之光，故称。栖霞：栖霞岭，在浙江杭州市葛岭西。昔多桃花，灿然如霞，故称。衡、湘：指衡山（在湖南衡阳市北）和湘山（在湖南岳阳市西洞庭湖中）。行锡：僧家的游踪。僧人所用之杖，上有锡环，故云。 ⑯天台：山名，在浙江天台县北。 ⑰磬：通"磬"，击磬之声。经：诵经之声。

76 陆　羽①

羽字鸿渐，不知所生。初，竟陵禅师智积得婴儿于水滨②，育为弟子。及长，耻从削发，以《易》自筮，得蹇之渐曰③："鸿渐于陆，其羽可用为仪④。"始为姓名⑤。有学，愧一事不尽其妙。性诙谐。少年匿优人中，撰谈笑万言。天宝间，署羽伶师⑥，后遁去，古人谓洁其行而秽其迹者也。上元初，结庐苕溪上⑦，闭门读书。名僧高士，谈宴终日。貌寝，口吃而辩。闻人善⑧，若在己。与人期，虽阻虎狼不避也。自称桑苎翁，又号东岗子。工古调歌诗。兴极闲雅，著书甚多。扁舟往山寺⑨，唯纱巾藤鞋、短褐犊鼻⑩，击林木，弄流水。或行旷野中，诵古诗，裴回至月黑⑪，兴尽恸哭而返，当时以比接舆也⑫。与皎然上人为忘言之交⑬。有诏拜太子文学⑭。羽嗜茶，造妙理，著《茶经》三卷，言茶之原、之法、之具，时号"茶仙"，天下益知饮茶矣。鬻茶家以瓷陶羽形，祀为神，买十茶器，得一鸿渐。初，御史大夫李季卿宣慰江南⑮，喜茶，知羽，召之。羽野服挈具而入。李曰："陆君善茶，天下所知。杨子中泠水⑯，又殊绝。今二妙千载一遇，山人不可轻失也。"茶毕，命奴子与钱。羽愧之，更著《毁茶论》。与皇甫补阙善，时鲍尚书防在越，羽往依焉⑰。冉送以序曰："君子究孔释之名理⑱，穷歌诗之丽则；远墅孤岛，通舟必行；鱼梁钓矶⑲，随意而往。夫越地称山水之乡，辕门当节钺之重⑳。鲍侯知子爱子者，将解衣推食㉑，岂徒尝镜水之鱼，宿耶溪之月而已㉒。"集并《茶经》今传。

[校注]

①陆羽（733—804）：唐复州竟陵（今湖北天门）人。《全唐诗》卷三〇八收其诗二首。　②禅师：僧侣的尊称。智积：陆羽闻其去世，曾作诗寄情云："不美白玉盏，不美黄金罍。……千美万美西江水，曾向竟陵城下来。"见唐李肇《唐国史补》卷中。　③筮（shì）：用蓍（shī）草占卜。蹇（jiǎn）之渐：卦名。　④"鸿渐"两句：语见《易·渐》，意谓处高位而不自累，则其羽可用为物之仪表。　⑤始为姓名：清钱熙祚云："阁本'始'作'以'。"　⑥伶师：乐官。　⑦苕（tiáo）溪：在浙江省湖州市一带。　⑧闻人善：沪本云："'闻'字原脱，从《唐书》补。"　⑨往山寺：清钱熙祚云："'山'上当依阁本补'来'字。"　⑩短褐：兽毛或粗麻制成的短衣。犊鼻：指围裙。　⑪裴回：同"徘徊"。　⑫接舆：春秋楚隐士，佯狂避世，曾迎孔子车而歌，故称"接舆"。见《论语·微子》。或云其姓陆，名通，字接舆。见晋皇甫谧《高士传》。唐陆羽被称为"今接舆"，见《新唐书·陆羽传》。　⑬皎然上人：唐湖州（今属浙江）人，为南朝宋谢灵运十世孙。忘言：心领神会，彼此默契。　⑭太子文学：皇太子的侍从之臣。　⑮御史大夫：御史台的长官，掌监察、执法等。李季卿：曾官吏部侍郎、右散骑常侍。见《文苑英华》卷

三八〇常衮文。宣慰江南：任江南道宣慰安抚使。 ⑯杨子中：疑当作"扬子中"。唐代扬子江中一沙洲，今为江苏扬中市。泠（líng）水：清凉的水。 ⑰皇甫补阙：左补阙皇甫冉。鲍尚书防：工部尚书鲍防。越：今浙江绍兴。 ⑱孔释：孔子和释迦牟尼。 ⑲鱼梁：垒石于水，状如堤坝的捕鱼装置。钓矶：突出于水，可供垂钓的岩石。 ⑳辕门：指将帅的营门或督抚等官府的外门。节钺：符节和斧钺，由皇帝授予，作为加重权力的标志。 ㉑鲍侯：指鲍防。解衣推食：谓慷慨施惠。 ㉒镜水：镜湖，今作"鉴湖"，在浙江绍兴市南。耶溪：若耶溪，出若耶山（在绍兴市南），北流入运河。

77 顾 况①

况字逋翁，苏州人。至德二年，天子幸蜀，江东侍郎李希言下进士②。善为歌诗，性诙谐，不修检操，工画山水。初为韩晋江南判官③。德宗时，柳浑辅政，荐为秘书郎④。况素善于李泌⑤，遂师事之，得其服气之法，能终日不食。及泌相，自谓当得达官，久之，迁著作郎。及泌卒，作《海鸥咏》嘲诮权贵，大为所嫉，被宪劾贬饶州司户⑥。作诗曰："万里飞来为客鸟，曾蒙丹凤借枝柯。一朝凤去梧桐死，满目鸱鸢奈尔何！"遂全家去，隐茅山，炼金拜斗⑦，身轻如羽。况暮年一子即亡⑧，追悼哀切，吟曰："老人丧爱子，日暮泣成血。老人年七十，不作多时别⑨。"其年又生一子，名非熊，三岁始言：在冥漠中⑩，闻父吟苦，不忍，乃来复生。非熊后及第，自长安归庆，已不知况所在。或云：得长生诀仙去矣。

今有集二十卷传世，皇甫湜为之序⑪。

[校注]

①顾况（约730—806后）：唐苏州海盐（今属浙江）人，自号"华阳真逸"。《全唐诗》卷二六四至二六七收其诗。　②李希言：李纾之父，曾任礼部侍郎。见《旧唐书·李纾传》。　③韩晋：韩滉，肃宗时以户部侍郎判度支数年，德宗时为镇海军节度使，封晋国公。韩晋，即"韩晋公"之省。见唐张彦远《历代名画记》卷十。判官：节度使的佐官。顾况时任镇海军节度判官。　④柳浑：天宝进士，德宗时以兵部侍郎、同平章事。秘书郎：掌理典籍的官。　⑤李泌：七岁能文，长而博学，常游嵩、华、终南间，慕神仙不死之术。天宝间以翰林供奉东宫，德宗时拜中书侍郎、同平章事。　⑥饶州：约当今赣东北地区。司户：州府主管民户的属官。　⑦茅山：在江苏省西南部，道教称"第八洞天"。拜斗：谓拜奠北斗真君，以修其道行。　⑧即亡：清钱熙祚云："阁本作'暴亡'。"

⑨"老人"四句：《全唐诗》卷二六四作："老夫哭爱子，日暮千行血。声逐断猿悲，迹随飞鸟灭。老夫已七十，不作多时别。"　⑩冥漠：迷信者指人死后所居之处。　⑪皇甫湜（约777—约835）：唐睦州新安（今浙江淳安）人，元和进士，官工部郎中等。

78 张南史①

南史，字季直，幽州人②。工弈棋，神算无敌，游心大极，尝幅巾藜杖③，出入王侯之宅十年，高谈阔视，慷慨奇士也。中自感激,始苦节学文,无希世苟合之意④。数年间,稍入诗境,调体超闲,情致兼美,如并、燕老将⑤,气韵沉雄,时少及之者。肃宗时,庙堂奖拔,仕为左卫仓曹参军⑥,后避乱寓居扬州扬子⑦。难平再召,未及赴而卒。有诗一卷,今传。

[校注]

①张南史:唐玄宗、肃宗时人。《全唐诗》卷二九六收其诗。 ②幽州:今北京、天津一带。 ③大极:同"太极",指元始混沌之气。幅巾:以绢一幅束发,不另著冠。藜杖:藜茎所制的手杖。 ④中自感激:清钱熙祚云:"阁本'自'作'岁'。"按,宋计有功《唐诗纪事》卷四十一作"中年感激",近是。感激,感动、激发之意。希世:谓迎合世俗。 ⑤并、燕:今山西、河北一带。古时其俗尚气节,事游侠,多慷慨悲歌之士,故云。 ⑥左卫仓曹参军:门下省的属官,掌仓谷事务等。 ⑦扬子:古县名,地当运河与长江之交,今江苏扬州市南。

79 戎　昱①

昱,荆南人。美风度,能谈。少举进士,不第②,乃放游名都。虽贫士,而轩昂气不消沮。爱湖、湘山水,来客。时李夔廉察桂林③,寓官舍,月夜,闻邻居行吟之音清丽。迟明访之,乃昱也,即延为幕宾,待之甚厚。崔中丞亦在湖南,爱之,有女国色,欲以妻昱,而不喜其姓戎,能改则订议④。昱闻之,以诗谢云:"千金未必能移姓,一诺从来许杀身⑤。"自谓李大夫恩私至深⑥,无任感激。初事颜平原⑦，尝佐其征南幕，亦累荐之。卫伯玉镇荆南，辟为从事⑧。历虔州刺史⑨。至德中，以罪谪为辰州刺史⑩。后客剑南，寄家陇西数载⑪。宪宗时，边烽累急，大臣议和亲。上曰："比闻一诗人姓名稍僻者为谁？"宰相对以冷朝阳、包子虚⑫，皆非。帝举其诗⑬，对曰："戎昱也。"上曰："尝记其《咏史》云：'汉家青史上，拙计是和亲。社稷依明主，安危托妇人。岂能将玉貌，便拟净沙尘⑭？地下千年骨，谁为辅佐臣！'"因笑曰："魏绛何其懦也⑮！此人如在，可与武陵桃花源足称其清咏⑯。"士林荣之。昱诗在盛唐，格气稍劣，中间有绝似晚作。然风流绮丽，不亏政化，当时赏音，喧传翰苑，固不诬矣。有集，今传。

[校注]

①戎昱（约740—约798）：唐荆南（今湖北江陵）人。一说岐州（治今陕西凤翔）人。《全唐诗》卷二七〇收其诗。 ②不第：旧本作"不上"。清钱熙祚云："阁本'上'作'第'。"今据改。 ③李夔：应为李昌夔。《旧唐书·代宗纪》："（大历八年九月）戊戌，以辰锦观察使李昌夔为桂州刺史、桂管防御观察使。"又《德宗纪上》："（建中二年二月乙未）以桂管观察使李昌夔为江陵尹，兼御史大夫、荆南节度等使。"廉察：查访。 ④崔中丞：指崔瓘。其代宗时为澧州刺史；大历中，迁湖南观察使，为别将臧玠所害。"爱之"数句：事实或有出入。宋计有功《唐诗纪事》卷二十八及《太平广记》卷一九八引唐范摅《云溪友议》，并与此略异："京兆尹李銮拟以女嫁昱，令其改姓，昱固辞焉。" ⑤"千金"两句：《全唐诗》卷二七〇《上湖南崔中丞》诗，"姓"作"性"。全诗云："山上青松陌上尘，云泥岂合得相亲？举世尽嫌良马瘦，

唯君不弃卧龙贫。千金未必能移性，一诺从来许杀身。莫道书生无感激，寸心还是报恩人。"　⑥李大夫：指李昌巙。　⑦颜平原：颜真卿（708—784），博学工书，尤善辞令，曾任平原太守，累官户部侍郎，加河北招讨使。　⑧卫伯玉：天宝中积功至员外诸卫将军，肃宗初领神策兵马使，代宗时拜荆南节度使。从事：节度使的属官。今按，以上历叙戎昱在桂州、湖南、荆南三处任职，按时间顺序，应先在荆南，次为湖南，再次才是桂州，说详傅璇琮《唐代诗人丛考·戎昱考》。　⑨虔州：约当今江西赣州。戎昱在贞元中任虔州刺史。　⑩至德中：疑为"建中中"之误。戎昱有《辰州建中四年多怀》诗，见《全唐诗》卷二七〇。盖戎昱任辰州刺史应在任虔州刺史之前，见傅璇琮《唐代诗人丛考·戎昱考》。辰州：约当今湖南辰溪、沅陵一带。　⑪剑南：道名，治所在益州（今四川成都市一带）。戎昱客居剑南的时间，据傅璇琮考证，可能在任职荆南之前。陇西：郡名，治所在襄武（今甘肃陇西县南）。《全唐诗》卷二七〇有戎昱所作《逢陇西故人忆关中舍弟》诗云："莫话边庭事，心摧不欲闻。数年家陇地，舍弟殁胡军。每念支离苦，常嗟骨肉分。急难何日见，遥哭陇西云。"可见其晚年并不在陇西居住。　⑫冷朝阳：唐金陵人，大历进士，工诗，尝为薛嵩从事。包子虚：未详。　⑬帝举其诗：据《唐诗纪事》卷二十八，其诗即"山上青松陌上尘"云云（详注⑤）。　⑭便拟净沙尘：按，《唐诗纪事》及《全唐诗》皆作"便欲静胡尘"，近是。　⑮魏绛：春秋晋大夫，力主和戎，为晋悼公所采纳。　⑯"此人如在"两句：唐范摅《云溪友议》作："此人若在，便与朗州刺史、武陵桃源，足称诗人之兴咏。"可参。按，朗州（今湖南常德），武陵桃源（今湖南桃源县），盖喻指避世隐居之所，语本晋陶潜《桃花源记》。

80 古之奇①

之奇,宝应二年礼部侍郎洪源下及第②。与耿沣同时,尝为安西幕府书记③。与李司马端有金兰之好④。工古调,足幽闲淡泊之思,婉而成章,得名艺圃,不泛然矣。诗集传于世。

[校注]

①古之奇:唐代宗时人,尝为马燧辟置幕府。以作《县令箴》著名。《全唐诗》卷二六二收其《秦人谣》一首。　②宝应二年礼部侍郎洪源下:本书卷四《耿沣》作"宝应二年洪源榜",二者当有一误。　③耿沣:唐河东(今山西永济)人,官右拾遗,"大历十才子"之一。安西:指安西都护府,辖龟兹、于阗、焉耆、疏勒等地。　④李司马端:李端,唐赵州人(今河北赵县),"大历十才子"之一,仕至杭州司马。

81 苏　涣①

涣,广德二年杨栖梧榜进士②。本不平者③,往来剽盗,善用白弩,巴賨商人苦之④,称曰"白跖"。后自知非,折节从学,遂成名。累迁侍御史。湖南崔中丞瓘辟为从事⑤。瓘遇害,继走交、广。扇动哥舒晃跋扈⑥,如蛟龙见血,本质彰矣。居无何,伏诛。

初,尝为变律诗十九首上广州节度李勉⑦,其文意长于讽刺,亦有陈拾遗一鳞半甲,故勉加礼待之⑧。或曰:"此子羽翼嬖臣,侵败王略。今尚其文,可欤?"勉曰:"汉策载蒯通说辞⑨,皇史录祖君檄章⑩,此大容细者。善恶必书,《春秋》至训⑪;明言不废,孔子格谈⑫。涣其庶乎。岂但存雕虫小技,亦以深惩贼子也。"时以为名言。杜甫有与赠答之诗,今悉传⑬,诗云:"再闻诵新作,突过黄初诗⑭""今晨清镜里,胜食斋房芝⑮。"

[校注]

①苏涣:唐代宗时人。《全唐诗》卷二五五收其诗四首。 ②杨栖梧:《文苑英华》卷五三六收其《舍嫡孙立庶子判》一道。 ③本不平者:清钱熙祚云:"四字阁本作'少好奸利'。"可参。 ④弩:用机括发射的弓。巴賨(cóng):巴州(今四川巴中一带)的少数民族。 ⑤湖南崔中丞瓘:即湖南观察使崔瓘。 ⑥哥舒晃:突厥族哥舒部人。 ⑦变律诗:清钱熙祚云:"阁本'律'作'体'。"李勉:唐高祖曾孙李择言之子。 ⑧陈拾遗:指陈子昂。故勉加礼待之:旧本作"故加待之",从钱熙祚校语改。 ⑨蒯通:汉初范阳(今河北涿州)人,本名蒯彻,避武帝讳改。曾说范阳令徐公归陈胜,说韩信取齐地,又说韩信背刘邦自立。其说辞具载于《汉书·蒯通传》。 ⑩祖君:指祖君彦。君彦,隋范阳(今河北涿州)人,官东平郡书佐,后归瓦岗军李密,署为记室,军书羽檄,多出其手。其文稿具保存于唐初史料中。 ⑪"善恶"两句:谓善恶必录。《史记·孔子世家》:"至于为《春秋》,笔则笔,削则削,子夏之徒不能赞一辞。" ⑫"明言"两句:谓不以人废言。《论语·卫灵公》:"君子不以言举人,不以人废言。"清钱熙祚云:"(明言不废)阁本

作'言有不废'。" ⑬"杜甫"二句：今杜集中有《苏大侍御访江浦赋八韵记异》《暮秋枉裴道州手札率尔遣兴寄递呈苏涣侍御》诗二首。
⑭黄初诗：指三国魏文帝曹丕（黄初元年至七年在位）《典论·论文》所论及的孔融、陈琳、王粲、徐幹、阮瑀、应玚、刘桢等人之诗。 ⑮"今晨"两句：今本作"今晨清镜中，白间生黑丝。余发喜却变，胜食斋房芝"。斋房芝，相传元封二年（前109）甘泉宫内中产芝，九茎莲叶，遂诏赦天下云。见《汉书·武帝纪》。今按，自"诗云"及以下二十二字，旧本原无，今据钱熙祚校语补。所引诗句，并见于杜甫《苏大侍御访江浦赋八韵记异》诗。

82 朱　湾①

湾字巨川，大历时隐君也，号沧洲子。率履贞素，潜辉不曜，逍遥云山琴酒之间，放浪形骸绳检之外。郡国交征，不应。工诗，格体幽远，兴用宏深，写意因词，穷理尽性，尤精咏物，必含比兴，多敏捷之奇。及李勉镇永平②，嘉其风操，厚币邀来，署为府中从事，日相谈宴，分逾骨肉。久之，尝谒湖州崔使君③，不得志，临发以书别之曰："湾闻蓬莱之山，藏杳冥间行可到；贵人之门，无媒而通不可到。骊龙之珠，潜滉瀁之渊或可识；贵人之颜，无因而前不可识④。自假道路，问津主人，一身孤云，两度圆月，载请执事，三趋戟门⑤。信知庭之与堂，不啻千里。况寄食漂母，夜眠鱼舟⑥，门如龙而难登，食如玉而难得。食如玉之粟，登如龙之门，实无机心，翻成机事⑦，汉阴丈人闻之⑧，岂不大笑？属溪上风便，囊中金贫，望甘棠而叹⑨，自引分而退。湾白。"遂归会稽山阴别墅，其耿介类如此也。有集四卷，今传世。

[校注]

①朱湾：唐西蜀（今四川）人。《全唐诗》卷三〇六收其诗。　②李勉：唐高祖曾孙李择言之子。《旧唐书·代宗纪》："（大历十一年）以永平军节度使李勉为汴州刺史。"　③崔使君：崔侃。使君，刺史的尊称。　④"湾闻"八句：旧本作"湾闻蓬莱山藏，杳冥间行可到，贵人门无媒通不可行。骊龙珠潜滉瀁之渊或可识，贵人颜无因而前不可识"。今据钱熙祚所引阁本改。　⑤载请：犹再请。执事：钱熙祚云："阁本'执'作'职'。"戟门：唐制，官、阶、勋俱三品者得立戟于门，以示显贵，名戟门。　⑥况：钱熙祚云："阁本'况'作'向'也。"漂母：《史记·淮阴侯列传》："信钓于城下，诸母漂，有一母见信饥，饭信，竟漂数十日。"此指馈食者。鱼舟：《唐摭言》作"渔舟"，是。　⑦机心：机巧变诈之心。《庄子·天地》："有机械者必有机事，有机事者必有机心。机心存于胸中，则纯白不备；纯白不备，则神生不定；神生不定者，道之所不载也。"机事：机动变异之事。　⑧汉阴丈人：传说子贡路过汉阴，见一丈人凿隧把瓮入井汲水以灌，用力多而见功寡，遂劝其改用桔槔。汉阴丈人愤然作色，决然拒绝，厉声而骂曰："而身之不能治，而何暇治天下乎？子往矣，无乏吾事！"见《庄子·天地》。　⑨甘棠：指官吏之有惠于民者。《诗·召南·甘棠》："蔽芾甘棠，勿剪勿败，召伯所憩。"

83 张志和①

志和，字子同，婺州人②。初名龟龄，诏改之。十六擢明经③，尝以策干肃宗，特见赏重，命待诏翰林。以亲丧辞去，不复仕。居江湖，性迈不束，自称"烟波钓徒"④。撰《玄真子》二卷，又为号焉⑤。兄鹤龄，恐其遁世，为筑室越州东郭，茅茨数椽，花竹掩映，尝豹席棕屩，沿溪垂钓，每不投饵，志不在鱼也。观察使陈少游频往候问⑥。志和待诏翰林时⑦，帝尝赐奴、婢各一人，志和配为夫妇，号渔童、樵青。与陆羽尝为颜平原食客⑧。平原初来刺湖州，志和造谒，颜请以舟敝，欲为更之，曰："愿为浮家泛宅，往来苕、霅间足矣⑨。"善画山水，酒酣或击鼓吹笛，舐笔辄就，曲尽天真。自撰《渔歌》⑩，便复画之。兴趣高远，人不能及。宪宗闻之，诏写真求访，并其歌诗，不能致。后传一旦忽乘云鹤而去。李德裕称以为⑪："渔父贤而名隐，鸱夷智而功高⑫，未若玄真隐而名彰⑬，方而无事，不穷而达。其严光之比欤⑭？"

[校注]

①张志和（约730—约810）：唐婺州金华（今属浙江）人。《全唐诗》卷三〇八收其诗九首。　②婺州：约当今浙江金华。　③明经：唐科举名目之一，以通晓经义为主。　④性迈不束：清钱熙祚云："阁本作'性高迈'。"烟波钓徒：《全唐诗》作"烟波钓叟"。　⑤又为号焉：又

以"玄真子"为号。　⑥陈少游：唐博平（今属山东）人，德宗时官淮南节度使，同中书门下平章事。　⑦志和待诏翰林时：此七字旧本所无，今据钱熙祚校语补。　⑧陆羽（733—804）：唐复州竟陵（今湖北天门）人。颜平原：指平原太守颜真卿。　⑨苕、霅（zhà）间：指苕溪、霅溪之间，今浙江湖州市一带。　⑩《渔歌》：《全唐诗》卷三〇八收《渔父歌》五首，或即此。　⑪李德裕（787—850）：唐赵郡（今河北赵县）人，宰相李吉甫之子。文宗时以兵部尚书同中书门下平章事。　⑫渔父：捕鱼老人。此指隐者。鸱夷：春秋越大夫范蠡，助勾践有功，号"鸱夷子皮"。　⑬玄真：指张志和。　⑭严光：东汉隐士，字子陵。

卷四

84 卢 纶①

纶字允言，河中人。避天宝乱，来客鄱阳。大历初，数举进士不入第。元载素赏重，取其文进之，补阌乡尉②，累迁检校户部郎中、监察御史。称疾去。浑瑊镇河中，就家礼起为元帅判官③。初，舅常衮牟得幸德宗④，因表其才，召见禁中，帝有所作，辄赓和。至是，帝忽问渠牟："卢纶、李益何在⑤？"对曰："纶从浑瑊在河中。"诏令驿召之，会卒。○纶与吉中孚、韩翃、耿㠇⑥、钱起、司空曙、苗发⑦、崔峒、夏侯审、李端⑧，联藻文林，银黄相望⑨，且同臭味，契分俱深，时号"大历十才子"。唐之文体，至此一变矣。纶所作特胜，不减盛时，如三河少年⑩，风流自赏。文宗雅爱其诗，问宰相："纶没后，文章几何？亦有子否？"李德裕对⑪："纶四子皆擢进士，仕在台阁⑫。"帝遣中使悉索其巾笥，得诗五百首进之。有别业在终南山中⑬。集十卷，今传。

[校注]

①卢纶（约742—约799）：唐河中蒲（今山西永济西南）人。《全唐诗》卷二七六至二八〇收其诗。卢纶生年，从傅璇琮《唐代诗人丛考》。

②元载：唐凤翔岐山（今属陕西）人，代宗时累官中书侍郎、判天下元帅行军司马。阌（wén）乡：旧县名，在今河南灵宝市境。 ③浑瑊（736—799）：代宗时任左金吾卫大将军，德宗时官邠（bīn）、宁、庆副元帅、检校司徒兼中书令。河中：唐方镇名，约辖今晋西南一带，治所在蒲

州（今山西永济市）。元帅判官：河中元帅府判官。　④常渠牟：当作"韦渠牟"。韦渠牟（749—801），唐京兆万年（今陕西西安）人，德宗时迁秘书郎，擢右补阙，进谏议大夫，终太常卿。　⑤李益（748—约829）：唐陇西姑臧（今甘肃武威）人，官至礼部尚书，以写边塞诗知名。　⑥吉中孚：唐鄱阳（今江西鄱阳县）人，官至户部侍郎。韩翃（hóng）：唐南阳（今属河南）人，官至中书舍人，诗多酬赠之作。耿𣲗：唐河东（今山西永济）人，官右拾遗。　⑦钱起（720—约782）：唐吴兴（今浙江湖州）人，曾任考功郎中，诗以五言为主。司空曙：唐河中（治今山西永济西）人，官水部郎中，诗长于五律。苗发：唐潞州壶关（今属山西）人，仕终都官郎中。　⑧崔峒：唐博陵（今河北安平县）人，仕终右补阙。时人称其诗"披沙拣金，往往见宝"。夏侯审：唐代宗时人，仕终侍御史。李端：唐赵州（今河北赵县一带）人，授秘书省校书郎，后为杭州司马，诗喜作律体。　⑨银黄：金银所铸的官印。喻高官显爵。　⑩三河少年：指贵族子弟。三河，今河南洛阳黄河南北一带。《史记·货殖列传》："昔唐人都河东，殷人都河内，周人都河南。夫三河在天下之中，若鼎足，王者所更居也。"　⑪李德裕（787—850）：唐赵郡（今河北赵县）人。文宗时以兵部尚书拜中书门下平章事，后贬太子宾客；武宗时召为门下侍郎、同中书门下平章事，拜太尉，封卫国公。　⑫台阁：指尚书省。　⑬终南山：在陕西西安市南。

85 吉中孚①

中孚，楚州人，居番阳最久②。初为道士，山阿寂寥。后还俗。

李端赠诗云③：" 旧山连药卖，孤鹤带云归④。"卢纶送诗云⑤：" 旧篆藏云穴，新诗满帝乡⑥。"来长安谒宰相，有荐于天子，日与王侯高会，名动京师。无几何，第进士，授万年尉⑦，除校书郎。又登宏辞科，为翰林学士，历谏议大夫、户部侍郎、判度支事⑧。贞元初卒。初拜官后，以亲垂白在堂，归养至孝，终丧，复仕。中孚神骨清虚，吟咏高雅，若神仙中人也。集一卷，今传。

[校注]

①吉中孚：唐鄱阳（今江西鄱阳县）人，"大历十才子"之一，《全唐诗》卷二九五收其诗一首。　②楚州：今江苏淮阴、盐城。番（pó）阳：同"鄱阳"。按，吉中孚本籍淮阴，后移居鄱阳，见傅璇琮《唐代诗人丛考·卢纶考》。　③李端：唐赵州（今河北赵县一带）人，授秘书省校书郎，后为杭州司马。"大历十才子"之一。　④"旧山"两句：清钱熙祚曰："阁本载全诗云：闻道华阳客，儒衣谒紫薇。旧山连药卖，孤鹤带云归。柳市名犹在，桃源梦已稀。还家见鸥鸟，应愧背船飞。"可参。又按，《文苑英华》卷二二八载此诗，题为《送吉道士拜官归旧业》，第二句作"儒裳霭紫薇"，第七句作"还乡见鸥鸟"，并近是。　⑤卢纶（约742—约799）：唐河中蒲（今山西永济西南）人，"大历十才子"之一。　⑥"旧篆"两句：见《文苑英华》卷二七三，题为《送吉中孚校书归楚州旧山（中孚自仙官入仕）》。篆，道教之秘文秘录。云穴，清钱熙祚云："阁本'穴'作'窟'。"　⑦万年：古县名。今为陕西长安。⑧判度支事：署理度支郎中，掌全国财赋的统计和支调等事。

86 韩 翃①

翃字君平,南阳人。天宝十三载杨纮榜进士。侯希逸素重其才,至是表佐淄青幕府②。罢,闲居十年。及李勉在宣武③,复辟之。德宗时,制诰阙人,中书两进除目④,御笔不点。再请之,批曰:"与韩翃。"时有同姓名者,为江淮刺史,宰相请孰与,上复批曰:"春城无处不飞花韩翃也⑤。"俄以驾部郎中知制诰⑥。终中书舍人⑦。翃工诗,兴致繁富,如芙蓉出水,一篇一咏,朝士珍之。比讽深于文房,筋节成于茂政⑧,当时盛称焉。有诗集五卷,行于世。

[校注]

①韩翃(hóng):唐南阳(今属河南)人,"大历十才子"之一。《全唐诗》卷二四三至二四五收其诗。 ②侯希逸:唐营州(约当今辽宁朝阳)人,肃宗时任平卢、淄青节度使。淄青:今山东北部一带。 ③李勉:《旧唐书·代宗纪》:"(大历十一年)以永平军节度使李勉为汴州刺史,充汴、宋等八州节度观察留后。"宣武:唐方镇名,约当今河南开封、安阳、商丘一带。 ④制诰:起草诏令。中书:中书省,秉承皇帝旨意,掌管机要并发布政令的官署。除目:授官的诏书。 ⑤春城无处不飞花:韩翃《寒食》诗云:"春城无处不飞花,寒食东风御柳斜。日暮汉宫传蜡烛,轻烟散入五侯家。" ⑥驾部郎中:兵部属司(掌舆辇、传乘、邮驿等)的长官。知制诰:对起草的诏令审阅判行。 ⑦中书舍人:中书省

的属官,掌诏令、侍从等。 ⑧文房:刘长卿,字文房。成于:疑为"减于"之误。茂政:皇甫冉,字茂政。

87 耿　沣①

沣,河东人也。宝应二年洪源榜进士②。与古之奇为莫逆之交③。初为大理司法④。充括图书使来江、淮⑤,穷山水之胜。仕终右拾遗⑥。诗才俊爽,意思不群。似沣等辈,不可多得。诗集二卷,今传。

[校注]

①耿沣:唐河东(今山西永济)人,"大历十才子"之一。《全唐诗》卷二六八、二六九收其诗,谓系宝应元年(762)进士。　②宝应二年洪源榜:本书卷三《古之奇》作"宝应二年礼部侍郎洪源下",二者当有一误。　③古之奇:唐代宗时人,宝应二年(763)及第,尝为安西幕府书记。　④大理司法:大理寺(掌刑狱的官署)的属官,主管刑法。据傅璇琮《唐代诗人丛考·耿沣考》,沣任大理司法,当在任拾遗之后。　⑤括图书使:搜求地图、史籍的官。　⑥右拾遗:中书省的属官,掌供奉、讽谏之事。按,旧本此处作"左拾遗",清钱熙祚云:"'左'阁本作'右',与《新唐书》合。"今从之。

88 钱 起①

起字仲文,吴兴人。天宝十年李巨卿榜及第。少聪敏,承乡曲之誉。初从计吏,至京口客舍②。月夜闲步,闻户外有行吟声哦曰:"曲终人不见,江上数峰青③。"凡再三往来,起遽从之,无所见矣。尝怪异之。及就试粉闱,诗题乃《湘灵鼓瑟》,起辍就④,即以鬼谣十字为落句。主文李昕深嘉美⑤,击节吟咏久之,曰:"是必有神助之耳。"遂擢置高第,释褐⑥,授校书郎。尝采箭竹,奉使入蜀,除考功郎中⑦。大历中,为大清宫使、翰林学士⑧。起诗体制新奇,理致清赡,芟宋、齐之浮游,剥梁、陈之嫚靡⑨,迥然独立也。王右丞许以高格,与郎士元齐名⑩。士林语曰:"前有沈、宋,后有钱、郎⑪。"集十卷,今传。子徽、孙珝并能诗,外甥怀素善书⑫。一门之中,艺名森出,可尚矣。○凡唐人燕集祖送,必探题分韵赋诗,于众中推一人擅场者刘相巡察江淮⑬,诗人满座,而起擅场。郭暧尚主盛会,李端擅场⑭。缅怀盛时,往往文会,群贤毕集,觥筹乱飞,遇江山之佳丽,继欢好于畴昔,良辰美景,赏心乐事,于此能并矣。况宾无绝缨之嫌,主无投辖之困⑮,歌阑舞作,微闻香泽,冗长之礼,豁略去之,王公不觉其大,韦布不觉其小⑯,忘形尔汝,促席谈谐,吟咏继来,挥毫惊座。乐哉古人,有秉烛夜游,所谓非浅,同宴一室,无及于乱,岂不盛也!至若残杯冷炙,一献百拜,察喜怒于眉睫之间者,可以休矣。

[校注]

①钱起（约720—约782）：唐吴兴（今浙江湖州市）人，"大历十才子"之一，《全唐诗》卷二三六至二三九收其诗。　②计吏：地方向朝廷举荐人才之吏。京口：今江苏镇江市。　③"曲终"两句：钱起《省试湘灵鼓瑟》诗以此作结，见《全唐诗》卷二三八。　④粉闱：同"粉署"（尚书省的别称）。湘灵：传为湘水之神，见战国楚屈原《远游》。辍：疑当作"缀"。　⑤李暐：据傅璇琮《唐代诗人丛考·钱起考》，李暐主文在天宝九载（750），下半年即改任户部侍郎，次年正月又为朔方节度留后；而天宝十载（751）、十一载（752），主文者皆为李麟。　⑥释褐：经吏部复试合格。　⑦"尝采"三句：意为尝奉使入蜀采箭竹。考功郎中，礼部考功司的长官，掌官吏之考课、黜陟等。　⑧大清宫使：即太清宫使。《极玄集》卷上谓钱起"终尚书郎、太清宫使"。太清，传为神仙所居之处；太清宫，道教观名。翰林学士：学士院的成员，负责起草密诏等。　⑨浮游：谓虚饰而无根。嫚靡：当作"靡嫚"，谓华丽而柔弱。宋尤袤《全唐诗话》卷二："革宋、齐之浮游，削梁、陈之靡嫚。"　⑩王右丞：王维，官至尚书右丞，故称。郎士元：唐中山（今河北定州）人，"大历十才子"之一。　⑪沈、宋：指沈佺期、宋之问。钱、郎：指钱起、郎士元。　⑫子徽、孙珝（xǔ）并能诗：旧本作"子徽能诗"，今据清钱熙祚校语补。但钱珝应为徽之孙，起之曾孙，说详傅璇琮《唐代诗人丛考·钱起考》。怀素（725—785）：唐长沙人，本姓钱，以善"狂草"出名。　⑬擅场：谓技艺高超出众，压倒全场。刘相（xiàng）：指刘晏。

⑭郭暧（？—800）：郭子仪第六子，尚昇平公主（唐代宗之女），时在永泰元年（765）秋七月。尚主：娶公主为妻。李端：唐赵州（今河北赵

县一带）人，"大历十才子"之一。　⑮绝缨：将帽带扯断。《韩诗外传》卷七之十四："楚庄王赐其群臣酒。日暮酒酣，左右皆醉。殿上烛灭，有牵王后衣者。后扢（gǔ）冠缨而绝之，言于王曰：'今烛灭，有牵妾衣者，妾扢其缨而绝之。愿趣火视绝缨者。'王曰：'止！'立出令曰：'与寡人饮，不绝缨者，不为乐也。'于是冠缨无完者，不知王后所绝冠缨者谁。于是王遂与群臣欢饮，乃罢。"投辖：将客人车轴的键投置别处，使不得行，以示挽留。《汉书·陈遵传》："遵耆酒，每大饮，宾客满堂，辄关门，取客车辖投井中，虽有急，终不得去。"　⑯韦布：皮带布衣，未仕或隐居者的粗陋之服。借指未仕或隐居者。

89　司空曙①

曙字文初，广平人也②。磊落有奇才。韦皋节度剑南，辟致幕府③。授洛阳主簿，未几，迁长林县丞，累官左拾遗，终水部郎中④。与李约员外至交⑤。性耿介，不干权要。家无甔石⑥，晏如也。尝病中不给，遣其爱姬，亦自流寓长沙⑦。迁谪江右，多结契双林，暗伤流景⑧。寄暕上人诗云⑨："欲就东林寄一身⑩，尚怜儿女未成人。柴门客去残阳在，药圃虫喧秋雨频。近水方同梅市隐，曝衣多笑阮家贫⑪。深山兰若何时到⑫，羡与闲云作四邻。"闲园即事，高兴可知，属调幽闲，终篇调畅，如新华笑日，不容熏染⑬。锵锵美誉，不亦宜哉！有诗集二卷，今传。

[校注]

①司空曙（约720—约790）：唐河中（治今山西永济西）人，"大历十才子"之一，《全唐诗》卷二九二、二九三收其诗。　②文初：旧本作"文明"。清钱熙祚云："阁本'明'作'初'，与《新唐书》合，当据改。"今从之。广平：郡名，郡治在今河北永年县东南。又，县名，属幽州范阳郡，位于河北省南部。　③韦皋（745—805）：唐京兆万年（今陕西西安）人，贞元元年（785）转任剑南西川节度使，在蜀二十余年，封南康郡王。按，司空曙至晚年始入韦皋幕府，并带有水部郎中衔，详见傅璇琮《唐代诗人丛考·司空曙考》。　④主簿：州府的佐吏，掌理文书等。长林：唐县名，故地在今湖北荆门市西北。水部郎中：工部属司的长官。　⑤李约：唐宪宗时任兵部员外郎。今按：辛氏此处有误，司空曙其时早已去世！　⑥甔（dān）石：同"担石"。此指担石（少量）之粮。　⑦亦自：清钱熙祚云："阁本'自'作'尝'。"　⑧双林：双林寺。借指寺僧。流景：流光（指光阴）。　⑨寄暕（jiǎn）上人诗：见所作《题暕上人院》诗，收于《全唐诗》卷二九二。　⑩东林：指庐山东林寺。　⑪梅市：汉隐士，后世多传其成仙得道之说。阮家：晋阮孚尝持一皂囊，游会稽，客问囊中何物，曰："但有一钱看囊，恐其羞涩。"见《韵府群玉·阳韵》。　⑫兰若：寺庙。　⑬熏染：清钱熙祚云："阁本'熏'作'再'。"

90 苗 发①

发，潞州人也。晋卿长子②。初为乐平令③。授兵部员外，迁驾部员外郎，仕终都官郎中④。虽名齿才子，少见诗篇。当时名士，咸与赠答云。

[校注]

①苗发：唐潞州壶关（今属山西）人，"大历十才子"之一，《全唐诗》卷二九五收其诗二首。　②晋卿：苗晋卿，唐肃宗时任左相，封韩国公。　③乐平：今属江西省。　④驾部：兵部的属司，掌舆辇、传乘等。都官郎中：刑部的属官，掌察中都官不法事。

91 崔　峒①

峒，博陵人。工文，有声。初辟潞府功曹②；后历左拾遗，终右补阙。词彩炳然，意思方雅，时人称其句为披沙拣金，往往见宝③。诗集一卷，今行于世。

[校注]

①崔峒：唐博陵（今属河北）人，"大历十才子"之一，《全唐诗》卷二九四收其诗。　②潞府：约当今晋南地区。功曹：功曹参军，州府的佐吏，掌考察、记录功劳等。据傅璇琮《唐代诗人丛考·卢纶考》，崔峒在大历（766—779）时已任拾遗、补阙等，至建中或贞元初，始任潞府功曹。　③"词彩"等句：宋计有功《唐诗纪事》卷三十引唐高仲武云："峒诗文彩炳发，意思雅淡。如：'清磬度山翠，闲云来竹房。'又'流水声中视公事，寒山影里见人家。'此亦披沙炼金，时时见宝也。"

92 夏侯审①

审，建中元年礼部侍郎令狐峘下试军谋越众科第一②。释褐，校书郎，又为参军，仕终侍御史③。初于华山下多买田园为别墅，水木幽闷④，云烟浩渺。晚岁退居其下，讽吟颇多。今稍零落，时见一二，皆锦制也。

[校注]

①夏侯审：唐代宗、德宗时人，"大历十才子"之一，《全唐诗》卷二九五收其诗一首。　②令狐峘（huán）：唐令狐德棻五世孙，修《玄宗实录》一百卷，《代宗实录》四十卷。　③校书郎：当作"授校书郎"。参军：掌参谋公务的官。侍御史：御史台的成员，位在御史中丞下。　④幽闷（bì）：幽深、清静。

93 李　端①

端，赵州人，嘉祐之侄也②。少时居庐山，依皎然读书③。意况清虚，酷慕禅侣。大历五年李抟榜进士及第，授秘书省校书郎④。以清羸多病，辞官，居终南山草堂寺。未几，起为杭州司马⑤。牒诉敲扑，心甚厌之，买田园在虎丘下，为耽深癖，泉石少幽，移家来隐衡山，自号"衡岳幽人"。弹琴读《易》，登高望远，神意泊然，初无宦情，怀箕颍之志⑥。尝曰："余少尚神仙，且未能去。友人畅当以禅门见导⑦。余心知必是，未得其门。"诗更高雅，于才子中名响铮铮。与处士京兆柳中庸、大理评事江东张芬友善唱酬⑧。初来长安，诗名大振。时令公子郭暧尚昇平公主⑨。贤明有才，延纳俊士。端等皆在馆中。暧尝进官，大宴酒酣，主属端赋诗，顷刻而就，曰："青春都尉最风流，二十功成便拜侯。金距斗鸡过上苑，玉鞭骑马出长楸。熏香荀令偏怜小，傅粉何郎不解愁。日暮吹箫杨柳陌，路人遥指凤皇楼⑩。"主甚喜，一座赏叹。钱起曰："此必端宿制，请以起姓为韵。"端立献一章曰："方塘似镜草芊芊，初月如钩未上弦。新开金埒看调马，旧赐铜山许铸钱。杨柳入楼吹玉笛，芙蓉出水妒花钿。今朝都尉如相顾，愿脱长裾逐少年⑪。"作者惊伏⑫。主厚赐金帛，终身以荣，其工捷类此。集三卷，今传于世。

[校注]

①李端：唐赵州（今河北赵县一带）人，字正己，"大历十才子"之一，《全唐诗》卷二八四至二八六收其诗。　②嘉祐：李嘉祐，唐代宗时任袁州刺史。有《送从侄端之东都》诗，载《全唐诗》卷二〇六。
③皎然：唐诗僧，南朝宋谢灵运十世孙。　④秘书省：典司图籍的官署。　⑤司马：州府的佐吏。　⑥宦情：做官的欲望。箕颍：谓隐居。晋皇甫谧《高士传·许由》："由于是遁而耕于中岳颍水之阳，箕山之下。"
⑦畅当：唐河东（今山西永济）人，大历七年（772）进士，贞元初为太常博士。禅门：佛家禅宗的教门。　⑧柳中庸：唐柳宗元族人，与弟中行并有文名，《全唐诗》卷二五七收其诗十三首。大理评事：大理寺（审

核刑狱的官署）的属官。张芬：德宗时任兵部郎中，贞元间在剑南西川节度使韦皋幕府。　⑨令公：郭子仪（697—781），唐大将，以功升中书令，故称。郭暧：郭子仪第六子。昇平公主：唐代宗之女。　⑩"青春"等八句：见《全唐诗》卷二八六《赠郭驸马》诗之一。距，雄鸡脚底后的突出部分，争斗时用之。上苑，皇家园林。长楸，城门名。荀令，荀彧，汉末任尚书令。相传曾得异香，所到之处，香气三日不歇云。怜小，《全唐诗》作"怜少"。何郎，何晏，三国魏玄学家。相传平日喜修饰，粉白不离手，人称"傅粉何郎"云。　⑪"方塘"等八句：见《全唐诗》卷二八六《赠郭驸马》诗之二。金埒（liè），驰马的场地。埒，界墙，界沟。《世说新语·汰侈》："王武子被责，移第北邙下。于时人多地贵，济好马射，买地作埒，编钱匝地竟埒，时人号曰金埒。"北周庾信《三月三日华林园马射赋》："于是选朱汗之马，校黄金之埒。"看调马，《旧唐书·李虞仲传》引作"教调马"。李端为虞仲之父。"愿脱"句，宋计有功《唐诗纪事》卷三十引作"愿脱长裙学少年"，近是。　⑫作者：清钱熙祚云："阁本'作'作'见'。"今按，"作者"指在座之其他作者，于义较"见者"为胜。

94 窦叔向①

叔向，字遗直，扶风平陵人也②。有卓绝之行，登第于大历初，远振佳名，为文物冠冕。诗法谨严，又非常格。一流才子，多仰飙尘。少与常衮同灯火，及衮相，引擢左拾遗、内供奉③；及坐贬，亦出为溧水令④。卒，赠工部尚书。五子常、牟、群、庠、巩，俱能诗，咄咄有跨灶之誉⑤，当时羡之。文志载《叔向集》七卷⑥。今存诗甚寡，盖零落之矣。

[校注]

①窦叔向：《旧唐书》谓系"扶风平陵人"，《新唐书》作"京兆金城人"。《全唐诗》卷二七一收其诗九首，谓系"京兆人"。　②扶风平陵：今属陕西。　③常衮（729—783）：唐京兆（今陕西西安）人，代宗时拜门下侍郎、同平章事。左拾遗、内供奉：门下省的属官，侍奉于皇帝左右者。　④溧水：今属江苏省。　⑤常、牟、群、庠、䡒：具见本书卷四窦常、窦牟、窦群、窦庠、窦䡒传。跨灶：喻子胜于父。　⑥文志：指《新唐书·艺文志》。

95 康　洽①

洽，酒泉人，黄须美丈夫也。盛时携琴剑来长安，谒当道，气度豪爽。工乐府诗篇，宫女梨园，皆写于声律②。玄宗亦知名，尝叹美之。所出入皆王侯贵主之宅③；从游与宴，虽骏马苍头④，如其已有；观服玩之光，令人归欲烧物，怜才乃能如是也。后遭天宝乱离，飘蓬江表⑤。至大历间，年已七十余，龙钟衰老，谈及开元繁盛⑥，流涕无从；往来两京，故侯馆谷空，咸阳一布衣耳⑦。于时文士愿与论交，李端逢之⑧，赠诗云："声名常压鲍参军，班位不过杨执戟⑨。"又云："同时献赋人皆尽，共壁题诗君独在⑩。"后卒杜陵山中⑪。文章不得见矣。

[校注]

①康洽：唐酒泉（今属甘肃）人。　②梨园：唐玄宗时，选乐工三百人，宫女数百人，教授乐曲歌舞于梨园（在长安禁苑中），号"皇帝梨园子弟"。　③贵主：即公主。　④苍头：指奴仆。　⑤江表：长江下游南部地。　⑥开元：当作"开天"，指开元、天宝年间。　⑦两京：唐以京都长安与东都洛阳为两京。布衣，指平民。　⑧李端：唐赵州（今河北赵县一带）人，"大历十才子"之一。　⑨"声名"两句：见李端《赠康洽》诗。鲍参军：南朝宋诗人鲍照（约414—466），曾任前军参军，故称。杨执戟：唐玄宗时人，名冶楼。《史记·淮阴侯列传》："韩信谢曰：臣事项王，官不过郎中，位不过执戟，言不听，画不用，故倍楚而归汉。"按，秦汉时郎中掌更番执戟宿卫诸殿门，故云。李白有《楚江黄龙矶南宴杨执戟冶楼》诗，云："五月分五洲，碧山对青楼。故人杨执戟，春赏楚江流。一见醉漂月，三杯歌棹讴。桂枝攀不尽，他日更相求。"　⑩"同时"两句：亦见《赠康洽》诗。　⑪杜陵：在今陕西西安市东南。

96　李　益①

益字君虞，陇西姑臧人。大历四年齐映榜进士，调郑县尉②。同辈行稍进达，益久不升，郁郁去游燕、赵间，幽州节度刘济辟为从事，未几，又佐邠宁幕府③。风流有辞藻，与宗人贺相埒④；每一篇就，乐工赂求之，被于雅乐，供奉天子。如《征人早行篇》⑤，天下皆施绘画。二十三受策秩⑥。从军十年，运筹决胜，尤其所长。

往往鞍马间为文，横槊赋诗，故多抑扬激厉悲离之作，高适、岑参之流也⑦。宪宗雅闻其名，召为秘书少监、集贤殿学士⑧。自负其才，凌轹士众，有不能堪，谏官因暴其诗"不上望京楼"等句，以为涉怨望⑨，诏降职。俄复旧，除侍御史，迁礼部尚书致仕⑩。太和初卒⑪。益少有僻疾，多猜忌，防闲妻妾，过为苛酷，有散灰扃户之谈，时称为"妒痴尚书李十郎"。有同姓名者，为太子庶子⑫，皆在朝。人恐莫辩，谓君虞为"文章李益"，庶子为"门户李益"云。有集，今传。

[校注]

①李益（748—约829）：唐陇西姑臧（今甘肃武威）人。《全唐诗》卷二八二、二八三收其诗。　②齐映：唐高阳（今属河北）人，贞元中累官中书侍郎。郑县：今陕西渭南市华州区。李益调郑县尉，在大历六年（771）登讽谏主文科之后。　③幽州：约当今北京、天津一带。刘济：唐昌平（今属北京市）人，嗣幽州节度使。邠宁：唐方镇名，辖邠、宁、庆三州（约当今陕西彬州及甘肃东部的环江、马连河流域）。时邠宁节度使为张献甫，见《旧唐书·张献诚传》。　④宗人贺：指李贺（790—816），贺为唐宗室远支，故称。　⑤《征人早行篇》：李益有《暖川（一作征人歌）》云："胡风冻合鸊鹈泉，牧马千群逐暖川。塞外征行无尽日，年年移帐雪中天。"或即此。　⑥策秩：谓封爵。　⑦高适（约700—765）：唐渤海蓨（今河北景县）人，擅作边塞诗。岑参（约715—770）：唐南阳（今属河南）人，与高适齐名。　⑧秘书少监：秘书省（典司图书的官署）的副长官，从第四品上阶。集贤殿学士：集贤殿书院的属官，位在集贤直学士之上。李益任集贤学士，盖在元和七年（812）

顷。　⑨不上望京楼：李益曾因《献刘济》诗有"感恩知有地，不上望京楼"之句，左迁为右庶子。见宋计有功《唐诗纪事》卷三十。以为涉怨望："为"字原阙。据钱熙祚校语补。　⑩侍御史：御史台的成员，位在御史中丞之次。李益除侍御史，在建中四年（783）中拔萃科之后。礼部尚书：礼部（尚书省六部之一）的长官。《旧唐书·文宗上》："（大和元年正月）以左散骑常侍李益为礼部尚书致仕。"　⑪太和：即"大和"，唐文宗年号之一（827—835）。　⑫太子庶子：太子的属官。

97　冷朝阳①

朝阳，金陵人。大历四年齐映榜进士及第②。不待调官，言归省觐。自状元以下，一时名士大夫及诗人李嘉祐、李端、韩翃、钱起等，大会赋诗攀饯③。以一布衣④，才名如此，人皆羡之。朝阳工诗，在大历诸才子，法度稍弱⑤，字韵清越不减也。有集传于世。

[校注]

①冷朝阳：唐金陵（今江苏南京市）人，尝为潞州节度薛嵩幕府，《全唐诗》卷三〇五收其诗十一首。　②齐映：唐高阳（今属河北）人，累官中书侍郎。　③状元：指进士及第之第一名。此指齐映。名士大夫："士"字旧本无，据清钱熙祚校语补。李嘉祐：唐赵州（今河北赵县一带）人，官袁州刺史。宋计有功《唐才子传》卷三十列为"大历十才子"之一。李端：唐赵州（今河北赵县一带）人，"大历十才子"之一。韩翃：唐南阳（今属河南）人，"大历十才子"之一。钱起（约720—约

782）：唐吴兴（今浙江湖州市）人，"大历十才子"之一。按，李、韩、钱列为"大历十才子"之数，皆见唐姚合《极玄集》。　④布衣：沪本云"'布衣'二字原倒，今改"。　⑤"朝阳"三句：南宋严羽《沧浪诗话·诗评》云："冷朝阳在大历才子中为最下。"

98　章八元①

　　八元，睦州桐庐人。少喜为诗，尝于邮亭偶题数语，盖激楚之音也②。宗匠严维到驿③，见而异之，问八元曰："尔能从我授格乎④？"曰："素所愿也。"少顷遂发，八元已辞亲矣⑤。维大器之，亲为指谕，数岁间，诗赋精绝。大历六年王潊榜第三人进士。居京既久，床头金尽，归江南，访韦苏州⑥，待赠甚厚。复来都应制科⑦。贞元中调句容主簿，况薄辞归⑧。时有清江上人⑨，善诗，与八元为兄弟之好。初，长安慈恩寺浮图⑩，前后名流诗版甚多。八元亦题有云："却怪鸟飞平地上，自惊人语半天中⑪。"后元微之、白乐天至塔下遍览⑫，因悉除去，惟存八元版在，吟咏久之曰："名下无虚士也⑬。"其警策称是。有诗集传于世，一卷。

[校注]

　　①章八元：唐睦州桐庐（今属浙江）人。《全唐诗》卷二八一收其诗六首。　②邮亭：古代设在沿途以供旅人食宿的馆舍。激楚：高亢凄清。　③严维：唐玄宗、肃宗时人，与刘长卿友善。　④格：诗格。　⑤发：出发。辞亲：宋计有功《唐诗纪事》卷二十六作"辞家"，近是。　⑥韦

苏州：指韦应物（约737—791），时任苏州刺史。　⑦制科：由皇帝在殿廷亲自主持的考试。　⑧贞元：唐德宗年号之一（785—805）。句容：在江苏省西南部。主簿：州县掌文书的佐吏。况：赐予。　⑨清江上人：唐会稽（今浙江绍兴）僧。有《上都酬章十八兄》诗，见《文苑英华》卷二四四。　⑩慈恩寺：唐高宗追荐其母长孙后所建。凡十余院，总1897间，可度三百僧。见唐段成式《酉阳杂俎》续集卷六。遗址在今陕西西安市南。浮图：塔。　⑪"却怪"两句：《唐诗纪事》卷二十六章八元《题慈恩寺塔》诗云："十层突兀在虚空，四十门开面面风。却怪鸟飞平地上，自惊人语半天中。回梯暗踏如穿洞，绝顶初攀似出笼。落日凤城佳气合，满城春树雨蒙蒙。"　⑫元微之：元稹（779—831），字微之。白乐天：白居易（772—846），字乐天。　⑬名下无虚士也：《唐诗纪事》作"不谓严维出此弟子"。

99 畅　当①

当，河东人。大历七年张式榜及第②。当少谙武事，生乱离间，盘马弯弓，抟沙写陈，人曾伏之③。时山东有寇，以子弟被召参军。贞元初，为太常博士，仕终果州刺史④。与李司马、司空郎中有胶膝之契⑤。少往来嵩、华间，结念方外，颇参禅道，故多松桂之兴⑥，深存不死之志。词名藉甚⑦，表表凌云。有诗二卷传于世。同时有郑常⑧，亦鸣诗。集一卷，今行。○尝观建安初，陈琳、阮瑀数子，从戎管书记之任，所得经奇⑨，英气逼人也。承平则文墨议论，警急则橐鞬矢石⑩；金羁角逐，珠符相照⑪；草檄于盾鼻⑫，勒铭于山头；此磊磊落落，通方之士⑬，皆古书生也。容有郁志窗下，抱膝呻吟，而曰"时不我与，人不我知"邪？大道无窒，徒自为老夫耳⑭。唐间如此特达甚多⑮，光烈垂远，慨然不能不以之兴怀也。

[校注]

①畅当：唐河东（今山西永济）人。《全唐诗》卷二八七收其诗。 ②张式：唐柳宗元《先君石表阴先友记》："张式，大历七年进士，南阳人。"见《柳河东集》卷十二。 ③人曾伏之：清钱熙祚云："'曾'字似误。"今按，疑当作"人皆伏之"。 ④太常博士：太常寺（掌宗庙礼仪）的属官。果州：约当今四川南充。 ⑤李司马：指杭州司马李端。司空郎中：指水部郎中司空曙。 ⑥松桂之兴：隐遁修仙之意。 ⑦藉（jí）甚：显赫。 ⑧郑常：唐肃宗、代宗时人，《全唐诗》卷三一一收其诗三首。 ⑨建安：汉献帝年号之一（196—220）。陈琳：汉广陵（今江苏扬州）人。阮瑀：汉陈留尉氏（今属河南）人。与陈琳同为曹操司空军谋祭酒，管记室；同为"建安七子"之一。经奇：谓经常出人意表。 ⑩橐鞬：盛弓箭之器。泛指武器装备。 ⑪羁：马笼头。珠符：饰有珠玉的兵符。语出晋左思《蜀都赋》。 ⑫盾鼻：盾牌的把手。 ⑬通方之士：通达道术之士。 ⑭老夫：犹老耄。《左传》隐公四年："卫国褊小，老夫耄矣，无能为也。" ⑮特达：独出于众。

100 王季友①

季友，河南人。暗诵书万卷，论必引经②。家贫卖屦，好事者多携酒就之③。其妻柳氏，疾季友穷丑，遣去，来客酆城④。洪州刺史李公，一见倾敬，即引佐幕府⑤。工诗，性磊落不羁，爱奇务险，远出常性之外，白首短褐，崎岖士林，伤哉贫也⑥！尝有诗云："山中谁余密？白发日相亲。雀鼠昼夜无，知我厨廪贫⑦。"又："自耕自刈食为天，如鹿如麋饮野泉。亦知世上公卿贵，且养丘中草木年⑧。"观其笃志山水，可谓远性风疏，逸情云上矣。有集传十世。

[校注]

①王季友：唐河南（今河南洛阳一带）人。《全唐诗》卷二五九收其诗十一首。　②"暗诵"二句：杜甫《可叹》诗云："丈夫正色动引经，酆城客子王季友。群书万卷常暗诵，《孝经》一通看在手。"　③"家贫"二句：王季友《酬李十六岐》诗云："炼丹文武火未成，卖药贩屦俱逃名。"杜甫《可叹》诗云："贫穷老瘦家卖屐，好事就之为携酒。"　④"其妻"四句：杜甫《可叹》诗云："天上浮云似白衣，斯须改变如苍狗。古往今来共一时，人生万事无不有。近者抉眼去其夫，河东女儿身姓柳。丈夫正色动引经，酆城客子王季友。"酆城，即"丰城"，今属江西。　⑤"洪州"三句：洪州，约当今江西南昌市及赣西北一带。李公，李勉，唐高祖曾孙李择言之子，时任洪州刺史、江西观察使。杜甫《可叹》诗云："豫章太守高帝孙，引为宾客敬颇久。"　⑥"工诗"数句：盖本之唐殷璠《河岳英灵集》："季友诗放荡，爱奇务险，远出常情之外；然而白首短褐，良可悲夫！"按，《河间英灵集》成书于天宝十二载（753），其时王季友尚"崎岖士林"，有足悲者；然于宝应、广德间（763年顷）已任司仪郎，广德、大历间（765年顷）且为洪州幕客兼监察御史，并为江西观

察使李勉之副使矣，则"白首短褐"云云，显然已言不副实。说详孙望《蜗叟杂稿·箧中集作者事辑》。 ⑦"山中"四句：《文苑英华》卷二五二有《赠山兄韦秘书》诗，前两句作："山中谁密余，白发日见亲。" ⑧"自耕"四句：《文苑英华》卷二四四有《酬李十六》诗，首句为："自耕自割（一作种）食为天。"

101 张　谓①

谓字正言，河内人也。少读书嵩山，清才拔萃，泛览流观，不屈于权势。自矜奇骨，必谈笑封侯②。二十四受辟，从戎营、朔十载，亭障间稍立功勋③。以将军得罪，流滞蓟门④。有以非辜雪之者，累官为礼部侍郎。无几何，出为潭州刺史⑤。性嗜酒，简淡乐意湖山。工诗，格度严密，语致精深，多击节之音⑥。今有集传于世。

[校注]

①张谓：唐河内（今河南省黄河以北一带）人。《全唐诗》卷一九七收其诗，谓系河南人，天宝二年（743）登进士第，乾元中为尚书郎。②谈笑封侯：谓博取功名很容易。杜甫《复愁》诗之六："胡虏何曾盛，干戈不肯休。闾阎听小子，谈笑觅封侯。" ③营、朔：营州（今辽宁一带）和朔州（今山西朔州市一带）。按，此乃幽州节度使属官孙构从军处，张谓从军处当在西域及淮南一带。说详傅璇琮《唐代诗人丛考·张谓考》。亭障：设于边防要地的堡垒。 ④蓟门：今北京市德胜门西北一带地。孙构曾"流滞蓟门"。并登楼赋诗。《文苑英华》卷三一二有张谓

《同孙构免官后登蓟楼怀归》诗,即当时应和之作。 ⑤潭州:约当今湖南湘潭、长沙等地。按,张谓任潭州刺史早在大历二年(767),约两年后离任,入朝为太子左庶子,至六年冬始任礼部侍郎。见傅璇琮《唐代诗人丛考·张谓考》。 ⑥击节:犹合乎节拍,谓可以击节而唱。

102 于 鹄①

鹄,初买山于汉阳高隐②。三十犹未成名。大历中,尝应荐历诸府从事③。出塞入塞,驰逐风沙,有诗甚工,长短间作④;时出度外,纵横放逸,而不陷于疏远,且多警策云。集一卷,今传。

[校注]

①于鹄:唐德宗时人。《全唐诗》卷三一〇收其诗。 ②"初买"句:于鹄《买山吟》云:"买得幽山属汉阳,槿篱疏处种桄榔。唯有猕猴来往熟,弄人抛果满书堂。" ③从事:王府的属官。 ④长短间作:谓诗句长短不一。亦指诗篇长短不一。

103 王 建①

建字仲初,颍川人。大历十年丁泽榜第二人及第②。释褐,授渭南尉,调昭应县丞③;诸司历荐,迁大府寺丞、秘书丞、侍御史④。太和中,出为陕州司马⑤;从军塞上,弓剑不离身。数年后,归，卜居咸阳原上⑥。初游韩吏部门墙⑦，为忘年之友；与张籍契厚，唱答尤多⑧。工为乐府歌行，格幽思远。二公之体，同变时流。建性耽酒，放浪无拘。宫词特妙前古⑨。建初与枢密使王守澄有宗人之分，守澄以弟呼之，谈间故多知禁掖事⑩，作《宫词》百篇。后因过燕饮，以相讥谑，守澄深衔之⑪，忽曰："吾弟所作《宫词》，内庭深邃，何由知之？明当奏上。"建作诗以谢，末句云："不是姓同亲说向，九重争得外人知⑫？"守澄恐累已，事遂寝。建才赡，有作皆工。盖尝跋涉畏途，甘分穷苦。其《自伤》诗云："衰门海内几多人，满眼公卿总不亲。四授官资元七品，再经婚娶尚单身。图书亦为频移尽，兄弟还因数散贫。独自在家常似客，黄昏哭向野田春⑬。"又于征戍迁谪，行旅离别，幽居官况之作，俱能感动神思，道人所不能道也。集十卷，今传于世。

[校注]

①王建（约767—约830）：唐许州（治今河南许昌）人，与张籍齐名，《全唐诗》卷二九七至三〇二收其诗。　②丁泽：大历十年（775）试东都第一，《全唐诗》二八一收其诗三首。　③渭南：今属陕西省。昭应：唐县名，今为陕西西安临潼区。　④大府寺丞：太府寺（掌库藏财物）的佐吏。秘书丞：起草文书的佐官。侍御史：御史台（司弹劾的官署）的成员。　⑤太和：即"大和"。唐文宗年号之一（827—835）。陕州：今河南三门峡市陕州区一带。司马：州府的佐吏。　⑥卜居：择地定居。　⑦韩吏部：韩愈（768—824），官吏部侍郎，故称。　⑧张籍（约767—约830）：唐吴郡（今江苏苏州一带）人。　⑨宫词：王建有《宫词》一百首，写宫廷之事，反映了封建帝王的侈靡生活。其中有的可能

系他人所作。清胡介祉《校刊王司马集序》："《宫词》自宋南渡后逸去其七，好事者妄为补之。"　⑩枢密使：掌承受表奏的官，多以宦者为之。王守澄：唐宪宗至文宗时宦官。禁掖：泛指宫中。　⑪"后因"三句：宋计有功《唐诗纪事》卷四十四云："忽过饮，语及汉桓、灵信任中官起党锢兴废之事，枢密深憾其讥。"可参。　⑫"不是"二句：《文苑英华》卷二五四有王建《赠王内侍枢密》诗云："三朝行坐镇相随，今上春宫见长时。脱下御衣先得着，进来龙马每教骑。长承密旨归家少，独奏边情出殿迟。不为姓同偏向说，九重争遣外人知？"　⑬"衰门"数句：见《全唐诗》卷三百。尾联"常"作"长"。

104 韦应物①

　　应物，京兆人也。尚侠，初以三卫郎事玄宗②。及崩，始悔，折节读书。为性高洁，鲜食寡欲，所居必焚香扫地而坐，冥心象外。天宝时③，扈从游幸。永泰中，任洛阳丞，迁京兆府功曹④。大历十四年，自鄠县令制除栎阳令，以疾辞归，寓善福寺精舍⑤。建中二年，由前资除比部员外郎，出为滁州刺史⑥。居顷之，改江州刺史，追赴阙，改左司郎中⑦。或媢其进，媒蘖之⑧。贞元初⑨，又出为苏州刺史。太和中，以太仆少卿兼御史中丞，为诸道盐铁转运、江淮留后⑩。罢居永定，斋心屏除人事⑪。初，公豪纵不羁，晚岁逢杨开府⑫，赠诗言事曰："少事武皇帝⑬，无赖恃恩私。身作里中横，家藏亡命儿。朝持樗蒲局⑭，暮窃东邻姬。司隶不敢捕，立在白玉墀⑮。骊山风雪夜，长杨羽猎时⑯。一字都不识，饮酒肆顽痴。武皇升仙去，憔悴被人欺。读书事已晚，把笔学题诗。两府始收迹，南宫谬见推⑰。非才果不容，出守抚婷嫠⑱。忽逢杨开府，论旧涕俱垂。坐客何由识？唯有故人知。"足见古人真率之妙也。

○论云：诗律自沈、宋之下⑲，日益靡嫚，镂章刻句，揣合浮切，音韵婉谐，属对藻密，而闲雅平淡之气不存矣。独应物驰骤建安以还⑳，各有风韵，自成一家之体，清深雅丽，虽诗人之盛，亦罕其伦，甚为时论所右，而风情不能自已。如赠米嘉荣、杜韦娘等作㉑，皆杯酒之间，见少年故态，无足怪矣。有集十卷，今传于世㉒。

[校注]

①韦应物（约737—791）：唐京兆长安人（有说系京兆万年人）。《全唐诗》卷一八六至一九五收其诗。 ②三卫郎：亲卫、勋卫和翊卫的侍从官，掌宫廷禁卫之事。 ③天宝：唐玄宗年号之一（742—756）。 ④永泰：唐代宗年号之一（765—766）。京兆府：约当今陕西秦岭以北、乾县以东、铜川市以南、渭南市以西。功曹：指功曹参军，府的佐吏，掌考绩之事。 ⑤大历十四年：公元779年。鄠县：今陕西西安市鄠邑区。制除：由朝廷任命。栎（yuè）阳：今陕西西安临潼区北。善福寺：故址在今陕西西安市鄠邑区。精舍：学舍。 ⑥建中二年：公元781年。比部员外郎：比部（刑部属司）的副长官。滁州：约当今安徽滁州一带。 ⑦江州：约当今江西九江市一带。左司郎中：尚书省的属官。 ⑧媢：嫉妒。媒蘖：构陷，诬害。 ⑨贞元：唐德宗年号之一（785—805）。 ⑩太和：即"大和"，唐文宗年号之一（827—835）。按，韦应物此时已不在世，以下数句当有误。太仆少卿：太仆寺（掌舆马、牧畜的官署）的副长官。御史中丞：御史台（司弹劾的官署）的副长官。诸道盐铁转

运：诸道盐铁使兼诸道转运使。留后：官名，相当于代理节度使。　⑪永定：永定寺，故址在今江苏苏州市郊。宋朱长文《吴郡图经续记·寺院》云："永定寺，在吴县西南。梁天监中，吴郡顾氏施宅为寺，唐陆鸿渐书额。韦苏州罢郡，寓居永定，殆此寺耶？"　⑫杨开府：疑指杨炎（德宗时累拜门下侍郎、同中书门下平章事）。　⑬武皇帝：借指唐玄宗。　⑭樗（chū）蒲：古代一种博戏。　⑮司隶：掌拘捕盗贼的官吏。白玉墀：玉石铺砌的台阶。　⑯骊山：在陕西西安市临潼区南。长杨：宫名，故址在今陕西周至县东南。　⑰两府：丞相府和御史府。收迹：《文苑英华》卷二一八作"收籍"，是。南宫：指尚书省。　⑱婷嫠：当作"惸（qiáng）嫠（lí）"，谓孤儿寡妇。此泛指百姓。　⑲沈、宋：沈佺期和宋之问。　⑳建安：汉献帝年号之一（196—220）。㉑米嘉荣：唐德宗至穆宗时人，善歌。杜韦娘：唐代歌女名。刘禹锡《赠李司空妓》诗云："高髻云鬟宫样妆，春风一曲杜韦娘。司空见惯浑闲事，断尽苏州刺史肠。"辛文房误以此诗为韦应物作。㉒沪本云："目录下附丘丹，然文中不见丘丹。"今按，《韦苏州集》卷三、卷四有与丘丹诗多首，《全唐诗》卷三○七有丘丹《和韦使君秋夜见寄》及《奉酬韦苏州使君》等诗。宋计有功《唐诗纪事》卷四十七亦有"丹隐临平山，与韦苏州往还"的记载。并可参。

105 皎然上人①

皎然，字清昼，吴兴人。俗姓谢，宋灵运之十世孙也②。初入道，肄业杼山，与灵彻、陆羽同居妙喜寺③。羽于寺旁创亭，以癸丑岁癸卯朔癸亥日落成，湖州刺史颜真卿名以"三癸"④，皎然赋诗，时称"三绝"。真卿尝于郡斋集文士撰《韵海镜源》，预其论著，至是声价藉甚⑤。贞元中，集贤御书院取高僧集得上人文十卷藏之，刺史于頔为之序⑥。李端在匡岳⑦，依止称门生。一时名公，俱相友善，题云"昼上人"是也。时韦应物以古淡矫俗，公尝拟其格，得数解为贽⑧，韦心疑之。明日，又录旧制以见，始被领略，曰："人各有长，盖自天分。子而为我，失故步矣⑨。但以所诣，自名可也。"公心服之。往时住西林寺，定余多暇⑩，因撰序作诗体式，兼评古今人诗，为《昼公诗式》五卷，及撰《诗评》三卷，皆议论精当，取舍从公，整顿狂澜，出色骚雅。公性放逸，不缚于常律。初，房太尉琯早岁隐终南峻壁之下，往往闻湫中龙吟⑪，声清而静，涤人邪想。时有僧潜戛三金以写之⑫，惟铜酷似。房公往来，他日至山寺，闻林岭间有声，因命僧出其器，叹曰："此真龙吟也。"大历间，有秦僧传至桐江⑬。皎然戛铜碗效之，以警深寂。缁人有献讥者⑭。公曰："此达僧之事，可以嬉禅⑮。尔曹胡凝滞于物，而以琐行自拘耶！"时人高之。公外学超然，诗兴闲适，居第一流不疑也⑯。诗集十卷。

[校注]

①皎然（730—799）：唐诗僧，湖州（今属浙江）人。《全唐诗》卷八一五至八二一收其诗，谓系长城人，名昼。　②灵运：南朝宋谢灵运（385—433），陈郡阳夏（今河南太康）人。　③杼山：在浙江湖州一带。灵彻：唐越州会稽（今浙江绍兴）人，本姓汤。陆羽（733—约804）：唐

复州竟陵（今湖北天门）人。妙喜寺：在杼山。 ④癸丑岁：此指公元773年。颜真卿（708—784）：唐京兆万年（今陕西西安）人。 ⑤《韵海镜源》：或作《韵海鉴原》，凡十六卷，颜真卿撰。见《宋史·艺文志》。"预其"二句：谓皎然亦参与其编撰之事，故名声益高。 ⑥贞元：唐德宗年号之一（785—805）。集贤御书院：当即"集贤殿书院"，唐文学三馆之一。上人：指皎然。于頔（？—818）：唐河南洛阳人，时任湖州刺史。 ⑦李端：唐赵州（今河北赵县一带）人，"大历十才子"之一。匡岳：庐山。 ⑧韦应物（约737—791）：唐京兆长安（今陕西西安）人。解：诗歌的章节。 ⑨故步：旧时步伐。《汉书·叙传》："昔有学步于邯郸者，曾未得其仿佛，又复失其故步，遂匍匐而归耳。"此喻指原有风格。 ⑩西林寺：在江西庐山。始建于晋，原为沙门竺昙的禅室。定余：坐禅入定之余。 ⑪房太尉琯（guǎn）：房琯（697—763），唐河南人，玄宗时任文部（即吏部）尚书、同中书门下平章事；肃宗时，多参与朝中机密。终南：山名，在陕西西安市南。湫：深潭。 ⑫潜戛：在水中敲击。三金：多种金属。写：模拟。 ⑬大历：唐代宗年号之一（766—779）。桐江：在浙江省。 ⑭缁人：僧人。 ⑮嬉禅：嬉乐于静思息虑之中。皎然有《戛铜碗为龙吟歌》一首，见《全唐诗》卷八二一。 ⑯居第一流不疑也：此句旧本作"居第一流，第二流不过也"。今据清钱熙祚校语改。

106 武元衡①

元衡，字伯苍，河南人。建中四年薛展榜进士②。元和三年，以门下侍郎平章事，出为剑南节度使③。后秉政。明年早朝，遇盗从暗中射杀之④。元衡工诗，虽时见雕镌，不动机构，要非高斫之所深忌⑤。每好事者传之，被于丝竹。尝《夏夜作》诗曰⑥："夜久喧暂息，池台唯月明。无因驻清景⑦，日出事还生。"翌日遇害，诗盖其谶也。议者谓工诗而宦达者惟高适，达宦而诗工者唯元衡⑧。今有《临淮集》十卷传于世。

[校注]

①武元衡（758—815）：唐河南缑氏（今河南偃师）人。《全唐诗》卷三一六、三一七收其诗。 ②建中四年：公元783年。 ③元和三年：公元808年。按《全唐诗》卷三一六作"元和二年"。门下侍郎：门下省的属官。平章事：同中书门下平章事，代行宰相职权。剑南：方镇名，约当今四川中部地区。节度使：总揽一方的军、民、财政大权的官。 ④"明年"二句：指元和十年（815），元衡早朝时，被镇州节度使王承宗所遣刺客暗杀一事。柳宗元有《古东门行》记其事。 ⑤机构：新巧的构思。高斫：斫轮高手。喻指诗文高手。 ⑥《夏夜作》：见《全唐诗》卷三一七。 ⑦清景：清影。 ⑧高适（约700—765）：唐蓨（今河北景县）人，历任淮南西川节度使，终散骑常侍。以写边塞诗著名。

107 窦　常①

常字中行，叔向之子也②。京兆人。大历十四年王储榜及第③。初历从事，累官水部员外郎，连除阆、夔、江、抚四州刺史④。后入为国子祭酒而终⑤。〇常兄弟五人，联芳比藻，词价霭然⑥；法度风流，相距不远。且俱陈力王事，膺宠清流，岂怀玉迷津⑦，区区之可比哉！后人集所著诗通一百首为五卷，名《窦氏联珠集》，谓若五星然。常集十八卷，及撰韩翃至皎然三十人诗合三百五十篇为《南薰集》⑧，各系以赞⑨，为三卷，今并传。

[校注]

①窦常（749—825）：《旧唐书》谓系扶风平陵（疑为"安陵"，今陕西咸阳市东）人，《新唐书》作"京兆金城人"。《全唐诗》卷二七一收其诗二十六首。　②叔向：窦叔向，唐代宗时人。　③王储：《全唐诗》卷二八一收其诗一首。　④从事：州郡的属官。水部员外郎：工部属司的副长官。阆：阆州，今四川阆中市一带。夔：夔州，今重庆奉节县一带。江：江州，今江西九江市一带。抚：抚州，今江西抚州。　⑤国子祭酒：国子监（最高学府）的长官。　⑥常兄弟五人：指窦常及其弟牟、群、庠、巩。霭然：美好貌。　⑦陈力：贡献才力。膺：受。清流：指清高自守、负有时望的士大夫者流。怀玉迷津：谓怀才而不为国所用。　⑧韩翃：唐南阳（今属河南）人。皎然（730—799）：唐诗僧，湖州（今属浙江）人。《南薰集》：宋晁公武《郡斋读书志·总集类》谓有三百六十篇。

⑨各系以赞：窦常《南薰集序》云："欲勒上、中、下，则近于褒贬；题一、二、三，则有等衰。故以'西掖''南宫''外台'为目，人各系名系赞。"

108 窦　牟①

　　牟字贻周，贞元二年张正甫榜进士②。初学问于江东，家居孝谨，善事继母，奇文异行，闻于京师。舅给事中袁高③，当时专重名，甄拔甚多，而牟未尝干谒，竟捷文场。始佐六府五公，八迁至检校虞部④。元和五年，拜尚书虞部郎中，转洛阳令、都官郎中，出为泽州刺史，仕终国子司业⑤。牟晚从昭义庐从史，从史浸骄，牟度不可谏，即移疾归，居东都别业⑥。长庆二年卒，昌黎韩先生为之墓志云⑦。

[校注]

　　①窦牟（749—822）：窦常之弟。《全唐诗》卷二七一收其诗二十一首。　②张正甫：唐南阳（今属河南）人，官至吏部尚书。　③给事中：门下省的属官，位在侍郎之次。袁高：唐东光（今属河北）人。建中中拜京畿观察使，坐累，贬韶州刺史，复拜给事中。宪宗时赠礼部尚书。　④检校虞部：工部属司的加官，掌山泽苑囿等，地位较本官为高。　⑤都官郎中：刑部的属官，掌中都官不法事。泽州：今山西晋城一带。国子司业：国子监（最高学府）的副长官。　⑥昭义：方镇名，约当今河北西南及山西东南部一带。庐从史：当作"卢从史"，唐宪宗时任昭义节度副大使。浸骄：谓日渐骄恣。移疾：作书称病以辞官。旧本作"移舟"，据清钱熙祚校语改。东都：洛阳。别业：别墅。　⑦昌黎韩先生：韩愈以昌黎为其郡望，故称。

109 窦 群①

群字丹列，初隐毗陵②，称处士，性至孝，定省无少怠。及母卒，哀踊不已，啮一指置棺中，结庐墓次。终丧，苏州刺史韦夏卿荐之③，举孝廉，德宗擢为左拾遗。宪宗立，转吏部郎中，出为唐州刺史④。节度使于頔奇之⑤，表以自副。武元衡辅政，荐为御史中丞⑥。群引吕温、羊士谔为御史⑦。宰相李吉甫不可⑧。群等怨，遂捃摭吉甫阴事告之。帝面覆多诳，大怒，欲杀群等，吉甫又为力救得解。出为黔南观察使，迁容管经略使⑨，卒官所。家无余财，惟图书万轴耳。

[校注]

①窦群（760—814）：窦牟之弟。《全唐诗》卷二七一收其诗二十三首。　②毗陵：今江苏常州一带。　③韦夏卿：唐万年（今陕西西安）人，官至太子少保。　④唐州：今河南泌阳、唐河一带。　⑤于頔（？—818）：唐河南洛阳人，曾任山南东道节度使。　⑥武元衡（758—815）：唐河南缑氏（今河南偃师）人，曾任门下侍郎、同中书门下平章事。御史中丞：御史台的副长官。　⑦吕温：唐河中（今山西永济市）人，官至左拾遗。羊士谔：唐泰山（今山东泰安）人，官至监察御史。　⑧李吉甫（758—814）：唐赵郡（今河北赵县一带）人，宪宗时任中书侍郎同平章事。　⑨出为黔南观察使：《全唐诗》作"出为湖南观察使，改黔中"，是。《旧唐书·宪宗上》云："（元和三年）以御史中丞窦群为湖南

观察使，既行，改为黔中观察使。"观察使，"道"的行政长官，掌考察所辖州县官吏的政绩。容管：约当今广西。经略使：边防军事长官。

110 窦庠①

庠字胄卿，尝应辟三佐大府，调奉先令，迁东都留守判官②，拜户部员外郎。贞元中，出为婺、登二州刺史③。平生工文，甚苦，著述亦多，今并传之。

[校注]

①窦庠（761—823）：窦群之弟。《全唐诗》卷二七一收其诗二十一首。　②大府：太府寺，掌库藏财物等。奉先：今陕西蒲城县。留守判官：留守府佐理政事的僚属。　③婺：婺州，今浙江金华。登：登州，今山东烟台。

111 窦巩①

巩字友封，状貌瑰伟，少博览，无不通，性宏放，好谈古今，所居多长者车辙。时诸兄已达，巩尚来场屋间②，颇抑初志，作《放鱼》诗云："黄金赎得免刀痕，闻道禽鱼亦感恩。好去长江千万里，不须辛苦上龙门③。"人知其述怀也。元和二年王源中榜进士④。佐淄青幕府，累迁秘书少监，拜御史中丞，仕终武昌观察副使⑤。牟平居与人言不出口⑥，时号为"嗫嚅翁"云。

[校注]

①窦牟（约762—821）：窦庠之弟。《全唐诗》卷二七一收其诗三十九首。　②场屋：科举考试的场所。　③龙门：山名，在今山西河津市西北、陕西韩城市东北，跨黄河两岸，悬崖壁立，河水奔流于其下。传说每岁季春有黄鲤鱼，自海及诸川争来跃跳，凡登上龙门者，即有云雨随之，有天火自后烧其尾，使化为龙。见《太平广记》卷四六六引《三秦记》。此以登上龙门喻科举会试得中。　④王源中：唐宪宗时人，官终天平军节度使。　⑤淄青：方镇名，约当今山东大部分地区。幕府：军政大吏的衙署。秘书少监：秘书省（典司图籍的官署）的副长官。御史中丞：御史台（掌监察的官署）的副长官。武昌：方镇名，约当今湖北东部、河南淮河以南及湖南汨罗江以北之地。观察副使：方镇的行政副长官，佐考察所辖州县官吏的政绩。　⑥不出口：据《新唐书·窦牟传》当作"若不出口"。

112 刘言史①

言史，赵州人也。少尚气节，不举进士。工诗，美丽恢赡，世少其伦。与李贺、孟郊同时为友②。冀镇节度使王武俊颇好词艺③，言史造之，特加敬异。武俊尝猎，有双鸭起蒲稗间④，一矢联之，遂于马上草《射鸭歌》以献；因表荐请官，诏授枣强令⑤，辞疾不就,当时重之。故相国陇西公李夷简为汉南节度,与言史少同游习,因遗以襄阳髹器千事⑥,赂武俊请之;由是为汉南幕宾,日与谈宴,歌诗唱答,大播清才。问言史所欲为,曰:"司功掾甚闲,或可承阃⑦。"遂署。虽居官曹,敬待埒诸从事⑧。岁余奏升秩,诏下之日,不恙而终。公初以言史相薄⑨,不欲贵,以惜其寿。至是哭恸之曰:"果然微禄杀吾爱客也。"厚葬于襄城⑩。皮日休称其赋"雕金篆玉,牢奇笼怪,百锻为字,千炼成句"⑪,真佳作也。有歌诗六卷,今传。

[校注]

①刘言史(约742—813):唐赵州邯郸(今属河北)人。《全唐诗》卷四六八收其诗。　②李贺(790—816):唐福昌(今河南宜阳西)人。孟郊(751—814):唐湖州武康(今浙江德清)人。　③冀镇:当作"镇冀",方镇名,今属河北地区。王武俊:唐契丹人。　④蒲稗:香蒲和稗草。　⑤枣强:在今河北东南部。　⑥李夷简:唐高祖五代孙,宪宗时历官山南、剑南节度使,同平章事。汉南:约当今湖北省北部地区。襄阳:今属湖北襄樊市。髹器:漆器。　⑦司功掾:州府官署的佐吏,掌祭祀、礼乐等。承阃:按《皮子文薮》卷四《刘枣强碑》作"承阙",是。承阙,谦辞,犹"承乏"。　⑧官曹:州府所属官署。从事:州郡长官的僚属。　⑨相薄:谓"命薄,福浅"。　⑩襄城:指襄阳城郭五里之柳子关。　⑪皮日休(约838—约883):唐襄阳(今属湖北)人,与陆龟蒙齐名。"雕金"四句:见《皮子文薮》卷四《刘枣强碑》。

113 刘 商①

商字子夏，徐州彭城人。擢进士第。贞元中，累官比部员外郎，改虞部员外郎②。数年，迁检校兵部郎中③。后出为汴州观察判官④，辞疾挂印，归旧业。商性好酒，苦家贫。尝对花临月，悠然独酌，兀音长谣，放适自遂。赋诗曰⑤："春草秋风老此身，一瓢长醉任家贫。醒来还爱浮萍草，漂寄官河不属人。"乐府歌诗，高雅殊绝。拟蔡琰胡笳曲，脍炙当时⑥。仍工画山水树石，初师吴郡张璪⑦，后自造真张贬衡州司马，有惆怅之诗⑧。好神仙，炼金骨。后隐义兴胡父渚⑨，结侣幽人。世传冲虚而去，可谓江海冥灭，山林长往者矣。有集十卷，今传，武元衡序之云⑩。

[校注]

①刘商：唐彭城（今江苏徐州）人，大历进士。《全唐诗》卷三〇三、三〇四收其诗。　②比部员外郎：比部（刑部四司之一）的副长官。虞部员外郎：虞部（工部掌山泽苑囿的属司）的副长官。　③检校兵部郎中：兵部（掌全国军政）属司的长官，属加官性质，地位较本官为高。　④汴州：约当今河南开封。观察判官：观察使（"道"的行政长官）的佐官。　⑤赋诗：诗题为《醉后》，见《全唐诗》卷三〇四。　⑥蔡琰：汉陈留圉（今河南杞县南）人，蔡邕之女。胡笳曲：指《胡笳十八拍》，乐府"琴曲"歌辞名，相传为蔡琰所作。刘商的拟作，见《全唐诗》卷三〇三。脍炙：当作"脍炙"。　⑦张璪：唐吴郡（今江苏苏州一带）

人。　⑧衡州：今湖南衡阳。司马：州府的佐吏，位在别驾、长史之次。惆怅之诗：宋计有功《唐诗纪事》卷三十二云："商高情放游，戏为山水木石，自张璪贬后，惆怅赋诗曰：苔石苍苍临涧水，溪风袅袅动松枝。世间唯有张通会，流向衡阳那得知。"张通，指张璪（字文通）。　⑨义兴：今江苏宜兴。胡父渚：今宜兴胡氿镇。　⑩武元衡（758—815）：唐河南缑氏（今河南偃师）人，宪宗时为相。

卷五

114 卢 仝①

仝，范阳人。初隐少室山②，号玉川子。家甚贫，惟图书堆积。后卜居洛城③，破屋数间而已。一奴，长须，不裹头；一婢，赤脚，老无齿。终日苦哦，邻僧送米。朝廷知其清介之节，凡两备礼征为谏议大夫④，不起。时韩愈为河南令⑤，爱其操，敬待之。尝为恶少所恐，诉于愈，方为申理，仝复虑盗憎主人，愿罢之，愈益服其度量。元和间，月蚀，仝赋诗，意切当时逆党，愈极称工，余人稍恨之⑥。时王涯秉政⑦，胥怨于人。及祸起，仝偶与诸客会食涯书馆中，因留宿，吏卒掩捕，仝曰："我卢山人也，于众无怨，何罪之有？"吏曰："既云山人，来宰相宅，容非罪乎？"苍忙不能自理，竟同甘露之祸⑧。仝老无发，奄人于脑后加钉⑨。先是，生子名"添丁"，人以为谶云。仝性高古介僻，所见不凡，近唐诗体无遗，而仝之所作特异，自成一家，语尚奇谲，读者难解，识者易知。后来仿效比拟，遂为一格宗师。有集一卷，今传。○古诗云："枯鱼过河泣，何时悔复及。作书与鲂鱮，相戒慎出入⑩。"斯所以防前之覆辙也。仝志怀霜雪，操拟松柏，深造括囊之高，夫何户廷之失⑪。噫，一蹈非地，旋踵逮殃，玉石俱烂，可不痛哉！

[校注]

①卢仝（约775—835）：唐范阳（今河北涿州）人。《全唐诗》卷三

八七至三八九收其诗。　②少室山：在河南登封市北。　③洛城：今河南洛阳。　④谏议大夫：门下省的属官，掌侍从、规谏等。　⑤韩愈（768—824）：唐河内河阳（今河南孟州）人。河南：今河南洛阳一带。　⑥逆党：指宦官仇士良等。稍：甚。　⑦王涯（约746—835）：唐太原（今属山西）人，曾任宰相。　⑧竟同甘露之祸：唐文宗时，宦官仇士良专权。大和九年（835），宰相李训等以左金吾卫石榴树上夜有甘露为名，诱使仇士良等往视，谋加诛杀，未成。仇士良等率兵捕杀李训、王涯等，株连至千余人。时卢仝适在王宅，亦无辜祸及，故云。又，《学林漫录》七集有姜光斗、顾启《卢仝"罹甘露之祸"说不可信》一文，辨之甚详，可参看。　⑨奄人：指宦官。　⑩"枯鱼"四句：见《乐府诗集》卷七十四。枯鱼，指干鱼。何时悔复及，谓追悔无及。魴鱮（xù），鳊鱼和鲢鱼。相戒，当作"相教"。　⑪括囊：博学遍览，犹上文所云"所见不凡，近唐诗体无遗"之意。户廷：同"户庭"。犹言门庭、家门。语本《易·系辞上》："不出户庭，无咎。"此应上文"既云山人，来宰相宅，容非罪乎"等语。

115　马　异①

异，睦州人也②。兴元元年礼部侍郎鲍防下进士第二人③。少与皇甫湜同砚席，赋性高疏，词调怪涩④。虽风骨棱棱，不免枯瘠。卢仝闻之⑤，颇合己志，愿与结交，遂立同异之论，以诗赠答，有云："昨日全不同，异自异，是谓大同而小异；今日全自同，异不异，是谓同不往而异不至⑥。"斯亦怪之甚也。后不知所终也。集今传世。

[校注]

①马异：宋计有功《唐诗纪事》卷四十谓系河南（今河南洛阳）人。按，下文有"少与皇甫湜同砚席"等语，则当以"睦州人也"为是。《全唐诗》卷三六九收其诗四首。　②睦州：今浙江桐庐、建德、淳安一带。　③兴元元年：公元784年。礼部侍郎：礼部（掌典礼、科举的官署）的副长官。鲍防（约722—约790）：唐襄州襄阳（今属湖北）人。　④皇甫湜（约777—约835）：唐睦州新安（今浙江淳安）人。　⑤卢仝（约775—835）：唐范阳（今河北涿州）人。　⑥"昨日"等句：见《唐诗纪事》卷三十五引卢仝《与马异结交》诗，末句作"是谓仝不往兮异不至"，近是；下文尚有"直当中分动天地，白玉璞里斫出相思心，黄金矿里铸出相思泪"等语，可证。又，马异有《答卢仝结交诗》云："我心不畏朱公叔，君意须防刘孝标。以胶投漆苦不早，就中相去万里道。"见《唐诗纪事》卷四十。

116 刘　叉①

叉，河朔间人。一节士也②。少尚义行侠，傍观切齿，因被酒杀人亡命，会赦，乃出。更改志从学，能博览，工为歌诗，酷好卢仝、孟郊之体③，造语幽塞，议论多出于正；《冰柱》《雪车》二篇，含畜风刺，出二公之右矣④。时樊宗师文亦尚怪⑤，见而独拜之。恃故时所负，自顾俯仰，不能与世合，常破履穿结，筑环堵而居休焉⑥。闻韩吏部接天下贫士⑦，步而归之，出入门馆无间。时韩碑铭独唱，润笔之货盈缶，因持案上金数斤而去，曰："此谀墓中人所得耳，不若与刘君为寿。"不能止。其旷达至此。初，玉川子履道守正，反关著述，《春秋》之学⑧，尤所精心。时人不得见其书，惟叉悛愿，曾授之以奥旨，后无所传。叉刚直，能面白人短长，其服义则又弥缝若亲属然⑨。后以争语不能下宾客⑩，去游齐、鲁，不知所终。诗二十七篇，今传。

[校注]

①刘叉：唐河朔人。《全唐诗》卷三九五收其诗。　②节士：有节操之士。　③卢仝（约775—835）：唐范阳（今河北涿州）人。孟郊（751—814）：唐湖州武康（今浙江德清）人。　④含畜风刺：同"含蓄讽刺"。按，《冰柱》《雪车》二诗主要写封建统治阶级对贫苦农民的残酷剥削。见《全唐诗》卷三九五。　⑤樊宗师（约765—约824）：唐南阳（今属河南）人，一作河中（府治今山西永济西）人。辛时有诗769篇，今仅存一首，见《全唐诗》卷三六九。　⑥破屦穿结：着破鞋破衣。环堵：围墙。　⑦韩吏部：唐韩愈（768—824），官至吏部侍郎，故称。⑧玉川子：卢仝（约775—835），唐范阳（今河北涿州）人，号玉川子。反关：谓自少室山返回城关，卜居洛阳。《春秋》：古代编年体史书，相传为孔子所修。引申为褒贬人事之意。　⑨面白：当面直说。服义：犹服膺（衷心信服）。　⑩下宾客：犹谦让客人。

117 李 贺①

贺字长吉，郑王之孙也②。七岁能辞章，名动京邑③。韩愈、皇甫湜览其作，奇之而未信④，曰："若是古人，吾曹或不知；是今人，岂有不识之理？"遂相过其家，使赋诗，贺总角荷衣而出，欣然承命，旁若无人，援笔题曰：《高轩过》⑤。二公大惊，以所乘马命联镳而还，亲为束发。贺父名晋肃，不得举进士，公为著《讳辩》一篇⑥。后官至太常寺奉礼郎⑦。贺为人纤瘦，通眉⑧，长指爪，能疾书。旦日出骑弱马⑨，从平头小奴子，背古锦囊，遇有所得，书置囊里。凡诗不先命题。及暮归，太夫人使婢探囊中，见书多⑩，即怒曰："是儿要呕出心乃已耳。"上灯，与食，即从婢取书，研墨、叠纸足成之。非大醉吊丧，率如此。贺诗稍尚奇诡，组织花草，片片成文，所得皆惊迈，绝去翰墨畦迳⑪，时无能效者。乐府诸诗，云韶众工，谐于律吕⑫。尝叹曰："我年二十不得意，一生愁心，谢如梧叶矣。"忽疾笃，恍惚昼见人绯衣驾赤虬腾下，持一板，书若大古雷文⑬，曰："上帝新作白玉楼成，立召君作记也。"贺叩头辞，谓母老病，其人曰："天上比人间差乐⑭，不苦也。"居顷之，窗中勃勃烟气⑮，闻车声甚速，遂绝。死时才二十七，莫不怜之。李藩缀集其歌诗，因托贺表兄访所遗失，并加点窜，付以成本，弥年绝迹⑯。及诘之，曰："每恨其傲忽，其文已焚之矣。"今存十之四五，杜牧为序者五卷⑰，今传。○老子曰："其进锐者其退速。"⑱信然。贺天才俊拔，弱冠而有极名。天夺之速，岂吝也耶？若少假行年，涵养盛德，观其才，不在古人下矣。今兹惜哉！

[校注]

①李贺（790—816）：唐福昌（今河南宜阳西）人。《全唐诗》卷三九〇至三九四收其诗。　②郑王：李谅，唐高祖之子，封虢王；李元懿，唐高祖之子，封郑王。孙：后代。李贺为李元懿后裔。　③京邑：清钱熙祚云："阁本'邑'作'师'。"　④韩愈（768—824）：唐河内河阳（今河南孟州市）人。皇甫湜（约777—约835）：唐睦州新安（今浙江淳安）人。　⑤过：访。总角：谓束发为髻（一种少年儿童的发式）。荷衣：一种童装。《高轩过》：诗篇名。《李长吉歌诗》卷四《高轩过》云："（韩员外愈、皇甫侍御湜见过，因而命作）华裾织翠青如葱，金环压辔摇玲珑，马蹄隐耳声隆隆。入门下马气如虹，云是东京才子，文章巨公。二十八宿罗心胸，元精耿耿贯当中。殿前作赋声摩空，笔补造化天无功。庞眉书客感秋蓬，谁知死草生华风。我今垂翅附冥鸿，他日不羞蛇作龙。"　⑥"贺父"三句：韩愈《讳辩》云："愈与李贺善，劝贺举进士。贺举进士有名，与贺争名者毁之曰：'贺父名晋肃，贺不举进士为是，劝之举者为非。'听者不察也，和而倡之，同然一辞！"按，"进士"与"晋肃"音近，故云。　⑦太常寺：掌礼乐、郊庙及社稷之事的官署。奉礼郎：按新、旧《唐书》并作"协律郎"。　⑧通眉：谓左右眉相衔接。　⑨旦日：早晨。　⑩见书多：当作"见所书多"。参见唐李商隐《李长吉小传》。　⑪稍：甚。畦迳：当作"畦径"（田间小区，喻常规）。参见唐杜牧《李长吉歌诗叙》。　⑫"乐府"三句：疑有脱误。《旧唐书》本传云：

"其乐府数十篇，至于云韶乐工，无不讽诵。"可参。 ⑬人绯衣：李商隐《李长吉小传》作"绯衣人"，近是。赤虬（qiú）：传说中的一种龙。大古：同"太古"。雷文：指石鼓文。大古雷文，《李长吉小传》作"太古篆或霹雳石文"。 ⑭差乐：还比较舒适。 ⑮勃勃：旺盛貌。 ⑯李藩：唐赵州（今河北赵县一带）人，宪宗时拜门下侍郎、同平章事。所遗失：疑当作"所遗文"。点窜：谓修改。成本：谓汇集成册。弥年：经年。 ⑰杜牧（803—853）：唐京兆万年（今陕西西安）人。序：指《李长吉歌诗叙》，作于太和五年（831）。 ⑱老子：春秋时思想家，楚国苦县（今河南鹿邑东）人。按，此处当作"孟子"。"其进锐者其退速"，见于《孟子·尽心上》。

118 李 涉①

涉，洛阳人，渤之仲兄也②，自号"清溪子"。早岁客梁园，数逢乱兵，避地南来，乐佳山水，卜隐匡庐香炉峰下石洞间③。尝养一白鹿，甚驯狎，因名所居白鹿洞④。与弟渤、崔膺昆季茅舍相接⑤。后徙居终南，偶从陈许辟命从事行军⑥。未几，以罪谪夷陵宰，十年蹭蹬峡中，病痁成痼，自伤羁逐，头颅又复如许⑦。后遇赦得还，赋诗云："荷蓑不是人间事，归去沧江有钓舟⑧。"遂放船重来，访吴、楚旧游，登天台石桥，望海。得风水之便，挂席浮潇、湘、岳阳，逢张祜话故⑨。因盘桓焉。归洛下，营草堂，隐少室。身自耕耘，妾能织纴，稚子供渔樵，拓落生计，伶俜酒乡⑩，罕交人事。太和中，宰相累荐征，起为大学博士⑪，卒致仕。妻亦入道。涉工为诗，词意卓荦⑫，不群世俗。长篇叙事，如行云流水，无可牵制，才名一时钦动。初，尝过九江皖口，遇夜客方跧伏⑬，问："何人？"曰："李山人。"豪首曰："若是，勿用剽夺。久闻诗名，愿题一篇足矣。"涉欣然书曰："暮雨潇潇江上村，绿林豪客夜知闻。他时不用藏名姓，世上如今半是君⑭。"盗喜⑮，因以牛酒厚遗，再拜送之。○夫以跖、蹻之辈，犹曰怜才，而至宝横道⑯，君子不顾，忍哉！诗集一卷，今传。

[校注]

①李涉：唐洛阳人。《全唐诗》卷四七七收其诗。　②渤：李渤，少隐嵩山，穆宗时任谏议大夫，文宗时拜太子宾客，卒。　③梁园：故址在今河南开封市东南。匡庐：今江西庐山。香炉峰：在庐山北部，峰顶水汽郁结，如香烟缭绕，故名。　④"因名"句：当作"因名所居曰白鹿洞"。白鹿洞，在庐山五老峰东南。　⑤崔膺：唐博陵（今河北蠡县、安平一带）人，张建封爱其才，以为客。　⑥终南：山名，在陕西西安市南。陈许：唐陈、许二州，约当今河南周口淮阳区、许昌一带。唐设节度使于此。从事行军：州郡的属官。　⑦夷陵：今湖北宜昌。羁逐：谪居在外。"头颅"句：疑有脱误。李涉《岳阳别张祜》云："十年蹭蹬为逐臣，鬓毛白尽巴江春。"可参照。　⑧"荷蓑"二句：见《全唐诗》卷四七七《硖石遇赦》，其首联云："天网初开释楚囚，残骸已废自知休。"沧江，泛指江。　⑨吴、楚：泛指长江中下游地区。天台：山名，在浙江省东部。挂席：扬帆。张祜：唐清河（今属河北）人。　⑩少室：山名，在河南登封市北。织纴：纺织。拓落：同"落拓"。失意貌。伶俜：孤独貌。

⑪太和：即"大和"。唐文宗年号之一（827—835）。大学博士：即

"太学博士"。太学（最高学府）的教授官。　⑫卓荦：超绝，特出。　⑬九江皖口：今安徽安庆市西。跧伏：同"蜷伏"。　⑭"暮雨"四句：题为《井栏砂宿遇夜客》，见《全唐诗》卷四七七。暮雨，宋计有功《唐诗纪事》卷四十六作"春雨"，近是。藏名姓，《唐诗纪事》作"相回避"。　⑮盗喜：旧本作"大喜"。清钱熙祚云："'大'当依阁本作'盗'。"今据改。　⑯跖、蹻：指"盗跖"（春秋时人民起义领袖）和庄蹻（战国时人民起义领袖）。怜才：爱才。至宝：喻指李涉。

119　朱　昼①

　　昼，广陵人。贞元间，慕孟郊之名②，为诗格范相似，曾不远千里而访之，不厌勤苦。体尚奇涩。与李涉友善③，相酬唱。昼古镜诗云④："我有古时镜，初自坏陵得。蛟龙犹泥蟠，魑魅幸月蚀。磨久见菱蕊⑤，青于蓝水色。赠君将照心，无使心受惑。"凡如此警策者稍多⑥。今传于世。

[校注]

　　①朱昼：唐广陵（今江苏扬州）人，元和进士。《全唐诗》卷四九一收其诗三首。　②孟郊（751—814）：唐湖州武康（今浙江德清）人。　③李涉：唐洛阳人。　④古镜诗：题为《赠友人古镜》，见《全唐诗》卷四九一。　⑤磨：摩挲。菱蕊：菱花的蕊。见菱蕊，形容镜的明亮。古代以铜为镜，映日则发光影如菱花，故云。　⑥稍多：清钱熙祚云："阁本'稍'作'颇'。"今按，稍有"甚"义，此可不改。

120 贾 岛①

岛字阆仙，范阳人也。初连败文场，囊箧空甚，遂为浮屠②，名无本。来东都，旋往京居青龙寺③。时禁僧午后不得出，为诗自伤④。元和中，元、白变尚轻浅⑤；岛独按格入僻，以矫浮艳。当冥搜之际，前有王公贵人，皆不觉。游心万仞，虑入无穷。自称"碣石山人"。尝叹曰："知余素心者，惟终南紫阁、白阁诸峰隐者耳⑥。"嵩丘有草庐⑦，欲归未得。逗留长安，虽行坐寝食，苦吟不辍。尝跨蹇驴，张盖⑧，横截天衢。时秋风正厉，黄叶可扫，遂吟曰："落叶满长安。"方思属联，杳不可得，忽以"秋风吹渭水"为对⑨，喜不自胜，因唐突大京兆刘栖楚，被系一夕，旦释之。后复乘闲策蹇访李馀幽居⑩，得句云："鸟宿池中树，僧推月下门。"又欲作"僧敲"，炼之未定，吟哦引手作推敲之势，傍观亦讶。时韩退之尹京兆，车骑方出，不觉冲至第三节⑪。左右拥到马前，岛具实对，未定推敲，神游象外，不知回避。韩驻久之，曰："敲字佳。"遂并辔归，共论诗道，结为布衣交⑫。遂授以文法，去浮屠，举进士。愈赠诗云："孟郊死葬北邙山⑬，日月风云顿觉闲。天恐文章浑断绝，再生贾岛在人间。"自此名著。时新及第，寓居法乾无可精舍⑭，姚合、王建、张籍、雍陶⑮，皆琴樽之好。一日，宣宗微行至寺⑯，闻钟楼上有吟声，遂登，于岛案上取卷览之。岛不识，因作色攘臂，睨而夺取之曰："郎君鲜醴自足，何会此耶⑰？"

帝下楼去。既而觉之，大恐，伏阙待罪，上讶之。他日，有中旨，令与一清官谪去者，乃授遂州长江主簿，后稍迁普州司仓⑱。临死之日，家无一钱，惟病驴、古琴而已。当时谁不爱其才，而惜其命薄。岛貌清意雅，谈玄抱佛⑲，所交悉尘外之人。况味萧条，生计岨峿。自题曰："二句三年得，一吟双泪流。知音如不赏，归卧故山秋⑳。"每至除夕，必取一岁所作置几上，焚香再拜，酹酒祝曰："此吾终年苦心也。"痛饮长谣而罢㉑。今集十卷，并《诗格》一卷，传于世。

[校注]

①贾岛（779—843）：唐范阳（今河北涿州一带）人。《全唐诗》卷五七一至五七四收其诗。按，贾岛的生活遗迹所在，今属北京房山区。

②浮屠：僧人。 ③青龙寺：原在唐长安城内新昌坊东南隅。遗址在今陕西西安市东南郊铁炉庙村北高地上。 ④为诗自伤：宋计有功《唐诗纪事》卷四十云："岛为僧时，洛阳令不许僧午后出寺。岛有诗云：'不如牛与羊，犹得日暮归。'" ⑤元、白：指元稹、白居易。 ⑥终南：山名，在陕西西安市南。紫阁：终南山山峰名，在陕西西安市鄠邑区东南。白阁：终南山有紫阁、白阁、黄阁等山峰，多隐者所居。 ⑦嵩丘：清钱熙祚云："阁本'丘'作'山'。"嵩山，在河南登封市北。 ⑧寒驴：蹩脚驴。张盖：打伞。 ⑨秋风吹渭水，落叶满长安：见所作《忆江上吴处士》，收于《全唐诗》卷五七二。吹渭水，《文苑英华》卷二三〇作"吟渭水"，似较胜。 ⑩寒：寒驴。李馀：蜀人，工乐府，长庆三年（823）进士。《全唐诗》卷五〇八收其诗二首。 ⑪韩退之：韩愈，字退之，时任京兆尹。节：指旌旗、节杖等。 ⑫布衣交：贫贱之交。 ⑬孟郊

(751—814)：唐湖州武康（今浙江德清）人。北邙山：在河南洛阳市东北。　⑭法乾：未详。无可：唐僧人，贾岛的从弟。精舍：学舍。　⑮姚合（777—843）：唐陕州硖石（今河南三门峡陕州区）人，与贾岛齐名，时称"姚贾"。王建（约767—约830）：唐颍川（今河南许昌）人，与张籍齐名，时称"张王"。张籍（约767—约830）：唐吴郡（今江苏苏州）人。雍陶：唐成都人，大和八年（834）进士。　⑯宣宗：唐宣宗李忱，公元847—859年在位。按，此时贾岛已去世，宣宗疑当作"文宗"。　⑰郎君：贵公子。鲜酘：鱼肉和酒。会：理会。　⑱遂州长江：今四川遂宁市北。贾岛《赴长江道中》诗云："策杖离山驿，逢人问梓州。长江那可到？行客替生愁。"主簿：县的属官，主诸簿目。普州：今四川安岳县一带。　⑲谈玄抱佛：清钱熙祚云："四字阁本作'好谈禅宗玄理'。"禅宗，佛教的一派。　⑳二句：实指贾岛《送无可上人》诗中的"独行潭底影，数息树边身"两句。"二句"云云，乃贾岛自注在这两句下边的一首绝句，见《全唐诗》卷五七四《题诗后》。　㉑长谣：放声歌唱。

121　庄南杰①

南杰，与贾岛同时②，曾从受学。工乐府杂歌，诗体似长吉③，气虽壮逸，语过镌凿④，盖其天资本劣，未免按抑，不出自然，亦一好奇尚僻之士耳。集二卷，今行。

[校注]

①庄南杰：唐文宗时人，有《杂歌行》一卷，《全唐诗》卷四七〇收

其诗五首。　②贾岛（779—843）：唐范阳（今河北涿州一带）人。③长吉：李贺（790—816），字长吉。　④镌（juān）凿：犹雕琢。

122 张　碧①

碧字人碧，贞元间举进士，累不第，便觉三山跬步，云汉咫尺②。初慕李翰林之高躅，一杯一咏，必见清风，故其名、字，皆亦逼似，如司马长卿希蔺相如为人也③。天才卓绝，气韵不凡。委兴山水，投闲吟酌，言多野意，俱状难摹之景焉。有《歌行集》二卷传世。子瀛④。

[校注]

①张碧：唐德宗时人。　②大碧：宋计有功《唐诗纪事》卷四十五作"太碧"，近是。"便觉"两句：谓顿有得道成仙之感。三山，神话中的蓬莱、方丈、瀛洲。云汉，指银河，也泛指高空。　③"初慕"句：《唐诗纪事》卷四十五引张碧自序其诗云："碧尝读李长吉集，谓春拆红翠，霹开蛰户，其奇峭者不可攻也。及览李太白词，天与俱高，青且无际，鹏触巨海，澜涛怒翻，则观长吉之篇，若陟嵩之巅视诸阜者耶。余尝锐志，狂勇心魄，恨不得摊文阵以交锋，睹拔戟挟辀而比矣。"高躅，雄健豪迈的艺术风格。"故其"句：谓李白字太白，张碧字太碧。司马长卿：西汉辞赋家司马相如，字长卿，小名犬子，因慕蔺相如之为人，更名相如。见《史记·司马相如列传》。蔺相如：战国赵大臣。《史记·廉颇蔺相如列传》："太史公曰：知死必勇，非死者难也，处死者难。方蔺相如引璧睨柱，及叱秦王左右，势不过诛，然士或怯懦而不敢发，相如一奋

其气,威信敌国,退而让颇,名重太山,其处智勇,可谓兼之矣!"

④子瀛:张瀛,唐懿宗时官至曹郎。

123 朱　放①

放字长通,南阳人也。初居临汉水,遭岁馑,南来卜隐剡溪镜湖间,排青紫之念②,结庐云卧,钓水樵山。尝著白接䍦,鹿裘笋屦③,盘桓酒家。时江、浙名士如林,风流儒雅,俱从高义。如皋甫兄弟、皎、彻上人,皆山人良友也④。大历中,嗣曹王皋镇江西,辟为节度参谋⑤。有别同志曰:"潺湲寒溪上,自此成离别。回首望归人,移舟逢暮雪。频行识草树,渐老伤年发。唯有白云心,为向东山月⑥。"未几,不乐鞅掌⑦,扁舟告还。贞元二年,诏举韬晦奇才,特下聘礼,拜左拾遗⑧,不就,表谢之。忘怀得失,以此自终。放工诗,风度清越,神情萧散,非寻常之比。集二卷,今行于世。

[校注]

①朱放:唐襄州南阳(今属河南)人。《全唐诗》卷三一五收其诗。

②剡(shàn)溪:在浙江嵊州市南。镜湖:即"鉴湖"。在浙江绍兴市南。青紫:指高官显爵。　③接䍦:同"接篱"。古代一种头巾。《世说新语·任诞》:"山季伦为荆州,时出酣畅。人为之歌曰:'复能乘骏马,倒著白接篱。'"鹿裘:隐士之服。笋屦:箨制的鞋。　④皇甫兄弟:指皇甫冉和皇甫曾。皎、彻上人:指皎然上人和灵彻上人。山人:指朱放。

⑤嗣曹王皋:唐太宗裔孙李皋,嗣曹王;德宗时拜湖南观察使,迁江西节

度使。节度参谋：节度使的属官。　⑥"潺溪"等句：《文苑英华》卷一六六题为《剡溪行却寄别新者》，《唐诗纪事》卷二十六题作《剡溪行寄新别》，《全唐诗》卷三一五作《剡溪行却寄新别者》。东山：在浙江绍兴市上虞区西南。东晋谢安曾隐居于此。　⑦鞅掌：谓公务繁忙。　⑧特下：旧本作"诏下"。清钱熙祚云："阁本'诏'作'特'。"今按，上文已有"诏举"字，此处作"特下"较胜。左拾遗：门下省的属官，掌供奉、讽谏等。

124　羊士谔①

士谔，贞元元年礼部侍郎鲍防下进士②。顺宗时，累至宣歙巡官③。为王叔文所恶，贬汀州宁化尉④。元和初，宰相李吉甫知奖，擢为监察御史，掌制诰⑤。后以与窦群、吕温等诬论宰执，出为资州刺史⑥。士谔工诗，妙造梁选⑦，作皆典重。早岁尝游女儿山⑧，有卜筑之志，勋名相迫，不遂初心。有诗集行于世。

[校注]

①羊士谔：唐泰山（今山东泰安）人。《全唐诗》卷三三二收其诗。
②鲍防（约722—约790）：唐襄州襄阳（今属湖北）人。　③宣歙：宣州（今安徽宣城宣州区）和歙州（今安徽休宁、歙县、绩溪、黟县、祁门及江西婺源等地）。巡官：观察使或团练使的属官，位在推官之次。
④为王叔文：旧本无"为"字，今据钱熙祚校语补。王叔文（753—806），唐越州山阴（今浙江绍兴）人。顺宗时任翰林学士。汀州宁化：

今福建宁化县。　⑤李吉甫（758—814）：唐赵郡（今河北赵县一带）人，时任中书侍郎同平章事。监察御史：御史台的成员。掌制诰：掌起草诏令。　⑥窦群（760—814）：唐京兆金城（今甘肃兰州一带人），时任御史中丞。吕温（772—811）：唐河东（今山西永济西南）人，时任户部员外郎。宰执：宰相级官员。此指李吉甫。资州：唐、宋辖相当今四川资阳市以南、内江市以北的沱江流域。　⑦妙造：旧本作"造妙"，今据钱熙祚校语改。造，造诣。梁选：梁萧统所编的《文选》。　⑧女儿山：在河南宜阳县西。

125　姚　係①

係，河中人。贞元元年进士，与韦应物同时②，有诗名，工古调，善弹琴，好游名山，希踪谢、郭③，终身不言禄，禄亦不及之也。乃林栖谷隐之士④，往还酬酢，兴趣超然。弟伦⑤，诗亦清丽，有集，并传⑤。

[校注]

①姚係：唐河中（今山西西南一带）人，姚崇之孙。《全唐诗》卷二五三收其诗十首，谓係崇之曾孙。　②韦应物（约737—791）：唐京兆长安人。　③谢、郭：疑为"谢、陶"（指谢灵运、陶渊明）之误。　④乃：清钱熙祚云："'乃'当依阁本作'与'。"近是。　⑤弟伦：指姚伦，官至扬州大都府曹参军。

126 麹信陵^①

信陵，贞元元年郑全济榜及第^②。仕为舒州望江县令，卒^③。工诗，有集一卷，今传。

[校注]

①麹信陵：唐德宗时人。 ②贞元元年：公元785年。 ③"仕为"二句：舒州望江，今属安徽省。宋计有功《唐诗纪事》卷三十五引白居易《感遇》诗云："我闻望江县，麹令抚茕嫠。在官有仁政，名不闻京师。身殁欲归葬，百姓遮路岐。攀辕不得去，留葬此江湄。至今道其名，男女涕皆垂。无人立碑碣，唯有邑人知。"

127 张　登^①

登，初隐居。性刚洁，幅巾短褐，交友名公。后就辟，历卫府参谋，迁延平尉^②。久之，拜监御史^③，贞元中，改河南士曹掾，迁殿中侍御史、潭州刺史^④，退居告老。尝晚春乘轻车出南薰门，抵暮，诣宜春门入^⑤。关吏捧牌请书官位，登醉题曰："闲游灵沼送春回^⑥，关吏何须苦见猜。八十老翁无品秩，也曾身到凤池来^⑦。"其狷迫如此^⑧。数年，坐公累被劾，吏议捃摭不堪^⑨，感疾而卒。有集六卷，权德舆为序云⑩。

[校注]

①张登：通作南阳（今属河南）人；权德舆序其文，谓系清河（今属河北）人。《全唐诗》卷三一三收其诗七首。　②卫府参谋：卫率府（掌东宫门卫的官署）的属官。延平尉：沪本云："'平尉'二字原倒，今改。"按，三字当作"廷尉平"。宋计有功《唐诗纪事》卷四十作"廷评"，即为"廷尉平"的省称。廷尉平，汉为廷尉的属官，唐为大理寺（掌刑狱的官署）的属官。延平，唐代无此县。　③监御史："监察御史"的省称。　④河南：府名，约当今河南洛阳。士曹掾：州府的佐吏。殿中侍御史：御史台的成员，位在监察御史之上。潭州：清钱熙祚云："'潭'阁本作'漳'。"今按，《新唐书·艺文志四》、《唐诗纪事》卷四十并作"漳"。漳州，约当今福建龙溪。　⑤南薰门：未详。宜春门：西内宜春院之门。《通鉴·唐纪二十七》"又选伎女，置宜春院"元胡三省注："宜春院当在西内宜春门内，近射殿。"　⑥灵沼：相传周文王有灵沼，遗址在今陕西西安长安区海子村。见陈直《三辅黄图校证·四·池沼》。　⑦凤池：凤凰池。指中书省。也泛指中枢机要之所。　⑧狷迫：狷急。钱熙祚云："'迫'阁本作'迁'。"　⑨捃摭：拾取，摘取。意谓拾取片断材料以进行攻讦。　⑩权德舆（759—818）：唐天水略阳（今甘肃秦安东南）人。宪宗时任礼部尚书、同中书门下平章事。

128 令狐楚①

楚字壳士,燉煌人也②。五岁能文章。贞元七年尹枢榜进士及第③。时李说、严绶、郑儋继领太原④,高其才行,引在幕府,由掌书记至判官。德宗喜文,每省太原奏疏,必能辨楚所为,数称美之。宪宗时,累擢知制诰⑤。皇甫镈荐为翰林学士,迁中书舍人,拜中书侍郎同平章事⑥。楚工诗,当时与白居易、元稹、刘禹锡唱和甚多⑦。有《漆奁集》一百三十卷⑧,行于世。自称曰"白云孺子"⑨。

[校注]

①令狐楚(768—836):唐京兆华原(今陕西铜川耀州区)人。一说,敦煌人。《全唐诗》卷三三四收其诗。　②燉煌:同"敦煌"(今属甘肃)。　③尹枢:获状元时年已七十余。详五代王定保《唐摭言·八·自放状头》。　④李说:唐德宗时任河东节度使。严绶:唐华阴(今属陕西)人。《资治通鉴》唐德宗贞元十七年:"河东节度使郑儋暴薨,……以河东行军司马严绶为节度使。"郑儋:《资治通鉴》唐德宗贞元十六年:"河东节度使李说薨,甲午,以其行军司马郑儋为节度使。"太原:今山西太原市西南晋源区,唐时为河东节度使治所。　⑤知制诰:主持起草诏令并审阅判行。　⑥皇甫镈:宪宗时任户部侍郎、同中书门下平章事。翰林学士:学士院的成员,掌机密诏令等。中书舍人:中书省的属官,掌诏令、侍从等。中书侍郎:中书省的副长官。同平章事:相当于宰相。

⑦白居易（772—846）：唐下邽（今陕西渭南北）人。元稹（779—831）：唐河南（府治今河南洛阳）人。刘禹锡（772—842）：唐洛阳（今属河南）人。　⑧《漆奁集》：已佚。　⑨白云孺子：《新唐书·艺文志四》："（令狐楚）《表奏集》十卷，自称《白云孺子表奏集》。"

129 杨巨源①

巨源，字景山，蒲中人②。贞元五年刘大真下第二人及第③。初为张宏靖从事，拜虞部员外郎，后迁太常博士、国子祭酒④。太和中，为河中少尹，入拜礼部郎中⑤。巨源才雄学富，用意声律，细挹得无穷之源，缓有愈隽永之味⑥。长篇刻琢，绝句清冷，盖得于此而失于彼者矣。有诗一卷，行于世。

[校注]

①杨巨源：唐蒲州（今山西永济、运城等地）人。《全唐诗》卷三三三收其诗，谓系河中人。今按，蒲州，河中府，同实而异名。　②蒲中：当为"蒲州"或"河中"之误。　③刘大真：当作"刘太真"。太真，唐宣州（今安徽宣城宣州区）人，德宗时任礼部侍郎，掌贡士。　④张宏靖：本作"张弘靖"（旧本避乾隆讳改）。弘靖，唐猗氏（今山西临猗南）人，累官刑部尚书、同平章事。长庆初，为卢龙节度使。从事：节度使的佐吏。虞部员外郎：虞部（工部掌山泽苑囿的属司）的副长官。太常博士：太常寺（掌宗庙礼仪的官署）的属官。　⑤河中少尹：河中府的副长官。礼部郎中：礼部（掌典礼、科举、学校等）第一司的长官。

⑥"细抠"两句：谓所下功夫的精细、深刻。宋计有功《唐诗纪事》卷三十五云："巨源在元和时，诗韵不为新语，体律务实，工夫颇深，旦暮吟咏不辍。"

130 马 逢①

逢，关中人。贞元五年卢顼榜进士②。佐镇戎幕府③。尝从军出塞，得诗名。篇篇警策。有集，今传。

[校注]

①马逢：唐关中（约当今陕西渭河流域）人。《全唐诗》卷七七二收其诗五首。 ②卢顼：贞元六年（790）时家于钱塘，妻弘农杨氏。其家婢小金尝为鬼物所缠，顼不之信，然卒为一老者所救云。参见《太平广记》卷三四〇引《通幽录》。 ③镇戎：今宁夏固原市一带。

131 王 涯①

涯，字广津，贞元八年贾棱榜及第②。博学工文，尤多雅思。梁肃异其才，荐于陆贽③。又举宏辞。宪宗时，知制诰，翰林学士，俄拜中书侍郎平章事。长庆中，节度剑南，召为御史大夫，迁户部尚书，监盐铁使，进仆射④。涯榷盐苛急⑤，百姓怨之。及甘露祸起⑥，就诛，悉诟骂，投以瓦砾，须臾成堆。性啬，不蓄妓妾，家财累巨万，尝布衣蔬食。酷好前古名书名画，充积左右，有不可得，必百计倾陷以取之。及家破，往来人得卷轴，皆剔取签盒金玉牙锦，余弃道途，车马践踏，悉损污矣，惜哉！善为诗，风韵遒然，殊超意表。集十卷，今传。○否泰递复，盈虚消息⑦，乃理之常。夫物盛者，衰之渐也；散者，积之极也⑧。有能终满而不覆者乎？况图书入变化之际，神物所深忌者焉。前修耽玩成癖，往往杀身，犹非剽剥而至也⑨。王涯掊克聚敛，以邀穹爵，逼孤凌弱，以积珍奇，知己之利，忘人之害，至于天夺其魄，鬼瞰其家⑩，一旦飘零，殊可长叹！孟子曰⑪："盆成括，死矣⑫！"传曰⑬："货悖而入者，亦悖而出⑭。"不亦宜哉！庶来者之少戒云⑮。

[校注]

①王涯（约746—835）：唐太原人。《全唐诗》卷三四六收其诗。②贾棱：《全唐诗》卷三四七收其诗一首。　③梁肃：唐陆浑（今河南嵩县东北）人，德宗时累迁皇太子诸王侍读。陆贽（754—805）：唐嘉兴（今属浙江）人，德宗时为翰林学士，累迁中书侍郎、同平章事。　④长庆：唐穆宗年号（821—824）。节度剑南：任剑南（约当今四川中南部地区）节度使。监盐铁使：总管食盐专卖及矿业开采的长官。仆射（yè）：尚书省的长官。　⑤榷盐：征收盐税。　⑥甘露：指"甘露之变"。唐文宗大和九年（835），宰相李训等以左金吾卫石榴树上有甘露出现为名，诱使宦官仇士良等往视，谋加诛杀，未成。李训、王涯等反为所杀，株连至千余人。　⑦否（pǐ）泰递复：从坏到好，又从好到坏，互相衔接，变化不已。盈虚消息：盈（充满）则消（消灭），虚（虚空）则息（增

长)。《易·丰》:"日中则昃,月盈则食,天地盈虚,与时消息。"　⑧渐:事物发展的开端。极:事物发展的终点。　⑨前修:先哲,前代的贤人。剽剥:掠取。至:同"致"。　⑩掊（póu）克:贪狠。穹爵:高官厚爵。天夺其魄:上天夺其魂魄。犹言不得好死。《左传》宣公十五年:"刘康公曰:'不及十年,原叔必有大咎,天夺之魄矣。'"瞰:窥看。　⑪孟子:战国时邹（今山东邹城）人。　⑫"盆成括"二句:盆成括,姓盆成,名括。《孟子·尽心下》:"盆成括仕于齐。孟子曰:'死矣,盆成括！'盆成括见杀。门人问曰:'夫子何以知其将见杀?'曰:'其为人也小有才,未闻君子之大道也,则足以杀其躯而已矣。'"　⑬传:古代典籍。此指《礼记·大学》。　⑭"货悖"二句:意谓掠夺而来的财物也会被别人夺走。　⑮来者:后人。少:稍,略微。

132 韩　愈①

愈,字退之,南阳人。早孤,依嫂读书,日记数千言,通百家。贞元八年擢第。凡三诣光范上书,始得调②。董晋表署宣武节度推官③。汴军乱,去依张建封④,辟府推官。迁监察御史,上疏论宫市⑤。德宗怒,贬阳山令,有善政,改江陵法曹参军⑥。元和中,为国子博士,河南令⑦。愈才高难容,累下迁,乃作《进学解》以自谕,执政奇其才,转考功,知制诰,进中书舍人⑧。裴度宣慰淮西,奏为行军司马,贼平⑨,迁刑部侍郎。宪宗遣使迎佛骨入禁中,因上表极谏,帝大怒,欲杀,裴度、崔群力救,乃贬潮州刺史⑩。到任后上表,陈情哀切,诏量移袁州刺史,召拜国子祭酒,转兵部侍郎、京兆尹，兼御史大夫⑪。长庆四年卒。

○公英伟间生，才名冠世；继道德之统，明列圣之心；独济狂澜，词彩灿烂，齐、梁绮艳，毫发都捐；有冠冕珮玉之气，宫商金石之音；为一代文宗，使颓纲复振，岂易言也哉！固无辞足以赞述云。至若歌诗累百篇，而驱驾气势，若掀雷走电，撑决于天地之垠，词锋学浪⑫，先有定价也。时功曹张署亦工诗，与公同为御史，又同迁谪，唱答见于集中⑬。有诗赋杂文等四十卷，今行于世。

[校注]

①韩愈（768—824）：唐河内河阳（今河南孟州）人。按，《旧唐书》作"昌黎人"，《新唐书》作"邓州南阳人"，此从宋朱熹《考异》。《全唐诗》卷三三六至三四五收其诗。　②三诣光范上书：谓先后给赵憬、贾耽、卢迈三宰相上书。调：谓任职。　③董晋：唐虞乡（今山西永济市）人。德宗时，累官同中书门下平章事，为宣武节度副大使。宣武节度推官：宣武（方镇名，领汴、宋、颍、亳之地，约当今河南东部、安徽西北部地区，治今河南开封市）节度使的属官，掌勘问刑狱。　④汴军：即宣武军。韩愈《汴州乱》诗云："汴州城门朝不开，天狗堕地声如雷。健儿争夸杀留后，连屋累栋烧成灰。"张建封：唐南阳（今属河南）人。德宗时，拜徐泗濠节度使。　⑤宫市：唐德宗时，由宦官在长安以低价收购民间货物，称"宫市"。　⑥阳山：在今广东省北部。江陵法曹参军：江陵府（约当今湖北荆州南部）的属官，掌刑狱、参军事等。　⑦国子博士：国子监的教授官。河南：今河南洛阳一带。　⑧执政：当政者。考功：考功郎中，礼部考功司的长官。知制诰：主持起草诏令并审阅判行。中书舍人：中书省的属官，掌诏令、侍从等。　⑨裴度（765—839）：唐

唐才子传 | 211

河东闻喜（今属山西）人，字中立，宪宗时任宰相。宣慰淮西：任淮南西道（约当今河南驻马店、信阳）宣慰安抚使。行军司马：宣慰安抚使的属官，掌申习法令。《旧唐书·宪宗纪下》："（元和十二年）以太子右庶子韩愈兼御史中丞，充彰义军行军司马。"贼：指吴元济（783—817），时割据蔡州（治今河南汝南）为乱。　⑩"宪宗"数句：元和十四年（819），唐宪宗派人至凤翔（今属陕西）法门寺，拟将佛塔内所藏的释迦文佛的指骨一节，迎入宫内供奉三日；韩愈认为佛骨乃朽秽之物，不当迷信，故上表谏诤，要求"以此骨付之有司，投诸水火"，用释天下之疑。崔群：唐武城（今属山东）人，累迁中书侍郎、同中书门下平章事。潮州：约当今广东梅州梅县区、汕头两地。韩愈《左迁至蓝关示侄孙湘》诗云："一封朝奏九重天，夕贬潮阳路八千。"即此。韩愈贬潮州刺史，在元和十四年（819）正月，见《旧唐书·宪宗纪下》。　⑪到任：沪本云："'到'字原脱，今补。"袁州：今江西宜春、新余一带。韩愈量移袁州刺史，在元和十四年（819）十月，见《旧唐书·宪宗纪下》。国子祭酒：国子监的主管官。京兆尹：京兆府（约当今陕西渭南、咸阳两地）的长官。御史大夫：御史台的长官，掌监察、执法等。按，韩愈官终吏部侍郎，见《旧唐书·穆宗纪》。　⑫学浪：清钱熙祚云："'浪'阁本作'殖'。"　⑬"时功曹"四句：功曹，功曹参军，州府的佐吏，掌考察、记录功劳等。张署，唐河间人。贞元中，任监察御史，谪临武令，历刑部郎，虔、澧二州刺史，终河南令。韩愈《祭张署文》云："贞元十九，君为御史，余以无能，同诏并峙。余憨而狂，年未三纪。"三纪，谓三十六周岁。

133 柳宗元①

宗元，字子厚，河东人。贞元九年苑论榜第进士②，又试博学宏辞。授校书郎，调蓝田县尉，累迁监察御史里行③。与王叔文、韦执谊善④，二人引之谋事，擢礼部员外郎。欲大用，值叔文败，贬邵州刺史⑤。半道，有诏贬永州司马⑥，遍贻朝士书言情，众忌其才，无为用心者。元和十年，徙柳州刺史⑦。时刘禹锡同谪，得播州，宗元以播非人所居，且禹锡母老，具奏以柳州让禹锡，而自往播；会大臣亦有为请者，遂改连州⑧。宗元在柳，多惠政。及卒，百姓追慕，立祠享祀，血食至今⑨。公天才绝伦，文章卓伟，一时辈行，咸推仰之。工诗，语意深切，发纤秾于简古，寄至味于淡泊，非余子所及也。司空图论之曰⑩："梅止于酸，盐止于咸，饮食不可无，而其美常在酸咸之外，可以一唱而三叹也。子厚诗在陶渊明下，韦应物上⑪。退之豪放奇险则过之⑫，而温厉靖深不及也。"今诗赋杂文等三十卷传于世。

[校注]

①柳宗元（773—819）：唐河东解（今山西运城西南）人。《全唐诗》卷三五〇至三五三收其诗。　②苑论：字言扬，齐大夫苑何忌之后。《柳河东集》卷二十二《送苑论登第后归觐诗序》："八年冬，余与马邑苑言扬联贡于京师。"　③蓝田：今属陕西省。里行：里行使，非正式官职之

谓。　④王叔文（753—806）：唐越州山阴（今浙江绍兴）人，顺宗时任翰林学士。韦执谊：唐京兆人，顺宗时任尚书左丞、同中书门下平章事。　⑤邵州：约当今湖南邵阳。柳宗元于永贞元年（805）九月贬邵州刺史。　⑥永州：唐辖境约当今湖南永州及广西全州。司马：州府的佐吏，主众曹文书。　⑦柳州：今广西柳州、柳城一带。　⑧刘禹锡（772—842）：唐洛阳（今属河南）人。播州：今贵州遵义市、桐梓县一带。大臣：此指御史中丞裴度。连州：今广东连州市一带。　⑨血食：受祭祀。　⑩司空图（837—908）：唐河中（今山西永济）人，著有《二十四诗品》。　⑪陶渊明（365—427）：晋浔阳柴桑（今江西九江）人。韦应物（约737—791）：唐京兆长安（今属陕西）人。　⑫退之：韩愈（768—824），字退之，唐河内河阳（今河南孟州）人。

134　陈　羽①

羽，江东人。贞元八年礼部陆贽下第二人登科②；与韩愈、王涯等共为龙虎榜③。后仕历东宫卫佐④。羽工吟，与灵一上人交游唱答⑤。写难状之景，了了目前；含不尽之意，皎皎言外。如《自遣》诗云："稚子新能编笋笠，山妻旧解补荷衣。秋山隔岸清猿叫，湖水当门白鸟飞。"此景何处无之？前后谁能道者？二十八字，一片画图，非造次之谓也⑥。警句甚多。有集传于世。

[校注]

①陈羽：唐江东（约当今长江以南苏、浙、闽一带）人。《全唐诗》

卷三四八收其诗。　②陆贽（754—805）：唐嘉兴（今属浙江）人。　③王涯（约746—835）：唐太原（今属山西）人。龙虎榜：谓囊括一时知名之士的榜。语出《新唐书·欧阳詹传》。　④东宫卫佐：太子所居之宫的侍卫之臣。《全唐诗》作"乐官尉佐"。　⑤灵一上人：唐代宗、德宗时一诗僧。　⑥造次之谓：仓促之作。

135　刘禹锡①

禹锡，字梦得，中山人。贞元九年进士，又中博学宏词科，工文章②。时王叔文得幸③，禹锡与之交，尝称其有宰相器。朝廷大议，多引禹锡及柳宗元与议禁中④。判度支盐铁案⑤，凭借其势，多中伤人。御史窦群劾云⑥：挟邪乱政。即日罢。宪宗立，叔文败，斥朗州司马⑦。州接夜郎，俗信巫鬼，每祀，歌《竹枝》，鼓吹俄延，其声伧伫⑧。禹锡谓屈原居沅、湘间，作《九歌》，使楚人以迎送神，乃倚声作《竹枝词》九篇，武陵人悉歌之⑨。始坐叔文贬者，虽赦不原。宰相哀其才且困，将澡濯用之⑩，乃悉诏补远州刺史，谏官奏罢之。时久落魄，郁郁不自抑，其吐辞多讽，托远意，感权臣，而憾不释。久之召还，欲任南省郎，而作《玄都观看花君子》，诗语讥忿，当路不喜，又谪守播州⑪。中丞裴度言播猿狖所宅，且其母年八十余，与子死决，恐伤陛下孝治，请稍内迁，乃易连州，又徙夔州⑫。后由和州刺史入为主客郎中⑬。至京后，游玄都咏诗，且言："始谪十年，还辇下，道士种桃，其盛若霞，又十四年而来，无复一存，唯兔葵、燕麦⑭，动摇春风耳。"权近闻者，益薄其行。裴度荐为翰林学士，俄分司东都，迁太子宾客⑮。会昌时，加检校礼部尚书卒⑯。公恃才而放，心不能平⑰，行年益晏，偃蹇寡合，乃以文章自适。善诗精绝。与白居易酬唱颇多，尝推为"诗豪"，曰："刘君诗，在处有神物护持。"⑱有集四十卷，今传于世。

[校注]

①刘禹锡（772—842）：唐洛阳（今属河南）人，自言系出中山（约当今河北保定）。《全唐诗》卷三五四至三六五收其诗，谓系彭城人，盖据《旧唐书》本传。　②"贞元"三句：贞元九年，公元793年。由此三句可知其与柳宗元同榜。　③王叔文（753—806）：唐越州山阴（今浙江绍兴）人，顺宗时任翰林学士。　④柳宗元（773—819）：唐河东解（今山西运城西南）人。　⑤判度支盐铁案：其兼任统计和调度盐铁的官。　⑥御史：掌纠察、弹劾的官。窦群（760—814）：《旧唐书》作"扶风平陵人"，《新唐书》作"京兆金城人"。　⑦朗州：约当今湖南常德。司马：州府的佐吏，掌众曹文书。　⑧夜郎：泛指今湘西少数民族地区。《竹枝》：乐府近代曲辞名。伧儜：谓发音粗重（含轻侮意）。刘禹锡《竹枝词引》云："岁正月，余来建平，里中儿联歌竹枝，吹短笛，击鼓以赴节。……其卒章激讦如吴声，虽伧儜不可分，而含思宛转，有淇澳之艳音。"　⑨《九歌》：战国楚屈原据沅湘间祀神的民间乐曲而作的诗篇，内容多取自神话传说。《竹枝词》：《乐府诗集》卷八十一云："《竹枝》本出于巴渝。唐贞元中，刘禹锡在沅湘，以俚歌鄙陋，乃依骚人《九歌》作《竹枝》新词九章，教里中儿歌之，由是盛于贞元、元和之间。"武

陵：唐朗州曾改名武陵郡。　⑩澡濯用之：洗涤然后用之。喻改正错误后起用。　⑪南省郎：尚书省的属官。因在大明宫之南，故称。《玄都观看花君子》：《文苑英华》卷二二六《元和十年自朗州承诏至京戏赠看花诸君子》云："紫陌红尘拂面来，无人不道看花回。玄都观里桃千树，尽是刘郎别（集作'去'）后栽。"播州：今贵州遵义。　⑫裴度（765—839）：唐河东闻喜（今属山西）人，时任御史中丞。连州：今广东连州、阳山一带。夔州：今重庆奉节、云阳、巫山一带。　⑬和州：今安徽和县、含山一带。主客郎中：礼部主客司（掌藩国朝聘等）的长官。　⑭玄都：玄都观。在唐长安城南崇业坊（今陕西西安市南门外）。咏诗：即《再游玄都观绝句》："百亩庭中半是苔，桃花净尽菜花开。种桃道士归何处？前度刘郎今独来。"见《文苑英华》卷二二六。兔葵：葵菜，俗名木耳菜。　⑮翰林学士：学士院的成员，掌起草机密诏令等。分司东都：分在洛阳任职。太子宾客：侍奉太子的官，掌侍从、规谏等。　⑯检校礼部尚书：礼部（掌典礼、科举等）的长官。属加官性质，地位高于本官。　⑰放：犹任性。平：谓平静。　⑱"诗豪"等语：见白居易为《刘白唱和集》所作序。刘禹锡《答白乐天》云："莫道桑榆晚，为霞尚满天。"其豪致可见一斑。

136　孟　郊①

郊字东野，洛阳人②。初隐嵩山，称处士。性介，不谐合，韩愈一见为忘形交③，与唱和于诗酒间。贞元十二年李程榜进士，时年五十矣，调溧阳尉④。县有投金濑、平陵城⑤，林薄蓊蘙，下有积水。郊间往坐水傍，命酒挥琴，裴回赋诗终日，而曹务多废。县令白府，以假尉代之，分其半俸。辞官家居。李翱分司洛中，日与谈宴，荐于兴元节度使郑余庆，遂奏为参谋，试大理平事⑥，卒。余庆给钱数万营葬，仍赡其妻子者累年。张籍谥为贞曜先生⑦，门人远赴心丧。郊拙于生事，一贫彻骨，裘褐悬结，未尝俯眉为可怜之色。然好义者更遗之。工诗，大有理致，韩吏部极称之⑧。多伤不遇。年迈家空，思苦奇涩，读之每令人不欢，如"借车载家具，家具少于车"；如《谢炭》云"吹霞弄日光不定，暖得曲身成直身"；如"愁人独有夜烛见，一纸乡书泪滴穿"；如《下第》云"弃置复弃置，情如刀剑伤"之类⑨，皆哀怨清切，穷入冥搜。其《初登第吟》曰："昔日龌龊不足嗟，今朝旷荡恩无涯⑩。春风得意马蹄疾，一日看尽长安花。"当时议者，亦见其气度窘促，卒漂沦薄宦，诗谶信有之矣。天实为之，谓之何哉！李观论其诗曰："高处在古无上，平处下顾二谢"云⑪。时陆长源工诗⑫，相与来往，篇什稍多，亦佳作也。有《咸池集》十卷，行于世。

[校注]

①孟郊（751—814）：唐湖州武康（今浙江德清）人。《全唐诗》卷三七二至三八一收其诗。　②洛阳：疑有误。　③韩愈（768—824）：唐河内河阳（今河南孟州）人。　④贞元十二年：公元796年。郊是年四十六岁，谓"时年五十"，盖就其大数言之。李程（约765—约841）：唐陇西（今甘肃陇西、定西一带）人。贞元中，为监察御史，充翰林学士；元和中，知制诰，拜礼部侍郎；敬宗时，以吏部侍郎同平章事。溧阳：在今江苏省西南部。　⑤投金濑：即溧水，一名濑水，在今江苏溧阳市西

北。相传为春秋伍子胥乞食投金处，故名。平陵城：东晋分永世县置平陵县，南朝宋省。故址在今江苏溧阳市西北。 ⑥李翱（772—841）：唐陇西成纪（今甘肃秦安东）人，官至山南东道节度使。兴元：在今陕西汉中市，唐为山南西道治所。郑余庆：唐荥阳（今属河南）人，德宗时任中书侍郎、同中书门下平章事。试大理平事：大理寺（掌刑狱的官署）的属官。此官职比孟郊原来的品阶要高二品，故云"试……"。 ⑦张籍（约767—约830）：唐吴郡（今江苏苏州一带）人，官至国子司业。

⑧韩吏部：韩愈，曾任吏部侍郎。韩愈《荐士诗》云："有穷者孟郊，受材实雄骜。冥观洞古今，象外逐幽好。横空盘硬语，妥帖力排奡。敷柔肆纡余，奋猛卷海潦。" ⑨《下第》：《全唐诗》卷三七四题为《落第》。 ⑩《初登第吟》：《全唐诗》卷三七四题为《登科后》，首二句作："昔日龌龊不足夸，今朝放荡思无涯。" ⑪李观（766—794）：唐陇西（今属甘肃）人，字元宾，官太子校书郎。《全唐诗》卷三一九谓系赵州人。"高处"二句：李观《与梁肃书》云："郊之五言诗，其有高处，在古无上；其有平处，下顾两谢。"见《全唐诗话》卷二。二谢，指南朝宋诗人谢灵运及南朝齐诗人谢朓。 ⑫陆长源：唐吴县（今属江苏）人，赡于文学，贞元中，为宣武节度司马，总留后事。《全唐诗》卷二七五收其诗三首。

137 戴叔伦①

叔伦，字幼公，润州金坛人。师事萧颖士为门生②。赋性温雅，善举止，能清谈，无贤不肖，相接尽心。工诗。贞元十六年陈权榜进士③。尝在租庸幕下数年，夕惕匪怠④。吏部尚书刘公与祠部员外郎张继书访选材，日揖宾客，叔伦投刺，一见称契⑤，遂就荐。累迁抚州刺史，政议龚、黄，民乐其治，圜扉寂然，鞫为茂草，诏书褒美，封谯郡男，加金紫⑥。后迁容管经略使，威名益振，治亦清明，仁恕多方，所至称最⑦。德宗赋《中和节》诗，遣使者宠赐，世以为荣。还，上表请为道士，未几，卒。叔伦初以淮、汴寇乱，鱼肉江上，携亲族避地米鄱阳，肄业勤苦，志乐清虚，闭门却扫，与处士张众甫、朱放素厚⑧。范、张之期，曾不虚月⑨。诗兴悠远，每作惊人。有述稿十卷，今传于世。

[校注]

①戴叔伦（732—789）：唐金坛（今属江苏）人。《全唐诗》卷二七三至二七四收其诗。 ②萧颖士（708—759）：唐兰陵（今属山东）人，曾任秘书正字。 ③贞元十六年：公元800年。戴叔伦卒于贞元五年（789），登第年份恐误。 ④租庸：租庸使，掌国家财赋的官，多由宰相兼职。夕惕：勤勉谨慎。语本《易·乾》："君子终日乾乾，夕惕若厉，无咎。" ⑤刘公：刘晏，唐代宗时任吏部尚书、同平章事。张继：唐襄州（今湖北襄阳）人，代宗时官检校祠部员外郎。称契：原作"称心"。清钱熙祚云："'心'阁本作'契'。"今据改。 ⑥抚州：约当今江西抚州地区。龚、黄：西汉渤海太守龚遂与颍川太守黄霸，被视为封建社会的"循吏"，并称"龚黄"。鞫为茂草：鞫当作"鞠"。语本《诗·小雅·小弁》："踧踧周道，鞠为茂草。"此借指审讯之门长满了野草，以明其争讼之少。谯郡：唐改亳州（今安徽亳州、涡阳、蒙城一带）为谯郡。男：爵位名。金紫：金章紫绶。此指金紫光禄大夫（散官名，正三品不治

事）。　⑦容管：治今广西。经略使：设于沿边重要地区的边防军事长官。最：谓功劳最高。　⑧鄱阳：今江西鄱阳一带。肄业：修习其业。张众甫：唐肃宗、代宗时人，诗多为五言。朱放：唐襄州南阳（今属河南）人，代宗时辟为节度参谋。　⑨范、张：被视为朋友守信的典型。相传汉明帝时，汝州（今属河南）张劭与山阳（今江苏淮安）范式订交于洛阳，约定次年重阳在汝州相聚。届时张劭备鸡黍以待，迎候竟日，深夜始见范随风飘忽而至。原来范式因经商愆期，至重阳日始悟，而地隔千里，势难如约，乃自刎而死，以游魂至此相会云。

138 张仲素[①]

　　仲素，字绘之。贞元十四年李随榜进士，与李翱、吕温同年[②]。以中朝无援，不调，潜耀久之，复中博学宏辞，始任武康军从事[③]。贞元二十年，迁司勋员外郎，除翰林学士[④]。时宪宗求卢纶诗文遗草[⑤]，敕仲素编集进之。后拜中书舍人[⑥]。仲素能属文，法度严确。魏文帝有云："文以意为主，以气为辅，以词为卫。"[⑦]此言得之矣。其每词未达而意先备也[⑧]。善诗，多警句。尤精乐府，往往和在宫商，古人有未能虑者。集一卷，及《赋枢》三卷，今传。

[校注]

　　①张仲素：唐河间（今属河北）人。《全唐诗》卷三六七收其诗。②李翱（772—841）：唐陇西成纪（今甘肃秦安东）人。吕温（772—811）：唐河东（今山西永济西南）人。　③潜耀：谓名位不显而以清高

自守。武康军：今浙江湖州一带。　④司勋员外郎：吏部司勋司（主管功赏事务等）的副长官。翰林学士：学士院的成员，掌起草机密诏令等。　⑤卢纶（约742—约799）：唐河中蒲（今山西永济）人，"大历十才子"之一。　⑥中书舍人：中书省的属官，掌诏令、侍从等事。　⑦魏文帝：曹丕（187—226），三国魏的建立者。"文以"三句：曹丕《典论·论文》："文以气为主，气之清浊有体，不可力强而致。"唐杜牧《樊川文集》卷十三《答庄充书》："凡为文以意为主，以气为辅，以辞彩章句为之兵卫。"　⑧其每：清钱熙祚云："'每'当依阁本作'次'。"今按，"其每"犹言"其每每"，于义较胜，故不从。

139 吕　温[①]

温字和叔，河中人。初从陆贽治《春秋》，梁肃为文章[②]。贞元十四年李随榜及第。中宏辞。与王叔文厚善，骤迁左拾遗，除侍御史[③]。使吐蕃，留不得遣弥年[④]。温在绝域，常自悲惋。元和元年还，进户部员外郎[⑤]。与窦群、羊士谔相爱[⑥]。群为中丞，荐温为御史，宰相李吉甫持久不报[⑦]。会吉甫病，夜召术士，群等因奏之，事见群传[⑧]。上怒，贬筠州，再贬道州刺史，诏徙衡州[⑨]，卒官所。温藻翰精赡，一时流辈咸推尚。性险躁谲怪而好利。今有集十卷，行于世。

[校注]

①吕温（772—811）：唐河东（今山西永济西南）人。《全唐诗》卷

三七〇、三七一收其诗。　②陆贽（754—805）：唐苏州嘉兴（今浙江嘉兴）人，德宗时任中书侍郎、同平章事。梁肃（753—793）：唐安定（今甘肃泾川）人，其文得独孤及传授，崇尚古朴。　③王叔文（753—806）：唐越州山阴（今浙江绍兴）人，德宗时侍读东宫，顺宗时任翰林学士。左拾遗：门下省的属官，掌供奉、讽谏之事。侍御史：御史台的成员，位在御史中丞之下。　④吐蕃（bō）：我国古代藏族所建立的地方政权，在今西藏自治区。　⑤户部员外郎：户部（掌土地、户口、赋税等）第一司的副长官。　⑥窦群（760—814）：唐宪宗时任御史中丞。羊士谔：唐泰山（今山东泰安）人，宪宗时任监察御史。　⑦荐温为御史：《全唐诗》卷三七〇作"荐温知杂事，士谔为御史"，当从之。李吉甫（758—814）：唐赵郡（今河北赵州）人。　⑧术士：占卜星相之士。群传：见本书卷四《窦群》。　⑨筠（jūn）州：今四川筠连一带。道州：今湖南道县、宁远一带。衡州：约当今湖南衡阳。

140　张　籍①

　　籍字文昌，和州乌江人也。贞元十五年封孟绅榜及第②。授秘书郎，历太祝，除水部员外郎③。初至长安，谒韩愈，一会如平生欢，才名相许，论心结契。愈力荐，为国子博士。然性狷直，多所责讽于愈，愈亦不忌之。时朝野名士皆与游，如王建、贾岛、于鹄、孟郊诸公集中④，多所赠答，情爱深厚。皆别家千里，游宦四方，瘦马羸童，青衫乌帽，故每邂逅于风尘，必多殷勤之思，衔杯命素，又况于同志者乎？声调相似，况味颇同。公于乐府古风，与王司马自成机轴⑤，绝世独立。自李、杜之后，风雅道丧，至元和中，暨元、白歌诗，为海内宗匠，谓之"元和体"，病格稍振，无愧洪河砥柱也⑥。乐天赠诗曰："张公何为者？业文三十春。尤工乐府词，举代少其伦。"⑦仕终国子司业⑧。有集七卷，传于世。

[校注]

①张籍（约767—约830），唐吴郡（今江苏苏州一带）人，少时侨寓和州乌江（今安徽和县乌江镇）。《全唐诗》卷三八二至三八六收其诗。

②封孟绅：唐代宗、德宗时人，官终太常卿。 ③秘书郎：掌理典籍的官。太祝：太常寺的属官，九品秩，掌出纳神主，祭祀时跪读祝文，故称。水部员外郎：工部属司的副长官，掌有关水道的政令。白居易《喜张十八博士除水部员外郎》诗云："老何殁后吟诗绝，虽有郎官不爱诗。今日闻君除水部，喜于身得省郎时。" ④王建（约767—约830）：唐颍川（今河南许昌）人。贾岛（779—843）：唐范阳（今河北涿州）人。于鹄：唐德宗时人。孟郊（751—814）：唐湖州武康（今浙江德清）人。

⑤王司马：王建晚年任陕州司马，故称。 ⑥元和体：指元稹、白居易的诗风。元和，唐宪宗年号（806—820）。洪河：指黄河。 ⑦乐天：白居易，字乐天。"张公"四句：见《白居易集》卷一《读张籍古乐府》诗，张公作"张君"，"乐府词"作"乐府诗"。 ⑧国子司业：国子监的佐官。

141 雍裕之①

裕之，蜀人。有诗名。贞元后，数举进士不第，飘零四方②。

为乐府，极有情致③。集一卷，今传。

[校注]

①雍裕之：唐蜀郡（今四川中部）人。《全唐诗》卷四七一收其诗。
②飘零：清钱熙祚云："'零'阁本作'蓬'。" ③"为乐府"二句：《全唐诗话》卷四引其《春晦送客》云："野酌乱无巡，送君兼送春。明年春色至，莫作未归人。"《唐诗纪事》卷五十二引其《自君之出矣》云："自君之出矣，宝镜为谁明？思君如陇水，长闻呜咽声。"情致所在，可见一斑。

142 权德舆①

德舆，字载之，秦州人②。未冠，以文章称诸儒间。韩洄黜陟河南③，辟置幕府。复从江西观察使李兼府为判官④。德宗闻其材，召为太常博士，改左补阙⑤。中间累上书直言，迁起居舍人⑥。贞元十五年，知制诰⑦，进中书舍人。宪宗初，历兵部侍郎、太子宾客⑧。以陈说谋略多中，元和五年自太常卿拜礼部尚书、同中书门下平章事⑨。德舆善辨论，开陈古今，觉悟人主。为辅相，尚宽，不甚察察。封扶风郡公⑩。德舆能赋诗，工古调乐府，极多情致，积思经术，无不贯综。手不释卷，虽动止无外饰⑪。其蕴藉风流，自然可慕。贞元、元和间，为荐绅羽仪⑫。有文集，今传，杨嗣复为序⑬。

[校注]

①权德舆（759—818）：唐天水略阳（今甘肃秦安东南）人。《全唐

诗》卷三二〇至三二九收其诗。 ②秦州：约当今甘肃东南部。 ③韩洄：唐长安（今陕西西安）人，德宗时擢户部侍郎。黜陟河南：任河南（今河南洛阳一带）黜陟使（司考核吏治、察访民情等）。 ④江西：江南西道，约当今江西、湖南两省。观察使："道"的行政长官，掌考察所辖州县官吏的政绩等。李兼：《全唐诗》卷八七三收其《题洛阳县壁》一首。判官：地方长官的佐吏。 ⑤太常博士：太常寺（掌宗庙礼仪的官署）的属官。左补阙：门下省的属官，掌进谏、荐举等。 ⑥起居舍人：中书省的属官，掌修记言之史。 ⑦知制诰：主持起草诏令并审阅判行。 ⑧太子宾客：侍奉太子的官，掌调护、侍从、规谏等。 ⑨太常卿：太常寺的长官。 ⑩扶风郡：今陕西凤翔一带。公：爵位名，在"侯"之上。 ⑪"虽动"句：宋计有功《唐诗纪事》卷三十一作："其文雅正赡缛，动止无外饰。" ⑫荐绅羽仪：高级官员的表率。 ⑬杨嗣复：字继之，杨於陵之子。贞元进士，文宗时任户部侍郎、同中书门下平章事。

143 长孙佐辅①

佐辅，朔方人。举进士下第，放怀不羁。弟公辅，贞元间为吉州刺史②，遂往依焉。后卒不宦，隐居以求志。然风流蕴藉，一代名儒。诗格词情，繁缛不杂，卓然有英迈之气。每见其拟古乐府数篇③，极怨慕伤感之心，如水中月，如镜中相，言可尽而理无穷也。集今传。

[校注]

①长孙佐辅：唐朔方（约当今宁夏灵武）人。《全唐诗》卷四六九收

其诗十七首。　②吉州：约当今江西吉安。　③拟古乐府：宋计有功《唐诗纪事》卷四十引其《拟古咏河边枯树》云："野人烧枝水洗根，数围孤树半心存。应是无机承雨露，却将春色寄苔痕。"又《别友人》云："愁多不忍醒时别，想极还寻静处行。谁遣同衾又分手，不如行路本无情。"

144 杨　衡①

衡字中师，雩人②。天宝间避地西来，与符载、李群、李渤同隐庐山，结草堂于五老峰下③，号"山中四友"。日以琴酒寓意，雪月遣怀。衡诗工苦于声韵奇拔，非常格敢窥其涯涘。尝吟罢自赏其作，抵掌大笑长谣曰："一一鹤声飞上天！"④谓其响彻如此，人亦叹伏。试大理评事⑤。往来多山僧道士，为方外之期⑥。诗一卷，今传于世。

[校注]

①杨衡：唐吴兴（今浙江湖州一带）人。　②中师：通作"仲师"。雩（zhà）：雩溪，在浙江湖州市。　③符载（？—约813）：唐蜀郡（今四川中部）人，初隐庐山，后辟西川掌书记，加授监察御史。李群：唐合肥人，曾任郎中。见五代王定保《唐摭言》卷二《争解元》。李渤：唐洛阳（今属河南）人，穆宗时历谏议大夫。五老峰：在江西庐山东南部。　④抵（zhǐ）掌：击掌。一一鹤声飞上天：《全唐诗话》卷四云："杨衡，初隐庐山，有盗其文登第者，衡因诣阙，亦登第。见其人，盛怒曰：

'"一一鹤声飞上天"在否?'答曰:'此句知兄最惜,不敢偷。'衡笑曰:'犹可恕也。'"宋魏泰《临汉隐居诗话》:"人岂不自知耶?及自爱其文章,乃最大缪,何也?……杨衡自爱其句云'一一鹤声飞上天',此尤可笑也。" ⑤试大理评事:大理寺(掌刑狱的官署)的属官。此官职比杨衡原来的品阶要高二品,故云"试……"。 ⑥方外:超脱于世俗礼教之外。

卷六

145 白居易①

居易，字乐天，太原、下邽人。弱冠名未振，观光上国，谒顾况②。况，吴人，恃才少所推可，因谑之曰："长安百物皆贵，居大不易！"及览诗卷，至"离离原上草，一岁一枯荣。野火烧不尽，春风吹又生③"，乃叹曰："有句如此，居天下亦不难。老夫前言戏之耳④。"贞元十六年中书舍人高郢下进士、拔萃皆中⑤，补校书郎。元和元年，作乐府及诗百余篇，规讽时事，流闻禁中，上悦之。召拜翰林学士，历左拾遗。时盗杀宰相⑥，京师汹汹。居易首上疏，请亟捕贼。权臣有嫌其出位，怒之⑦。俄有言居易母堕井死而赋《新井篇》，言既浮华，行不可用，贬江州司马⑧。初以勋庸暴露不宜，实无他肠，怫怒奸党，遂失志⑨。亦能顺所遇，托浮屠死生说⑩，忘形骸者。久之，转中书舍人，知制诰。河朔乱，兵出无功，又言事不见听，乞外除为杭州刺史⑪。文宗立，召迁刑部侍郎。会昌初，致仕，卒。居易屡以忠鲠遭摈，乃放纵诗酒。既复用，又皆幼君，仕情顿尔索寞。卜居履道里，与香山僧如满等结净社，疏沼种树，构石楼，凿八节滩，为游赏之乐，茶铛酒杓不相离，尝科头箕踞⑫，谈禅咏古，晏如也。自号"醉吟先生"，作传。酷好佛，亦经月不荤，称"香山居士"。与胡杲、吉皎、郑据、刘真、卢贞、张浑、如满、李文爽燕集，皆高年不仕，日相招致，时人慕之，绘《九老图》⑬。公诗以六义为主⑭，不尚艰难。每成篇，必令其家老妪读之，问解则录。后人评白诗如山东父老课农桑，言言皆实者也。鸡林国行贾售于其国，相率篇百金，伪者即能辨之⑮。与元稹极善胶漆，音韵亦同。天下曰"元白"。元卒，与刘宾客齐名⑯，曰"刘白"云。公好神仙，自制飞云履⑰，焚香振足，如拨烟雾，冉冉生云。初来九江⑱，居庐阜峰下，作草堂烧丹，今尚存。有《白氏长庆集》七十五卷，及所撰古今事实为《六帖》⑲，及述作诗格法，欲自除其病，名《白氏金针集》三卷，并行于世。

[校注]

①白居易（772—846）：祖籍太原（今属山西），后迁居下邽（今陕西渭南北）。《全唐诗》卷四二四至四六二收其诗。　②上国：都城。顾况（约730—约806）：唐苏州海盐（今属浙江）人，曾官著作郎。　③"离离"四句：见所作《赋得古原草送别》。　④"有句"三句：《太平广记》卷一七〇引《幽闲鼓吹》作"道得个语，居即易矣"。《全唐诗话》卷二作"我谓斯文遂绝，今复得子矣，前言戏之耳"。　⑤高郢（yǐng）：唐卫州（今河南卫辉一带）人，时任礼部侍郎，始以经艺为进退。见唐元稹《白氏长庆集序》。拔萃：谓书判拔萃。按，白居易应吏部特科"书判拔萃"及第，在贞元十八年（802）。　⑥盗杀宰相：指元和十年（815），宰相武元衡早朝时，被平卢节度使李师道所遣刺客从暗中射杀一事。　⑦权臣：指王涯，时任中书侍郎、同平章事。怒之："之"字原无，据清钱熙祚校语补。　⑧江州：今江西九江一带。司马：州府的佐吏，主众曹文书。　⑨"初以"四句：白居易《与元九书》云："仆当此日，擢在翰林，身是谏官，手请谏纸，启奏之外，有可以救济人病、裨补时阙而难于指言者，辄咏歌之，欲稍稍递进闻于上。上以广宸聪，副忧

勤；次以酬恩奖，塞言责；下以复吾平生之志。岂图志未就而悔已生，言未闻而谤已成矣。"　⑩浮屠：此指佛教。　⑪"河朔乱"四句：河朔乱，指长庆二年（822），深州刺史牛元翼被幽州军士所围。《旧唐书·穆宗纪》长庆二年七月："出中书舍人白居易为杭州刺史。"　⑫履道里：在河南洛阳。《白居易集》卷六十九《池上篇》："都城风土水木之胜在东南偏。东南之胜，在履道里。里之胜，在西北隅。西闬开北垣第一第，即白氏叟乐天退老之地。地方十七亩，屋室三之一，水五之一，竹九之一，而岛树桥道间之。"如满：姓陆，号如满，居佛光寺，故又号佛光和尚，会昌二年（842）时，年九十一。见《白居易集》卷七十一《佛光和尚真赞》。真，写真，画像。八节滩：在今河南洛阳市南龙门潭一带，峭石壁立，不利舟行。会昌四年（844），白居易曾捐资开凿，以除其险。《白居易集》卷三十七有《开龙门八节石滩诗》记其事。科头：结发，不戴冠。⑬胡杲、吉皎：沪本云："'杲'原作'果'，'皎'原作'晈'，从《白氏长庆集》卷三十七改。"胡杲，唐安定（今甘肃平凉、泾川一带）人，曾任怀州司马。吉皎，唐冯翊（今陕西大荔一带）人，以卫尉卿致仕。郑据：唐荥阳（今属河南）人，曾任右龙武军长史。刘真：唐广平（今河北鸡泽、邯郸一带）人，曾任磁州刺史。卢贞：当作"卢真"。《全唐诗》收其《七老会诗》一首。时年八十三。另有河南尹卢贞，以年未七十，虽与会而不及列。见《全唐诗话》卷三。张浑：唐清河（今河北清河一带）人，曾任永州刺史。李文爽：《全唐诗话》卷三、《唐诗纪事》卷四十九并作"李元爽"，当从之。元爽为洛中遗老，时年一百三十六。《九老图》：绘于会昌五年（845）三月二十四日履道坊，与会者有胡、吉、刘、郑、卢、张、白七老及李元爽、如满；另有未满七十者二人（狄兼谟、卢贞）不在九老之列。见《全唐诗话》卷三。　⑭六义：《诗·大序》云:"故诗有六义焉,一曰风,二曰赋,三曰比,四曰兴,五曰雅,六曰颂。" ⑮"鸡林国"三句:鸡林国,古国名,在今朝鲜半岛。元稹《白氏长庆集序》云:"又鸡林贾人求市(元、白诗)颇切,自云本国宰相,每以百金换一篇,其甚伪者,宰相辄能辨别之。自篇章以来,未有如是流传之广者。" ⑯刘宾客:刘禹锡,曾任太子宾客,故称。 ⑰飞云履:以玄绫为质、素绡作云纹的一种便鞋。 ⑱九江:今属江西省。 ⑲《六帖》:即《白氏六帖》,又名《白氏经史事类六帖》,采各书之成语、典故,钩要提玄,分类编次,以供写作时参考。体例略同于《北堂书钞》。

146 元 稹①

稹字微之,河南人。九岁工属文,十五擢明经,书判入等②,补校书郎。元和初,对策第一③,拜左拾遗。数上书言利害,当路恶之,出为河南尉。后拜监察御史,按狱东川,还次敷水驿,中人仇士良夜至④,稹不让邸,仇怒击稹,败面。宰相以稹年少威轻,失宪臣体,贬江陵士曹参军,李绛等论其枉⑤。元和末,召拜膳部员外郎⑥。稹诗变体,往往宫中乐色皆诵之⑦,呼为才子。然缀属虽广,乐府专其警策也。初在江陵,与监军崔潭峻善⑧。长庆中,崔进其歌诗数千百篇,帝大悦,问:"今安在?"曰:"为南宫散郎⑨。"擢祠部郎中,知制诰,俄迁中书舍人,翰林承旨,后拜同中书门下平章事⑩,初以暇衅,举动浮薄,朝野杂笑,未几罢。然素无检,望轻,不为公议所右,除武昌节度使⑪,卒。在越时,辟窦鞏⑫。鞏工诗,日酬和,故镜湖、秦望之奇益传,时号"兰亭绝唱"⑬。微之与白乐天最密,虽骨肉未至,爱慕之情,可欺金石,千里神交,若合符契,唱和之多,毋逾二公者⑭。有《元氏长庆集》一百卷及小集十卷,今传。○夫松柏饱风霜,而后胜栋梁之任;人必劳饿空乏,而后无充诎之态⑮。誉早必气锐,气锐则志骄,志骄则敛怨。先达者未足喜,晚成者或可贺。况庆吊相望于门闾,不可测哉!人评元诗如李龟年说天宝遗事⑯,貌悴而神不伤。况凡物移人,侈俗迁性,足见其举止斐薄丰茸⑰,仍且不容胜已。至登庸成忝,贻笑于多士⑱,其来尚矣。不矜细行,终累大德。岂不闻"言行,君子之枢机,荣辱之主"邪⑲?古人不耻能治而无位,耻有位而不能治也。

[校注]

①元稹(779—831):唐河南(今河南洛阳一带)人。《全唐诗》卷三九六至四二三收其诗,谓系河南河内人。 ②书判:《资治通鉴》唐高宗总章二年"大略唐之选法,取人以身言书判"元胡三省注:"唐择人之法有四:一曰身,取其体貌丰伟;二曰言,取其言辞辩正;三曰书,取其楷法遒美;四曰判,取其文理优长。"稹于贞元十八年(802)中书判拔萃第四等。 ③对策:对皇帝所提的问题作出针对性回答。 ④东川:唐肃宗于梓潼置剑南东川节度,约辖今四川东部地。敷水驿:今为夫水镇,在陕西华阴市西。中人:指宦官。仇士良(781—843):唐循州兴宁(今广东兴宁东北)人,历任内外五坊使等。 ⑤年少威轻:旧本作"年少轻威"。清钱熙祚云:"'轻威'当依阁本乙转,作'威轻'。"今从之。江陵:约当今湖北荆州。士曹参军:州府的佐吏。李绛(764—830):唐

赵郡赞皇（今属河北）人，字深之，累拜中书侍郎、同中书门下平章事。

⑥膳部员外郎：礼部属司（掌皇帝膳馐）的副长官。 ⑦乐色：指乐妓。五代后周王仁裕《开元天宝遗事·隔障歌》："宁王宫有乐妓宠姐者，美姿色，善讴唱。" ⑧监军：武官名，与地区统帅平级，多以宦官充任。崔潭峻：《资治通鉴》唐宪宗元和九年（814）："以严绶为申、光、蔡招抚使，督诸道兵招讨吴元济，……命内常侍知省事崔潭峻监其军。" ⑨南宫散郎：指礼部所属的员外郎。 ⑩翰林承旨：即"翰林学士承旨"，为学士院的主要成员，位在诸学士之上，凡大诰令、大废置等重要政事，皆得专对。同中书门下平章事：《旧唐书·穆宗纪》长庆二年（822）二月："以工部侍郎元稹守本官、同平章事。"同年六月，即贬为同州刺史。 ⑪武昌：方镇名，约当今湖北东部及河南淮河以南、湖南洞庭湖流域和汨罗江以北之地。 ⑫越：此指"浙东道"。元稹曾任浙东观察使。窦巩（约762—821）：被元稹辟为副使。 ⑬镜湖：在今浙江绍兴会稽山北麓，相传为东汉时会稽太守马臻所修。秦望：山名，在今浙江绍兴市东南，相传秦始皇曾登此以望海，故名。兰亭：在今浙江绍兴市西南，地名兰渚，渚有亭，号兰亭，相传为历代名士聚会之所。 ⑭白乐天：白居易（772—846），字乐天。《白居易集》卷一《赠元稹》诗云："自我从宦游，七年在长安。所得唯元君，乃知定交难。……衡门相逢迎，不具带与冠。春风日高睡，秋月夜深看。不为同登科，不为同署官。所合在方寸，心源无异端。""千里"四句：相传元和四年（809），白居易兄弟送别元稹后，曾至曲江及慈恩寺一游，饮酣作诗云："花时同醉破春愁，醉折花枝作酒筹。忽忆故人天际去，计程今日到梁州。"旬日后得元稹书，知果于是日抵达，并附诗云："梦君兄弟曲江头，也到慈恩院里游。驿吏唤人排马去，忽惊身在古梁州。"详见元稹《感梦记》。 ⑮劳

饿空乏：语出《孟子·告子下》："故天将降大任于斯人也，必先苦其心志，劳其筋骨，饿其体肤，空乏其身，行拂乱其所为，所以动心忍性，曾益其所不能。"充诎：得意忘形。　⑯李龟年：唐代宫廷乐师。天宝中，宫中有梨园弟子达数百人，马仙期、李龟年、贺怀智等皆洞知律度，乐舞歌声，人间天上。安史乱后，龟年流落江南，每良辰胜景，常为人歌数阕，闻者莫不掩泣云。见唐郑处诲《明皇杂录》。　⑰尤物：指美貌的女子。语出《左传》昭公二十八年（前514）："夫有尤物，足以移人。苟非德义，则必有祸。"丰茸：丰盛茂密貌。　⑱登庸：被选拔重用。多士：文武百官。　⑲"言行"三句：《易·系辞上》："言行，君子之枢机；枢机之发，荣辱之主也。言行，君子之所以动天地也，可不慎乎？"

147　李　绅①

绅字公垂，亳州人。元和元年武翊黄榜进士，与皇甫湜同年②，补国子助教。穆宗召为翰林学士，累迁中书舍人。武宗即位，拜中书侍郎、平章事。绅为人短小精悍，于诗特有名，号"短李"。与李德裕、元稹同时③，称"三俊"。集名《追昔游》④，多纪行之作。又批答一卷，皆传。初为寿州刺史，有秀才郁浑⑤，年甫弱冠，应百篇科，绅命题试之，未昏而就，警句佳意甚多，亦有集，今传。

[校注]

①李绅（772—846）：唐无锡（今属江苏）人。亳州（今安徽亳州一带）盖其祖籍。《全唐诗》卷四八〇至四八三收其诗。　②武翊黄：《全

唐诗》卷七六八收其诗一首，谓翊黄"府选为解头，及第为状头，宏词为敕头，时谓武氏三头"云。皇甫湜（约777—约835）：唐睦州新安（今浙江淳安）人。　③李德裕（787—850）：唐赵郡（今河北赵州）人，官至宰相。元稹（779—831）：唐河南（今河南洛阳一带）人，官至宰相。　④《追昔游》：据《文苑英华》卷七一四李绅《追昔游集序》，知此集盖叹逝感时，发于凄恨而作；诗体或长句，或五言，或杂言，或歌，或乐府、齐梁，不一而足；内容乃纪其一生宦况及行踪，词有所怀，兴生于怨，故或隐或显，不常其言，冀知者于异时而已；集编于开成戊午（838）云。　⑤寿州：今安徽寿县一带。郁浑：唐武宗时人。

148　鲍　溶①

溶字德源。元和四年韦瓘榜进士②。在杨汝士一时③。与李端公益少同袍④，为尔汝交。初隐江南山中避地，家苦贫，劲气不扰，羁旅四方，登临怀昔，皆古今绝唱。过陇头古天山大阪⑤，泉水呜咽，分流四下，赋诗曰："陇头水，千古不堪闻。生归苏属国，死别李将军⑥。细响风凋草，清哀雁入云。"其警绝大概如此。古时乐府，可称独步。盖其气力宏赡，博识清度，雅正高古，众才无不备具云。卒飘蓬薄宦，客死三川⑦。有集五卷，今传。

[校注]

①鲍溶：唐宪宗时人，与韩愈、李正封、孟郊友善。《全唐诗》卷四八五至四八七收其诗。　②韦瓘：唐京兆万年（今陕西西安）人，字茂

弘。会昌末，累迁楚州刺史，终桂管观察使。　③杨汝士：唐弘农（今河南灵宝一带）人，元和四年（809）进士，曾任中书舍人、兵部侍郎等，终刑部尚书。一时：犹同时。　④李端公益：李益（748—829），唐陇西姑臧（今甘肃武威）人，曾兼任御史（唐代称御史为"端公"），故云。同袍：谓极有交情。《诗·秦风·无衣》："岂曰无衣？与子同袍。"袍，长衣，类似斗篷。　⑤陇头古天山大阪：即"陇坂"。指六盘山南侧、陇水的源头，在陕西省陇县西北。　⑥苏属国：苏武（？—前60），西汉杜陵（今陕西西安东南）人，奉使匈奴，被扣十九年始归，官典属国。李将军：李陵（？—前74），西汉陇西成纪（今甘肃秦安）人，武帝时为骑都尉，败于匈奴，投降后病死。　⑦三川：今陕西富县南，葫芦河西岸。

149 张又新①

又新，字孔昭，深州人也。初应宏辞第一，又为京兆解头，元和九年礼部侍郎韦贯之下状元及第，时号为"张三头"②。应辟为广陵从事，历补阙③。为性倾邪，谄事宰相李逢吉，为之鹰犬，名在"八关十六子"之目④。逢吉领山南节度，表为司马⑤，坐田伾事贬官。李训专政，又新复见用，后竟坐事谪远州刺史，任终左司郎中⑥。善为诗，恃才多輣藉⑦。其淫荡之行，卒见于篇。尝曰："我少年擅美名，意不欲仕宦，惟得美妻，平生足矣。"娶杨虞州女⑧，有德无色，殊怏怏。后过淮南，李绅筵上得一歌姬，与之偕老，其狂斐类此⑨。喜嗜茶，恨在陆羽后⑩；自著《煎茶水记》一卷，及诗文等行于世。

[校注]

①张又新：唐深州陆泽（今河北深州市）人。《全唐诗》卷四七九收其诗十七首。　②京兆：府名，约当今陕西咸阳、渭南两地区大部，治所在长安万年（今陕西西安）。解（jiè）头：唐代举进士例由地方解送入试，其第一名称"解头"或"解元"。韦贯之：唐京兆人。状元：唐人称第一名进士为"状元"或"状头"。张三头：谓张又新系进士状头，宏辞敕头及京兆解头。　③广陵：郡名，约当今江苏扬州。从事：州郡的佐官。补阙：中书、门下省属官，掌规谏、荐举等。　④李逢吉：唐陇西（今甘肃陇西一带）人，宪宗、穆宗时，累官门下侍郎、同中书门下平章事。八关十六子：唐敬宗时，李逢吉之党有张又新等八人，附会者又八人，皆居要职，号"八关十六子"；凡有求请者，须先赂关子，再达于逢吉，方可得所欲。　⑤山南：约当今陕南、豫西、川东北、鄂西北等地。司马：此指行军司马，为军中要职，相当于副使。　⑥李训（？—835）：唐陇西成纪（今甘肃秦安）人，官至礼部侍郎、同平章事，败于"甘露之变"。左司郎中：尚书省的属官。　⑦辚（lìn）藉：超越貌。　⑧杨虞州：名虞卿。《资治通鉴》唐文宗太和九年（835）："贬杨虞卿虔州司马。"虔州，今江西赣州。司马，州的佐官。　⑨李绅（772—846）：唐无锡（今属江苏）人，武宗时拜相，出为淮南节度使。狂斐：犹狂悖。

⑩陆羽（733—804）：唐复州竟陵（今湖北天门）人，撰有《茶经》。

150 殷尧藩①

尧藩，秀州人②。为性简静，眉目如画。工诗文，耽丘壑之趣。尝曰："吾一日不见山水，与俗人谈，便觉胸次尘土堆积，急呼浊醪浇之③，聊解秽耳！"元和九年韦贯之放榜，尧藩落第，杨尚书大为称屈料理④，因擢进士④。数年，为永乐县令⑤。一舸之官，弹琴不下堂，而人不忍欺。雍陶寄诗曰⑥："古县萧条秋景晚，昔时陶令亦如君⑦。头巾漉酒临黄菊，手板支颐向白云⑧。百里岂能容骥足，九霄终自别鸡群。相思不恨书来少，佳句多从阙下闻。"及与沈亚之、马戴为诗友⑨，赠答甚多。后仕终侍御史。尧藩初游韦应物门墙，分契莫逆。及来长沙，尚书李翱席上有舞柘枝者⑩，容语凄恻。因感而赋诗以赠曰⑪："姑苏太守青娥女⑫，流落长沙舞柘枝。满座绣衣皆不识，可怜红粉泪双垂⑬。"众客惊问之，果韦公爱姬所生女也，相与吁叹，翱即命削丹书，于宾馆中择士嫁之⑭。今有集一卷传世，皆铿锵蕴藉之作也。

[校注]

①殷尧藩：唐苏州嘉兴（今浙江嘉兴）人。辟李翱长沙幕府，加监察御史。《全唐诗》卷四九二收其诗。②秀州：五代时吴越所置，治所在嘉兴（今浙江嘉兴市）。③浊醪（láo）：浊酒。④韦贯之：唐京兆（今陕西西安一带）人。杨尚书：杨汉公，唐弘农（今河南灵宝一带）

人，累官荆南节度使，入为工部尚书。　⑤永乐：唐代有二永乐，一在今河北保定市满城区一带，一在今山西芮城县西南。　⑥雍陶：唐成都（今属四川）人，官至雅州刺史。有诗《寄永乐殷尧藩明府》，见《全唐诗》卷五一八。　⑦陶令：陶渊明（约365—427），东晋浔阳柴桑（今江西九江）人，官至彭泽令。　⑧手板：即"笏"。官吏谒见上级时所执，以备记事之用者。　⑨沈亚之：唐吴兴（今浙江湖州一带）人，曾任秘书省正字。马戴：唐华州（今属陕西）人，官终太学博士。　⑩李翱（772—841）：唐陇西成纪（今甘肃秦安东）人，累官中书舍人、山南东道节度使。柘枝：古羽调有柘枝曲，商调有屈柘枝，因以名舞。舞时有二女童，自莲花形道具中，随花瓣开放，出而对舞，帽上金铃，转动和鸣。　⑪赋诗以赠：诗题为《潭州席上赠舞柘枝妓》，见《全唐诗》卷四九二。　⑫姑苏太守：指韦应物。　⑬满座：《全唐诗》作"坐满"。红粉：《全唐诗》作"红脸"。脸，疑为"睑"之误。　⑭丹书：用朱笔书写的证件。择士：旧本作"擢士"。清钱熙祚云："'擢'阁本作'择'。"今据改。

151　清　塞①

　　清塞，字南乡，居庐岳为浮屠，客南徐亦久，后来少室、终南间②。俗姓周，名贺。工为近体诗，格调清雅，与贾岛、无可齐名③。宝历中，姚合守钱塘④，因携书投刺以丐品第，合延待甚异。见其《哭僧》诗云："冻须亡夜剃，遗偈病中书。"⑤大爱之，因加以冠巾，使复姓字⑥。时夏腊已高，荣望落落，竟往依名山诸尊宿而终⑦。诗一卷，今传。

[校注]

①清塞：唐诗僧，本名周贺，东洛（今四川广元）人。《全唐诗》卷五〇三收其诗。　②南乡：《全唐诗》作"南卿"。庐岳：庐山。浮屠：僧人。南徐：今江苏镇江市。少室：山名，在河南登封市北。终南：山名，在陕西西安市南。　③贾岛（779—843）：唐范阳（今河北涿州）人。无可：唐长安（一作范阳）人，本姓贾。　④宝历：公元825—827年。姚合（777—843）：唐陕州硖石（今属河南三门峡）人。钱塘：今浙江杭州市。　⑤《哭僧》诗：《全唐诗》题作《哭闲霄上人》。亡夜：临终之夕。偈（jì）：僧人所诵之语。　⑥冠巾：士人所戴之冠（以别于庶人所着之巾）。复：恢复。　⑦夏腊：僧龄（僧人出家的年数）。荣望：名望。落落：廓大貌。尊宿：负有众望的前辈。

152 无 可①

无可，长安人，高僧也。工诗，多为五言。初，贾岛弃俗，时同居青龙寺②，呼岛为从兄。与马戴、姚合、厉元多有酬唱③，律调谨严，属兴清越，比物以意，谓之"象外句"。如曰："听雨寒更尽，开门落叶深。"又曰："微阳下乔木，远烧入秋山。"凡此等新奇，当时翕然称尚，妙在言用而不失其名耳④。今集一卷相传。

[校注]

①无可：唐长安（一作范阳）人，本姓贾。　②贾岛（779—843）：

唐范阳（今河北涿州）人，初落拓为僧，名无本，后还俗。青龙寺：或作天仙寺。　③马戴：唐华州（今属陕西）人。姚合（777—843）：唐陕州硖石（今属河南三门峡）人，与贾岛齐名。厉元：太和二年（828）进士，官终侍御史，与姚合同时。《全唐诗》卷五一六收其诗五首，作"厉玄"。　④"妙在"句：清钱熙祚云："此句有误。"今按，"失"或当作"言"，谓时人称尚，妙在言其用而不言其名耳。

153　熊孺登①

孺登，钟陵人②。有诗名。元和中，为西川从事，与白舍人、刘宾客善③，多赠答。亦祗役湘中数年④。凡下笔，言语妙天下。如："江流如箭月如弓，行尽三湘数夜中⑤。无奈子规知向蜀，一声声似怨春风⑥。"又《经古墓》云："碑折松枯山火烧，夜台曾闭不曾朝⑦。那将逝者比流水，流水东流逢上潮。"类此极多。有集，今传。

[校注]

①熊孺登：唐宪宗时人，终藩镇从事。《全唐诗》卷四七六收其诗。　②钟陵：今江西南昌市。见《元和郡县图志》卷二十八。　③白舍人：白居易，曾任中书舍人。刘宾客：刘禹锡，曾任太子宾客。　④祗役：随从执事。　⑤三湘：泛指今洞庭湖南北、湘江流域一带。　⑥子规：指杜鹃鸟。相传古蜀帝名杜宇，亡后化为杜鹃，见《太平御览》卷一六六。按，此诗题为《湘江夜泛》，见《全唐诗》卷四七六。　⑦夜台：坟墓。曾闭：《全唐诗》作"从闭"，近是。

154 李　约①

约字存博，汧公李勉之子也②。元和中，仕为兵部员外郎。与主客员外张谂极相知③。每联枕静言④，达旦不寐。尝赠韦况曰⑤："我有心中事，不向韦郎说⑥。秋夜洛阳城，明月照张八⑦。"性清洁寡欲，一生不近粉黛，博古探奇。初，汧公海内名臣，多畜古今玩器，约愈好之，所居轩屏几案，必置古铜怪石、法书名画，皆历代所宝。坐间悉雅士，清谈终日，弹琴煮茗，心略不及尘事也⑧。尝使江南，于海门山得双峰石及绿石琴荐⑨，并为好事者传阅⑩。然亦寓意，未尝戛然寡情，豪夺吝与。复嗜茶，与陆羽、张又新论水品特详⑪。曾授客煎茶法曰："茶须缓火炙，活火煎⑫，当使汤无妄沸。始则鱼目散布，微微有声；中则四畔泉涌，累累然；终则腾波鼓浪，水气全消。此老汤之法，固须活火，香味俱真矣。"时知音者赏之。有诗集。后弃官终隐。又著《东杓引谱》一卷。今传。

[校注]

①李约：唐陇西成纪（今甘肃秦安东）人，自称"萧斋"。《全唐诗》卷三〇九收其诗十首。　②李勉：唐高祖曾孙李择言之子，封汧（qiān）国公。　③主客员外：礼部主客司的副长官，掌藩国朝聘之事。　④联枕：旧本作"单枕"。清钱熙祚云："'单'当依阁本作'联'。"今从之。按，《全唐诗话》卷二、《唐诗纪事》卷三十一并作"单床"，亦通。

⑤韦况：唐万年（今陕西西安市）人，元和中以太子左庶子致仕，卒。此诗《唐诗纪事》卷三十一题为《赠韦征君况》。　⑥韦郎：《全唐诗》作"韦三"。　⑦张八：疑即张谂。　⑧尘事：世俗之事。　⑨琴荐：琴垫子。　⑩传闷（bì）：传为秘宝。　⑪陆羽（733—804）：唐复州竟陵（今湖北天门）人，撰有《茶经》。张又新：唐深州陆泽（今河北深州市）人，撰有《煎茶水记》。　⑫活火：指炭烧有焰者。

155 沈亚之①

亚之，字下贤，吴兴人。初至长安，与李贺结交。举进士不第，为歌以送归②。元和十年侍郎崔群下进士③。泾原李彙辟为掌书记④。迁秘书省正字⑤。长庆中，补栎阳令⑥。四年，迁福建团练副使⑦。事徐晦⑧。后累迁殿中丞御史内供奉⑨。太和三年，柏耆宣慰德州，取为判官⑩。耆罢，亚之贬南康尉⑪。后终郢州掾⑫。亚之以文词得名，然狂躁贪冒，辅耆为恶，颇凭陵晚达⑬，故及于谪。常游韩吏部门，杜牧、李商隐俱有《拟沈下贤诗》⑭，盖甚为当时名辈器重云。有集九卷传世。

[校注]

①沈亚之（781—832）：唐吴兴（今浙江湖州）人。《全唐诗》卷四九三收其诗。　②举进士："进士"二字原缺，据清钱熙祚说补。为歌以送归：《李长吉歌诗》卷一有《送沈亚之歌》，序云："文人沈亚之，元和七年，以书不中第，返归于吴江。吾悲其行，无钱酒以劳，又感沈之勤

请，乃歌一解以送之。"　③崔群：唐武城（今属山东）人，累迁中书侍郎、同中书门下平章事。　④泾原：方镇名，约当今甘肃泾川至宁夏固原一带。李彙：唐柳城（今辽宁朝阳一带）人，累官泾原节度使。掌书记：节度使的属官，掌笺奏文书等。　⑤迁：旧本作"为"。清钱熙祚云："'为'，当依阁本作'迁'。"今从之。　⑥栎（yuè）阳：今属陕西西安市。　⑦团练副使：掌管本地区各州军务的副长官。　⑧徐晦：唐宪宗时人，累官至礼部尚书。　⑨殿中丞御史内供奉：当作"殿中侍御史内供奉"，在皇帝左右供职的官员。唐无"殿中丞"。唐制，殿中侍御史官阶为从七品，低于侍御史而高于监察御史。　⑩柏耆：唐魏州（今河北大名一带）人，文宗时授德州行军计会使。宣慰德州：任德州（约当今山东德州）宣慰使（掌若干郡县的军民事务的官）。判官：地方长官的僚属，司佐理政事。　⑪南康：辖今江西南康、赣州市赣县区、兴国、宁都等地以南地。　⑫郢州：今湖北钟祥、京山一带。掾：副长官。　⑬晚达：指晚年得官者。　⑭韩吏部：韩愈，曾任吏部侍郎。杜牧：唐京兆万年（今陕西西安）人。《樊川诗集》卷二《沈下贤》诗云："斯人清唱何人和？草径苔芜不可寻！一夕小敷山下梦，水如环佩月如襟。"李商隐：唐怀州河内（今河南沁阳）人。《玉谿生诗集笺注》卷三《拟沈下贤》诗云："千二百轻鸾，春衫瘦著宽。倚风行稍急，含雪语应寒。带火遗金斗，兼珠碎玉盘。河阳看花过，曾不问潘安？"

156 徐 凝[①]

凝，睦州人。元和间有诗名。方干师事之[②]。与施肩吾同里闬[③]，日亲声调。无进取之意，交眷悉激勉。始游长安，不忍自衒鬻，竟不成名。将归，以诗辞韩吏部云[④]："一生所遇惟元、白[⑤]，天下无人重布衣。欲别朱门泪先尽，白头游子白身归。"知者怜之。遂归旧隐，潜心诗酒。人间荣耀，徐山人不复贮齿颊中也。老病且贫，意泊无恼，优悠自终。集一卷，今传。○余昔经桐庐古邑，山水苍翠，严先生钓石居然无恙[⑥]。忽自星沉，千载寥邈，后之学者往往继踵芳尘，文华伟杰，义逼云天，产秀毓奇，此时为冠。至今有长吟高蹈之风，古碑石刻题名等相传不废。揽辔徬徨，不忍去之。胜地以一人兴，先贤为来者重，固当相勉而无倦也。

[校注]

①徐凝：唐睦州（今浙江省建德、桐庐一带）人。元和中，官至侍郎。《全唐诗》卷四七四收其诗。 ②方干（？—约888）：唐新定（治今浙江建德）人。 ③施肩吾：唐道士，睦州分水（今浙江桐庐西北）人。里闬（hàn）：里巷门。 ④韩吏部：指韩愈。 ⑤元、白：谓元稹、白居易。 ⑥桐庐：在今浙江省中北部。严先生：严光，东汉初会稽余姚（今属浙江）人，字子陵，曾与光武帝刘秀同学，后归隐于桐庐富春山，常垂钓于其地。钓石：指严子陵钓台，在桐庐县境。

157 裴夷直①

夷直，字礼卿，吴人。元和十年礼部侍郎崔群下进士②，仕为中书舍人。武宗立，以罪贬驩州司户③。宣宗初，为江、华二州刺史，终尚书左司员外郎、散骑常侍④。工诗，有盛名。集一卷，今传于世。

[校注]

①裴夷直：唐宪宗至宣宗时人。《全唐诗》卷五一三收其诗，谓系河东人。　②崔群：唐武城（今属山东）人。　③驩州：约当今越南义安省、河静省一带。司户：州府主管民户的属官。　④江：江州，约当今江西九江东部。华：华州，今陕西渭南市华州区、华阴市一带。尚书左司员外郎：尚书省分掌吏、户、礼三部政务的副长官。散骑常侍：在皇帝左右备顾问的官。

158 薛　涛①

涛字洪度，成都乐妓也。性辨惠，娴翰墨②。居浣花里，种菖蒲满门③。傍即东北走长安道也，往来车马留连。元和中，元微之使蜀④，密意求访；府公严司空知之⑤，遣涛往侍。微之登翰林，以诗寄之曰:"锦江滑腻峨嵋秀⑥,幻出文君与薛涛。言语巧偷鹦鹉舌,文章分得凤皇毛⑦。纷纷词客皆停笔,个个公侯欲梦刀⑧。别后相思隔烟水,菖蒲花发五云高⑨。"及武元衡入相⑩,奏授校书郎。蜀人呼妓为"校书",自涛始也。后胡曾赠诗曰⑪:"万里桥边女校书,枇杷树下闭门居⑫。扫眉才子知多少⑬,管领春风总不如。"涛工为小诗,惜成都笺幅大,遂皆制狭之,人以便焉,名曰"薛涛笺"。且机警闲捷,座间谈笑风生。高骈镇蜀门日,命之佐酒⑭;行一字叶音令,且得形象曰⑮:"口似没梁斗。"答曰:"川似三条椽。"⑯公曰:"奈一条曲河?"曰:"相公为西川节度,尚用一破斗;况穷酒佐杂一旧椽⑰,何足怪哉!"其敏捷类此特多,座客赏叹。其所作诗,稍窥良匠⑱,词意不苟,情尽笔墨,翰苑崇高,辄能攀附。殊不意裙裾之下,出此异物,岂得以匪其人而弃其学哉⑲?太和中,卒。有《锦江集》五卷,今传,中多名公赠答云。

[校注]

①薛涛(约760—832):唐长安人,幼随父入蜀,后为乐妓。《全唐诗》卷八〇三收其诗,云:"韦皋镇蜀,召令侍酒赋诗,称为'女校书'。出入幕府,历事十一镇,皆以诗受知。暮年屏居浣花溪,著女冠服,好制松花小笺,时号'薛涛笺'。有《洪度集》一卷。" ②娴:旧本作"调"。据清钱熙祚校语改。 ③浣花里:在今四川成都市西南。杜甫曾客居于此。菖蒲:香草名,民间端午节多以菖蒲叶悬诸门首。 ④元微之:元稹(779—831),字微之。 ⑤府公严司空:严绶,唐华阴(今属陕西)人,宪宗时进司空,后任荆南节度使(唐以节度使为府公),故称。 ⑥锦江:岷江支流之一,在四川成都平原。峨嵋:《全唐诗》卷四

二三作"蛾眉"，盖谐音双关也。　⑦凤皇毛：即"凤毛"，喻罕有的珍品。　⑧梦刀：谓地方官吏升迁。《晋书·王濬传》："濬夜梦悬三刀于卧屋梁上，须臾又益一刀，濬惊觉，意甚恶之。主簿李毅再拜贺曰：'三刀为州字，又益一者，明府其临益州乎？'及贼张弘杀益州刺史皇甫晏，果迁濬为益州刺史。"　⑨五云：五色的瑞云。　⑩武元衡（758—815）：唐缑氏（今河南偃师市缑氏镇）人，宪宗时以门下侍郎平章事。　⑪胡曾：唐长沙人，所作《咏史诗》以通俗明快著称。　⑫万里桥：在四川成都市南锦江上。枇杷树下：指妓家所居之处。按，王建《寄蜀中薛涛校书》诗亦有此二句，"树下"作"花里"。　⑬扫眉才子：泛指才女。　⑭高骈（？—887）：唐幽州（今北京西南一带）人。按，高骈年代，与薛涛相去甚远，疑为"韦皋"之误。韦皋（745—805），唐京兆万年（今陕西西安市）人，德宗时曾任西川节度使。佐酒：陪侍饮酒。　⑮行一字叶（xié）音令：旧本作"改一字惬音令"，今据清钱熙祚校语改。形象：指人的相貌或物的形状。　⑯口似没梁斗（dǒu）："口"字形如斗而无提梁，且"口""斗"叠韵。川似三条椽："川"字形如三条椽并列，左边一条不直，"川""椽"亦叠韵。　⑰酒佐：陪侍饮酒的人。　⑱稍窥：谓尽力学习。旧本作"稍欺"，今据钱熙祚校语改。　⑲"岂得"句：旧本无"以"字，据钱熙祚说改。

159　姚　合①

合，陕州人，宰相崇之曾孙也②。以诗闻。元和十一年，李逢吉知贡举，有凤好，因拔泥涂，郑澥榜及第③。历武功主簿，富平、万年尉④。宝应中，除监察御史，迁户部员外郎，出为金、杭二州刺史⑤。后召入，拜刑户、二部郎中、谏议大夫、给事中⑥。开成间，李商隐尉宏农，以活囚忤观察使孙简⑦，将罢去。会合来代简，一见大喜，以风雅之契，即谕使还官，人雅服其义。后仕终秘书监⑧。与贾岛同时⑨，号"姚贾"，自成一法。岛难吟，有清冽之风；合易作，皆平澹之气。兴趣俱到，格调少殊，所谓方拙之奥⑩，至巧存焉。盖多历下邑，官况萧条，山县荒凉、风景凋弊之间，最工模写也。性嗜酒、爱花，颓然自放，人事生理⑪，略不介意，有达人之大观。所为诗十卷；及选集王维、祖咏等一十八人诗为《极玄集》一卷，序称维等皆"诗家射雕手"也⑫；又摭古人诗联，叙其指意，各有体要⑬，撰《诗例》一卷，今并传焉。

[校注]

①姚合（777—843）：唐陕州硖石（今属河南三门峡）人。《全唐诗》卷四九六至五〇二收其诗。　②宰相崇：姚崇（650—721），历任武则天、睿宗、玄宗朝宰相。　③李逢吉：唐陇西（今甘肃陇西一带）人，宪宗时累官同中书门下平章事。郑解：当作"郑澥"。　④武功：在陕西省中部。主簿：县的属官，主诸簿目。富平：在陕西省中部。万年：古县名，在今陕西西安市南。　⑤宝应：当为"宝历"（825—827）之误。金：金州，约当今陕西安康。按，《全唐诗》作"荆州"。　⑥谏议大夫：门下省的属官，掌侍从、规谏等。给事中：门下省的重要属官，掌驳正政令违失等。　⑦开成：公元836—840年。尉宏农：任弘（宏）农县（今河南灵宝北）尉。活囚：使死囚得以活下去。孙简：元和二年（807）进士，时任陕虢观察使（宏农属虢州）。历任京兆府司录参军、检校礼部员

外郎、荆南节度判官等职。见《白居易集》卷五十三。　⑧秘书监：秘书省的长官，领太史、著作二局。　⑨贾岛：唐范阳（今河北涿州）人。　⑩少殊：犹言稍异。方拙：犹大拙。　⑪生理：生计，谋生之道。　⑫王维（701—761）：太原祁（今属山西）人。祖咏（699—约746）：唐洛阳人。《极玄集》：今本《极玄集》收二十一人之诗九十九首。射雕手：射雕的能手。喻指身怀绝技者。　⑬体要：大体与纲要。

160 李　廓①

廓，宰相程之子也②。少有志勋业，揽辔慨然，而未肯屑就，遂困场屋中。作《下第》诗曰③："榜前潜制泪，众里独嫌身④。气味如中酒，情怀似别人⑤。"时流皆称赏，且怜之，因共推挽。元和十三年独孤樟榜进士，调司经局正字，出为鄠县令⑥。累历显宦，仕终武陵节度使⑦，政有奇绩。工诗，极绮致。与贾岛相友善。集今传世。

[校注]

①李廓：唐陇西（今甘肃陇西一带）人。《全唐诗》卷四七九收其诗十八首。　②宰相程：李程（约765—约841），唐敬宗时以吏部侍郎同平章事。　③《下第》：《全唐诗》作《落第》。　④制泪：当作"拭泪"。众里独嫌身：宋计有功《唐诗纪事》卷六十引作"众里自嫌身"。　⑤情怀似别人：按，《唐诗纪事》所引，此句下尚有四句："暖风张乐席，晴日看花尘。尽是添愁处，深居乞过春。"　⑥司经局：掌录辑四库图书的

官署,属詹事府。鄠(hù)县:今为陕西省西安市鄠邑区。 ⑦武陵:郡名,约当今湖南常德。按,《全唐诗话》及《全唐诗》并作"武宁",是。唐武宁军节度使,辖徐、泗、濠三州,治徐州。

161 章孝标^①

孝标,字道正,钱塘人。李绅镇淮东时^②,春雪,孝标参座席,有诗名。绅命札请赋,唯然,索笔一挥云^③:"六出花飞处处飘,粘窗拂砌上寒条^④。朱门到晚难盈尺^⑤,尽是三军喜气消。"李大称赏,荐于主文^⑥。元和十四年礼部侍郎庾承宣下进士及第^⑦,授校书郎。于长安将归嘉庆,先寄友人曰^⑧:"及第全胜十政官,金汤镀了出长安^⑨。马头渐入扬州郭,为报时人洗眼看。"绅适见,亟以一绝箴之曰^⑩:"假金方用真金镀,若是真金不镀金。十载长安方一第,何须空腹用高心!"孝标惭谢。伤其气宇窘急,终不大用。大和中,尝为山南道从事,试大理评事^⑪。仕终秘书正字^⑫。有集一卷传世。

[校注]

①章孝标:唐钱塘(今浙江杭州)人。《全唐诗》卷五〇六收其诗,谓系桐庐人。 ②李绅(772—846):唐无锡(今属江苏)人,武宗时拜相,出为淮南节度使。淮东:当为"淮南"之误。五代王定保《唐摭言》卷十三《敏捷》作"扬州"。扬州,唐淮南道治所设此。 ③索笔一挥:题为《淮南李相公绅席上赋春雪》,见《全唐诗》卷五〇六。 ④花飞:《全唐诗》作"飞花",较胜。拂砌:《全唐诗》作"著砌",较切。寒

条:寒风中的树枝。 ⑤到晚:《全唐诗》作"到晓"。 ⑥主文:主考官。 ⑦庾承宣:五代王定保《唐摭言》卷十五《杂记》云:"庾承宣主文,后六七年方衣金紫。时门生李石,先于内庭恩锡矣。承宣拜命之初,石以所服紫袍金鱼拜献座主。"《全唐诗》卷七九○收有庾承宣(又称"庾阁长")和李绛、白居易、刘禹锡等的联句。 ⑧嘉庆:疑为"嘉兴"之误。寄友人:《全唐诗》题作《及第后寄广陵故人》。 ⑨十政官:《唐诗纪事》作"十改官"。金汤镫了·《唐诗纪事》作"金鞍镫了",近是。 ⑩一绝:题为《答章孝标》,见《全唐诗》卷四八三。 ⑪山南道:应为"山南东道"(约当今川东北、鄂西北、豫西南之地)。试:表示现任官职比原来的品阶要高二品。大理评事:大理寺(掌刑狱的官署)的属官。 ⑫秘书正字:秘书省掌校雠典籍的官。

162 施肩吾①

肩吾,字希圣,睦州人。元和十五年卢储榜进士。登第后,谢礼部陈侍郎云②:"九重城里无亲识,八百人中独姓施③。"不待除授,即东归。张籍群公吟饯④,人皆知有仙风道骨,宁恋人间升斗耶?而少存箕、颍之情,拍浮诗酒,搴揽烟霞⑤。初读书,五行俱下,至是受真筌于仙长,遂知顺逆颠倒之法,与上中下精气神三田反覆之义⑥。以洪州西山,十二真君羽化之地,慕其真风,高蹈于此⑦。题诗曰⑧:"重重道气结成神,玉阙金堂逐日新。若数西山得道者,兼余即是十三人⑨。"早尝赋《闲居遣兴》诗一百韵,颇述初心⑩,大行于世。著《辨疑论》一卷;《西山传道》《会真》等记各一卷；述气住则神住，神住则形住，为《三住铭》一卷；及所为诗十卷，自为之序，今传。

[校注]

①施肩吾：唐道士，睦州分水（今浙江桐庐西北）人。《全唐诗》卷四九四收其诗，谓系洪州（今江西南昌）人。 ②礼部陈侍郎：陈情，时任礼部侍郎。 ③"九重"二句：此下尚有六句云："弱羽飞时攒箭险，蹇驴行处薄冰危。晴天欲照盆难反，贫女如花镜不知。却向从来受恩地，再求青律变寒枝。"见宋计有功《唐诗纪事》卷四十一。 ④张籍（约767—约830）：唐吴郡（治今江苏苏州）人。 ⑤箕、颍：谓隐居。晋皇甫谧《高士传·许由》："由于是退而耕于中岳，颍水之阳，箕山之下。"拍浮：犹言陶醉。搴揽：犹言揭取。 ⑥真筌：即"真诠"，对所奉经典的正确解释。三田：道家以人两眉间却行三寸为上丹田，心下绛宫金阙为中丹田，脐下二寸四分为下丹田。见晋葛洪《抱朴子·地真》。精气神：道家指人体内的元精、元气、元神。 ⑦西山：在今江西南昌市西。真君：道家称修仙得道之人。高蹈：隐居。 ⑧题诗：诗题为《西山静中吟》，见《全唐诗》卷四九四。 ⑨兼余即是：《全唐诗》作"连予便是"。 ⑩初心：起初的心愿。

163 袁不约①

不约，字还朴。长庆三年郑冠榜进士②。太和中，以平判入等调官③。有诗传世。

[校注]

①袁不约：唐新登（今浙江杭州富阳区）人，李固言在成都，辟为幕府，加检校侍郎。《全唐诗》卷五〇八收其诗四首。　②长庆三年：公元823年。　③太和：公元827—835年。以平判入等：谓试平判得以列入等第。调官：袁不约曾任侍郎之职。宋计有功《唐诗纪事》卷六十云："李固言在成都，则李珪郎中、郭圆员外、陈会端公、袁不约侍郎、来择书记、薛重评事皆远从公，可谓莲幕之盛。"

164 韩　湘①

湘字清夫，愈之侄孙也②。长庆三年礼部侍郎王起下进士③。落魄不羁，见趣高远，尤耽苦吟④。公勉以经学⑤，曰："湘所学，公不知耶？"因赋诗以述志云："青山云水窟，此地是吾家。后夜流琼液⑥，凌晨咀绛霞。琴弹碧玉调⑦，炉炼白朱砂。宝鼎存金虎，元田养白鸦⑧。一瓢藏世界，三尺斩妖邪⑨。解造逡巡酒⑩，能开顷刻花。有人能学我，同去看仙葩。"公笑曰："子能夺造化乎？"湘曰："此事甚易！"公为开樽，湘聚土，以盆覆之，噀水良久⑪，开碧花二朵。花片上有诗一联云："云横秦岭家何在？雪拥蓝关马不前⑫！"公甚怪异，未谕其意。曰："他日验之。"告违去⑬。未几，公以谏佛骨事谪潮州刺史⑭。一日，途中见有人冒风雪从林岭间来，视之乃湘也⑮。再拜马前曰："公忆花上之句乎？"因询其地，即蓝关,嗟叹久之,解鞍酒垆命酌,足成诗曰⑯:"一封朝奏九重天,夕贬潮阳路八千。本为圣朝除弊事,岂期衰朽送残年⑰?云横秦岭家何在?雪拥蓝关马不前!知汝远来应有意,好收吾骨瘴江边。"又赠诗曰:"人才为世古来多,如子雄文孰可过。好待功名成就日,却抽身去上烟萝⑱。"湘笑而不答,献诗别公曰:"举世都为名利醉,惟吾来向道中醒。他时定是飞升去,冲破秋空一点青!"遂别,竟不知所终。

[校注]

①韩湘:唐河内河阳(今河南孟州)人。《全唐诗》卷八六〇收其诗二首,谓系"愈之犹子"云。　②愈:韩愈(768—824),曾任吏部侍郎。　③王起(760—847):唐太原人,后家扬州。宰相王播之弟,官终山南西道节度使、同中书门下平章事。曾三典贡举,皆得人。　④"见趣"二句:旧本作"见趣必高远苦吟",据清钱熙祚校语改。　⑤公:指韩愈。　⑥琼液:道家指仙水,通指美酒。　⑦碧玉调:即碧玉歌,乐府《吴声歌曲》名。　⑧金虎:香炉上所铸的虎形金属。元田:犹玄圃,相传为神仙所居。白鸦:乌之白者,古以为瑞。　⑨一瓢:谓简单的食具。三尺:指三尺剑。　⑩解造:会酿。逡巡:须臾。　⑪噀(xùn):喷。　⑫蓝关:在今陕西省西安市蓝田县东南。　⑬告违:告别。　⑭谏佛骨事:元和十四年(819),唐宪宗派人至凤翔,拟将法门寺塔所藏之释迦文佛的指骨一节,迎入宫内供奉。韩愈认为佛骨乃朽秽之物,因上表谏诤,要求付之有司,投诸水火,用释天下之疑。　⑮途中见有人:清钱熙祚云:"阁本作'见有一人'。"从林岭间来:钱熙祚云:"阁本作'从林间而来'。"视之乃湘也:"之"字原缺,据钱熙祚校语补。　⑯酒垆:温

酒的土台子，借指酒店。足成诗：写成全诗。诗题作《左迁至蓝关示侄孙湘》。　⑰"本为"二句：《全唐诗》卷三四四"欲为圣朝除弊事，肯将衰朽惜残年"。　⑱烟萝：指修道之处。

165 韩　琮①

　　琮字成封。长庆四年李群榜进士及第②。大中中，仕至湖南观察使③。有诗名，多清新之制，锦绮不如也④。《浐水送别》云⑤："绿暗红稀出凤城⑥，暮云楼阁古今情。行人莫听宫前水，流尽年光是此声。"《骆口晚望》云⑦："秦川如画渭如丝⑧，去国还家一望时。公子王孙莫来好⑨，岭花多是断肠枝。"如此等喧满人口，余极多，皆称是。集一卷今传。

[校注]

　　①韩琮：唐穆宗至宣宗时人，初为陈许节度判官，后为中书舍人、湖南观察使。《全唐诗》卷五六五收其诗。　②李群：唐合肥人，与杨衡、符载、李渤同隐庐山，号"山中四友"。　③观察使："道"的行政长官，掌考察所辖州县官吏的政绩，亦兼理民事。　④锦绮不如也："绮"字原无，据清钱熙祚校语补。　⑤《浐水送别》：《全唐诗》题为《暮春浐水送别》（一作《暮春送客》）。浐水，在陕西蓝田县境。　⑥凤城：指都城。　⑦《骆口晚望》：《全唐诗》题为《骆谷晚望》。骆口，在陕西周至县西南，为关中、汉中间要道。　⑧秦川：指秦岭以北的平原地带。　⑨公子王孙：指贵族、官僚子弟。

166 韦楚老①

楚老,长庆四年中书舍人李宗闵下进士②,仕终国子祭酒。工诗,气既沉雄,语亦豪健。众作古乐府居多。《祖龙行》曰③:"黑云兵气射天裂,壮士朝眠梦冤结。祖龙一夜死沙丘,胡亥空随鲍鱼辙④。腐肉偷生二千里,伪书先赐扶苏死⑤。墓接骊山土未干,瑞光已向芒砀起⑥。陈胜城中鼓三下⑦,秦家天地如崩瓦。龙蛇撩乱入咸阳,少帝空随汉家马⑧!"杰制颇多,俱当刮目,今并传。

[校注]

①韦楚老:唐穆宗至文宗时人。 ②李宗闵:唐高祖五世孙,穆宗时进中书舍人,文宗时迁同平章事。 ③祖龙:指秦始皇。行:清钱熙祚云:"阁本'行'作'吟'。" ④沙丘:在今河北邢台市广宗境内。胡亥(前230—前207):秦始皇少子,时从始皇出游。公元前209—前207年在位(即秦二世),为赵高所逼而自杀。鲍鱼辙:秦始皇死于途中,从者秘不发丧,棺置辒辌车中;天热,车臭;乃载一石鲍鱼,以乱其臭云。见《史记·秦始皇本纪》。 ⑤腐肉偷生:谓秦始皇尸体已腐,仍被当作活人奉于车中。二千里:宋计有功《唐诗纪事》卷五十六作"三千里"。"伪书"句:始皇临死,有玺书拟赐长公子扶苏:"与丧会咸阳而葬。"始皇既死,中车府令赵高与少公子胡亥、丞相李斯阴将玺书内容改为:立胡亥为太子。另作伪玺书给长公子扶苏及将军蒙恬,各数以罪,皆赐死。 ⑥骊山:在陕西西安临潼区南,其北麓有秦始皇陵。芒砀(dàng):芒山

和砀山,均在安徽砀山县东南。刘邦曾隐于芒砀山泽间,传说其上常有云气(所谓瑞光)。秦始皇闻"东南有天子气",故东游以压之云。见《汉书·高帝纪上》。 ⑦陈胜(?—前208):秦末农民起义领袖。 ⑧"龙蛇"二句:谓刘邦、项羽先后入咸阳。刘邦至灞上时,秦王子婴系颈封玺而降,刘邦乃以之属吏,西入咸阳封秦府库后,仍还军于灞上。不数日而项羽引兵西屠咸阳,杀秦降王子婴,烧秦宫室,自立为西楚霸王。见《汉书·高帝纪上》。

167 张 祜①

祜字承吉,南阳人,来寓姑苏。乐高尚,称处士。骚情雅思,凡知己者悉当时英杰。然不业程文②。元和、长庆间,深为令狐文公器许③。镇天平日,自草表荐④,以诗三百首献于朝,辞略曰:"凡制五言,苞含六义,近多放诞,靡有宗师。祜久在江湖,早工篇什,研几甚苦⑤,搜象颇深,辈流所推,风格罕及。谨令缮录,诣光顺门进献,望宣付中书门下⑥。"祜至京师,属元稹号有城府⑦,偃仰内庭。上因召问祜之词藻上下,稹曰:"张祜雕虫小巧,壮夫不为。若奖激大过,恐变陛下风教。"上颔之。由是寂寞而归,为诗自悼云⑧:"贺知章口徒劳说,孟浩然身更不疑⑨。"遂客淮南。杜牧时为度支使,极相善待,有赠云⑩:"何人得似张公子,千首诗轻万户侯。"祜苦吟,妻孥每唤之,皆不应,曰:"吾方口吻生花,岂恤汝辈乎?"性爱山水,多游名寺,如杭之灵隐、天竺,苏之灵岩、楞伽,常之惠山、善权,润之甘露、招隐⑪,往往题咏唱绝。同时崔涯亦工诗，与祜齐名，颇自行放乐，或乘兴北里，每题诗倡肆，誉之则声价顿增，毁之则车马扫迹⑫。涯尚义，有侠诗云："太行岭上三尺雪⑬，崔涯袖中三尺铁。一朝若遇有心人，出门便与妻儿别。"尝共谒淮南李相⑭，祜称"钓鳌客"，李怪之曰："钓鳌以何为竿？"曰："以虹。""以何为钩？"曰："新月。""以何为饵？"曰："以短李相公也。"绅壮之，厚赠而去。晚与白乐天日相聚宴谑⑮，乐天讥以"足下新作《忆柘枝》云⑯：'鸳鸯钿带抛何处，孔雀罗衫付阿谁？'乃一问头诗耳⑰"。祜曰："鄙薄之诮是也。明公《长恨歌》曰：'上穷碧落下黄泉，两处茫茫皆不见。'又非目莲寻母邪⑱？"一座大笑。初过广陵，题曰⑲："十里长街市井连，月明桥上看神仙。人生只合扬州死，禅智山光好墓田。"大中中，果卒于丹阳隐居⑳，人以为谶云。诗一卷，今传。○卫蘧伯玉耻独为君子，令狐公其庶几㉑，元稹则不然矣。十誉不足，一毁有余。其事业浅深，于此可以观人也。尔所不知，人其舍诸㉒？稹谓祜雕虫璅璅㉓，而稹所为，有不若是耶？忌贤嫉能，迎户而噬，略己而过人者，穿窬之行也㉔。祜能以处士自终其身，声华不借钟鼎㉕，而高视当代，至今称之。不遇者，天也；不泯者，亦天也。岂若彼取容阿附，遗臭之不已者哉！

[校注]

①张祜（约785—约852后）：旧本作"张祐"，此从五代王定保《唐摭言》卷十一《荐举不捷》。宋计有功《唐诗纪事》卷五十二云："或言祜清河人。"清河，今属河北省。《全唐诗》卷五一〇至五一一收其诗。

祜之生卒年，从谭优学《唐诗人行年考》。　②程文：程式作文，科举应试之文。　③令狐文公：令狐楚（768—836），曾任河阳怀节度使，卒谥"文"。　④天平：《资治通鉴》唐宪宗元和十五年："以郓、曹、濮节度为天平军。"约当今河南濮阳至山东郓城一带之地。自草表荐：《唐摭言》及《唐诗纪事》并作"自草荐表"。　⑤研几：同"研机"。　⑥光顺门：唐宫廷正南偏西的门。《资治通鉴》唐代宗大历三年："百官迎谒于光顺门。"元胡三省注引阎本《大明宫图》："光顺门在紫宸门之西。光顺门内则明义殿、承欢殿。"按，大明宫紫宸殿为唐内廷正殿，殿南为紫宸门，紫宸门之左曰崇明门、右曰光顺门。参见《资治通鉴》唐玄宗开元二年胡注。中书门下：此指宰相的政事堂。　⑦城府：深隐难测的心机。　⑧为诗自悼：诗题为《寓怀寄苏州刘郎中》，收于《全唐诗》卷五一一："一闻周召佐明时，西望都门强策赢。天子好文才自薄，诸侯力荐命犹奇。贺知章口徒劳说，孟浩然身更不疑。唯是胜游行未遍，欲离京国尚迟迟。"　⑨贺知章（659—744）：唐越州永兴（今浙江杭州萧山区）人，官至秘书监，性旷夷，善谈说，曾荐李白于玄宗，然李白终不见用。孟浩然（689—740）：唐襄阳（今属湖北）人，以"不才明主弃，多病故人疏"之句得罪于玄宗，放还南山，潦倒以卒。　⑩度支使：掌国家财政收支的官长。有赠：《全唐诗》题为《登池州九峰楼寄张祜》（按，祜当作"祜"）。全诗云："百感中来不自由，角声孤起夕阳楼。碧山终日思无尽，芳草何年恨即（一作'始'）休。睫在眼前长（一作'犹'）不见，道非身外更何求。谁人得似张公子，千首诗轻万户侯。"　⑪灵隐：灵隐寺，在浙江杭州西湖西北灵隐山之麓，始建于东晋咸和元年（326）。天竺：天竺寺，在杭州市西、灵隐寺南面，有上、中、下三寺。灵岩：灵岩寺，在江苏省苏州市吴中区灵岩山上，春秋末吴王夫差建离宫于此。楞伽：楞伽山，在江苏苏州虎丘区西南。常：常州，约当今江苏省常州、宜兴、无锡、江阴一带。惠山：惠山寺，在江苏无锡市西郊。善权：善权洞，在江苏宜兴市西南（今作"善卷洞"）。润：润州，约当今江苏省镇江、句容一带。甘露：甘露寺，在江苏镇江市北固山上，三国吴始建。招隐：招隐寺，在江苏镇江丹徒区招隐山，相传为南朝宋戴颙隐居之所，一说梁昭明太子萧统曾在此读书。　⑫崔涯：唐吴、楚间人。《全唐诗》卷五〇五收其诗八首。北里：唐长安北门内有康平里，为妓女所居，故名。倡肆：指妓院。扫迹：谓绝迹，无人临顾之意。　⑬侠诗：《全唐诗》题为《侠士诗》。三尺雪：《全唐诗》作"二尺雪"。　⑭淮南李相：李绅（772—846），唐无锡（今属江苏）人，武宗时拜相，出为淮南节度使，故称。　⑮白乐天：白居易（772—846），字乐天。　⑯《忆柘枝》：全题为《感王将军柘枝妓殁》。全诗云："寂寞春风旧柘枝，舞人休唱曲休吹。鸳鸯钿带抛何处？孔雀罗衫付阿谁？画鼓不闻招节拍，锦靴空想挫腰肢。今来坐上偏惆怅，曾是堂前教彻时。"　⑰乃一问头诗耳：清钱熙祚云："阁本作'乃款头耳'。"今按，问头，指审问的话头；款头，义不显豁。五代王定保《唐摭言》卷十三《矛盾》正作"问头"。　⑱目莲（连）：佛教故事，谓目连为释迦牟尼十大弟子之一。母死，堕饿鬼道中。目连亲以十方威神之力入地狱救母，使脱饿鬼之苦云。见《盂兰盆经》。　⑲广陵：今江苏扬州市。题曰："题"字原无，据钱熙祚校语补。按，所题之诗，题为《纵游淮南》，见《全唐诗》卷五一一。　⑳丹阳：唐属扬州，今属江苏镇江。　㉑蘧伯玉：春秋卫大夫，名瑗。《淮南子·原道训》："蘧伯玉年五十而知四十九年非。"令狐公：指令狐楚。　㉒其：岂。　㉓㻞㻞：同"琐琐"。　㉔噬：咬。穿窬：穿壁翻墙，指窃盗行为。　㉕声华：美好的名声。钟鼎：喻显宦。

168 刘得仁①

得仁，公主之子也②。长庆间，以诗名。五言清莹，独步文场。自开成后，至大中三朝，昆弟以贵戚皆擢显仕，得仁独苦工文，尝立志，必不获科第，不愿儋人之爵也③。出入举场二十年④，竟无所成，投迹幽隐，未尝耿耿。有寄所知诗云⑤："外族帝王是，中朝亲故稀。翻令浮议者，不许九霄蜚⑥。"忧而不困，怨而不怒，哀而不伤。铿锵金玉，难合同流，而不厌于磨淬。端能确守格律，揣治声病，甘心穷苦，不汲汲于富贵。王孙公子中，千载求一人不可得也。及卒，僧栖白吊之曰⑦："思苦为诗身到此⑧，冰魂雪魄已难招。直教桂子落坟上⑨，生得一枝冤始销。"有诗一卷行于世。

[校注]

①刘得仁：唐穆宗至宣宗时人。《全唐诗》卷五四四至五四五收其诗。　②公主之子：按，刘得仁尝自述云："外家虽是帝，当路且无亲。"见五代王定保《唐摭言》卷十《海叙不遇》及宋计有功《唐诗纪事》卷五十三。　③必：如果。儋：担任。　④二十年：《唐摭言》《唐诗纪事》及《全唐诗》并作"三十年"。　⑤寄所知诗：《全唐诗》卷五四五有此诗，题为《上翰林丁学士》。　⑥浮议：无根之论。蜚：同"飞"。　⑦栖白：唐越中僧。所吊诗见《全唐诗》卷八二三《哭刘得仁》，文字略有异同。　⑧思苦：《唐摭言》作"忍苦"。　⑨直教：《唐诗纪事》作"若教"。桂子：唐人谓科举及第为"折桂"。

169 朱庆馀①

庆馀,字可久,以字行,闽中人②。宝历二年裴球榜进士及第,授秘省校书。得张水部诗旨,气平意绝,社中哲匠也③。有名当时。集一卷,今传。

[校注]

①朱庆馀:唐越州(约当今浙江绍兴)人,受知于张籍。《全唐诗》卷五一四至五一五收其诗。 ②字可久:当作"名可久"。以字行:成年后只用字而不用名。闽中人:此有误。唐人姚合有《送朱庆馀越州归觐》诗,张籍有《送朱庆馀及第归越》诗。 ③张水部:张籍(约767—约830),曾任水部员外郎。哲匠:明智且多才艺者。

170 杜 牧①

牧字牧之,京兆人也。善属文。太和二年韦筹榜进士,与厉玄同年②。初未第,来东都,时主司为侍郎崔郾,大学博士吴武陵策蹇进谒曰③:"侍郎以峻德伟望,为明君选才,仆敢不薄施尘露④。向偶见文士十数辈,扬眉抵掌,共读一卷文书,览之乃进士杜牧《阿房宫赋》。其人,王佐才也⑤。"因出卷搢笏朗诵之⑥,郾大加赏。曰："请公与状头⑦。"郾曰："已得人矣。"曰："不得，即请第五人。更否，则请以赋见还！"辞容激厉。郾曰："诸生多言牧疏旷不拘细行，然敬依所教，不敢易也。"后又举贤良方正科。沈传师表为江西团练府巡官⑧。又为牛僧孺淮南节度府掌书记⑨。拜侍御史，累迁左补阙，历黄、池、睦三州刺史，以考功郎中知制诰⑩，迁中书舍人。牧刚直有奇节，不为龊龊小谨⑪，敢论列大事，指陈利病尤切。兵法戎机，平昔尽意⑫。尝以从兄悰更历将相⑬，而己困踬不振，怏怏难平。卒年五十，临死自写墓志，多焚所为文章。诗情豪迈，语率惊人。识者以拟杜甫⑭，故呼"大杜""小杜"以别之。后人评牧诗如铜丸走坂，骏马注坡，谓圆快奋急也。牧美容姿，好歌舞，风情颇张，不能自遏。时淮南称繁盛，不减京华，且多名姬绝色，牧恣心游赏，牛相收街吏报杜书记平安帖子至盈箧⑮。牧以御史分司洛阳，时李司徒闲居，家妓为当时第一，宴朝士，以牧风宪，不敢邀，牧因遣讽李使召己⑯。既至，曰："闻有紫云者妙歌舞，孰是？"即赠诗曰⑰："华堂今日绮筵开，谁唤分司御史来？忽发狂言惊四座，两行红袖一时回。"意气闲逸，旁若无人，座客莫不称异。太和末，往湖州，目成一女子⑱，方十余岁，约以十年后"吾来典郡当纳之"，结以金币。洎周墀入相，牧上笺乞守湖州⑲。比至，已十四年，前女子从人，两抱雏矣。赋诗曰⑳："自恨寻芳去较迟，不须惆怅怨芳时。如今风摆花狼藉，绿叶成阴子满枝。"此其大概一二。凡所牵系，情见乎辞。别业在樊川㉑。有《樊川集》二十卷及注《孙子》㉒，并传。同时有严恽㉓，字子重，工诗，与牧友善，以《问春诗》得名。昔闻有集，今无之矣。牧子荀鹤㉔。

[校注]

①杜牧（803—853）：唐京兆万年（今陕西西安）人，杜佑之孙。《全唐诗》卷五二〇至五二七收其诗。　②韦筹：《文苑英华》卷七四六《原仁论》，署名"韦筹（一作牛僧孺）"。又，《册府元龟·国史部六》云："韦筹为左拾遗，开成三年八月，进书史解表共五通。"厉玄：即"厉元"。官终侍御史。　③主司：主试官。为侍郎："为"字原缺，据清钱熙祚校语补。崔郾：唐武城（今山东省西北部）人，敬宗时进中书舍人，迁礼部侍郎。大学：即"太学"。吴武陵：唐信州（约当今江西上饶）人，宪宗时任太学博士，后贬潘州司户参军。　④尘露：犹言微劳。　⑤王佐才：辅佐帝王之才。《三国志·魏书·荀彧传》："彧年少时，南阳何颙异之，曰：'王佐才也。'"　⑥搢笏：将笏版插于腰间。　⑦状头：第一名进士。　⑧沈传师：唐吴郡（今江苏苏州一带）人，沈既济之子，贞元末登第。曾任江西观察使。团练府：掌管本地区各州军务的官署。巡官：观察使或团练使的属官，位在推官之次。　⑨牛僧孺（779—847）：唐安定鹑觚（今甘肃灵台）人。掌书记：节度使的属官，掌笺奏文书等。　⑩侍御史：御史台的成员，位在御史中丞之次。左补阙：门下省的属官，掌进谏、荐举等。黄：黄州，约当今湖北黄冈。池：池州，约当今安徽池州贵池区、青阳县、东至县一带。睦：睦州，约当今浙江省桐庐、建德、淳安一带。考功郎中：礼部考功司的长官，掌官吏之考课、黜陟等。　⑪龊（chuò）龊：安分守己。《汉书·申屠嘉传》："自嘉死后，开封侯陶青、桃侯刘舍及……皆以列侯继踵，龊龊廉谨，为丞相备员而已，无所能发明功名著于世者。"　⑫平昔：往日，从来。　⑬惊

(cóng)：杜悰，历官京兆尹、淮南节度使、左仆射兼门下侍郎、同平章事、剑南东川节度使等，加太傅，卒。悰出入将相，而厚自奉养，无所荐达，时号"秃角犀"。 ⑭杜甫（712—770）：唐巩县（今属河南）人。 ⑮游赏："游"字原缺，据钱熙祚校语补。牛相：指牛僧孺，穆宗、敬宗时以户部侍郎、同中书门下平章事，出为武昌节度使；文宗时，复为相。杜书记：指杜牧，时任淮南节度府掌书记。 ⑯李司徒：指李愿，临潭（在今甘肃南部）人，李晟之子，以父勋拜太子宾客，约检校司空、河中节度。风宪：谓御史之职在于观民风，正吏治。因遣：当作"因遗人"。 ⑰紫云：姓崔。《全唐诗》卷八百云："崔紫云，尚书李愿妓也。愿在东都，时会朝士。杜牧以御史分司，轻骑径往。引满三爵，问曰：'闻有紫云者孰是？'愿指示之。牧曰：'名不虚传，宜以见惠。'复引满，高吟，旁若无人。愿遂以赠。紫云临行，献诗而别。"《全唐诗》收其《临行献李尚书》一首云："从来学制（一作'得'）斐然诗（一作'词'），不料（一作'意'）霜台御史知。忽见便教随命去，恋恩肠断出门时。"赠诗：题为《李司徒席上》。 ⑱湖州：约当今浙江省湖州、长兴、安吉、德清一带。目成：两心相悦，以目传情之意。战国楚屈原《九歌·少司命》："满堂兮美人，忽独与余兮目成。" ⑲周墀（chí）：唐汝南（今属河南省）人，字德升，武宗时，以兵部侍郎召判度支，进同中书门下平章事。牧上笺："牧"字原缺，据钱熙祚校语补。 ⑳赋诗：《全唐诗》卷五二四题作《叹花》，全诗为："自恨寻芳到已迟，往年曾见未开时。如今风摆花狼藉，绿叶成阴子满枝。"又题作《怅诗》，云："自是寻春去校迟，不须惆怅怨芳时。狂风落尽深红色，绿叶成阴子满枝。" ㉑别业在樊川："在"字原缺，据钱熙祚校语补。樊川，在长安城南樊乡。 ㉒《孙子》：即《孙子兵法》，春秋末孙武作。 ㉓严恽

(yùn)：旧本目录作"严晖"。今按，《说文》："恽，重厚也。"名与字相应，当以"严恽，字子重"为是。《唐诗纪事》卷六六、《全唐诗》卷五四六皆作"严恽"。恽，唐吴兴（今浙江湖州）人，官至太子谕德。《全唐诗》卷五四六收其《落花》一首云："春光冉冉归何处？更向花前把一杯。尽日问花花不语，为谁零落为谁开！"　㉔牧子荀鹤：此四字原无，今据钱熙祚校语补。杜荀鹤（846—904），相传为杜牧出妾之子。本书卷九有传。

卷七

171 杨 发①

发,太和四年礼部侍郎郑澣下第二人及第②。工诗,亦当时声韵之伟者。略举一篇,《宿黄花馆》云:③"孤馆萧条槐叶稀,暮蝉声隔水声微。年年为客路长在④,日日送人身未归。何处离鸿迷浦月,谁家愁妇捣寒衣⑤?夜深不卧帘犹卷,数点残萤入户飞。"俱浏亮清新,颇惊凡听。恨其出处事迹不得而知也。有诗传世尚多。

[校注]

①杨发:唐同州冯翊(今陕西大荔)人,字至之。登太和进士,又中拔萃科。累官左司郎中,历太常少卿,出为苏州刺史,擢福建观察使,后为岭南节度使,以刚严致乱,坐贬婺州刺史,卒。《全唐诗》卷五一七收其诗十三首。 ②郑澣:唐荥阳(今属河南)人,郑馀庆之子,贞元十年进士。 ③黄花:指菊花。 ④路长在:《全唐诗》作"路无尽",较胜。 ⑤何处离鸿迷浦月:《全唐诗》作"何处迷鸿离浦月"。浦月,水滨之月。捣寒衣,《全唐诗》作"捣霜衣"。

172 李 远①

远,字求古,太和五年杜陟榜进士及第②,蜀人也。少有大志,夸迈流俗③，为诗多逸气，五彩成文。早历下邑④，词名卓然。宣宗时，宰相令狐绹进奏拟远杭州刺史⑤。曰："朕闻远诗有'青山不厌千杯酒，白日惟销一局棋'，是疏放如此，岂可临郡理人？"绹曰："诗人托此以写高兴耳⑥，未必实然。"上曰："且令往观之。"至，果有治声。性简俭，嗜啖凫鸭。贵客经过，无他赠，厚者绿头一双而已⑦。后历忠、建、江三州刺史⑧，仕终御史中丞。初，牧湓城，求天宝遗物，得秦僧收杨妃袜一緉⑨，珍袭，呈诸好事者。会李群玉校书自湖湘来⑩，过九江。远厚遇之，谈笑永日。群玉话及向赋《黄陵庙》诗，动朝云暮雨之兴⑪，殊亦可怪。远曰："仆自获凌波片玉，软轻香窄，每一见，未尝不在马嵬下也⑫。"遂更相戏笑，各有赋诗。后来颇为法家所短⑬。盖多情少束，亦徒以微辞相感动耳。有诗集一卷，今传。

[校注]

①李远：唐蜀（今四川中部）人。《全唐诗》卷五一九收其诗。

②杜陟：曾任水部员外郎。见唐段成式《酉阳杂俎》前集卷十。

③夸迈：清钱熙祚云："阁本'夸'作'远'。" ④下邑：小城邑。

⑤令狐绹（802—879）：唐京兆华原（今陕西铜川耀州区）人，字子直，宣宗时累官至宰相。 ⑥高兴：高雅之兴。 ⑦绿头：指野鸭。 ⑧忠：忠州，约当今重庆忠县、垫江、丰都、石柱等地。建：建州，约当今福建南平市以上的闽江流域。江：江州，约当今江西九江东部。 ⑨湓城：今为江西九江市。杨妃（719—756）：杨太真，字玉环，初为玄宗子寿王瑁妃，后入宫事玄宗，天宝四载（745）封贵妃。緉：双（量词）。 ⑩李群玉：唐澧州（今湖南澧县一带）人，宣宗时授弘文馆校书郎。 ⑪黄

陵庙：在西陵峡中黄牛峡黄牛山麓。宋计有功《唐诗纪事》卷五十四云："黄陵庙前莎草春，黄陵女儿茜裙新。轻舟小楫唱歌去，水远天长愁杀人。群玉赋《黄陵庙诗》也，或曰李远之作。"朝云暮雨：指与神女相会。战国楚宋玉《高唐赋》："妾在巫山之阳，高丘之阻，旦为朝云，暮为行雨，朝朝暮暮，阳台之下。" ⑫凌波片玉：指杨妃之袜。马嵬：马嵬坡，在陕西兴平西。安史之乱中，杨贵妃被缢死于此。 ⑬法家：犹方家，谓精艺饱学之士。

173 李敬方①

敬方，字中虔，长庆三年郑冠榜进士。太和中，仕为歙州刺史②。后坐事左迁台州刺史③。有诗一卷传世。

[校注]

①李敬方：唐穆宗至宣宗时人。《全唐诗》卷五〇八收其诗八首。 ②歙（shè）州：约当今安徽休宁、歙县、绩溪、黟县、祁门及江西婺源等地。 ③坐事：因故。宋计有功《唐诗纪事》卷五十八录其《汴河直进船》诗云："汴水通淮利最多，生人为害亦相和。东南四十三州地，取尽脂膏是此河。"左迁或与此有关？台州：约当今浙江台州。

174 许　浑①

浑字仲晦，润州丹阳人，圉师之后也②。太和六年李珪榜进士，为当涂、太平二县令③。少苦学劳心，有清羸之疾，至是以伏枕免④。久之，起为润州司马⑤。大中三年，拜监察御史，历虞部员外郎，睦、郢二州刺史⑥。尝分司朱方，买田筑室，后抱病退居丁卯涧桥，每村舍暇日，缀录所作，因以名集⑦。浑乐林泉，亦慷慨悲歌之士，登高怀古，已见壮心，故为格调豪丽，犹强弩初张，牙浅弦急，俱无留意耳⑧。至今慕者极多，家家自谓得骊龙之照夜也⑨。早岁尝游天台，仰看瀑布，旁眺赤城，辨方广于非烟，蹑石桥于悬壁，登陟兼晨，穷览幽胜，朗诵孙绰古赋，傲然有思归之想，志存不朽，再三信宿，彷徨不能去⑩。以王事不果，有负初心。后昼梦登山，有宫阙凌虚，问，曰："此昆仑也。"少顷，远见数人方饮，招浑就坐，暮而罢。一佳人出笺求诗，未成，梦破。后吟曰："晓入瑶台露气清，庭中惟见许飞琼。尘心未断俗缘在，十里下山空月明⑪。"他日复梦至山中，佳人曰："子何题余姓名于人间？"遂改为"天风吹下步虚声⑫"，曰："善矣。"浑才思翩翩，仙子所爱，梦寐求之，一至于此。昔子建赋洛神⑬，人以徒闻虚语，以是谓迂诞不信矣。未几，遂卒。有诗二卷，今传。

[校注]

①许浑：唐润州丹阳（今属江苏）人。《全唐诗》卷五二八至五三八

收其诗。　②仲晦：《全唐诗》作"用晦"。围师：许围师，高宗时为左相，因事劾罢，官至户部尚书，卒。　③当涂、太平：今属安徽省。　④清羸：消瘦。伏枕：卧床不起。《诗·陈风·泽陂》："寤寐无为，辗转伏枕。"免：谓免官。　⑤润州：约当今江苏省镇江、句容、丹阳等地。司马：州的佐吏，主众曹文书。　⑥虞部员外郎：工部属司的副长官，掌山泽苑囿。睦：睦州，约当今浙江省桐庐、建德、淳安一带。郢：郢州，约当今湖北省钟祥、京山一带。　⑦朱方：今江苏镇江丹徒区，唐为润州治所。丁卯涧桥：唐属润州。每村舍暇日："每"字原缺，据清钱熙祚校语补。因以名集：许浑有《丁卯集》。　⑧牙：弩机上的部件之一，起控制弓弦的作用。留意：稽留之意。　⑨骊龙：《庄子·列御寇》谓深渊中有骊龙，颔下有千金之珠，得之极难。照夜：夜光之珠。得骊龙之照夜，犹言得骊龙之珠，喻深得诗文命题的精蕴。　⑩天台：山名，在浙江省东部。赤城：山名，为天台山"南门"，其土色赤，状若云霞，望之如雉堞，故名。非烟：云气。《史记·天官书》："若烟非烟，若云非云，郁郁纷纷，萧索轮囷，是谓卿云。"兼晨：连日清晨。孙绰（314—371）：字兴公，晋太原中都（今山西平遥西北）人，累官至廷尉。《文选》卷十一载其《游天台山赋》云："睹灵验而遂徂，忽乎吾之将行。仍羽人于丹丘，寻不死之福庭。苟台岭之可攀，亦何羡于层城？释域中之常恋，畅超然之高情。"盖欲羽化而登仙。信宿：连住两夜。再三信宿，意为延宕多日。去：离开。　⑪庭中惟见：《全唐诗》卷五三八作"座中唯有"。许飞琼：仙人名，传说为王母侍女。未断：《全唐诗》作"未尽"。下山：《全唐诗》云："一作'山前'。"　⑫步虚声：道士诵经之声。　⑬子建：曹植（192—232），三国魏谯（今安徽亳州）人，字子建，著有《洛神赋》等。

175 雍 陶①

陶字国钧，成都人。工于词赋。少贫，遭蜀中乱后②，播越羁旅，有诗云："贫当多病日，闲过少年时③。"太和八年陈宽榜进士及第，一时名辈，咸伟其作。然恃才傲睨，薄于亲党。其舅云安李钦之下第，归三峡，却寄陶诗云："地近衡阳虽少雁，水连巴蜀岂无鱼？"④陶得诗颇愧赧⑤，遂通问不绝。大中六年，授国子《毛诗》博士。与贾岛、殷尧藩、无可、徐凝、章孝标友善⑥，以琴樽诗翰相娱。留长安中，大中末，出刺简州⑦，时名益重。自比谢宣城、柳吴兴⑧；国初诸人⑨，书奴耳。宾至，必佯狂挫辱⑩。投贽者少得通。秀才冯道明⑪，时称机捷，因罢举请谒，给阍者曰："与太守有故。"陶倒屣，及见，呵责曰："与足下素昧平生，何故之有？"冯曰："诵公诗文，室迩人远⑫，何隔平生？"吟陶诗数联，如"立当青草人先见，行近白莲鱼未知⑬"，又"闲门客到如常病，满院花开未是贫⑭"，又"江声秋入峡，雨色夜侵楼⑮"等句。陶多其慕己，厚赠遣之。自负如此。后为雅州刺史⑯。郭外有情尽桥，乃分袂祖别之所。因送客，陶怪之，遂于上立候馆，改名折柳桥，取古乐府《折杨柳》之义，题诗曰⑰："从来只有情难尽，何事呼为情尽桥？自此改名为折柳，任他离恨一条条。"甚脍炙当时。竟辞荣，闲居庐岳，养疴傲世，与尘事日冥矣⑱。有《唐志集》五卷，今传。

[校注]

①雍陶：唐成都人。《全唐诗》卷五一八收其诗。　②蜀中乱：指文宗大和三年（829）南诏王嵯巅率众攻陷戎、巂二州及成都一事。　③"贫当"两句：题为《自述》（一作《下第》），收于《全唐诗》卷五一八："万事谁能问，一名犹未知。贫当多累日，闲过少年时。灯下和愁睡，花前带酒悲。无谋常委命，转觉命堪疑。"　④"其舅云"数句：云安，今属重庆市云阳县。李钦之，或作"刘敬之"。宋计有功《唐诗纪事》卷五十六："其舅云安刘敬之，罢举归三峡，素事篇章，责陶不寄书曰：'山近衡阳虽少雁，水连巴蜀岂无鱼？'陶得诗愧报，乃有狐首之思。"　⑤陶得诗："陶"字原无，据清钱熙祚校语补。　⑥贾岛（779—843）：唐范阳（今河北涿州）人。殷尧藩：唐苏州嘉兴（今浙江嘉兴）人。无可：唐长安（一作范阳）僧人，本姓贾。徐凝：唐睦州（今浙江省建德、桐庐一带）人。章孝标：唐钱塘（今浙江杭州）人。　⑦简州：今四川简阳一带。　⑧谢宣城：谢朓（464—499），南朝齐诗人，曾任宣城太守。柳吴兴：柳恽（465—517），南朝梁诗人，曾任吴兴太守。　⑨国初：指唐初。　⑩佯狂：旧本作"佯佯"，据钱熙祚校语改。　⑪冯道明：唐徐州（今属江苏）人。　⑫室迩人远：思之而未得见之辞。语本《诗·郑风·东门之墠（shàn）》："其室则迩，其人甚远。"　⑬"立当"二句：见所作《咏双白鹭》诗。行近，《全唐诗》作"行傍"。　⑭"闲门"二句：宋计有功《唐诗纪事》卷五十六引作："闭门客到常疑病，满院花开不似贫。"　⑮"江声"二句：《唐诗纪事》引作："江声秋入寺，雨气夜侵楼。"似较胜。　⑯雅州：约当今四川雅安。　⑰候馆：接待宾客的馆舍。《折杨柳》：古横吹曲名，《乐府诗集》收此曲二十余首，大部

为伤别之辞,尤多怀念征人之作。题诗:诗题作《题情尽桥》,见《全唐诗》卷五一八。　⑱辞荣:谓辞官。庐岳:指江西庐山。冥:远。

176 贾　驰①

驰,太和九年郑确榜进士。初负才质,蹭蹬名场②。来往公卿间,担簦蹑屩③,莫伸其志。尝入关赋诗云④:"河上微风来,关头树初湿。今朝关城吏,又见孤客入。上国谁与期,西来徒自急。"主司得闻⑤,有怜才之意,遂放第。不甚显宦。诗文俱得美声。后来文士集中,多称贾先辈⑥,其名誉为时所重云。有集传世。

[校注]

①贾驰:唐文宗时人。《全唐诗》卷七二六收其诗二首,谓与曹邺同时。　②蹭蹬(cèng dèng):遭受挫折。名场:科举考试之所。　③担簦(dēng):撑著伞(有柄的笠)。蹑屩(juē):穿草鞋。　④入关赋诗:《全唐诗》题作《秋入关》。　⑤主司得闻:清钱熙祚云:"阁本作'主司闻之'。"主司,指主考官。　⑥先辈:进士间敬称。唐李肇《唐国史补》下:"得第谓之前进士,互相推敬,谓之先辈。"

177 伍　乔①

乔,少隐居庐山读书,工为诗,与杜牧之同时擢第②。初,乔与张泊少友善③，泊仕为翰林学士，眷宠优异。乔时任歙州司马④，自伤不调，作诗寄泊，戒去仆曰："俟张游宴，即投之。"泊得缄云⑤："不知何处好销忧？公退携樽即上楼⑥。职事久参侯伯幕，梦魂长达帝王州⑦。黄山向晚盈轩翠，黟水含春绕郡流⑧。遥想玉堂多暇日⑨，花时谁伴出城游？"泊动容久之，为言于上，召还为考功员外郎⑩，卒官。今有诗二十余篇传于世。

[校注]

①伍乔：五代南唐庐江（今安徽合肥庐江及六安、巢湖一带）人。《全唐诗》卷七四四收其诗。　②杜牧之：杜牧（803—853），字牧之，唐京兆万年（今陕西西安）人。按，伍乔既为南唐人，且与张泊友善，则与杜牧之同时擢第，殆不可能！此处当有误。　③张泊（933—996）：五代时滁州全椒（今属安徽）人，仕南唐，累迁礼部员外郎，知制诰；归宋，累官给事中，参知政事。　④歙（shè）州：约当今安徽省徽州区一带。司马：州的佐吏，主众曹文书。　⑤得缄：《全唐诗》题为《寄张学士泊》。　⑥携樽：《全唐诗》作"携壶"。　⑦侯伯：五等爵的第二等、第三等，此处即以指张泊。长达：《全唐诗》作"长远"，是。　⑧黟（yī）水：新安江的上游，源出安徽黟县，故名。绕郡流：《全唐诗》作"绕槛流"，似较切。　⑨玉堂：唐代称翰林院为"玉堂"，此处借指翰林学士张泊。　⑩考功员外郎：吏部考功司的副长官，掌官吏之考课、黜陟等。按，伍乔又曾任户部员外郎。夏承焘《唐宋词人年谱·南唐二主》宋开宝八年（975）引陆游《南唐书·本纪三》："命户部员外郎伍乔知贡举，放进士孙确等二十八人及第。"

178 陈上美①

上美,开成元年礼部侍郎高锴放榜第二人登科②。以诗鸣当时,间作悉佳制。论其骨格本峭,但少气耳。有集,今传。〇夫矻矻穷经,志在死而不亡者,天道良难,无固必也③。或称硕儒,而名偶身丧;或乃颓然,而青编不削④。又若以位高金多,心广体胖,而富贵骄人,文称功业黯黯,则未若腐草之有萤也⑤。今群居论古终日,其人既远,骨已朽矣,幸而照灼简牍,未必皆扬雄、班、马之流耳⑥。于兹传中⑦,族匪闻望,官不隆重,俱以一咏争长岁月者亦多,岂曰小道而忽之?设有白璧,入地不满尺,出土无肤寸,虽卞和憧憧往来其间⑧,不失者亦鲜矣。幸不幸之谓也。

[校注]

①陈上美:唐文宗至宣宗时人。《全唐诗》卷五四二收其诗一首。 ②开成元年:《全唐诗》作"开成二年"。高锴:开成初权知贡举,任礼部侍郎,官终鄂岳观察使。 ③无固必:勿故步自封,勿主观武断。 ④名偶身丧:谓其名与身俱亡。青编不削:谓其事载于史册。 ⑤腐草之有萤:《礼·月令》:"腐草为萤。" ⑥扬雄:西汉辞赋家。班、马:班固,东汉史学家、文学家;司马迁,西汉史学家、文学家和思想家。 ⑦兹传:指《唐才子传》。 ⑧卞和:春秋楚人,能识璞辨玉。憧(chōng)憧:心意不定貌。

179 李商隐①

商隐，字义山，怀州人也。令狐楚奇其才②，使游门下，授以文法，遇之甚厚。开成二年高锴知贡举③，楚善于锴，奖誉甚力，遂擢进士。又中拔萃，楚又奏为集贤校理④。楚出，王茂元镇河阳，素爱其才，表掌书记⑤，以子妻之。除侍御史⑥。茂元为牛李党，士流嗤谪商隐，以为诡薄无行，共排摈之⑦。来京都，久不调。更依桂林总管郑亚府为判官，后随亚谪循州⑧，三年始回。归穷于宰相绹，绹恶其忘家恩，放利偷合，从小人之辟，谢绝殊不展分⑨。重阳日，因诣厅事，留题云⑩："十年泉下无消息⑪，九日樽前有所思。"又云："郎君官重施行马，东阁无因许再窥⑫。"绹见之，恻然，乃补大学博士⑬。柳仲郢节度东川⑭，辟为判官。商隐廉介可畏，出为广州都督⑮。人或袖金以赠，商隐曰："吾自性分不可易，非畏人知也。"未几，入拜检校吏部员外郎，罢，客荥阳⑯，卒。商隐工诗，为文瑰迈奇古，辞难事隐。及从楚学，俪偶长短，而繁缛过之。每属缀，多检阅书册，左右鳞次，号"獭祭鱼"⑰。而旨能感人，人谓其横绝前后。时温庭筠、段成式各以稼致相夸，号"三十六体"⑱。后评者谓其诗如百宝流苏⑲，千丝铁网，绮密瑰妍，要非适用之具。斯言信哉！初得大名，薄游长安，尚希识面，因投宿逆旅，有众客方酣饮，赋《木兰花》诗就，呼与坐，不知为商隐也。后成一篇云⑳："洞庭波冷晓侵云，日日征帆送远人。几度木兰船上望㉑，不知元是此花身。"客问姓名，大惊称罪。时白乐天老退，极喜商隐文章，曰："我死后，得为尔儿足矣。"白死数年，生子，遂以"白老"名之；既长，殊鄙钝。温飞卿戏曰："以尔为侍郎后身㉒，不亦忝乎？"后更生子，名衮师，聪俊。商隐诗云："衮师我娇儿，英秀乃无匹㉓。"此或其后身也。商隐文自成一格，后学者重之，谓"西昆体"也㉔。有《樊南甲集》二十卷，《乙集》二十卷，《玉溪生诗》三卷。初，自号"玉溪子"。又赋一卷，文一卷，并传于世。

[校注]

①李商隐（约813—约858）：唐怀州河内（今河南沁阳）人。《全唐诗》卷五三九至五四一收其诗。 ②令狐楚（768—836）：官至中书侍郎、同平章事。 ③高锴：时任礼部侍郎。 ④拔萃：唐制，选官有一定程序，期限未满，试判三条合格入官者，为拔萃。集贤校理：集贤殿书院的属官，掌皇家藏书的校勘、整理。 ⑤王茂元（？—843）：唐濮阳（今属河南）人，曾任河阳节度使。河阳：旧本作"兴元"。清钱熙祚云："阁本作'河阳'，与《新唐书》合。"今据改。按，德宗时置河阳三城节度使，治今河南孟州市南。掌书记：节度使的属官，掌笺奏文书等。 ⑥侍御史：御史台的成员，位在御史中丞之次。 ⑦茂元为牛李党：按，此处有误。唐穆宗至宣宗时，有以牛僧孺、李宗闵为首和以李德裕为首的朋党之争，史称"牛李党争"。《旧唐书》谓"李德裕厚遇王茂元"，《新唐书》谓"茂元善李德裕"，则茂元殆不可能为"牛党"。清钱熙祚云："阁本此处作'茂元为李德裕党'。"宜可从。"士流嗤谪商隐"三句：李商隐初为令狐楚所重（令狐属牛党），后又入王茂元幕下（茂元为李党），

并做了王的女婿,从而触犯了朋党的戒律,故为诸人所忌恨。 ⑧郑亚:唐荥阳(今属河南)人,属李德裕党,曾任桂管观察使。循州:约当今广东惠州市惠阳区。 ⑨归穷于宰相绹:沪本云:"'于'字上有缺文。"今按,无缺文亦通。绹,指令狐绹,令狐楚之子,宣宗时任宰相。放利偷合:投机苟且。沪本云:"'放'原作'做',从《唐书》改。"展分:谓礼答。 ⑩厅事:此指令狐绹的居处。留题:《玉谿生诗集》卷二题为《九日》,共八句。 ⑪十年泉下:谓令狐楚去世已逾十年。 ⑫郎君:指令狐绹。官重:时令狐绹任翰林学士承旨,职掌机要,故云。行马:官署前设置的挡众木(使他人不得入内)。"东阁"句:东阁,指宰相招致贤才之所。李商隐曾在令狐楚手下做官,而今无因再入东阁,故云。许再窥,《玉谿生诗集》作"再得窥"。 ⑬大学博士:太学博士,太学(高等学府)的教授官。 ⑭柳仲郢:唐华原(今陕西铜川市耀州区)人。东川:旧本作"中州"。清钱熙祚云:"当依阁本作'东川'。"今从之。东川,即剑南东川,约当今四川绵阳。 ⑮都督:州的军政长官。 ⑯检校吏部员外郎:加衔的吏部属司副长官。荥阳:今属河南省。 ⑰獭祭鱼:獭性贪,常捕鱼列于水边,如陈物而祭,号祭鱼。语出《礼记·月令》:"(孟春之月)鱼上冰,獭祭鱼。"此指广用典故以成文。 ⑱温庭筠(约812—866):唐太原(今属山西)人,官国子助教。段成式(约803—863):唐临淄(今山东淄博市)人,官至太常少卿。《全唐诗》卷五八四谓系河南人。三十六体:相传李、温、段三人皆擅骈体文,皆排行第十六,故称。《旧唐书·李商隐传》:"与太原温庭筠、南郡段成式齐名,时号三十六。" ⑲流苏:以五彩羽毛或丝线制成的穗子,常用作垂饰。 ⑳后成一篇:见《玉谿生诗集》卷二《木兰花》。 ㉑船上:《玉谿生诗集》作"舟上",似较胜。 ㉒侍郎:指白居易,白曾任刑部侍郎。㉓英秀：《玉谿生诗集》卷二《骄儿诗》作"美秀"。 ㉔西昆体：北宋初期形成的一种文风，专拟李商隐笔法，多用辞藻、典故。代表作家有杨亿、刘筠、钱惟演等，所作多编入《西昆酬唱集》。

180 喻凫①

凫，毗陵人。开成五年李从实榜进士，仕为乌程县令②。有诗名。晚岁变雅，凫亦风靡，专工小巧，高古之气扫地③，所畏者务陈言之是去耳。后来才子，皆称喻先辈，向慕之情足见也。同时薛莹④，亦工诗。凫诗一卷，莹诗《洞庭集》一卷，今并传。

[校注]

①喻凫：唐毗陵（今江苏常州一带）人。《全唐诗》卷五四三收其诗。 ②李从实：唐宗室，咸阳县尉，史馆修撰。见《新唐书·宗室世系上》。乌程：唐县名，在今浙江湖州市。 ③扫地：喻破败殆尽。 ④薛莹：唐文宗、武宗时人。《全唐诗》卷五四二收其诗十首。

181 薛逢①

逢字陶臣，蒲州人。会昌元年崔岘榜第三人进士，调万年尉②。未几，佐河中幕府③。崔铉入相，引直宏文馆④。历侍御史、尚书郎⑤。持论鲠切，以谋略高自标显。布衣中与刘瑑交，而文辞出逢下，常易瑑⑥。及当国，有荐逢知制诰者，瑑猥言先朝以两省官给事舍人治州县乃得除，逢未试州⑦，不可。乃出为巴州刺史⑧。初及第，与杨收、王铎同年⑨，而逢文艺最优。收辅政，逢有诗云："谁知金印朝天客，同是沙堤避路人⑩。"收衔之，斥为蓬、绵二州刺史⑪。及铎相，逢又赋诗云："昨日鸿毛万钧重，今朝山岳一毫轻。"铎怒。中外亦鄙逢褊傲。迁秘书监⑫，卒。逢晚年龃龉宦涂，尝策羸赴朝，值新进士榜下，缀行而出，呵殿整然⑬。见逢行李萧条，前导曰："回避新郎君⑭！"逢辗然⑮，因遣一介语之曰："报道莫贫相，阿婆三五少年时，也曾东涂西抹来。"其人辟易⑯。○逢天资本高，学力亦赡，故不甚苦思，而自有豪逸之态⑰；第长短皆率然而成⑱，未免失浅露俗；盖亦当时所尚，非离群绝俗之诣也⑲。夫道家三宝⑳，其一：不敢为天下先。前人者孰肯后之？加人者孰能受之？观逢恃才怠傲，耻在喧卑㉑，而喋喋唇齿，亦犹恶醉而强酒也。累摈远方，寸进尺退，至龙钟而自愤不已，盖祸福无不自己求者焉㉒。有诗集十卷，又别纸十三卷，赋集十四卷，今并传。

[校注]

①薛逢：唐蒲州河东（今山西永济蒲州镇）人。《全唐诗》卷五四八收其诗。　②万年：唐县名，在今陕西西安市。　③河中：约当今晋西南一带。　④崔铉：唐博州（今山东聊城一带）人，武宗时拜中书侍郎、同中书门下平章事。宏文馆：即"弘文馆"，门下省的属司，设有学士、直学士，掌校正图书、教授生徒等。　⑤尚书郎：尚书省的属官。　⑥刘瑑（zhuàn）：唐尉氏（今属河南）人，累官河东节度使、同中书门下平

章事。易：轻视。　⑦猥言：谓杂言。两省：指中书、门下两省。给事：给事中，门下省的属官，执事于殿中，备顾问应对，故名。舍人：中书舍人，中书省的属官，掌诏令、侍从等。试州：以官阶低于州刺史二品者出任州刺史，称"试州"。　⑧巴州：约当今四川巴中一带。　⑨杨收：唐冯翊（今陕西大荔一带）人，懿宗时为相，以功进尚书右仆射。王铎：唐太原人，懿宗时累官同中书门下平章事。　⑩"谁知"二句：《全唐诗》卷五四八《贺杨收作相》云："阙下幢幢车马尘，沉浮相次宦游身。须知金印朝天客，同是沙堤避路人。威凤偶时因瑞圣，应龙无水谩通神。立门不是趋时客，始向穷途学问津。"金印，相国或丞相之印。朝天客，指宰相。沙堤，供新任宰相通行的沙面大路（以免泥涂污马蹄）。　⑪蓬州：今四川仪陇一带。绵州：约当今四川绵阳。　⑫秘书监：秘书省（典司图籍的官署）的长官。　⑬呵殿：官员出行时前呼后拥的随从人员。　⑭新郎君：指新进士。　⑮辴（chǎn）然：笑貌。　⑯辟易：惊退。《史记·项羽本纪》："是时赤泉侯为骑将，追项王，项王瞋目叱之，赤泉侯人马俱惊，辟易数里。"　⑰豪逸之态：清钱熙祚云："阁本句上有'而自有'三字。"极是，今据补。　⑱长短：钱云："阁本'长'上有'第'字。"今据补。　⑲之谊也："也"字原无，据钱说补。　⑳道家三宝：《老子》六十七章："我有三宝，持而保之：一曰慈，二曰俭，三曰不敢为天下先。"　㉑喧卑：喧呼扰闹。南朝宋鲍照《鲍参军集》卷一《舞鹤赋》："去帝乡之岑寂，归人寰之喧卑。"　㉒龙钟：老态。自己求者焉：自己招来的。《左传》襄公二十三年："祸福无门，唯人所召。"

182 赵 嘏①

嘏字承祐，山阳人。会昌二年郑言榜进士②。大中中，仕为渭南尉③。一时名士大夫极称道之。卑宦颇不如意。宣宗雅知其名，因问宰相："赵嘏诗人，曾为好官否？可取其诗进来。"读其卷，首题秦诗云④："徒知六国随斤斧，莫有群儒定是非。"上不悦，事寝⑤。嘏尝早秋赋诗曰⑥："残星数点雁横塞，长笛一声人倚楼⑦。"杜牧之呼为"赵倚楼"，赏叹之也。又初有诗，落句云："早晚粗酬身事了，水边归去一闲人⑧。"仕涂屹兀⑨，岂其谶也？嘏豪迈爽达，多陪接卿相，出入馆阁⑩，如亲属然。能以书生令远近知重，所谓"一日名动京师，三日传满天下"，有自来矣。命沾仙尉，追踪梅市⑪，亦不恶耳。先，嘏家浙西，有美姬溺爱，及计偕，留侍母⑫。会中元游鹤林寺⑬，浙帅窥见，悦之，夺归。明年，嘏及第，自伤赋诗曰⑭："寂寞堂前日又曛，阳台去作不归云⑮。当时闻说沙咤利，今日青娥属使君⑯。"帅闻之，殊惨惨，遣介送姬入长安。时嘏方出关，途次横水驿，于马上相遇，姬因抱嘏痛哭，信宿而卒⑰，遂葬于横水之阳。嘏思慕不已，临终日有所见，时方四十余。今有《渭南集》；及编年诗二卷，悉取十三代史事迹，自始生至百岁，岁赋一首、二首，总得一百一十章，今并行于世。

[校注]

①赵嘏（806—852），唐山阳（今江苏淮安）人。《全唐诗》卷五四

九至五五〇收其诗。嘏之生卒年，从谭优学《唐诗人行年考》。 ②郑言：宣宗时，以左拾遗为太常博士。见宋王谠《唐语林》卷七。 ③渭南：今属陕西省。 ④秦：指秦始皇。宋计有功《唐诗纪事》卷五十六作"秦皇"，是。 ⑤寝：作罢。 ⑥早秋：一作"晚秋"。《全唐诗》卷五四九有《长安晚秋》诗。 ⑦"残星"二句：《唐诗纪事》卷五十六题作《长安秋望》，全诗云："云物凄凉拂曙流，汉家宫阙动高秋。残星几点雁横塞，长笛一声人倚楼。紫艳半开篱菊静，红衣落尽渚莲愁。鲈鱼正美不归去，空戴南冠学楚囚。" ⑧"早晚"二句：见所作《寄归》诗，收于《全唐诗》卷五四九。粗酬，作"相酬"。 ⑨屹兀：杌陧，不顺，不安定。 ⑩馆阁：指朝廷司文的官署，如弘文馆、秘阁等。 ⑪仙尉：相传汉梅福任南昌县尉，王莽时，弃家至九江，遂仙去，不知所终。见《汉书》本传。此盖以"仙尉"为赞颂之辞。梅市（fú）：即梅福。 ⑫浙西：唐浙江西道，约当今浙江杭嘉湖片区及苏南、皖南等地。"有美姬"三句：《唐诗纪事》卷五十六作："有美姬，嘏甚溺惑，洎计偕，以其母所阻，遂不携去。"计偕，赴京师应考。 ⑬中元：农历七月十五为中元节。鹤林寺：唐润州有鹤林寺，始建于晋，故址在今江苏镇江市黄鹤山下。 ⑭赋诗：题为《座上献元相公》，见《全唐诗》卷五五〇。 ⑮曛：谓落日余晖。"阳台"句：谓双方无由再晤。语本战国楚宋玉《高唐赋·序》："妾在巫山之阳，高丘之阻，旦为朝云，暮为行雨，朝朝暮暮，阳台之下。" ⑯当时：《全唐诗》作"从来"。沙吒利：唐肃宗时，韩翃美姬柳氏，为番将沙吒利所劫，后得虞候许俊之助，幸与韩复合。此以沙吒利影射浙帅。青娥：青年女子。此指赵嘏之姬。使君：指浙帅。 ⑰横水驿：今为横水镇，属河南洛阳。信宿：过了两夜。

183 薛 能①

能字太拙，汾州人。会昌六年狄慎思榜登第。大中末，书判入等，中选，补盩厔尉②。辟太原、陕虢、河阳从事③。李福镇滑台，表为观察判官④。历侍御史、都官刑部员外郎⑤。福徙帅西蜀⑥，奏以自副。咸通中，摄嘉州刺史⑦。造朝，迁主客、度支、刑部郎中，俄为同州刺史、京兆大尹⑧。出帅咸化⑨，入授工部尚书。复节度徐州，徙镇忠武⑩。广明元年，徐军戍溵水，经许⑪，能以军多怀旧惠，馆待于城中。许军惧见袭，大将周岌乘众疑怒，因为乱，逐能，据城，自称留后⑫。数日，杀能并屠其家。能治政严察，绝请谒。耽癖于诗，日赋一章为课。性喜凌人，格律卑卑，亦无甚高论⑬。尝以第一流自居，罕所拔拂⑭。时刘得仁擅雅称⑮，持诗卷造能，能以句谢云："千首如一首，卷初如卷终。"盖讥其无变体也。量人如此，非厚德君子。晚节尚浮屠，奉法惟谨⑯。资性傲忽⑰，又多佻轻忤世。及为藩镇，每易武吏。尝命其子属櫜鞬⑱，雅拜新进士。或问其故，曰："渠消弭灾咎耳。"今有集十卷，及《繁城集》一卷传焉。

[校注]

①薛能（？—880）：唐汾州（今山西汾阳一带）人。《全唐诗》卷五五八至五六一收其诗。 ②盩厔：今作"周至"，属陕西省。 ③陕虢

(guó)：陕州、虢州，约当今河南灵宝、三门峡一带。河阳：重镇名，唐置河阳三城节度使，治今河南孟州市。从事：州府长官的僚属。 ④李福：唐宗室之后，历任诸道节度使。滑台：重镇名，在今河南滑县东。表为：旧本作"表置"。清钱熙祚云："'置'依阁本作'为'。"今从之。观察判官：观察使（"道"的行政长官）的佐官。 ⑤侍御史："侍"字原无，据钱熙祚校语补。都官刑部员外郎：刑部第二司的副长官，掌俘隶簿录、给衣粮医药而理其诉免等事。 ⑥西蜀：指剑南西川，今四川成都一带。 ⑦摄：代理。嘉州：今四川乐山一带。 ⑧主客：主客郎中，礼部属司的长官，掌接待宾客等。度支：度支郎中，户部属司的长官，掌财政收支等。同州：今陕西大荔一带。京兆大尹：京兆府（约当今陕西渭南、咸阳两地）的长官。 ⑨咸化：疑当作"威化"（今北京市房山区西）。 ⑩忠武：忠武军，领陈、许、蔡等州，治今河南许昌市。 ⑪徐军：徐州之军。潋水：县名，即今河南商水县。许：许州，约当今河南许昌。 ⑫许军：许州之军。周岌：五代王定保《唐摭言》卷十五《杂记》云："薛能尚书镇彭门，时溥、刘巨容、周岌俱在麾下。未数岁，溥镇徐，巨容镇襄，岌镇许，俱假端揆。故能诗曰：'旧将已为三仆射，病身犹是六尚书。'"留后：代行节度使职务。 ⑬"格律"二句：旧本作"格律且且，亦无甚高论"。今据钱熙祚校语改。 ⑭拔拂：提拔照拂。 ⑮刘得仁：唐穆宗至宣宗时人。擅雅称：疑当作"以擅雅称"。 ⑯浮屠：指佛教。奉法：谓奉佛法。 ⑰资性：原作"资于"，据钱熙祚说改。 ⑱易：轻视。橐（gāo）鞬：橐以盛箭，鞬以盛弓，泛指武将的装束。

184 李宣古①

宣古，字垂后，澧阳人。会昌三年卢肇榜进士②。又试中宏辞③。工文，极俊，有诗名。性谑浪，多所讥诮。时杜悰尚主④，出守澧阳。宣古在馆下，数陪宴赏，谐慢既深，悰不能忍，忿其戏己，辱之使卧于泥中，衣冠颠倒。长林公主素惜其才⑤，劝曰："尚书独不念诸郎学文，待士如此，那得平阳之誉乎⑥？"遣人扶起，更以新服，赴中座，使宣古赋诗⑦，谢曰："红灯初上月轮高，照见堂前万朵桃。觱篥调清银字管⑧，琵琶声亮紫檀槽。能歌姹女颜如玉，解饮萧郎眼似刀⑨。争奈夜深抛耍令，舞来按去使人劳⑩。"杜公赏之。后悰二子裔休、儒休皆中第⑪。人曰："非母贤待师，不足成其子。"今诸集中往往载其作，有英气，调颇清丽，惜不多见。竟薄命，无印绶之誉⑫，落莫自终。弟宣远⑬，亦以诗鸣，今传者可数也。

[校注]

①李宣古：唐澧阳（今湖南澧县）人。《全唐诗》卷五五二收其诗四首。　②卢肇：唐袁州宜春（今属江西）人，曾任集贤院直学士。　③宏辞：即"博学宏辞"，唐科举名目之一。　④杜悰：杜牧的从兄。尚主：娶公主为妻。《资治通鉴》唐宪宗元和九年："以悰为殿中少监、驸马都尉，尚岐阳公主。公主，上长女，郭妃所生也。"按，《文苑英华》

卷九六九唐杜牧《岐阳公主墓志铭》谓"以元和八年某月日，主下嫁于杜氏"。　⑤长林公主：按文意当指杜悰妻。杜牧《岐阳公主墓志铭》云："开成二年十一月某日薨于汝州长桥驿，……（开成三年某月日）谥曰庄淑大长公主。"　⑥尚书：指杜悰。悰曾任工部尚书，判度支。平阳之誉：汉平阳侯曹寿娶汉武帝之姐为妻，时见尊崇。武帝微服出行，常以"平阳侯"自称。此谓杜悰亦当如曹寿之为帝所宠以获取美誉。　⑦使宣古赋诗：诗题为《杜司空席上赋》，见《全唐诗》卷五五二。　⑧觱栗：簧管乐器名。以竹为管，上开八孔（前七后一），管口装有芦哨，状似胡笳。银字：管乐器名。管上以银作字，标明音色高低。　⑨姹（chà）女：少女。解饮：宋计有功《唐诗纪事》卷五十五作"解引"。今按，"引"为乐曲体裁之一，有序曲之意，与"能歌"相对，似较胜。萧郎：泛指女性所恋之男子。　⑩挼（ruó）：揉搓。指舞蹈动作。　⑪裔休：曾任给事中，贬端州司户。见《资治通鉴》唐懿宗咸通十三年（872）。儒休：《资治通鉴》唐昭宗龙纪元年："以给事中杜儒休为苏州刺史。"　⑫印绶：印，官印；绶，系印的丝穗。借指高官显爵。　⑬宣远：李宣远，《文苑英华》卷二九三收其《并州路作》诗云："秋日并州道，黄榆落故关。孤城吹角罢，数骑射雕还。帐幕遥临水，牛羊自傍山。行人正垂泪，烽火起云间。"

185　姚　鹄①

鹄字居云，会昌三年礼部尚书王起下进士②。多出入当时好士公卿席幕，然吏才文价，俱不甚超。一名仅尔流播③，亦多幸矣。诗一卷，今传。

[校注]

①姚鹄：唐蜀（今四川）人。《全唐诗》卷五五三收其诗。 ②会昌三年：清钱熙祚云："阁本作'四年'。"按，本书卷七《项斯》《马戴》并作"四年"。但《全唐诗》仍作"三年"。据《旧唐书·王播传》、宋王谠《唐语林》卷八，王起（760—847）于长庆二年、三年（822、823），会昌三年、四年（843、844），皆为主司云。 ③仅尔：竟然。

186 项　斯①

斯字子迁，江东人也。会昌四年王起下第二人进士。始命润州丹徒县尉②，卒于任所。开成之际，声价藉甚，特为张水部所知赏③，故其诗格颇与水部相类，清妙奇绝。郑少师薰赠诗云④："项斯逢水部，谁道不关情？"斯性疏旷，温饱非其本心，初筑草庐于朝阳峰前，交结净者⑤。槃礴宇宙，戴蓟花冠，披鹤氅⑥，就松阴，枕白石，饮清泉，长哦细酌，凡如此三十余年。晚污一名⑦，殊屈清致。其警联如"病尝山药遍，贫起草堂低"⑧，如"客来因月宿，床势向山移"⑨，《下第》云"独存过江马，强拂看花衣"⑩，《病僧》云"不言身后事，犹坐病中禅"⑪，又"湖山万叠翠，门树一行春"，又"一灯愁里梦，九陌病中春"，如"月明古寺客初到，风度闲门僧未归"⑫，《宫人入道》云"将敲碧落新斋磬，却进昭阳旧赐筝"之类⑬，不一而足，当时盛称。杨敬之祭酒赠诗云⑭："几度见君诗总好，及观标格过于诗⑮。平生不解藏人善⑯，到处逢人说项斯。"其名以此益彰矣。集一卷，今行于世。

[校注]

①项斯：唐江东（今苏南一带）人。《全唐诗》卷五五四收其诗。②始命润州丹徒县尉：清钱熙祚云："阁本作'官润州丹徒县尉'。"丹徒，今属江苏。 ③张水部：张籍（约767—约830），曾任水部员外郎。今按，开成之际（836—840），张籍已逝，此处年份疑有误。宋计有功《唐诗纪事》卷四十九作"宝历、开成之际"（825—840），庶几近之。④郑少师薰：郑薰，懿宗时累迁礼部侍郎，后以太子少师致仕。 ⑤朝阳峰：在江苏无锡西南。净者：指佛教徒。 ⑥蓟花：蓟柏之花。晋郭璞《山海经图赞》："蓟柏白华，厥子如丹。实肥变气，食之忘寒。"鹤氅：鹤羽所制的裘。借指道服。 ⑦晚污一名：谓其晚年擢进士，为一污点。⑧"病尝"二句：见所作《题令狐处士谿居》诗，收于《全唐诗》卷五五四。山药，指山中所产之药。 ⑨"客来"二句：见所作《宿胡氏溪亭》诗，收于《全唐诗》卷五五四。 ⑩《下第》：《全唐诗》题为《落第后寄江南亲友》。 ⑪犹坐病中禅：佛教徒每天定时静坐，排除一切杂念，使心神恬静自在，谓之"坐禅"。此言带病坚持之。 ⑫"月明"二句：见所作《宿山寺》诗，收于《全唐诗》卷五五四。 ⑬《宫人入道》：《全唐诗》作《送宫人入道》。碧落：天空。昭阳：皇后所居的宫殿。此借指皇后。 ⑭杨敬之：元和进士，累官屯田、户部二郎中，贬连州刺史。文宗时任国子祭酒。赠诗题为《赠项斯》，见《全唐诗》卷四七九。⑮见君：《全唐诗》作"见诗"，近是。总好：宋计有功《唐诗纪事》卷四十九作"尽好"。标格：风采，风度。 ⑯不解：不知，不懂得。

187 马 戴①

戴字虞臣，华州人。会昌四年左仆射王起下进士，与项斯、赵嘏同榜②，俱有盛名。初应辟佐大同军幕府，与贾岛、许棠唱答③。苦家贫，禄仕代耕④，岁廪殊薄，然终日吟事，清虚自如。《秋思一绝》曰："万木秋霖后，孤山夕照余。田园无岁计，寒近忆樵渔。"⑤调率如此。后迁国子博士，卒。○戴诗壮丽，居晚唐诸公之上，优游不迫，沉着痛快，两不相伤，佳作也。早耽幽趣，既乡里当名山，秦几一望⑥，黄埃赤日，增起凌云之操。结茅堂玉女洗头盆下⑦，轩窗甚僻，对悬瀑三十仞，往还多隐人。谁谓白头从宦，俸不医贫，徒兴猿鹤之诮⑧，不能无也。有诗一卷，今传。

[校注]

①马戴：唐华州（今属陕西）人。《全唐诗》卷五五五、五五六收其诗。　②左仆射：尚书省的副长官。项斯：唐江东（今苏南一带）人。赵嘏：唐山阳（今江苏淮安）人。今按，赵嘏乃会昌二年（842）郑言榜进士，不当与马戴同榜。二者必有一误。　③大同军：唐戍地名。故址在今山西朔州、大同。贾岛（779—843）：唐范阳（今河北涿州一带）人。马戴有《宿贾岛原居》《洛中寒夜姚侍御宅怀贾岛》及《长安寓居寄赠贾岛》等诗。许棠：唐宣州泾县（今属安徽）人。咸通十二年（871）始进士及第，调泾县尉。　④禄仕代耕：原作"为禄代耕"，据清钱熙祚校语改。　⑤《秋思一绝》：《全唐诗》卷五五六题为《秋思二首》，"万木"

诗属第一首。　⑥名山：指西岳华山。秦几：疑当作"秦川"。秦川，泛指秦岭以北之平原地带。　⑦玉女洗头盆：名胜名。在华山玉女峰上。⑧白头从宦：许棠晚年始举进士，为泾县尉。郑谷赠诗云："白头新作尉，县在故山中。高第能卑宦，前贤尚此风。"此借指马戴。猿鹤：喻君子。北周庾信《哀江南赋》："小人则将及水火，君子则方成猿鹤。"

188　孟　迟①

迟字迟之，平昌人。会昌五年易重榜进士②。有诗名，尤工绝句，风流妩媚，皆宫商金石之声③。情与顾非熊甚相得，且同年④。有诗一卷，行于世。

[校注]

①孟迟：唐平昌（今属山东德州）人。《全唐诗》卷五五七收其诗十七首。宋计有功《唐诗纪事》卷五十四引五代南唐刘崇远《金华子》云："迟，陈商门生，为浙西掌书记，以谗罢。至淮南，崔相国奏掌书记。"　②易重：字鼎臣，唐宜春（今属江西）人。会昌间张渎榜第二，再考，升第一。官至大理评事。　③宫商：乐律有宫、商、角、徵、羽、变宫、变徵等声。此泛指各种乐调，谓所作之诗皆可入乐。金石：钟、磬之类的乐器。此以喻文辞优美，声调铿锵。　④顾非熊（约794—?）：顾况之子。困举场三十年，始由武宗追榜放令及第。宣宗时任盱眙尉，后弃官归隐。

189 任蕃①

蕃，会昌间人，家江东，多游会稽苕、霅间②。初亦举进士之京，不第，榜罢，进谒主司曰③："仆本寒乡之人，不远万里，手遮赤日，步来长安，取一第荣父母不得。侍郎岂不闻江东一任蕃，家贫吟苦，忍令其去如来日也？敢从此辞，弹琴自娱，学道自乐耳。"主司惭，欲留不可得。归江湖，专尚声调④。去游天台巾子峰，题寺壁间云："绝顶新秋生夜凉，鹤翻松露滴衣裳。前峰月照一江水，僧在翠微开竹房。"⑤既去百余里，欲回，改作"半江水"，行到题处，他人已改矣。后复有题诗者，亡其姓氏，曰："任蕃题后无人继，寂寞空山二百年。"才名类是。凡作必使人改视易听，如《洛阳道》云："憧憧洛阳道⑥，尘下生春草。行者岂无家，无人在家老。鸡鸣前结束⑦，争去恐不早。百年路傍尽，白日车中晓。求富江海狭，取贵山岳小。热中赴长途⑧，奔走何由了！"想蕃风度，此亦足举其梗概。有诗七十七首为一卷，今传，非全文矣。

[校注]

①任蕃：唐江东（今苏南、浙江一带）人。《全唐诗》卷七二七收其诗十八首。蕃，一本作"翻"。　②会稽：约当今浙江北部之地。苕、霅(tiáo zhà)：浙江省北部之东、西苕溪，汇流于湖州而为霅溪。此指今浙江湖州一带。　③主司：主考官。　④声调：指讲究音律节奏的诗文。

⑤天台：山名。在今浙江天台县北。巾子峰：一名"巾子山"。"题寺壁"数句：所题之诗，《全唐诗》题为《宿巾子山禅寺》。　⑥憧（chōng）憧：往来不绝貌。　⑦结束：整理装束。　⑧热中赴长途：旧本作"二端立在途"，依清钱熙祚校语改。

190　顾非熊①

非熊，姑苏人，况之子也②。少俊悟，一览辄能成诵。工吟，扬誉远近。性滑稽好辩③，颇杂笑言。凌轹气焰子弟④，既犯众怒，挤排者纷然。在举场角艺三十年，屈声被人耳⑤。会昌五年，谏议大夫陈商放榜⑥。初，上洽闻非熊诗价⑦，至是怪其不第，敕有司进所试文章，追榜放令及第。刘得仁贺以诗曰⑧："愚为童稚时，已解念君诗。及得高科早，须逢圣主知⑨。"授盱眙主簿⑩，不乐拜迎，更厌鞭挞，因弃官归隐。王司马建送诗云⑪："江城柳色海门烟，欲到茅山始下船⑫。知道君家当瀑布，菖蒲潭在草堂前。"一时饯别吟赠，俱名流⑬。不知所终，或传住茅山十余年，一旦遇异人相随，入深谷不复出矣。有诗一卷，今行于世。

[校注]

①顾非熊（约794—？）：唐姑苏（今属江苏）人。《全唐诗》卷五〇九收其诗。　②况：顾况（约730—806），唐肃宗时中进士，官至著作郎，后隐居茅山。　③滑稽：思维敏捷，言辞流畅。　④凌轹：欺压、干犯别人。　⑤屈声：委屈之声。　⑥谏议大夫：门下省的属官，掌侍从、

规谏等。陈商：唐繁昌（今属安徽）人，武宗时以谏议擢知贡举。　⑦洽闻：清钱熙祚云："阁本'洽'作'熟'。"　⑧刘得仁：唐穆宗至宣宗时人，出入举场数十年，终身未第而卒。　⑨及得高科早：宋计有功《唐诗纪事》卷六十三作"及得高科晚"。清钱熙祚云："阁本'早'上有'第'字。今按，作'第'是也，'早'字衍。此作'早'，误。"刘终身未第，顾晚年始登，以"及得高科晚"较胜。"愚为"四句，《全唐诗》卷五四四刘得仁《贺顾非熊及第其年内索文章》云："愚为童稚时，已解念君诗。及得高科晚，须逢圣主知。花前翻有泪，鬓上却无丝。从此东归去，休为坠叶期。"可参。　⑩盱眙（xū yí）：今属江苏省。主簿：县的属官，主诸簿目。　⑪王司马建：王建（约767—约830），晚年曾任陕州司马。《全唐诗》卷三〇一有王建《送顾非熊秀才归丹阳》诗。今按，非熊弃官归隐时（845年之后），王建已不在世；盖王建此诗，当在非熊未第时所作；文房所记殆有误。　⑫茅山：在江苏省西南部，道教称"第八洞天"。　⑬一时饯别吟赠，俱名流：清钱熙祚云："阁本作'一时饯别，俱吟僧名流'。"

191 曹邺①

邺字邺之，桂林人。累举不第，为《四怨、三愁、五情诗》。雅道甚古。时为舍人韦悫所知，力荐于礼部侍郎裴休②。大中四年张温琪榜中第③。看榜日上主司诗云④："一辞桂岭猿，九泣都门月⑤。年年孟春至，看花如看雪⑥。"《杏园宴间呈同年》云⑦："歧路不在天，十年行不至。一旦公道开，青云在平地。"又云："匆匆出九衢，童仆颜色异。故衣未及换，尚有去年泪⑧。"又云："永持共齐心，莫起胡越意⑨。"佳句类此甚多。志特勤苦。仕至洋州刺史⑩。有集一卷，今传。

[校注]

①曹邺：唐桂州（今广西桂林一带）人，与刘驾为友，由天平幕府迁太常博士，历祠部郎中、洋州刺史。《全唐诗》卷五九二、五九三收其诗。　②舍人：中书舍人，中书省的属官，掌诏令、侍从等。韦悫：大中戊辰（848）撰《重修滕王阁记》，见《文苑英华》卷八一〇。裴休：唐济源（今属河南）人。　③大中四年：公元850年。　④上主司诗：题为《成名后献恩门》，收于《全唐诗》卷五九二。　⑤桂岩：《全唐诗》作"桂岭"，是。都门：《全唐诗》作"东门"。　⑥孟春至：《全唐诗》作"孟春时"。如看雪：《全唐诗》作"不如雪"。　⑦《杏园宴间呈同年》：《唐诗纪事》卷六十、《全唐诗》卷五九二并作《杏园即席上同年》。　⑧"匆匆"四句：属《杏园》诗第九至十二句。　⑨"永持"二句：属《杏园》诗最后两句。永持共齐心，《唐诗纪事》《全唐诗》并作"永怀共济心"，可参。胡越意：疏远、隔阂之意。胡在北，越在南，不相及，故以为喻。　⑩洋州：今陕西洋县一带。

192 郑嵎①

嵎字宾光②。大中五年李郜榜进士。有集一卷，名《津阳门诗》③。津阳，即华清宫之外阙④。询求父老，为诗百韵，皆纪明皇时事者也⑤。

[校注]

①郑嵎：唐文宗至宣宗时人。《全唐诗》卷五六七收其《津阳门诗》一卷。　②宾光：《全唐诗》作"宾先"。　③《津阳门诗》：明杨慎《升庵诗话》卷六："曾子固云：'白乐天《长恨歌》，元微之《连昌宫词》，郑嵎《津阳门诗》，皆以韵语纪常事。'……其（郑嵎）诗长句七言，凡一千四百字，一百韵，止以门题为名，其实叙开元陈迹也。"④华清宫：唐贞观十八年（644）建汤泉宫，咸亨二年（671）改名温泉宫，唐天宝六载（747）扩建，改华清宫，天宝十五载（756）毁于兵火。故址在今陕西西安市临潼区骊山西北麓。　⑤明皇：指唐玄宗。

193 刘　驾①

驾字司南，大中六年礼部侍郎崔峣下进士②。初，与曹邺为友③，深相结，俱工古风诗。邺既擢第，不忍先归，待长安中，驾成名，乃同归范蠡故山④。时国家复河、湟故地，有归马放牛之象⑤，驾献乐府十章；序曰："驾生唐二十八年，获见明天子以德归河、湟，臣得与天下夫妇复为太平人，恨愚且贱，不得拜舞上前，作诗十篇，虽不足贡声宗庙，形容盛德，愿与耕稼陶渔者歌江湖田野间，亦足自快。"诗奏，上甚悦，累历达官⑥。驾诗多比兴含畜⑦，体无定规，意尽即止，为时所宗。今集一卷行于世。

[校注]

①刘驾（约824—?）：唐江东（今苏浙一带）人。《全唐诗》卷五八五收其诗。　②崔屿：疑当作"崔玙"。官至检校礼部尚书、河中晋绛慈隰等州节度使。见《文苑英华》卷四五三。　③曹邺：唐桂州（今广西桂林）人，大中四年（850）进士。　④范蠡故山：指会稽山。范蠡，春秋末越国大夫，事越王勾践二十余年，灭吴后功成身退，乘舟浮海以行，于是勾践表会稽山为范蠡奉邑。见《史记·越王勾践世家》。　⑤河、湟：泛指黄河、湟水流域以西地，约当今甘肃、青海、新疆一带。收复河湟事在唐宣宗大中五年（851）。归马放牛：喻战争结束。《尚书·武成》："乃偃武修文，归马于华山之阳，放牛于桃林之野，示天下弗服。"　⑥累历达官：刘驾官终国子博士。　⑦含畜：同"含蓄"。

194 方　干①

干字飞雄，桐庐人②。幼有清才，散拙无营务。大中中，举进士不第，隐居镜湖中③。湖北有茅斋，湖西有松岛，每风清月明，携稚子邻叟，轻棹往返，甚惬素心。所住水木幽閟④，一草一花，俱能留客。家贫，蓄古琴，行吟醉卧以自娱。徐凝初有诗名⑤，一见干器之，遂相师友，因授格律。干有赠凝诗云："把得新诗草里论。"时谓反语为村里老⑥，疑干讥诮，非也。干貌陋兔缺⑦，性喜凌侮。王大夫廉问浙东⑧，礼邀干至，误三拜，人号为"方三拜"⑧。王公嘉其操，将荐于朝，托吴融草表⑨。行有日，王公以疾逝去，事不果成。干早岁偕计往来两京，公卿好事者争延纳名，竟不入手⑩，遂归，无复荣辱之念。浙中凡有园林名胜⑪，辄造主人，留题几遍。初，李频学干为诗，频及第，诗僧清越贺云⑫："弟子已折桂，先生犹灌园⑬。"咸通末卒，门人相与论德考行⑭，谥曰"玄英先生"。乐安孙郃等缀其遗诗三百七十余篇为十卷⑮。王赞论之曰⑯："镘肌涤骨⑰，冰莹霞绚。嘉肴自将，不吮余隽。丽不葩芬，苦不癯棘⑱。当其得志，倏与神会，词若未至，意已独往。"郃亦论曰："其秀也仙蕊于常花，其鸣也灵鼍于众响⑲。"观其所述论，不为过矣⑳。○古黔娄先生死，曾参与门人来吊㉑，问曰："先生终，何以谥？"妻曰："以康。"参曰："先生存时，食不充虚，衣不盖形，死则手足不敛㉒，傍无酒肉。生不美，死不荣，何乐而谥为康哉？"妻曰："昔先生国君用为相，辞不受，是有余贵也；君馈粟三千钟，辞不纳，是有余富也。先生甘天下之淡味，安天下之卑位，不戚戚于贫贱，不遑遑于富贵，求仁得仁，求义得义，谥之以康，不亦宜乎！"方干韦布之士㉓，生称高尚，死谥玄英，其梗概大节，庶几乎黔娄者耶！

[校注]

①方干（？—约888）：唐新定（治今浙江建德）人。《全唐诗》卷六四八至六五三收其诗。　②飞雄：宋计有功《唐诗纪事》卷六十三引唐孙郃《玄英先生传》，作"雄飞"，近是。桐庐人：《唐诗纪事》作"新定人"。　③镜湖中：指会稽（今浙江绍兴）镜湖一带。　④幽閟：犹幽深。　⑤徐凝：唐睦州（今浙江建德）人，方干曾以师事之。　⑥反语为村里老：谓"草（cǎo）里论（lún）"韵母易位则为"村（cūn）里老

(lǎo)"。　⑦兔缺：谓似兔缺唇。　⑧王大夫：王龟（王起之子），武宗时召为右补阙，懿宗时知制诰，后徙浙东观察使。廉问：察问，担任观察使。　⑨吴融（？—903）：唐越州山阴（今浙江绍兴）人。《全唐文》卷八二〇吴融《代王大夫请追赐方干等及第疏》云："前件人俱无显遇，皆有奇才。丽句清辞，遍在时人之口；衔冤抱恨，竟为冥路之尘。但恐愤气未销，上冲穹昊。伏乞宣赐中书门下，追赠进士及第，各赠补阙、拾遗。"　⑩偕计：即"计偕"，随上计吏赴京应试。入手：犹得手、到手。　⑪浙中：旧本作"浙间"。据清钱熙祚校语改。　⑫李频：唐睦州寿昌（今浙江建德西南）人，大中八年（854）擢进士第。清越：宣宗时诗僧。《文苑英华》卷八二〇收其《新兴寺佛殿石阶记》一篇，署"大中十四年二月二十一日敬亭僧清越记"。敬亭山，在安徽宣城市北，山上有敬亭，相传为南朝宋谢朓赋诗之所。　⑬折桂：喻登科。灌园：谓家居务农。　⑭考行：旧本作"谋迹"，依清钱熙祚校语改。　⑮乐安：唐县名，今为浙江仙居县。孙郃：唐四明（今浙江宁波一带）人，字希韩，乾宁四年（897）进士，官校书郎、河南府文学。《全唐诗》卷六九四收其诗三首。其《哭方玄英先生》诗云："牛斗文星落，知是先生死。湖上闻哭声，门前见弹指。官无一寸禄，名传千万里。死着弊衣裳，生谁顾朱紫！我心痛其语，泪落不能已。犹喜韦补阙，扬名荐天子。"　⑯王赞：唐昭宗天复初，以兵部侍郎入相。见五代王定保《唐摭言》卷六。　⑰镘：涂刷。　⑱癯棘：枯瘦。　⑲灵鼍（tuó）：鳄鱼的一种，俗称"猪婆龙"，其鸣惊人，皮可蒙鼓。　⑳不为过矣："为"字原缺，依钱熙祚校语补。　㉑黔娄：战国齐隐士。晋皇甫谧《高士传》云："黔娄先生者，齐人也。修身清节，不求进于诸侯。鲁恭公闻其贤，遣使致礼，赐粟三千钟，欲以为相，辞不受。齐王又礼之，以黄金百斤聘为卿，又不就。"曾参（前

505—前436）：孔子学生。 ㉒鬵：同"甗（yǎn）"，古代蒸煮用的炊具，以陶或青铜制成。死则手足不敛：汉刘向《列女传·鲁黔娄妻传》云："（黔娄尸）覆以布被，手足不尽敛，覆头则足见，覆足则头见。" ㉓韦布：韦带布衣，隐居不仕者的粗陋之服。

195 李 频①

频字德新，睦州寿昌人。少秀悟，长庐西山。多记览，于诗特工。与同里方干为师友②。给事中姚合③，时称"诗颖"。频不惮走千里丐其品第，合见，大加奖挹，且爱其标格，即以女妻之。大中八年颜标榜擢进士，调校书郎，为南陵主簿④。试判入等，迁武功令⑤。频性耿介，难干以非理。赈饥民，戢豪右，于是京畿多赖，事事可传。懿宗嘉之，赐绯银鱼，擢侍御史。守法不阿，迁都官员外郎⑥。表乞建州刺史⑦，至则布条教，以礼治下。时盗所在冲突，惟建赖频以安。未几卒官，下橇随家归，父老相与扶柩哀悼，葬永乐州，为立庙于梨山，岁时祭祠，有灾沴必祷⑧，垂福逮今。频诗虽出晚年，体制多与刘随州相抗，骚严风谨，惨惨逼人⑨。有诗一卷，今行世。

[校注]

①李频：唐寿昌（今浙江建德）人。《全唐诗》卷五八七至五八九收其诗。 ②方干（？—约888）：唐新定（治今浙江建德）人。 ③给事中：门下省的属官，掌驳正政令违失等。姚合（777—843）：唐陕州硖石

(今属河南三门峡)人，与贾岛并称"姚贾"。④颜标：五代王定保《唐摭言》卷八《误放》云："郑侍郎薰主文，误谓颜标乃鲁公之后，时徐方未宁，志在激劝忠烈，即以标为状元。谢恩日，从容问及庙院。标曰：'寒畯也，未尝有庙院。'薰始大悟，塞默而已。寻为无名子所嘲曰：'主司头脑太冬烘，错认颜标作鲁公。'"南陵：今属安徽省宣城。⑤试判入等：以判牍考试登科。武功：今属陕西西安市西。⑥绯银鱼：红色银饰的鱼形符信。唐制，三品以上佩金鱼符，五品以上佩银鱼符。都官员外郎：刑部属司的副长官。⑦建州：约当今福建南平市以上的闽江流域。⑧下椽(chèn)：入棺。永乐州：不详。梨山：《元和郡县志》卷二十九云，建州浦城县西北有梨岭，疑即此。又《太平广记》卷三一五引宋徐铉《稽神录》，谓建州梨山庙为唐故相李回之庙云。灾沴(lì)：谓灾害。⑨刘随州：刘长卿(？—约789)，唐河间(今属河北沧州)人，官终随州刺史。骚：谓诗格。惨惨：忧郁貌。

196 李群玉①

群玉，字文山，澧州人也。清才旷逸，不乐仕进，专以吟咏自适，诗笔遒丽，文体丰妍。好吹笙，美翰墨，如王谢子弟②，别有一种风流。亲友强之赴举，一上即止。裴相公休观察湖南③，厚礼延致之郡中。尝勉之曰："处士被褐怀玉，浮云富贵④，名高而身不知，神宝宁久弃荒途？子其行矣。"大中八年，以草泽臣来京⑤，诣阙上表，自进诗三百篇。休适入相，复论荐。上悦之，敕授弘文馆校书郎⑥。李频使君呼为从兄⑦。归湘中，题诗二妃庙⑧。是暮宿山舍，梦见二女子来曰："儿娥皇、女英也。承君佳句徽珮，将游于汗漫⑨，愿相从也。"俄而影灭。群玉自是郁郁，岁余而卒。段成式为诗哭曰⑩："曾话黄陵事⑪，今为白日催。老无儿女累⑫，谁哭到泉台？"今有诗三卷、后集五卷行世。○夫澧浦，古骚人之国。屈平仕遭谮毁，不知所诉，心烦意乱，赋为《离骚》，骚，愁也⑬。已矣哉，国无人知我兮，又何怀乎故都⑭？委身鱼腹，魂招不来⑮。芳草遽萎⑯，萧艾参天，奚独一时而然也！群玉继禀修能，翱翔大化，人不知而不恤，禄不及而不言⑰。望涔阳之亡极，挹杜兰之绪馨，款君门以披怀，沾一命而潜退⑱。风景满目，宁无愧于古人。故其格调清越，而多登山临水、怀人送归之制，如"远客坐长夜，雨声孤寺秋。请量东海水，看取浅深愁"等句⑲，已曲尽羁旅坎壈之情。壮心千里，于方寸不扰⑳，亦大难矣！

[校注]

①李群玉：唐澧州（今湖南澧县一带）人。《全唐诗》卷五六八至五七〇收其诗。　②王谢：东晋王导、谢安两家最大的士族，史称"王谢"。此泛指高门世族。　③裴相公休：裴休，唐济源（今属河南）人，宣宗时以兵部侍郎同中书门下平章事。观察湖南：任湖南观察使。　④被(pī)褐怀玉：谓身穿粗衣而富于才学。浮云富贵：以富贵为浮云。　⑤草泽臣：草野之士。　⑥弘文馆：门下省的属司，掌校正图书等。　⑦使君：对刺史的尊称。李频曾任建州刺史。　⑧二妃：尧之二女名娥皇、女英，嫁帝舜为妻，史称"二妃"。李群玉《题二妃庙》诗云："黄陵庙前春已空，子规啼血滴松风。不知精爽归何处，疑是行云秋色中。"见《全唐诗》卷五七〇。　⑨徽佩：犹美饰。汗漫：指九天之外。　⑩段成式

(约803—863）：自署临淄（今属山东淄博）人。《全唐诗》卷五八四谓系河南人。按，临淄，唐属河南道，二者并不矛盾。　⑪曾话黄陵事：李群玉有《题二妃庙》诗云："黄陵庙前春已空……"群玉疑春空遂至秋色，欲易之。恍若有物，告以二年之兆。时浔阳太守段成式志其事。二年后，果死于洪井。段以诗哭之曰："曾话黄陵事……"见宋计有功《唐诗纪事》卷五十四。　⑫儿女：旧本作"男女"，从《唐诗纪事》改。⑬屈平：屈原名平，战国楚人。《离骚》为其代表作。骚，愁也：清钱熙祚云："（骚愁也已矣哉）六字阁本作'盖言离怨也'。"按，"盖言离怨也"较"骚愁也"于义较胜，但"已矣哉"三字当另为句。　⑭"已矣哉"三句：字有脱误。《离骚》原句为："已矣哉！国无人莫我知兮，又何怀乎故都？"当从之。　⑮魂招不来：旧本作"魂招兮不来"。清钱熙祚云："'兮'字衍，当依阁本删。"今从之。　⑯遽萎：旧本作"萎繭"，依钱熙祚校语改。　⑰大化：深远广大的教化。不愠：当作"不愠"。《论语·学而》："人不知而不愠，不亦君子乎？"不言：《左传》僖公二十四年："晋侯赏从亡者，介之推不言禄，禄亦弗及。"　⑱涔（cén）阳：涔阳浦，洲渚名，在洞庭湖与长江之间。杜兰：木兰，一名杜兰，皮似桂而香。款：扣。一命：周时官阶从一命到九命，一命指最低微的官职。⑲"远客"四句：见所作《雨夜呈长官》诗，收于《全唐诗》卷五六八。

⑳方寸：内心。

卷八

197 李郢①

郢字楚望，大中十年崔铏榜进士及第②。初居余杭③，出有山水之兴，入有琴书之娱，疏于驰竞③。历为藩镇从事④，后拜侍御史。郢工诗，理密辞闲，个个珠玉。其清丽极能写景状怀，每使人竟日不能释卷。与清塞、贾岛最相善⑤。时塞还俗，闻岛寻卒，郢重来钱塘，俱绝音响，感而赋诗曰⑥："却到城中事事伤，惠休还俗贾生亡⑦。谁人收得章句箧，独我重经苔藓房⑧。一命未沾为逐客，万缘初尽别空王⑨。萧萧竹坞残阳在⑩，叶覆闲阶雪拥墙。"其它警策率类此。有集一卷，今传。

[校注]

①李郢：唐长安人。《全唐诗》卷五九〇收其诗。　②大中十年：公元856年。　③余杭：今属浙江杭州市。　④藩镇从事：节度使的属官。　⑤清塞：唐诗僧。姓周，名贺，与贾岛、无可齐名。　⑥钱塘：唐县名（在今杭州市西），时为余杭郡治所。赋诗：题为《伤贾岛无可》，见《全唐诗》卷五九〇。　⑦城中：《全唐诗》作"京师"。惠休：南朝宋诗僧。本姓汤，后还俗，官至扬州从事史。此借指清塞。还俗：《全唐诗》作"归寂"。贾生：贾谊（前200—前168），西汉洛阳（今属河南）人，善为文，称"贾生"。此借指贾岛。　⑧谁人收得章句箧：《全唐诗》作"何人收得文章箧"。重经：《全唐诗》作"来经"，似较胜。　⑨一命：卑微的官职。逐客：处境窘迫的人。空王：佛的尊称。　⑩残阳：《全唐诗》作"斜阳"。

198 储嗣宗①

嗣宗，大中十三年孔纬榜及第②。与顾非熊先生相结好③。大得诗名，苦思梦索，所谓逐句留心，每字著意，悠然皆尘外之想。览其所作，及见其人。警联如"绿毛辞世女，白发入壶翁④"，又"片水明在野，万华深见人⑤"，又"黄鹤有归语，白云无忌心⑥"，又"蝉鸣月中树，风落客前花⑦"，又"池亭千里月，烟水一封书⑧"，又"鹤语松上月，花明云里春⑨"，又"一酌水边酒，数声花下琴⑩"，又"宿草风悲夜，荒村月吊人⑪"，《哭彭先生》云："空阶鹤恋丹霄影⑫，秋雨苔封白玉床，"《题闲居》⑬云："鸟啼碧树闲临水，花满青山静掩门。"皆区区所当避舍者也⑭。有集一卷，今传。

[校注]

①储嗣宗：唐武宗至懿宗时人。《全唐诗》卷五九四收其诗。　②孔纬：字化文，曾三迁吏部侍郎。后从唐僖宗幸蜀，拜尚书左仆射。　③顾非熊（约794—？）：唐姑苏（今江苏苏州）人，顾况之子。　④"绿毛"二句：见所作《宿玉箫宫》诗，收于《全唐诗》卷五九四（下同）。绿毛，指少女的黑发。入壶翁，指神仙。相传东汉时有一老翁常入市卖药，悬一壶于座，市罢，即跳入壶内云。见《后汉书·费长房传》。　⑤"片水"二句：见所作《晚眺徐州延福寺》诗。万华，同"万花"。　⑥"黄鹤"二句：见所作《送道士》诗。　⑦"蝉鸣"二句：见所作《宿山

馆》诗。 ⑧"池亭"二句：见所作《得越中书》诗。 ⑨"鹤语"二句：见所作《赠隐者》诗。 ⑩"一酌"二句：见所作《送友人游吴》诗。 ⑪"宿草"二句：见所作《经故人旧居》诗。 ⑫丹霄影：《全唐诗》作"丹青影"，近是。 ⑬《题闲居》：《全唐诗》作《和顾非熊先生题茅山处士闲居》。 ⑭区区：自称的谦辞。此泛指一般作者。避舍：退避三舍，不敢与争之意。

199 刘　沧①

沧字蕴灵，鲁国人也②。体貌魁梧，尚气节，善饮酒，谈古今令人终日喜听。慷慨怀古，率见于篇。大中八年礼部侍郎郑薰下进士榜③。后进谒谢，薰曰："初谓刘君锐志，一第不足取。故人别来三十载不相知闻，谁谓今白头纷纷矣。"调业原尉④。与李频同年⑤。诗极清丽，句法绝同赵嘏、许浑，若出一絇综然⑥。诗一卷，今传。

[校注]

①刘沧：唐文宗至懿宗时人。《全唐诗》卷五八六收其诗。 ②鲁国：约当今山东西南部。 ③郑薰：懿宗时累迁礼部侍郎，后以太子少师致仕。 ④业原：《全唐诗》作"华原"（今陕西铜川耀州区），是。 ⑤李频：唐寿昌（今浙江建德市西南）人。曾任建州刺史。 ⑥赵嘏：唐山阳（今江苏淮安）人。曾任渭南尉。许浑：唐润州丹阳（今属江苏）人。曾任虞部员外郎。絇（qú）综：喻规格。絇，古代鞋饰，有孔，可穿系鞋带。综，织机上一种装置，可使经线上下错动，以受纬线。

200 陈 陶①

陶字嵩伯,鄱阳剑浦人。尝举进士辄下,为诗云:"中原不是无麟凤,自是皇家结网疏②。"颇负壮怀,志远心旷,遂高居不求进达,恣游名山,自称"三教布衣"。大中中,避乱入洪州西山,学神仙咽气有得,出入无间③。时严尚书宇牧豫章,慕其清操,尝备斋供,俯就山中,挥谈终日④。欲试之,遣小妓莲花往侍,陶笑不答,莲花赋诗求去曰⑤:"莲花为号玉为腮,珍重尚书送妾来。处士不生巫峡梦,虚劳云雨下阳台⑥。"陶赋诗赠之云⑦:"近来诗思清于水⑧,老去风情薄似云。已向升天得门户,锦衾深愧卓文君⑨。"宇见诗益嘉贞节。陶金骨已坚,戒行通体,夜必鹤氅,焚香巨石上,鸣金步虚⑩,礼星月,少寐。所止茅屋,风雷汹汹不绝。忽一日不见,惟鼎灶杵臼依然。开宝间⑪,有樵者入深谷,犹见无恙。后不知所终。陶工赋诗,无一点尘气⑫。于晚唐诸人中最得平淡,要非时流所能企及者。有文录十卷,今传于世。

[校注]

①陈陶(约812—885前):唐鄱阳(今江西鄱阳县)人。《全唐诗》卷七四五、七四六收其诗,谓系"岭南(一云鄱阳,一云剑浦)人;大中时,游学长安;南唐昇元中,隐洪州西山,后不知所终"云。

②"中原"二句:见《全唐诗》卷七四六《闲居杂兴五首》之二。

③洪州西山：在今江西南昌市西。无间：谓至微之处。《淮南子·原道训》："出于无有，入于无间。"此谓没有阻挡。　④豫章：郡名，约当今南昌、宜春市及九江的修水一带。挥谈终日：清钱熙祚云："阁本作'挥麈终日谈'。"　⑤欲试之：旧本作"而欲试之"。钱熙祚云："阁本无'而'字。"今据删。莲花赋诗：题为《献陈陶处士》，见《全唐诗》卷八〇二。　⑥云雨：宋计有功《唐诗纪事》卷六十引作"神女"，似较胜。　⑦陶赋诗：《全唐诗》题为《答莲花妓》。　⑧清于水：《全唐诗》作"清于月"。　⑨卓文君：西汉临邛人。此借指莲花。　⑩步虚：诵经。　⑪开宝：宋太祖年号之一（968—976）。　⑫尘气：俗气。

201 郑　巢①

巢，钱塘人。大中间举进士。时姚合号诗宗②，为杭州刺史。巢献所业，日游门馆，累陪登览燕集，大得奖重，如门生礼。效合体格，服膺无斁③，句意清新。巢性疏野，两浙湖山，寺宇幽胜，多名僧，外学高妙④，相与往还酬酢，竟亦不仕而终。有诗一卷，今传。

[校注]

①郑巢：唐钱塘（今浙江杭州市西）人。《全唐诗》卷五〇四收其诗。　②姚合（777—843）：唐陕州硖石（今属河南）人。　③效合体格，服膺无斁（yì）：旧本作"然体效格法，能伏膺无斁"，依清钱熙祚校语改。无斁：不厌。　④外学：方外之学。此指佛学。

202 于武陵①

　　武陵名邺,以字行②,杜曲人也。大中时,尝举进士。不称意,携书与琴,往来商、洛、巴、蜀间,或隐于卜中③,存独醒之意。避地默默④,语不及荣贵,少与时辈交游。尝南来至潇湘,爱汀洲芳草,况是古骚人旧国,风景不殊,欲卜居未果,归老嵩阳别墅⑤。诗多五言,兴趣飘逸多感。每终篇一意,策名当时⑥。集一卷,今传。

[校注]

　　①于武陵:唐杜曲(今陕西西安市南)人。《全唐诗》卷五九五收其诗。又,《全唐诗》卷七二五收于邺诗一卷,武陵名邺,疑为一人之诗而析置两处者。　②以字行:成年后只用字而不用名。　③商、洛:今陕西南部地区。巴、蜀:今四川中部一带。卜:以占卜为业。　④避地:隐避于异地。　⑤潇湘:今湖南湘江一带。古骚人:指屈原等诗人。卜居:择地而居。嵩阳:在河南登封市太室山(嵩山东峰)。　⑥策名:独出名。

203 来　鹏①

　　鹏,豫章人,家徐孺子亭边,林园自乐,师韩柳为文②。大中、咸通间，才名藉甚。鹏工诗，蓄锐既久，自伤年长，家贫不达，颇亦忿忿，故多寓意讥讪。当路虽赏清丽，不免忤情，每为所忌。如《金钱花》云③："青帝若教花里用④，牡丹应是得钱人。"《夏云》云⑤："无限旱苗枯欲尽，悠悠闲处作奇峰。"《偶题》云⑥："可惜青天好雷电，只能惊起懒蛟龙。"坐是，凡十上不得第。韦宙尚书独赏其才，延待幕中，携以游蜀；又欲纳为婿，不果⑦。是年力荐，夏课卷中献诗有云："一夜绿荷风剪破，嫌它秋雨不成珠⑧。"宙以为不祥⑨，果失志。时遭广明庚子之乱，鹏避地游荆襄⑩，艰难险阻南返。中和，客死于维扬逆旅，主人贤而葬之⑪。有诗一卷，今传于世。

[校注]

①来鹏（？—约883）：唐豫章（今江西南昌市）人。《全唐诗》卷六四二收其诗，作"来鹄（一作鹏）"。 ②徐孺子亭：今名孺子亭，在南昌市西湖区。徐稚（97—168），字孺子，东汉豫章南昌（今属江西）人，家贫不仕，躬耕而食，受到豫章太守陈蕃的礼遇，为特设一榻，来则下之，去则悬置不用。见《后汉书·徐穉传》。韩柳：指韩愈、柳宗元。

③《金钱花》：见《全唐诗》卷六四二。 ④青帝：春之神。 ⑤《夏云》：《全唐诗》题作《云》。 ⑥《偶题》：《全唐诗》作《偶题二首》，其二云："水边箕踞静书空，欲解愁肠酒不浓。可惜青天好雷电，只能驱趁懒蛟龙。" ⑦韦宙尚书：清钱熙祚云："阁本'宙'作'岫'。"按，作"岫"是。宋计有功《唐诗纪事》卷五十六云："鹏诗思清丽，福建韦尚书岫爱其才，欲以子妻之而不果。" ⑧"一夜"二句：《全唐诗》卷六四二《偶题二首》之一云："近来灵鹊语何疏，独凭栏干恨有殊。一夜

绿荷霜剪破,赚他秋雨不成珠。" ⑨宙以为:当作"岫以为"。 ⑩广明庚子之乱:唐僖宗广明元年(880),岁次庚子,黄巢起义军攻克洛阳,进军长安。荆襄:今湖北省汉水、长江一带。 ⑪中和:唐僖宗年号之一(881—885)。维扬:今江苏扬州。逆旅:客舍。贤而葬之:旧本作"贤收葬之",依钱熙祚校语改。

204 温庭筠①

庭筠,字飞卿,旧名岐,并州人,宰相彦博之孙也②。少敏悟,天才雄赡③,能走笔成万言。善鼓琴吹笛,云:"有弦即弹,有孔即吹,何必爨桐与柯亭也④!"侧词艳曲,与李商隐齐名⑤,时号"温李"。才情绮丽,尤工律赋⑥。每试,押官韵⑦,烛下未尝起草,但笼袖凭几,每一韵一吟而已。场中曰"温八吟"。又谓八叉手成八韵⑧,名"温八叉"。多为邻铺假手,然薄行无捡幅⑨。与贵胄裴诚、令狐滈等饮博⑩。后中夜尝醉诟狭邪间⑪,为逻卒折齿,诉不得理。举进士,数上又不第,出入令狐相国书馆中,待遇甚优⑫。时宣宗喜歌《菩萨蛮》,绹假其新选进之⑬,戒令勿泄,而遽言于人。绹又尝问"玉条脱"事,对以出《南华经》,且曰:"非僻书,相公燮理之暇,亦宜览古。"⑭又有言曰:"中书省内坐将军。"讥绹无学。由是渐疏之。自伤云:"因知此恨人多积,悔读《南华》第二篇⑮。"徐商镇襄阳,辟巡官⑯,不得志,游江东。大中末,山北沈侍郎主文⑰,特召庭筠试于帘下,恐其潜救。是日不乐,逼暮,先请出，仍献启千余言⑱。询之，已占授八人矣⑲。执政鄙其为，留长安中待除。宣宗微行，遇于传舍⑳。庭筠不识，傲然诘之曰："公非司马、长史之流乎㉑？"又曰："得非文、参、簿、尉之类㉒？"帝曰："非也。"后谪方城尉㉓。中书舍人裴坦当制，忸怩含毫久之㉔。词曰："孔门以德行居先，文章为末㉕。尔既早随计吏，宿负雄名㉖；徒夸不羁之才㉗，罕有适时之用。放骚人于湘浦，移贾谊于长沙㉘。尚有前席之期，未爽抽毫之思㉙。"庭筠之官，文士诗人争赋诗祖饯，惟纪唐夫擅场㉚，曰："凤凰诏下虽沾命，鹦鹉才高却累身㉛。"唐夫举进士，有词名。庭筠仕终国子助教，竟流落而死。今有《汉南真稿》十卷，《兰集》三卷㉜，《金筌集》十卷，诗集五卷，及《学海》三十卷；又《采茶录》一卷，及著《干（gān）馔子》一卷，序云："不爵不觞，非炰非炙，能说诸心，能甘众口，庶乎乾馔之义欤？㉝"并传于世。

[校注]

①温庭筠（约812—866）：唐太原（今属山西）人。《全唐诗》卷五七五至五八三收其诗。　②并（bīng）州：今山西太原一带。宰相彦博：温彦博（575—637）自隋入唐，官中书侍郎，太宗时任中书令。据夏承焘《唐宋词人年谱》，庭筠为彦博六世孙。　③雄赡：旧本无此二字，今据清钱熙祚校语补。　④爨（cuàn）桐：指佳琴。晋干宝《搜神记》卷十三："吴人有烧桐以爨者，（蔡）邕闻火烈声，曰：'此良材也。'因请之，削以为琴，果有美音。而其尾焦，因名焦尾琴。"柯亭：指佳笛。《搜神记》卷十三："蔡邕尝至柯亭，（见）以竹为椽，邕仰眄之，曰：'良竹也。'取以为笛，发声辽亮。"柯亭，在今浙江绍兴。　⑤侧词绝

曲：当作"侧词艳曲"。《旧唐书·温庭筠传》说他"能逐弦吹之音，为侧艳之辞"。宋阮阅《诗话总龟》卷四引《雅言杂录》："（温庭筠）少敏悟，薄行无检幅，多作侧词艳曲。"李商隐：唐怀州河内（今河南沁阳）人。⑥律赋：音韵谐和、对偶工整的赋。唐代科举考试多用之。⑦官韵：官定的韵脚。此指《唐韵》。⑧八韵：宋洪迈《容斋续笔》卷十三：唐以赋取士，而韵数多寡，平侧次叙，元无定格。故有三韵者。有四韵、有五韵、有六韵、有七韵、有八韵者。自太和以后，始以八韵为常。⑨假手：代笔。庭筠于大中九年（855）三月试宏词，曾为京兆尹柳熹之子柳翰假手作赋。见唐裴庭裕《东观奏记》下。捡幅：同"检幅"（约束、节制）。⑩裴诚：《新唐书》作"裴諴（xián）"。諴，晋公裴度之从子，历官职方郎中、太子中允。参见《全唐诗》卷五六三。令狐滈（hào）：宰相令狐绹之子，官历长安尉、集贤校理、左拾遗等。见《资治通鉴》唐懿宗咸通四年（863）。⑪后中夜：旧本作"后夜"。清钱熙祚云："阁本'夜'上有'中'字。"今据补。⑫数上又不第：温庭筠于开成四年（839），大中元年（847），大中九年（855）曾先后应试，皆不第。令狐相国：指令狐绹（802—879），宣宗时累官至宰相。⑬《菩萨蛮》：唐教坊曲名，后用为词牌。其新选：当作"其新撰"。指温庭筠的新作《菩萨蛮》。《乐府纪闻》云："宣宗爱唱《菩萨蛮》，令狐绹假温庭筠手撰二十阕以进，戒勿泄，而遽言于人。"⑭玉条脱：玉手镯。此句疑有脱误。宋钱易《南部新书》："大中（唐宣宗）好文，尝赋诗，上句有'金步摇'，未能对。（令）进士温岐续之，岐以'玉条脱'应。宣皇赏焉，令以甲科处之；为令狐绹所沮，除方城尉。""对以"等句：疑有脱误。宋计有功《唐诗纪事》卷五十四："令狐绹曾以故事访于庭筠，对曰：'事出《南华》，非僻书也。或冀相公燮理之暇，时宜览古。'绹益怒，奏庭筠有才无行，卒不登第。"《南华经》，即《庄子》。唐玄宗时号庄子为南华真人，称《庄子》为《南华真经》。 ⑮"因知"二句：《全唐诗》卷五七八作"终知此恨销难尽，辜负《南华》第一篇"，诗题为《李羽处士故里》。按，《南华》第一篇，指《庄子·逍遥游第一》，意欲超然物外，无往而不适；《南华》第二篇，指《庄子·齐物论第二》，主张齐是非，齐彼此，齐物我，齐寿夭。 ⑯徐商：唐新郑（今属河南郑州）人，大中时任尚书左丞，咸通四年（863）以兵部尚书同平章事，后出为襄州节度。参见《全唐诗》卷五九七。襄阳：约当今湖北襄阳。巡官：观察使的属官，位在推官之次。 ⑰沈侍郎：指沈询，唐吴郡（今属江苏）人，时任侍郎。懿宗时累官昭义节度使。"山北"三句：《唐诗纪事》卷五十四云："沈询知举，别施铺席授庭筠，不与诸公邻比，因于场屋，卒无成而终。" ⑱仍：乃。献启：给考官沈询上书。 ⑲占授：口授。 ⑳传舍：招待所。 ㉑司马、长史：皆刺史的属官。之流乎：旧本无"之"字，据清钱熙祚校语补。按，五代孙光宪《北梦琐言》卷四，此句下尚有"帝曰：'非也'"四字，当从之。 ㉒文、参、簿、尉：泛指文学、参军、主簿、县尉等低级官吏。文、参，《北梦琐言》卷四作"大参"，《唐诗纪事》卷五十四作"六参"。 ㉓方城：今属河南南阳。按，此为庭筠第二次贬方城尉，时在咸通五年（864）顷。 ㉔裴坦：唐闻喜（今属山西运城）人，累官中书侍郎、同中书门下平章事。当制：主持起草诏令。含毫：吮笔。 ㉕德行居先，文章为末：钱熙祚云："阁本'居''为'二字互易。"今按，《唐诗纪事》"居"亦作"为"。 ㉖"尔既"二句：《唐诗纪事》作"尔既德行无取，文章何以补焉"，似较胜。随计吏，随同入京上报之吏，赴京应试。 ㉗徒夸：《东观奏记》《唐诗纪事》并作"徒负"，是。 ㉘骚人：战国楚屈原遭谗去职，于顷襄王时被放逐于沅、湘一带。贾谊：汉文帝时任博士，受周勃等排挤，贬为长沙王太傅。㉙前席：移位往前坐。《史记·屈原贾生列传》："孝文帝方受厘（受祭余之肉），坐宣室。上因感鬼神事，而问鬼神之本。贾生因具道所以然之状。至夜半，文帝前席。"此以喻受到尊重和信任。爽：失。抽毫：谓执笔为文。㉚祖饯：设宴饯别。纪唐夫：唐文宗时，任中书舍人。所作《送温庭筠尉方城》，见《全唐诗》卷五四二。擅场：技艺出众。㉛凤凰：凤凰池，指中书省，决策下令的中枢机构。沾命：任命官职。《东观奏记》作"承命"，可参。鹦鹉才高却累身：东汉祢衡，字正平，少有才辩，而尚气刚傲。曹操怀忿，碍于其才，转遣于荆州刘表。表遭侮慢，耻不能容，复送与江夏太守黄祖。祖长子射（yì）命衡作《鹦鹉赋》，文无加点，辞采甚丽；然终以不逊，见杀于祖，年仅二十六。见《后汉书·祢衡传》。㉜《兰集》：据《通志》及《宋史》，应为《握兰集》。

㉝爵：古代酒器，青铜制，有三足。觥（gōng）：古代酒器，兽角制，腹椭圆。炰（páo）：烧烤。炙（zhì）：烧灼。能说诸心：说，同"悦"。宋陈振孙《直斋书录解题》卷十一，此句下尚有"聊甘众口"四字，今据补。乾膷（sǔn）：干煮。

205 鱼玄机①

玄机，长安人，女道士也。性聪慧，好读书，尤工韵调，情致繁缛。咸通中及笄②，为李亿补阙侍宠。夫人妒不能容，亿遣隶咸宜观披戴③。有怨李诗云④："易求无价宝，难得有心郎⑤。"与李郢端公同巷⑥，居止接近，诗简往返。复与温庭筠交游⑦，有相寄篇什。尝登崇真观南楼⑧，睹新进士题名，赋诗曰："云峰满目放春晴，历历银钩指下生⑨。自恨罗衣掩诗句⑩，举头空羡榜中名。"观其志意激切，使为一男子，必有用之才，作者颇赏怜之⑪。时京师诸宫宇女郎，皆清俊济楚，簪星曳月⑫，惟以吟咏自遣，玄机杰出，多见酬酢云。有诗集一卷，今传。

[校注]

①鱼玄机（约844—868）：唐长安人。《全唐诗》卷八〇四收其诗。　②及笄（jī）：古以女子十五为"及笄"。　③咸宜观：道观名，在唐西京长安。披戴：谓充当女道士。　④怨李诗：《全唐诗》题为《赠邻女》（一作《寄李亿员外》）。　⑤有心郎：宋计有功《唐诗纪事》卷七十八作"有情郎"。　⑥李郢端公：唐长安人，任侍御史（唐代称御史为"端公"）。　⑦温庭筠（约812—866）：唐太原（今属山西）人，任方城尉。　⑧崇真观：道观名，在唐时大雁塔之北。　⑨银钩：指刚劲秀丽的书法笔画。　⑩罗衣：罗绮之衣。喻指女性。　⑪作者：泛指诗文作者。　⑫济楚：端庄貌。簪星曳月：形容戴着华美的首饰。

206 邵　谒①

谒，韶州翁源县人。少为县厅吏，客至仓卒，令怒其不措床迎待②，逐去。遂截髻著县门上③，发愤读书。书堂距县十余里，隐起水心④。谒平居如里中儿未着冠者，发髽髻⑤，野服。苦吟，工古调。咸通七年抵京师，隶国子⑥。时温庭筠主试，悯擢寒苦⑦，乃榜谒诗三十余篇，以振公道，曰："前件进士，识略精微，堪裨教化；声词激切，曲备风谣；标题命篇，时所难及⑧；灯烛之下，雄辞卓然。诚宜榜示众人，不敢独专华藻，仍请申堂⑨，并榜礼部。"已而释褐⑩。后赴官，不知所终。它日，县民祠神者，持帻舞铃⑪，忽自称"邵先辈降"。乡里前辈皆至，作礼，问曰："今者辱来，能为我赋诗乎？"巫即书一绝云："青山山下少年郎，失意当时别故乡。惆怅不堪回首望，隔溪遥见旧书堂。"词咏凄苦，虽椽笔不逮，乡老中晓声病者⑫，至为感泣咨嗟。今有诗一卷传于世。

[校注]

①邵谒：唐韶州翁源（今属广东韶关）人。《全唐诗》卷六〇五收其诗。 ②搘（zhī）：支，撑。 ③著：挂。 ④隐起水心：谓书堂位于湖中，四面环水。 ⑤鬅鬙（péng sēng）：头发散乱貌。 ⑥隶国子：谓在国子监进修。 ⑦温庭筠（约812—866）：唐太原（今属山西）人。寒苦：指寒苦之士。 ⑧难及：难于赶上。旧本作"难著"，今依清钱熙祚校语改。 ⑨申堂：申报中书省政事堂。 ⑩释褐：经吏部考试合格。 ⑪帻（zé）：包头巾。 ⑫声病：指声律得失。《资治通鉴》唐代宗广德元年"考文者以声病为是非"元胡三省注："声病，谓以平、上、去、入四声缉而成文，音从文顺谓之声，反是则谓之病。"

207 于濆①

濆字子漪，咸通二年裴延鲁榜进士②。患当时作诗者拘束声律而入轻浮，故作古风三十篇以矫弊俗，自号《逸诗》，今一卷传于世。○观唐诗至此间，弊亦极矣，独奈何国运将弛，士气日衰，文不能不如之。嘲云戏月，刻翠粘红，不见补于采风，无少裨于化育，徒务巧于一联，或伐善于只字，悦心快口，何异秋蝉乱鸣也！于濆、邵谒、刘驾、曹邺等③，能返棹下流，更唱瘖俗；置声禄于度外，患大雅之凌迟④；使耳厌郑卫，而忽洗云和⑤，心醉醇酽，而乍爽玄酒⑥。所谓清清泠泠，愈病析酲⑦。逃空虚者，闻人足音，不亦快哉！晋处士戴颙春日携斗酒，往树下听黄鹂⑧，曰"此俗耳针砭，诗肠鼓吹"者⑨，岂徒然哉！于数子亦云⑩。

[校注]

①于濆（fén）：唐宣宗至僖宗时人，终泗州判官。《全唐诗》卷五九九收其诗。　②咸通二年：公元861年。裴延鲁：字东礼，官至浙东观察使。见《新唐书·宰相世系一上》。　③邵谒：唐韶州翁源（今属广东韶关）人，咸通七年（866）进士。刘驾：唐穆宗至懿宗时人，大中六年（852）进士。曹邺：唐桂州（今广西桂林一带）人，大中四年（850）进士。　④声禄：声名，禄位。大雅：古称反映重大时事的诗为"大雅"。汉郑玄《毛诗笺》云："小雅、大雅者，周室居西都丰、镐之时诗也。"唐李白《古风五十九首》之一云："大雅久不作，吾衰竟谁陈？"凌迟：

衰败。　⑤厌：满足。郑卫：郑卫之音，特指淫靡之乐。洗：受……洗涤。云和：古称琴瑟等乐器为"云和"。北周庾信《周祀圜丘歌·昭夏》："孤竹之管云和弦，神光来下风肃然。"　⑥乍：突然。爽：爽快，开朗。玄酒：上古祭祀用的水。也指薄酒。　⑦愈病析酲：犹治愈疾病，解除醉意。　⑧戴颙：晋至南朝宋间铚（今安徽宿州西）人，隐于桐庐、吴郡等处。黄鹂：沪本云："'黄鹂'原倒，今乙。"　⑨诗肠：指诗思。鼓吹：谓启发。　⑩数子：指上文于濆、邵谒、刘驾、曹邺诸人。

208 李昌符①

昌符，字若梦，咸通四年礼部侍郎萧倣下进士②。工诗，在长安与郑谷酬赠，仕终膳部员外郎③。尝作奴婢诗五十首，有云"不论秋菊与春花，了了能噇空肚茶④。无事莫教频入库，每般闲物要些些"等句⑤，后为御史劾奏，以为轻薄为文，多妨政务，亏严重之德，唱诽戏之风，谪去，鲍系终身⑥。有诗集一卷，行于世。

[校注]

①李昌符：唐宣宗至僖宗时人。《全唐诗》卷六〇一收其诗。　②若梦：《全唐诗》作"岩梦"。萧倣：唐文宗时进士，懿宗时擢礼部侍郎。　③郑谷：唐袁州宜春（今属江西）人。膳部员外郎：礼部属司的副长官。　④秋菊与春花：仆婢名。了了：《唐诗纪事》卷七十、《全唐诗》卷八七〇并作"个个"，当从之。噇（chuáng）：大吃大喝。空肚茶：《全唐诗》作"空腹茶"。　⑤闲物：平常之物。些些：一点儿。　⑥严

重：严肃、庄重。唱：倡导。诽（fěi）戏：毁谤，嘲弄。匏系：喻不得出仕。《论语·阳货》："吾岂匏瓜也哉！焉能系而不食？"

209 翁绶①

绶，咸通六年中书舍人李蔚下进士②。工诗，多近体，变古乐府，音韵虽响，风骨憔悴，真晚唐之移习也③。后亦间关，名不甚显④。固知闾巷之人，欲砥行立名者，非附青云之士，恶能施于后世哉⑤！有诗，今传。

[校注]

①翁绶：唐宣宗至僖宗时人。《全唐诗》卷六百收其诗八首。 ②李蔚：唐陇西（今属甘肃）人，懿宗时官监察御史。 ③移习：犹颓风。 ④间关：历尽艰辛。 ⑤"固知"四句：语出《史记·伯夷列传》。砥行立名，磨炼品行，建立功名。青云之士，高尚的人。

210 汪遵①

遵，宣州泾县人。幼为小吏，昼夜读书良苦，人皆不觉。咸通七年韩衮榜进士②。遵初与乡人许棠友善③，工为绝诗，而深自晦密。以家贫难得书，必借于人，彻夜强记，棠实不知。一旦辞役就贡，棠时先在京师，偶送客至灞、浐间④，忽遇遵于途，行李索然，棠讯之曰："汪都何事来？"都者，吏之呼也⑤。遵曰："此来就贡⑥。"棠怒曰："小吏不忖，而欲与棠同研席乎⑦？"甚侮慢之。后遵成名五年，棠始及第。洛中有李相德裕平泉庄，佳景殊胜，李未几坐事贬朱崖⑧。遵过，题诗曰："平泉风景好高眠，水色岚光满目前。刚欲平它不平事，至今惆怅满南边⑨。"又《过杨相宅》诗云⑩："倚伏从来事不遥⑪，无何平地起青霄。才到青霄却平地，门对古槐空寂寥。"俱为诗人称赏。其余警策称是。有集，今传。

〇汪遵，泾之一走耳⑫。拔身卑污，奋誉文苑。家贫借书，以夜继日，古人阅市、偷光⑬，殆不过此。昔沟中之断，今席上之珍⑭。丈夫自修⑮，不当如是耶！与夫朱门富家⑯，积书万卷，束在高阁，尘暗签轴，蠹落帙帷，网好学之名，欺盲聋之俗，非三变之败，无一展之期⑰！谚曰："金玉有余，买镇宅书⑱。"呜呼哀哉！

[校注]

①汪遵：唐宣州泾县（今属安徽）人。《全唐诗》卷六〇二收其诗，谓"一作王道"。　②韩衮：五代王定保《唐摭言》卷十二《酒失》云："韩衮，咸通七年赵骘（zhì）下状元及第，性好嗜酒。谢恩之际，赵公与之首宴，公屡赏欧阳琳文学，衮睨之曰：'明公何劳再三称一复姓汉！'公愕然为之彻席。"　③许棠：唐宣州泾县（今属安徽）人，咸通十二年（871）进士。　④灞：灞水，在陕西省中部，由蓝田流入渭水。浐：浐水，在陕西省中部，源出蓝田县西南，北流入灞水。　⑤都者，吏之呼也：此六字旧本所无，依清钱熙祚校语补。　⑥就贡：犹应试。　⑦研席：砚台、座席。指应试之所。　⑧李相德裕：李德裕（787—850），唐

赵郡（今河北赵县一带）人，武宗时居相位。平泉庄：李德裕的别墅。坐事：因故获罪。朱崖：今海南海口市琼山区东南。 ⑨"平泉"四句：宋计有功《唐诗纪事》卷五十九作："平泉花木好高树，嵩少纵横满目前。惆怅人间不平事，今朝身在海南边。遵《题李太尉平泉庄》诗也。"
⑩杨相：杨国忠（？—756），唐蒲州永乐（今山西芮城西南）人，因从妹杨贵妃得宠，为玄宗所信任，官至代理右相，后为禁军所杀。 ⑪倚伏：谓矛盾的两个方面互相对立，又互相转化。《老子》第五十八章："祸兮，福之所倚；福兮，祸之所伏。" ⑫走：小吏。 ⑬阅市：就书肆阅览。《后汉书·王充传》："家贫无书，常游洛阳市肆，阅所卖书，一见辄能诵忆，遂博通众流百家之言。"偷光：谓凿壁偷光。旧题汉刘歆《西京杂记》卷二："匡衡勤学而无烛，邻舍有烛而不逮，衡乃穿壁引其光，以书映光而读之。" ⑭沟中之断：疑当作"沟中之瘠"（指穷困愚昧之人）。《荀子·正论》："是规磨之说也，沟中之瘠也，则未足与及王者之制也。"席上之珍：喻才德双美之人。《礼·儒行》："儒有席上之珍以待聘。" ⑮自修：谓自我修养、自我培养。 ⑯与夫：此二字与下文语气不贯，疑当作"岂若夫"。 ⑰三变之败：指家财败于子孙。五代孙光宪《北梦琐言》卷三："不肖子弟有三变：第一变为蝗虫，谓鬻庄而食也。第二变为蠹鱼，谓鬻书而食也。第三变为大虫，谓卖奴婢而食也。"一展之期：书卷被打开之日。 ⑱镇宅：镇定家宅。南朝梁宗懔《荆楚岁时记》："十二月暮，掘宅四角，各埋一大石为镇宅。"

211 沈 光①

光，吴兴人。咸通七年礼部侍郎赵骘下进士②。工文章古诗，标致翘楚③，大得美称。尝作《洞庭乐赋》，韦岫见之曰："此乃一片宫商也。"④又如《太白酒楼记》等文，皆仪表于世⑤。有诗集及《云梦子》五卷，并传世。光风鉴澄爽，神情俊迈⑥。后仕终侍御史云。

[校注]

①沈光：唐吴兴（今浙江湖州）人。《文苑英华》卷二一三收其《周员外出双舞柘技妓》，有目无诗。 ②赵骘：唐宣宗、懿宗时人，任华州刺史。《全唐诗》卷七二六："赵光远，华州刺史骘之子。" ③标致：风格。翘楚：犹杰出。 ④韦岫：唐杜陵（今陕西西安市东南）人，官福建观察使。一片宫商：谓韵律优美、和谐、动听。 ⑤仪表：作出榜样。 ⑥"光风鉴"二句：《晋书·陆机陆云传》："风鉴澄爽，神情俊迈，文藻宏丽，独步当时。"风鉴，风度，识见。

212 赵 牧①

牧，不知何处人。大中、咸通中，累举进士不第。有俊才，负奇节，遂舍场屋②，放浪人间。效李长吉为歌诗③，颇涉狂怪，耸动当时。蹙金结绣④，而无痕迹装染。其余轻巧之词甚多。同时有刘光远⑤，亦慕长吉，凡作体效，犹能埋没意绪⑥，竟不知所终。俱有诗传世。

[校注]

①赵牧：唐文宗至懿宗时人。《全唐诗》卷五六三收其《对酒》一首。 ②场屋：科举考试之所。 ③李长吉：李贺，字长吉。 ④蹙（cù）金结绣：用拈紧的金线进行刺绣，使绣品纹路呈皱缩状。喻炼字琢句。 ⑤刘光远：唐懿宗时人。 ⑥体效：体验，仿效。意绪：思想脉络。

213 罗　邺①

邺，余杭人也。家资巨万，父则，为盐铁吏②。子二人，俱以文学干进。邺尤长律诗。时宗人隐、虬③，俱以声格著称，遂齐名，号"三罗"。隐雄丽而坦率，邺清致而联绵，虬则区区而已。咸通中，数下第，有诗云："故乡依旧空归去，帝里如同不到来。"崔安潜侍郎廉问江西，邺适飘蓬湘浦间④。崔素赏其作，志在弓旌⑤，竟为幕吏所沮。既而俯就督邮⑥，不得志。踉跄北征，赴职单于牙帐⑦。邺去家愈远，万里沙漠，满目谁亲，因兹举事阑珊，无成于邑而卒⑧。○邺素有英资，笔端超绝，其气宇亦不在诸人下⑨。初无箕裘之训⑩，顿改门风，崛兴音韵，驰誉当时，非易事也。而跋前疐后⑪，绝域无聊，独奈其命薄何？孔子曰："才难⑫。"信然。有诗集一卷，今传。

[校注]

①罗邺：唐余杭（今属浙江）人。光化（898—901）中，以韦庄奏，追赐进士及第，赠官补阙。《全唐诗》卷六五四收其诗。　②盐铁吏：盐铁使的属吏。　③隐：罗隐（833—910），唐余杭（今浙江杭州北）人，累官盐铁发运使、著作佐郎等。虬：罗虬，唐台州（今属浙江）人，有《比红儿诗》百首传世。　④崔安潜：懿宗时任江西观察，后擢忠武节度使，终太子太傅。廉问：巡视。江西：江南西道，辖今江西全省及湖南大部。湘浦：湘江两岸。　⑤弓旌：谓延聘。古以弓招士，以旌招大夫，故云。　⑥督邮：州郡的佐吏，掌督察所属各县违法之事。　⑦踉跄：不得志貌。北征：向北远行。单于：唐单于都护府，辖地约当今内蒙古一带。牙帐：将帅驻扎之处，前树牙旗，故云。　⑧因兹：因此。于邑：同"郁悒"。　⑨气宇：气概。　⑩箕裘之训：指家传之业。《礼记·学记》："良冶之子，必学为裘；良弓之子，必学为箕。"　⑪跋前疐（zhì）后：喻进退两难。《诗·豳风·狼跋》："狼跋其胡，载疐其尾。"　⑫才难：人才难得。《论语·泰伯》："才难，不其然乎？"

214　胡　曾①

曾，长沙人也②。咸通中进士。初，再三下第，有诗云："翰苑几时休嫁女③，文章早晚罢生儿。上林新桂年年发，不许诗人折一枝④。"曾天分高爽，意度不凡，视人间富贵亦悠悠。遨历四方，马迹穷岁月，所在必公卿馆谷⑤。上交不谄，下交不渎，奇士也。

尝为汉南节度从事⑥。作《咏史诗》，皆题古君臣争战、废兴尘迹，经览形胜，关山亭障，江海深阻，一一可赏。人事虽非，风景犹昨，每感辄赋，俱能使人奋飞。至今庸夫孺子，亦知传诵。后有拟效者，不逮矣。至于近体律绝等，哀怨清楚，曲尽幽情，擢居中品，不过也。惜其才茂而身未颖脱⑦，痛哉！今《咏史诗》一卷，有咸通中人陈盖注，及《安定集》十卷行世。

[校注]

①胡曾：唐宣宗至僖宗时人。《全唐诗》卷六四七收其诗。又卷八七〇收其《戏妻族语不正》一首云："呼十却为石，唤针将作真。忽然云雨至，总道是天因。" ②长沙：今属湖南省。宋计有功《唐诗纪事》卷七十一引胡曾《寒食都门》诗云："谁念都门两行泪，故园寥落在长沙。" ③有诗：《全唐诗》题为《下第》。几时：《全唐诗》作"何时"。 ④诗人：旧本作"闲人"。清钱熙祚云："'闲'当依阁本作'诗'。"今从之。《全唐诗》作"平人"，亦通。 ⑤公卿馆谷：谓食宿于公卿之家。 ⑥汉南：约当今湖北荆州。 ⑦颖脱：显露其才能。

215 李山甫①

山甫，咸通中累举进士不第，落魄有不羁才。须髯如戟，能为青白眼。平生憎俗子②，尚豪。虽箪食豆羹，自甘不厌。为诗托讽，不得志，每狂歌痛饮，拔剑斫地，少摅郁郁之气耳。后流寓河朔间，依乐彦积为魏博从事③，不得众情，以陵傲之故，无所遇，尝有《老将》诗曰④："校猎燕山经几春⑤，雕弓白羽不离身。年来马上浑无力，望见飞鸿指似人。"此伤其蹇薄无成，时人怜之。后不知所终。山甫诗文激切，耿耿有齐气，多感时怀古之作⑥。今集一卷、赋二卷，并传。

[校注]

①李山甫：唐宣宗至僖宗时人。《全唐诗》卷六四三收其诗。 ②平生："平"字原缺，据清钱熙祚校语补。 ③河朔：泛指黄河以北之地。乐彦祯："祯"原作"祯"，据两《唐书》改。唐魏州（今河北魏县、河南清丰与山东莘县一带）人，历博州刺史。魏博：唐方镇名，约当今河北东南部、河南东北部及山东西北部之地。 ④《老将》：《全唐诗》题为《赠宿将》。 ⑤燕山：在河北省东北部。 ⑥齐（jī）气：同"跻气"，上升之气。

216 曹　唐①

唐字尧宾，桂州人。初为道士，工文赋诗。大中间举进士，咸通中为诸府从事②。唐与罗隐同时③，才情不异。唐始起清流，志趣澹然，有凌云之骨；追慕古仙子高情，往往奇遇，而己才思不减，遂作《大游仙诗》五十篇，又《小游仙诗》等④，纪其悲欢离合之要，大播于时。唐尝会隐，各论近作。隐曰："闻兄《游仙》之制甚佳，但中联云：'洞里有天春寂寂⑤，人间无路月茫茫。'乃是鬼耳。"唐笑曰："足下《牡丹》诗，一联乃咏女子障⑥：'若教解语应倾国,任是无情也动人。'"于是座客大笑。唐平生志甚激昂⑦,至是薄宦,颇自郁悒,为《病马》诗以自况⑧,警联如:"尾蟠夜雨红丝脆,头捽秋风白练低⑨。"又云:"风吹病骨无骄气,土蚀骢花见卧痕⑩。"又云:"饮惊白露泉花冷,吃怕清秋豆叶寒。"皆脍炙人口。忽一日,昼梦仙女,鸾佩花冠,衣如烟雾,倚树吟唐《咏天台刘阮》诗⑪,欲相招而去者,唐惊觉,颇怪之。明日,暴病卒,亦感忆之所致也。有诗集二卷,今传于世。〇人云:"有德者或无文,有文者或无德。文德兼备,古今所难。"《典论》谓"文人相轻,从古而然,……各以所长,相轻所短"⑫。矛盾之极,则是非锋起⑬;隙始于毫末⑭,祸大于丘山,前后类此多矣。夫以口舌常谈,无益无损,每至丧清德、负良友,承轻薄子之名,乏藏疾匿瑕之量⑮。如此,功业未见其超者矣。君子所慎也。

[校注]

①曹唐:唐桂州(今广西桂林一带)人。《全唐诗》卷六四〇、六四一收其诗。 ②诸府:清钱熙祚云:"阁本'诸'作'使'。" ③罗隐(833—910):唐余杭(今属浙江)人,累官盐铁发运使、著作佐郎等。

④《小游仙诗》:《全唐诗》卷六四一收曹唐《小游仙诗》九十八首。

⑤洞里有天春寂寂:宋计有功《唐诗纪事》卷五十八作"水底有天春漠漠",又作"井底有天春寂寂"。 ⑥《牡丹》:《全唐诗》卷六五五题作《牡丹花》。乃咏女子障:旧本作"咏如子障",今依钱熙祚校语改。障:遮挡视线的布帷或屏风之类。 ⑦志甚:旧本作"之志",今依钱熙祚校语改。 ⑧《病马》:《全唐诗》卷六四〇题为《病马五首呈郑校书章三吴十五先辈》。 ⑨捽(zuó):对着,迎着。练:绢。 ⑩骢花:青

白色花纹。见：同"现"。　⑪鸾佩：以鸾铃为佩饰。旧本作"莺服"，依钱熙祚校语改。天台：山名，在浙江省东部。刘阮：指刘晨、阮肇，东汉剡县（今浙江嵊州）人，相传曾同入天台山采药，为仙女所留，及返，子孙已历七世云。曹唐《刘晨阮肇游天台》等五首，见《全唐诗》卷六四〇。　⑫《典论》：三国魏文帝曹丕撰。已佚，唯《论文》一篇尚存。"文人"等句：《文选》卷五十二《典论论文一首》云："文人相轻，自古而然。傅毅之于班固，伯仲之间耳，而固小之，与弟超书曰：'武仲以能属文，为兰台令史，下笔不能自休。'夫人善于自见，而文非一体，鲜能备善，是以各以所长，相轻所短。"　⑬锋起：同"蜂起"，谓纷纷而起。　⑭陈：旧本作"奋"，依钱熙祚校语改。　⑮藏疾匿瑕：谓隐人之短、略人之过。

217 皮日休①

日休，字袭美，一字逸少，襄阳人也。隐居鹿门山②，性嗜酒，癖诗，号"醉吟先生"，又自称"醉士"；且傲诞，又号"间气布衣"，言己天地之间气也。以文章自负，尤善箴铭。咸通八年礼部侍郎郑愚下及第，为著作郎，迁太常博士③。时值末年④，虎狼放纵，百姓手足无措，上下所行，皆大乱之道，遂作《鹿门隐书》六十篇⑤，多讥切谬政。有云"毁人者自毁之，誉人者自誉之⑥"，又曰"不思而立言，不思而定交⑦，吾其惮也"，又曰"古之杀人也怒，今之杀人也笑"，又曰"古之置吏也将以逐盗，今之置吏也将以为盗"等，皆有所指云尔。日休性冲泊无营，临难不惧。乾符丧乱，东出关，为毗陵副使，陷巢贼中⑧。巢惜其才，授以翰林学士，日休惶恐踽踣⑨，欲死未能。劫令作谶文以惑众，曰："欲知圣人姓，田八二十一；欲知圣人名，果头三屈律⑩。"贼疑其衷恨必讥己，遂杀之，临刑神色自若，无知不知皆痛惋也⑪。日休在乡里，与陆龟蒙交拟金兰⑫，日相赠和。自集所为文十卷，名《文薮》，及诗集一卷，《滑台集》七卷，又著《皮氏鹿门家钞》九十卷，并传。○夫次韵唱酬⑬，其法不古，元和以前，未之见也。暨令狐楚、薛能、元稹、白乐天集中⑭，稍稍开端。以意相和之法，渐废间作。逮日休、龟蒙，则飙流顿盛，犹空谷有声，随响即答。韩偓、吴融以后⑮，守之愈笃，汗漫而无禁也。于是天下翕然，顺下风而趋⑯，至数十反而不已，莫知非焉。夫才情敛之不盈握，散之弥八纮⑰，遣意于时间，寄兴于物表；或上下出入，纵横流散，游刃所及，孰非我有？本无拘缚灪洝之忌也⑱。今则限以韵声，莫违次第。得佳韵则杳不相干，龃龉难入；有当事则韵不能强，进退双违。必至窘束长才，牵接非类，求无瑕片玉，千不遇焉，诗家之大弊也。更以言巧称工，夸多斗丽，足见其少雍容之度。然前修有恨其迷途既远⑲，无法以救之矣！

[校注]

①皮日休（约838—约883）：唐襄阳（今属湖北）人。崔璞守苏，辟为军事判官。《全唐诗》卷六○八至六一六收其诗。　②鹿门山：在湖北襄阳东南。　③郑愚：唐番禺（今广州市南）人。咸通（860—874）中，观察桂管，入为礼部侍郎。后出镇南海，终尚书左仆射。见《全唐

诗》卷五九七。著作郎：著作局的长官。太常博士：太常寺（掌宗庙礼仪的官署）的属官。 ④末年：指末世。 ⑤《鹿门隐书》：收于《皮子文薮》卷九，其自序云："醉士隐于鹿门，不醉则游，不游则息。息于道，思其所未至；息于文，惭其所未周。故复草《隐书》焉。呜呼！古圣王能旌夫山谷民之善者，意在斯乎？" ⑥"毁人者"二句：《皮子文薮》卷九，此下尚有六句云："夫毁人者，人亦毁之，不曰自毁乎？誉人者，人亦誉之，不曰自誉乎？" ⑦不思而定交：《皮子文薮》作"不知而定交"，甚是。 ⑧乾符丧乱：指乾符二年（875）黄巢率众响应王仙芝起义；五年（878），仙芝战死，黄巢被推为领袖，即率军南下，经江西、浙江、福建，于次年攻克广州等地。毗陵：今江苏常州、镇江、无锡、江阴、丹阳等地市。贼：这是对农民起义领袖的诬称。 ⑨蹐踧（cù）：惊惧不安貌。 ⑩"欲知"四句：盖射"黄巢"二字。 ⑪无知无知：无论识者或不识者。 ⑫陆龟蒙（？—约881）：唐姑苏（今江苏苏州）人。金兰：坚贞，高尚。《易·系辞上》："二人同心，其利断金；同心之言，其臭如兰。"此以"金兰"喻深契之交。 ⑬次韵：按别人所作诗的用韵次序进行和（hè）作。始于元稹、白居易。 ⑭令狐楚（768—836）：唐京兆华原（今陕西铜川市耀州区东南）人。薛能（？—880）：唐汾州（今山西汾阳一带）人。元稹（779—831）：唐河南（今河南洛阳）人。白乐天：白居易（772—846），字乐天。 ⑮韩渥：当作"韩偓"。偓，唐京兆万年（在今陕西西安）人，昭宗时任翰林学士。吴融（？—903）：唐越州山阴（今浙江绍兴）人。 ⑯翕（xī）然：和顺貌。趍（qū）：同"趋"。 ⑰八纮（hóng）：犹言八极。天地的极限。《淮南子·原道训》"八纮九野之形埒"汉高诱注："八纮，天之八维也。" ⑱懘滞（chì zhān）：当作"滞懘"。谓不相和谐。 ⑲前修：前贤，古之才德过人者。

218 陆龟蒙①

龟蒙,字鲁望,姑苏人。幼而聪悟,有高致,明《春秋》,善属文,尤能谈笑。诗体江、谢②,名振全吴。家藏书万卷,少无声色之娱。举进士一不中,尝从张抟游历湖、苏二州,将辟以自佐③。又尝至饶州,三日无所诣,刺史率官属就见,龟蒙不乐,拂衣去。居松江甫里④,多所撰论。有田数百亩,屋三十楹。田苦下,雨潦则与江通,故常患饥。身自畚锸茠刺无休时⑤。或讥其劳,曰:"尧舜霉瘠,禹胼胝⑥。彼圣人也,吾一褐衣⑦,敢不勤乎?"龟蒙嗜饮茶,置小园顾渚山下,岁入茶租,薄为瓯蚁之费⑧。著书一编,继《茶经》《茶诀》之后,又判品张又新《水说》为七种⑨。好事者虽慧山、虎丘、松江,不远百里为致之⑩。又不喜与流俗交,虽造门亦罕纳。不乘马,每寒暑得中体无事,时放扁舟,挂蓬席,赍束书、茶、灶、笔、床、钓具,鼓棹鸣榔⑪,太湖三万六千顷,水天一色,直入空明。或往来别浦,所指少不会意,径往不留。自称"江湖散人",又号"天随子""甫里先生"。汉涪翁、渔父、江上丈人⑫,尝谓即已。后以高士征,不至。苦吟,极清丽。与皮日休为耐久交⑬。中和初,遘疾卒,吴融诔文曰⑭:"霏漠漠,淡涓涓⑮;春融冶,秋鲜妍。触即碎,潭下月;拭不灭,玉上烟。"有《笠泽丛书》三卷⑯,诗编十卷,赋六卷,并传。

[校注]

①陆龟蒙（？—约881）：唐姑苏（今江苏苏州）人。《全唐诗》卷六一七至六三〇收其诗。　②体：体验，亲近。江、谢：指江淹（444—505）、谢朓（464—499）。　③辟（bì）：授予官职。　④松江甫里：今江苏苏州吴中区甪（lù）直镇。　⑤耒耜：用耒耜、铁锹从事劳动。茠（hāo）刺：铲除杂草。茠，同"薅"。　⑥黧瘠：谓又黑又瘦。胼胝（pián zhī）：手脚起茧。　⑦褐（hè）衣：粗麻布衣。此指贫苦百姓。⑧顾渚山：在浙江长兴县西北。瓯蚁：瓯中的茶沫。借指清茶。　⑨张又新：唐深州陆泽（今属河北）人，元和九年（814）状元及第，嗜茶，著有《煎茶水记》一卷。　⑩慧山：即惠山，在江苏无锡市西郊，以"天下第二泉"著名。虎丘：山名，在江苏苏州市西北。松江：今属上海市。致之：谓罗致佳水。　⑪棹（zhào）：旧本作"擢"，今改。划船所用，形制如桨。桹：渔人击以驱鱼入网之具。　⑫涪（fú）翁：东汉老人郭玉，常钓于涪水，故以为号。渔父：捕鱼的老者。此指战国楚屈原《渔父》中之渔父。江上丈人：春秋时伍子胥过荆，至江上欲涉，一丈人渡之。伍子胥至吴，每食必祭之，祝曰江上之丈人。　⑬皮日休（约838—约883）：唐襄阳（今属湖北）人。　⑭吴融（？—903）：唐越州山阴（今属浙江绍兴）人。　⑮涓涓：旧本作"消消"，依钱熙祚校语改。⑯有：沪本云："'有'字原作'今在'二字，今改。"

219 司空图①

图字表圣,河中人也。父舆,大中时为商州刺史②。图咸通十年归仁绍榜进士③。主司王凝初典绛州④,图时方应举,自别墅到郡上谒,去,阍吏遽申:"司空秀才出郭门。"后入郭访亲知,即不造郡斋⑤。公谓其专敬,愈重之。及知贡举⑥,图第四人捷,同年鄙薄者谤曰:"此空司图得一名也⑦。"公颇闻,因宴全榜,宣言曰:"凝叨参文柄,今年榜帖,专为司空先辈一人而已⑧。"由是名益振。未几,凝为宣歙观察使⑨,辟置幕府。召拜殿中侍御史,不忍去凝;府台劾,左迁光禄寺主簿⑩。卢相携还朝,过陕虢⑪,访图,深爱重,留诗曰:"氏族司空贵,官班御史雄。老夫如且在,未可叹途劳⑫。"就属于观察使卢渥曰⑬:"司空御史,高士也。"渥遂表为僚佐。携执政,召拜礼部员外郎,寻迁郎中。丁黄巢乱,间关至河中,僖宗次凤翔⑭,知制诰、中书舍人。景福中,拜谏议大夫⑮,不赴。昭宗在华州,召为兵部侍郎,以足疾自乞听还。图家本中条山王官谷,有先人田庐,遂隐不出,作亭榭素室⑯,悉画唐兴节士文人像。尝曰:"某宦情萧索,百事无能。量才,一宜休;揣分,二宜休;耄而聩,三宜休。"遂名其亭曰"三休"。作文以伸志,自号"知非子""耐辱居士"。言涉诡激不常,欲免当时之祸。初以风雨夜得古宝剑,惨淡精灵,尝佩出入。性苦吟,举笔缘兴,几千万篇⑰。自致于绳捡之外⑱。豫置冢棺,遇胜日,引客坐圹中⑲，赋诗酌酒，沾醉高歌。客有难者，曰："君何不广耶？生死一致，吾宁暂游此中哉⑳！"岁时祠祷㉑，与闾里父老鼓舞相乐。时寇盗所过齑粉，独不入谷中，知图贤如古王蠋也㉒。士民依以避难。后闻哀帝遇弑㉓，不食扼捥㉔，呕血数升而卒，年七十有二。先撰自为文于濯缨亭一鸣窗㉕。今有《一鸣集》三十卷行于世。

[校注]

①司空图（837—908）：唐河中虞乡（今山西永济）人。《全唐诗》卷六三二至六三四收其诗。　②商州：约当今陕西商洛。　③归仁绍：唐僖宗时官至礼部侍郎。　④王凝：唐晋阳（今山西太原一带）人，曾任礼部侍郎。绛州：今山西新绛一带。　⑤郡斋：地方长官的居处。　⑥知贡举：主持荐举。　⑦空司：疑为"司空"之误。　⑧先辈：对应科举者的敬称。　⑨宣歙（shè）：约当今安徽宣城和黄山市一带。　⑩殿中侍御史：御史台的成员。府台劾：此句宋计有功《唐诗纪事》卷六十三作"满百日不赴阙，为台司所劾"，可参。光禄寺：主管皇家膳食的官署。此三字旧本所无，今依清钱熙祚校语补。主簿：掌簿目的属官。　⑪卢相携：卢携，唐郑（今河南郑州一带）人，僖宗时为相。陕虢：今河南三门峡、灵宝一带。　⑫留诗：《全唐诗》卷六六七卢携《题司空图壁》云："姓氏司空贵，官班御史卑。老夫如且在，不用叹屯奇。"且在：尚在。　⑬属：同"嘱"（zhǔ）。卢渥：唐范阳（今河北涿州一带）人，字子章。乾符（874—879）初，自前中书舍人拜陕府观察使，官至左丞相。见《太平广记》卷二百引《唐阙史》。　⑭间关：犹辗转。凤翔：约当今陕西宝鸡市一带。　⑮谏议大夫：门下省的属官。　⑯亭榭：清钱熙祚云："阁本'榭'作'观'。"　⑰几：几乎，将近。　⑱绳捡：当作

"绳检"，喻各种约束。　⑲圹（kuàng）：墓穴。　⑳难（nàn）：驳诘。广（kuàng）：旷达，开阔。宁：宁可，宁愿。　㉑岁时：旧本作"每时"，依钱熙祚校语改。　㉒王蠋（zhú）：战国齐画邑（今山东淄博市东南）人。燕初破齐，乐毅闻蠋贤，令军环画邑三十里毋入。　㉓哀帝：姓李名柷（chù），天祐元年（904）即位，天祐五年（908）为梁王朱全忠所杀。　㉔扼挽：当作"扼腕"。　㉕濯缨：洗涤帽带。喻超尘脱俗。《孟子·离娄上》："沧浪之水清兮，可以濯我缨；沧浪之水浊兮，可以濯我足。"一鸣：谓平时默默，他日必有一鸣。《史记·滑稽列传》："此鸟不飞则已，一飞冲天；不鸣则已，一鸣惊人。"

220 僧虚中①

虚中，袁州人。少脱俗从佛，而读书工吟咏不辍②。居玉笥山二十寒暑后，来游潇湘，与齐己、顾栖蟾为诗友③。住湘西栗城寺④。长沙马侍中希振敬爱之⑤，每其来，延纳于书阁中。虚中好炙柴火，烧豆煮茶，烟熏彩翠尘暗，去必复饰，初不介意。尝题阁中曰："嘉鱼在深处⑥，幽鸟立多时。"益见赏重。时司空图悬车告老，却扫闭门⑦，天下怀仰。虚中欲造见论交，未果。因归华山，寄以诗曰⑧："门径放莎垂，往来投刺稀⑨。有时开御札，特地挂朝衣。岳信僧传去⑩，天香鹤带归。佗时周召化⑪，毋复更衰微。"图得诗大喜，言怀云："十年华岳山前住，只得虚中一首诗⑫。"其见重如此。今有《碧云集》一卷传于世。顾栖蟾者，亦洞庭人，以声律闻，今不见其作也。

[校注]

①僧虚中：唐宜春（今属江西）人。　②而读书：旧本作"虽然读书"，依清钱熙祚校语改。工吟咏：旧本无"咏"字，依钱说补。　③玉笥山：道教三十六小洞天之一，在今湖南汨罗市汨罗江北岸。齐己（约860—约937）：唐诗僧，益阳（今属湖南）人。顾栖蟾：钱熙祚云："阁本'栖蟾'上有'尚颜'，无'顾'字。"按，尚颜，与陈陶、陆龟蒙为诗友；栖蟾，有《牧童》《游边》等诗。作"尚颜、栖蟾"，是。　④栗城寺：旧本作"宗成寺"，依钱熙祚校语改。　⑤马侍中希振：马希振，五代楚鄢陵（在今河南省中部）人，曾任侍中（门下省的长官），后弃官为道士。　⑥嘉鱼：美好的鱼。　⑦悬车：古人七十岁致仕，废车不用，曰"悬车"。却扫：不再扫路迎客。　⑧寄以诗曰：旧本作"人寄诗曰"，依钱熙祚校语改。　⑨莎（suō）：莎草，一种野生植物，茎直立，叶片线形，地下有纺锤形块茎。刺：名片。古代刺姓名于竹简以求见，故名。　⑩岳信：指发自西岳华山的信。　⑪佗（tuó）时周召化：佗义同"他"。宋计有功《唐诗纪事》卷七十五作"他年《二南》旨"，可参。周召：指《诗经》的《周南》《召南》。　⑫"十年"二句：《全唐诗》卷六三四作"十年太华无知己，只得虚中两首诗"。谓得其诗中意趣。虚中《寄中条司空图侍郎》另一首云："逍遥短褐成，一剑动精灵。白昼梦仙岛，清晨礼道经。黍苗侵野迳，桑椹污闲庭。肯要为邻者，西南太华清。"见《唐诗纪事》卷七十五。

221 周 繇①

繇,江南人。咸通十三年郑昌图榜进士,调福昌县尉②。家贫,生理索寞,只苦篇韵,俯有思,仰有咏,深造阃域③,时号为"诗禅"。警联如《送人尉黔中》云④:"公庭飞白鸟,官俸请丹砂⑤。"《望海》云:"岛间应有国,波外恐无天。"《甘露寺》云⑥:"殿锁南朝像,龛传外国僧⑦。"又"山从平地有,水到远天无⑧。"又"白云连菌阁,碧树尽芜城⑨。"《江州上薛能尚书》云⑩:"树翳楼台月,帆飞鼓角风。"又"郡斋多岳客,乡户半渔翁"等句甚多,读之皆使人竦然⑪,诚好手也。落拓杯酒,无荣辱之累,所交游悉一时名公。集今传世。同登第有张演者⑫,工诗,间见一二篇,亦佳作也。○尝谓禅家者流论,有大小乘,有邪正法,要能具正法眼,方为第一义,出有无间⑬。若声闻、辟支、四果,已非正也,况又堕野狐、外道、鬼窟中乎⑭?言诗亦然。宗派或殊,风义必合。品则有神妙,体则有古今,才则有圣凡,时则有取舍。自魏晋以降,递至盛唐大历、元和以下,逮晚年,考其时变,商其格制,其邪正了然在目,不能隐也。经云:"过而不能改,是谓过矣⑮。"悟门洞开,慧灯深照,顿渐之境,各天所赋。观于时以"诗禅"许周繇,为不入于邪见,能致思于妙品,固知其衣冠于裸人之国。昔谓学诗如学仙,此之类欤?

[校注]

①周繇：唐池州（今属安徽）人，字为宪。调建德（今属浙江）令，辟襄阳徐商幕府，检校御史中丞。《全唐诗》卷六三五收其诗。 ②咸通十三年：《全唐诗》作"十二年"。郑昌图：官至侍郎及凤翔副使。见《太平广记》卷一八三引《玉堂闲话》。昌图，字光业，体貌魁梧。五代王定保《唐摭言》卷十二《嘲咏》云："咸通末，执政病举人仆马太盛，奏请进士举人许乘驴。郑光业材质瑰伟，或嘲之曰：今年敕下尽骑驴，短辔长鞦满九衢。清瘦儿郎犹自可，就中愁杀郑昌图。"福昌：唐县名，在今河南宜阳县西。《资治通鉴》唐则天后圣历二年"太后幸福昌"元胡三省注："福昌县属东都，本宜阳县，武德二年更名，因隋福昌宫以名县也。" ③阃（kǔn）域：喻学问精微之处。 ④黔中：今重庆彭水苗族土家族自治县一带。 ⑤白鸟：指鹤鹭之类。丹砂：朱砂，炼汞的主要原料。 ⑥甘露寺：原址在今江苏镇江北固山，始建于三国吴甘露年间（265—266），故名。按，此诗《全唐诗》题为《登甘露寺》。 ⑦龛传：旧本作"龛禅"，据清钱熙祚校语改。 ⑧"山从"二句：见所作《甘露寺东轩》诗。 ⑨"白云"二句：见所作《甘露寺北轩》诗。菌阁，旧本及《全唐诗》并作"晋阁"，今依钱熙祚校语改。 ⑩《江州上薛能尚书》：《全唐诗》题作《送江州薛尚书》。江州，今江西九江一带。薛能（？—880），唐汾州（今山西汾阳一带）人，曾任工部尚书。 ⑪皆使人竦然：旧本无"皆"字，依钱熙祚校语补。 ⑫张演：《全唐诗》卷六百收其诗一首，题为《社日村居》（一作王驾诗）。 ⑬禅家：指佛家。大小乘：佛家以开一切智，度脱一切者为"大乘"；重个人修行，以求自我解脱者为"小乘"。邪正法：佛家以释迦牟尼的佛法为"正法"，其他宗

教及思想概为"邪法"或"外道"。正法眼：即"法眼"，佛家谓慧眼和法眼皆能洞见真相，仅次于佛眼。此指卓越精深的眼力。出有无间：此句疑有脱漏。无间，谓至微至细之处。《淮南子·原道训》："出于无有，入于无间。" ⑭声闻：佛教三乘（声闻乘、缘觉乘、菩萨乘）之一。悟"苦、集、灭、道"诸谛而得道者，称声闻乘。辟支：梵语音译，谓独自悟道，并无师承者。四果：疑为"因果"之误。佛家据轮回之说，谓善因得善果，恶因得恶果。巳非：疑为"巳非"之误。野狐：佛家称某些不务坐禅正道而妄言开悟者为"野狐禅"。外道：佛家称其他宗教或学说为"外道"。鬼窟：喻异教。 ⑮"过而"二句：《论语·卫灵公》云："子曰：过而不改，是谓过矣。"宋邢昺疏："此章戒人改过也。人谁无过？过而能改，善莫大焉；过而不改，是谓过矣。"

卷九

222 崔道融①

道融，荆人也，自号"东瓯散人"。与司空图为诗友②。出为永嘉宰③。工绝句，语意妙甚，如《铜雀妓》云"歌咽新翻曲，香销旧赐衣。陵园风雨暗，不见六龙归"④，《春闺》云"寒食月明雨，落花香满泥。佳人持锦字，无雁寄征西"⑤，《寄人》云"澹澹长江水，悠悠远客情⑥。落花相与恨，到地一无声"，《寒食夜》云"满地梨华白，风吹碎月明。大家寒食夜，独贮远乡情"等尚众。谁谓晚唐间忽有此作，使古人复生，亦不多让，可谓出乎其萃，拔乎其类者矣！人悉推服其风情雅度，犹恨出处未能梗概之也。有《申唐集》十卷，自序云："乾符乙卯夏⑦，寓永嘉山斋，收拾草稿，得五百余篇。"今存于世。

[校注]

①崔道融：唐荆州（今属湖北）人。累官右补阙，避地入闽。《全唐诗》卷七一四收其诗。　②司空图（837—908）：唐河中（今山西永济）人。　③永嘉：今浙江温州。　④《铜雀妓》：乐府平调曲名。三国魏曹操临终命诸子葬他于邺之西岗（今河北临漳县西南），命其妾伎住于邺城西北之铜雀台，每月初一、十五在其灵帐前奏乐唱歌，故名。六龙：皇帝车驾的六匹马。借指皇帝。　⑤征西：《全唐诗》作"辽西"。　⑥远客：《全唐诗》作"望乡"。　⑦乾符乙卯：当作"乾宁乙卯"（895）。

223 聂夷中①

夷中，字坦之，河南人也②。咸通十二年礼部侍郎高湜下进士③，与许棠、公乘亿同袍④。时兵革多务，不暇铨注，夷中滞长安久，皂裘已弊，黄粮如珠，始得调华阴县尉⑤。之官，惟琴书而已。性俭，盖奋身草泽，备尝辛楚，卒多伤俗闵时之举，哀稼穑之艰难。适值险阻，进退维谷，才足而命屯，有志卒爽⑥，含蓄讽刺，亦有谓焉。古乐府尤得体，皆警醒之辞，裨补政治⑦，乐而不淫，哀而不伤，正国风之义也。其诗一卷，今传。

[校注]

①聂夷中（837—?）：有作河东（今山西运城）人，有作河南（今河南洛阳）人。《全唐诗》卷六三六收其诗。　②河南：今河南洛阳一带。　③高湜：懿宗时任礼部侍郎，累迁昭义节度使，以太子宾客分司东都，卒。　④许棠（约822—?）：唐宣州泾县（今属安徽）人。公乘亿：唐魏州（今河北大名一带）人。同袍：此指同榜。　⑤皂裘：黑色粗衣。华阴：在陕西省东部。　⑥屯（zhūn）：艰难。卒：终于，最后。爽：失败。　⑦政治：谓政化治理。

224 许 棠①

棠字文化，宣州泾人也。苦于诗文，性僻少合。既久困名场，时马戴佐大同军幕②，为词宗，棠往谒之，一见如旧交，留连累月，但从事诗酒而已，未尝问所欲。一旦大会宾客，命使以棠家书授之，棠惊愕不喻其来，启缄即知戴潜遣一介恤其家矣。古人温良泛爱，振穷周急，谦退不伐③，亦皆绝异之姿也。咸通十二年李筠榜进士及第④。时及知命⑤，尝曰："自得一第，稍觉筋骨轻健，愈于少年。"则知一名乃孤进之还丹也⑥。调泾县尉。之官，郑谷送诗曰⑦："白头新作尉，县在故山中。高第能卑宦，前贤尚此风⑧。"后潦倒辞荣⑨。初作《洞庭》诗⑩，脍炙人口，时号"许洞庭"云。今集一卷传世。

[校注]

①许棠（约822—？）：唐宣州泾县（今安徽泾县）人，曾任江宁丞。《全唐诗》卷六〇三、六〇四收其诗。 ②马戴：唐华州（今属陕西）人，武宗时应辟，佐大同军幕府。 ③伐：夸耀。 ④李筠：《资治通鉴》唐昭宗乾宁二年（895）："捧日都头李筠将本军，于〔承天〕楼前侍卫。"不知即此李筠否？ ⑤知命：五十岁。《论语·为政》："四十而不惑，五十而知天命。" ⑥孤进：孤寒而久举不第者。还丹：道家所炼的一种丹药，谓服之可以长生。晋葛洪《抱朴子·金丹》："余考览养性之书，鸠集久视之方，曾所披涉篇卷，以千计矣，莫不皆以还丹金液为大要

者焉。"此喻使精神复振之药。 ⑦郑谷（？—约897）：唐袁州宜春（今属江西）人，官至都官郎中。 ⑧前贤尚此风：以下尚有四句，云："芜湖春荡漾，梅雨昼溟濛。佐理人安后，篇章莫废功。"见宋计有功《唐诗纪事》卷七十。 ⑨辞荣：辞官。唐李白《送贺监归四明应制》："久辞荣禄遂初衣，曾向长生说息机。" ⑩《洞庭》诗：《唐诗纪事》录其《过洞庭》诗云："惊波常不定，半日鬓堪斑。四顾疑无地，中流忽有山。鸟飞应畏堕，帆远却如闲。渔父时相引，行歌浩渺间。"

225 公乘亿①

亿字寿山②，咸通十二年进士。善作赋，擅名场屋间③，时取进者法之，命中。有赋集十二卷、诗集一卷，今传。

[校注]

①公乘亿：唐魏（今河北大名、魏县一带）人，任魏博节度使乐彦祯从事，加授侍郎。《全唐诗》卷六〇〇收其诗四首。 ②寿山：宋计有功《唐诗纪事》卷六十八作"寿仙"，《全唐诗》亦作"寿仙"，当从之。 ③场屋：科举考试之所。

226 章 碣①

碣，钱塘人，孝标之子也②。累上著不第，咸通末以篇什称③。

乾符中，高湘侍郎自长沙携邵安石来京及第④，碣恨湘不知己，赋《东都望幸》诗曰："懒修珠翠上高台，眉月连天恨不开⑤。纵使东巡也无益，君王自领美人来。"后竟流落不知所终。碣有异才，尝草创诗律于八句中，足字平侧，各从本韵⑥，如："东南路尽吴江畔，正是穷愁薄暮天⑦。鸥鹭不嫌斜两岸，波涛欺得逆风船。偶逢岛寺停帆看，深羡渔翁下钓眠。今古欲论英达算，鸱夷高兴固无边⑧。"自称变体。当时趋风者亦纷纷而起也⑨。今有诗一卷传于世。

[校注]

①章碣：唐钱塘（今浙江杭州）人。《全唐诗》卷六六九收其诗。 ②孝标：章孝标，曾任校书郎，试大理评事，终秘书正字。 ③篇什：诗篇。 ④高湘：懿宗时任谏议大夫，僖宗时终江西观察使。邵安石：唐连州（今属广东）人。宋计有功《唐诗纪事》卷六十一云："高湘侍郎南迁归，阙途次连江，安石以所业投献，遂挈至辇下。" ⑤连天：《唐诗纪事》作"连娟"。 ⑥足字平侧，各从本韵：谓每句末一字，平仄声各自为韵。如所引之诗，二、四、六、八句"天、船、眠、边"押平声韵，一、三、五、七句"畔、岸、看、算"押仄声韵。此诗《全唐诗》题作《变体诗》。 ⑦吴江：吴淞江，在江苏南部。薄暮：《全唐诗》作"暮雨"。 ⑧欲论：《全唐诗》作"若论"，较胜。鸱夷：春秋越范蠡佐越王勾践灭吴后，即浮海出齐，变姓名，自谓"鸱夷子皮"。高兴：高人雅兴。 ⑨趋（qū）风：犹言赶时髦。

227 唐彦谦①

彦谦字茂业，并州人也。咸通末举进士及第。中和，王重荣表为河中从事②，历节度副使，晋、绛二州刺史③。重荣遇害，彦谦贬汉中掾④。兴元节度使杨守亮留署判官⑤，寻迁副使，为阆州刺史⑥，卒。彦谦才高负气，毫发逆意，大怒叵禁⑦。博学足艺，尤长于诗，亦其道古心雄，发言不苟，极能用事，如自己出。初师温庭筠⑧，调度逼似，伤多纤丽之词。后变淳雅，尊崇工部⑨。唐人效甫者，惟彦谦一人而已⑩。自号"鹿门先生"⑪。有诗集，今传于世，薛廷珪序云⑫。

[校注]

①唐彦谦：唐并州晋阳（今山西太原一带）人。《全唐诗》卷六七一、六七二收其诗。　②中和：公元881—885年。王重荣：唐太原祁（今山西祁县）人，累官河中节度使，以功拜检校太尉、同中书门下平章事。河中：方镇名，约当今山西运城、临汾等地。　③晋：晋州，今山西临汾一带。绛：绛州，今山西新绛一带。　④汉中：郡名，约当今陕西汉中地区。掾：掾曹，郡的属吏。　⑤兴元：府名，治今陕西汉中市东。亦山南西道治所。杨守亮：唐曹州（今山东菏泽一带）人，以战功拜山南西道节度使，检校太保。判官：地方长官的属吏。　⑥阆州：今四川阆中市一带。　⑦大怒叵禁："怒"字原缺，依清钱熙祚校语补。　⑧温庭筠（约812—866）：唐太原（今属山西）人。　⑨工部：指杜甫（杜曾任检

校工部员外郎）。　⑩"唐人"二句：按，唐人学杜者，盖不限于一人。宋蔡居厚《诗话》云："王荆公晚年亦喜称义山诗，以为唐人知学老杜而得其藩篱者，惟义山一人而已。"宋计有功《唐诗纪事》卷六十八云："彦谦学义山为诗。"　⑪鹿门：山名，在湖北襄阳市襄州区城东南。为汉庞德公及唐孟浩然隐居之所。　⑫薛廷珪：唐河东（约当今山西永济一带）人，僖宗时登进士第，累官尚书左丞；后仕梁，为礼部尚书。

228　林　嵩①

嵩字降臣，长乐人也。乾符二年礼部侍郎崔沆下进士，官至秘书省正字②。工诗善赋，才誉与公乘亿相高③，功名之士，翕然而慕之④。有诗一卷，赋一卷，传于世。

[校注]

①林嵩：唐长乐（今属福建）人。《新唐书·艺文四》著录《林嵩赋》一卷。《全唐诗》卷六九〇云："林嵩，字雄飞，大顺中（891年顷）登进士第，官至侍御史。诗一卷，今存一首。"或唐末有二"林嵩"欤？

②乾符二年：875年。崔沆：僖宗时以户部侍郎同中书门下平章事。秘书省：管理图籍的官署。正字：校雠典籍的官。　③公乘亿：唐魏（今河北大名一带）人，咸通十二年（871）进士。　④翕（xī）然：趋近貌。

229 高　蟾①

　　蟾，河朔间人。乾符三年孔缄榜及第②，与郑郎中谷为友，酬赠称高先辈③。初，累举不上，题省墙间曰④："冰柱数条擳白日，天门几扇鐄明时⑤。阳春发处无根蒂，凭仗东风次第吹。"怨而切。是年人论不公，又下第上马侍郎云⑥："天上碧桃和露种，日边红杏倚云栽。芙蓉生在秋江上，莫向春风怨未开⑦。"意指亦直⑧，马怜之。又有"颜色如花命如叶"之句，自况时运蹇塞⑨。马因力荐，明年李昭知贡举，遂擢桂，官至御史中丞⑩。蟾本寒士，遑遑于一名，十年始就。性倜傥离群，稍尚气节⑪。人与千金无故，即身死亦不受。其胸次磊块，诗酒能为消破耳。诗体则气势雄伟，态度谐远，如狂风猛雨之来，物物竦动，深造理窟，亦一奇逢掖也⑫。诗集一卷，今传。

[校注]

　　①高蟾：唐河朔间（黄河以北地区）人，昭宗时任御史中丞。《全唐诗》卷六六八收其诗。　②乾符三年：清钱熙祚云阁本作乾符二年（875）。　③郑郎中谷：郑谷（？—约897），字守愚，唐袁州宜春（今属江西）人，官至都官郎中。称高先辈：称高蟾为"先辈"，以示尊敬。　④省：此指尚书省。以下四句，《全唐诗》题作《春》。　⑤冰柱：《全唐诗》作"天柱（一作月桂）"。擳（zhī）：撑拄。鐄：同"锁"。　⑥上马侍郎：《全唐诗》题作《下第后上永崇高侍郎》。按，"高""马"草书形

近易误。　⑦莫向：《全唐诗》作"不向"。　⑧意指亦直：清钱熙祚云："阁本作'意亦凄楚'。"　⑨蹇室：同"蹇滞"（困顿，不顺利）。　⑩擢桂：谓登第。御史中丞：御史台的副长官，掌监察、执法等。　⑪稍：颇，甚。　⑫逢掖：儒士所着之衣。《礼记·儒行》："丘少居鲁，衣逢掖之衣。"此借指儒士。

230　高　骈①

骈字千里，幽州人也。崇文之孙②。少闲鞍马弓刀，善射，有臂力。更锉锐为文学③，与诸儒交，硁硁谈治道④。初事朱叔明为府司马，迁侍御史⑤。一日校猎围合，有双雕并飞，骈曰："我后大富贵，当贯之⑥。"遂一发联翩而坠，众大惊，号"落雕御史"。骈为西川节度⑦，筑成都城四十里，朝廷疑之。以宴间《咏风筝》诗云⑧："依稀似曲才堪听，又被风吹别调中⑨。"明日诏下，移镇渚宫⑩，亦谶之类也。仕至平章事，封渤海郡王⑪。初，骈以战讨之勋，累拜节度，手握王爵，口含天宪⑫，国家倚之。时巢贼日益甚，两京亦陷，大驾蒙尘，遂无勤王之意⑬，包藏祸心，欲便徼幸。帝知之，以王铎代为都统⑭，加侍中。骈失兵柄，攘袂大诟，一旦失势，威望顿尽，方且弃人间事，绝女色，属意神仙。鄱阳商侩吕用之妄言能以妖术役鬼神⑮，及狂人诸葛殷、张守一之徒凡十余辈相引而进⑯，多为谬悠长年飞化之说，羽衣鹤氅，诡辩风生。骈事之若神，造迎仙楼，高八十尺，日同方士登眺，计鸾笙在云表而下，用之等叱咤风雷，或望空揖拜，言睹仙过，骈辄随之。用之曰："玉皇欲补公真官，吾谪限亦满，必当陪幢节同归上清耳⑰。"其造怪不可胜纪。至以用之、守一、殷等为将，分掌兵符，皆称将军，开府置官属，礼与骈均。卒至叛逆首乱，磔尸道途，死且不悟。裹骈以破毡，与子弟七人，一坎而瘗，名书于《唐史·叛臣传》⑱，亦何足道矣！有诗一卷，今传；大顺中，谢蟠隐为之序⑲。

[校注]

①高骈（？—887）：唐幽州（今北京、天津一带）人。《全唐诗》卷五九八收其诗。　②崇文：高崇文，以战功封南平郡王、同中书门下平章事。　③锉锐：锉磨锐气。　④硁硁：执着浅薄貌。　⑤朱叔明：曾任灵武节度使。见《资治通鉴》唐宣宗大中三年。府司马：府的佐吏，位在别驾、长史之下。侍御史：御史台的成员。　⑥"我后"二句：如果我以后有大富贵，今当一箭贯双雕。　⑦西川：剑南西川，约当今四川中部地区，治所在成都。　⑧《咏风筝》：《全唐诗》题作《风筝》（一作《题风筝寄意》）。诗云：旧本无"诗"字，今据清钱熙祚校语补。　⑨风吹：《全唐诗》作"移将"。　⑩渚宫：江陵的别称。春秋楚成王始建，故址在今湖北荆州市西北故江陵城。　⑪平章事：代行宰相职务的官，全称"同中书门下平章事"。渤海郡：约当今山东滨州市、河北沧州市一带。　⑫天宪：朝廷的法令。《后汉书·朱穆传》："当今中官近习，窃持国柄，手握王爵，口含天宪。"　⑬巢贼：对农民起义领袖黄巢的诬称。两京：指西京长安与东都洛阳。大驾：此借指唐僖宗。勤王：谓出兵保卫帝王。　⑭王铎：武宗时进士，累官同中书门下平章事，后从僖宗入蜀，加侍中，出为义成军节度使、诸道行营都统。　⑮鄱阳：今江西鄱

阳。吕用之：唐鄱阳安仁里人，事九华山道士牛弘徽，颇传其驱役考召之术云。详《太平广记》卷二九〇引《妖乱志》。此句旧作"鄱阳商侩吕用之会妖术，役鬼神"，今据钱熙祚校语改。　⑯诸葛殷：唐方士，助骈为恶，后为王铎所擒，被缢死。辈：人（多数）。此句旧作"及狂人诸葛殷、张守一等相引而进"，今据钱说改。　⑰幢节：旗帜仪仗。借指高骈。上清：道家幻想的"仙境"。　⑱坎：墓穴。瘗（yì）：埋葬。《唐史》：当作《唐书》。　⑲谢蟠隐：唐昭宗时人，传为谢灵运之后。

231　牛　峤①

峤字延峰，陇西人。宰相僧孺之后②。博学有文，以歌诗著名。乾符五年孙偓榜第四人进士③，仕历拾遗、补阙、尚书郎。王建镇西川④，辟为判官。及伪蜀开国⑤，拜给事中，卒。有集，本三十卷，自序云："窃慕李长吉所为歌诗⑥，辄效之。"今传于世。

[校注]

①牛峤：唐陇西（今甘肃陇西一带）人。《全唐诗》卷六六七收其诗六首。　②宰相僧孺：牛僧孺，穆宗时为相。　③孙偓：唐武遂（今河北保定市徐水区西）人，昭宗时为相。　④王建（847—918）："前蜀"的始建者。　⑤伪蜀：即"前蜀"（907—925）。　⑥李长吉：李贺（790—816），唐福昌（今河南宜阳）人。

232 钱 珝①

珝,吴兴人,起之孙也②。乾宁六年郑蔼榜及第③。昭宗时仕为中书舍人④。工诗,有集传于世。

[校注]

①钱珝（xǔ）：唐吴兴（今浙江湖州）人。《全唐诗》卷七一二收其诗,云:"钱珝,字瑞文,吏部尚书徽之子。善文词,宰相王溥荐知制诰,进中书舍人,后贬抚州司马。" ②起：钱起,"大历十才子"之一。按,珝当为徽之孙,起之曾孙。参见本书卷四《钱起》注。 ③乾宁六年：当作"乾符六年"(879)。按,乾宁无"六年";乾宁时,钱珝已进为中书舍人。 ④昭宗：唐昭宗李晔,公元889—904年在位。

233 赵光远①

光远,丞相隐之犹子也②。幼而聪悟。咸通、乾符中,称气焰。善为诗。温庭筠、李商隐辈掞媒之③。恃才不拘小节,皆金鞍骏马。尝将子弟恣游狭邪,著《北里志》,颇述青楼红粉之事④,及有诗等传于世。○光远等千金之子⑤,厌饫膏粱,仰荫承荣,视若谈笑。骄佚不期而至矣。况年少多才,京邑繁盛,耳目所荡,素少闲邪之虑者哉！故辞意多裙裾妖艳之态⑥，无足怪矣。有孙启、崔珏⑦，同时恣心狂狎，相为唱和，颇陷轻薄，无退让之风。惟卢弼气象稍严，不迁狐惑⑧，如《边庭四时怨》等作⑨，赏音大播，信不偶然。区区凉德，徒曰贵介⑩，不暇录尚多云。

[校注]

①赵光远：唐懿宗、僖宗时人。《全唐诗》卷七二六收其诗三首，云："赵光远，华州刺史鹭之子，不第而没；光化中，韦庄奏赠官。" ②隐：赵隐，唐奉天（今陕西乾县）人，懿宗时进同中书门下平章事。犹子：侄儿。 ③温庭筠（约812—866）：唐太原（今属山西）人。李商隐（约813—约858）：唐怀州河内（今河南沁阳）人。梯（tī）媒：犹推重。 ④《北里志》：非光远所著，乃唐孙棨著，成书于中和四年（884），内容系追忆北里（唐长安北门平康里）诸妓之事，开后世狎邪文学之端。青楼：指妓院。红粉：指美女。 ⑤千金之子：富贵人家子弟。 ⑥裙裾：指女性装束。 ⑦孙启：沪本云："'孙启'似当作'孙棨'。今本《北里志》题孙棨撰。"《全唐诗》卷七二七收其诗六首，云："孙棨，字文威，自号无为，历官御史、翰林学士、中书舍人。"崔珏：尝寄家荆州。唐宣宗时进士，由幕府拜秘书郎，累官至侍御史。《全唐诗》卷五九一收其诗。 ⑧卢弼：《全唐诗》卷六八八收其诗八首，云："卢汝弼（《才调集》作'卢弼'），登进士第，以祠部员外郎知制诰。从昭宗迁洛；后依李克用，克用表为节度副官。"狐惑：以阴柔惑人。不迁狐惑，谓不为狐惑所动。 ⑨《边庭四时怨》：《全唐诗》题为《和李秀才边庭四时怨》，凡四首。 ⑩区区：泛指一般作者。凉德：薄德。贵介：犹尊贵。

234 周 朴[①]

朴字见素，长乐人，嵩山隐君也[②]。工为诗，抒思尤艰。每有所得，必极雕琢，时诗家称为月锻年炼，未及成篇，已播人口，取重当时如此。贯休尤与往还[③]，深为怜才。而朴本无奋名竞利之心，特以道尊德贵，声价益超耳[④]。乾符中，为巢贼所得，以不屈，竟及于祸，远近闻之，莫不流涕。林嵩得其诗百余篇为二卷[⑤]，僧栖浩序首，今传于世。○周朴山林之癯，槁衣粝食[⑥]，以为黔娄、原宪，不殄天物[⑦]，庶足保身而长年。今则血染缊袍[⑧]，魂散茅宇，盗跖不仁[⑨]，竟嚼虎口，天道福善祸淫，果何如哉！古称饰变诈为奸轨者，自足乎一世之间；守道循理者，不免于饥寒之患。杀戮无辜，乱世之道。每读至此，未尝不废书抚髀欷歔也[⑩]。

[校注]

①周朴（？—878）：唐福州长乐（今属福建）人。《全唐诗》卷六七三收其诗，谓系吴兴（今浙江湖州）人，字太朴。 ②嵩山：在河南登封市北。隐君：指隐士。 ③贯休（832—912）：五代前蜀诗僧，婺州兰溪（今属浙江）人。 ④声价：旧本作"美价"。清钱熙祚云："'美'当依阁本作'声'。"今从之。 ⑤林嵩：唐长乐人，乾符二年（875）进士，官终金州刺史。 ⑥癯：癯仙，骨姿清瘦的仙人。槁衣粝食：草衣粗食。 ⑦黔娄：战国齐隐士。晋陶渊明《咏贫士》之四："安贫守贱者，自古有黔娄。"原宪（约前515—？）：春秋鲁人，孔子学生，隐于卫。殄：

灭绝。　⑧缊袍：以乱麻（代替丝絮）衬于其中的袍子。　⑨跖：春秋战国时人民起义领袖，旧时被诬称为"盗跖"。　⑩髀（bì）：大腿。

235 罗　隐①

　　隐字昭谏，钱塘人也②。少英敏，善属文，诗笔尤俊，拔养浩然之气。乾符初举进士，累不第。广明中，遇乱，归乡里。时钱尚父镇东南③，节钺崇重，隐欲依焉。进谒，投素作，卷首《过夏口》云④："一个祢衡容不得，思量黄祖谩英雄⑤。"镠得之大喜，遂以书辟曰⑥："仲宣远托刘荆州，盖因乱世⑦；夫子乐为鲁司寇⑧，只为故乡。"隐曰："是不可去哉⑨！"遂为掌书记⑩。性简傲，宏谈高论⑪，满座风生。好谐谑，感遇辄发。镠爱其才，前后赐予无数，陪从不顷刻相背。表迁节度判官、盐铁发运使⑫。未几，奏授著作郎⑬。镠初授镇，命沈崧草表谢⑭，盛言浙西富庶。隐曰："今浙西焚荡之余，朝臣方切贿赂⑮，表奏，将鹰犬我矣⑯。"镠请隐更之，有云："天寒而麋鹿曾游，日暮而牛羊不下⑰。"又为贺昭宗改名表云："左则姬昌之半字，右为虞舜之全文⑱。"作者称赏。转司勋郎中⑲。自号"江东生"。魏博节度罗绍威慕其名⑳，推宗人之分，拜为叔父。时亦老矣，尝表荐之。隐恃才忽睨，众颇憎忌。自以当得大用，而一第落落，传食诸侯㉑，因人成事，深怨唐室。诗文多以讥刺为主㉒，虽荒祠木偶，莫能免者。且介僻寡合，不喜军旅；献酬俎豆间㉓，绰绰有余也。隐初贫来赴举，过钟陵㉔，见营妓云英有才思。后一纪㉕，下第过之。英曰："罗秀才尚未脱白㉖。"隐赠诗云㉗："钟陵醉别十余春，重见云英掌上身㉘。我未成名英未嫁，可能俱是不如人。"与顾云同谒淮南高骈㉙，骈不礼。骈后为毕将军所杀，隐有延和阁之讥㉚。又以诗投相国郑畋，畋有女殊丽㉛，喜诗咏，读隐作至"张华谩出如舟语，不及刘侯一纸书㉜"，由是切慕之，精爽飞越，莫知所从。隐忽来谒，女从帘后窥见迂寝之状㉝，不复念矣。隐精法书，喜笔工衷凤㉞，谓曰："笔，文章货也㉟。今助子取高价。"即以雁头笺百幅为赠，士大夫踵门问价，一致千金，率多借重如此。所著《谗书》《谗本》《淮海寓言》《湘南应用集》《甲乙集》《外集》《启事》等，并行于世。○《易》戒毋以小善为无益而弗为，小恶为无伤而弗去也㊱。罗隐以褊急性成，动必嘲讪，卒成谩作㊲，顷刻相传。以其事业非不五鼎也，学述非不经史也㊳，夫何齐东野人㊴，猥巷小子，语及讥诮，必以隐为称首㊵？凋丧淳才，揄扬秽德㊶，白日能蔽于浮翳，美玉曾玷于青蝇，虽亦未必尽然，是皆阙慎微之义㊷。阮嗣宗臧否不挂口㊸，欲免其身㊹。如滑稽玩世东方朔之流㊺，又不相类也。

[校注]

①罗隐（833—910）：唐余杭（今属浙江杭州）人。《全唐诗》卷六五五至六六五收其诗。　②钱塘：今杭州市，唐代为余杭郡治所。　③钱尚父：指钱镠，唐末任镇海军节度使，后梁时为吴越王。《全唐诗》卷八三七有贯休《献钱尚父》诗，序云："钱镠自称吴越国王，休以诗投之。"

④夏口：古城名，故址在今湖北武汉市黄鹄山上。　⑤祢衡（173—198）：汉末平原般（今山东临邑东北）人。曹操欲辱之，反为衡所辱，

怒而遣衡至荆州刘表处，表将衡转与江夏太守黄祖，祖遂杀衡。黄祖：汉江夏太守，事刘表有功。表送祢衡至，祖初善待之；后大会宾客，以衡言不逊，终杀之。谩：怠慢。 ⑥遂以书辟曰：清钱熙祚引作"遇以书辟曰"，并云："'遇'字衍文，'曰'上脱'之'字，当依阁本删补。"今按，旧本，"遂"字不误，"之"字不补亦可。 ⑦仲宣：王粲（177—217），汉山阳高平（今山东邹城西南）人，以博洽著称。先依刘表，未受重用，后为曹操幕僚。刘荆州：刘表（142—208），汉山阳高平（今属山东）人，曾任荆州刺史，拥有今湖北、湖南之地。乱世：指汉末军阀混战之世。 ⑧夫子：指孔子，春秋鲁人，五十岁时，由中都宰升任司寇，并摄行相事。 ⑨去：离去。 ⑩掌书记：节度使的属官，掌笺奏、文书等。罗隐曾任镇海军掌书记。 ⑪宏谈高论：原作"高谈阔论"，依钱熙祚校语改。 ⑫节度判官：节度使的属官，分判仓曹、兵曹、骑曹、胄曹之事。盐铁发运使：掌盐铁漕运的官。 ⑬著作郎：著作局的长官。唐时著作局属秘书省。 ⑭沈崧：唐昭宗时进士，时任镇海军掌书记，书檄表奏，多出其手。 ⑮切：犹切盼。 ⑯鹰犬我：以我为鹰犬，为之逐利。 ⑰"天寒"句：形容殿宇荒凉。《史记·淮南衡山列传》："（伍被曰）臣闻子胥谏吴王，吴王不用，乃曰'臣今见麋鹿游姑苏之台也'。今臣亦见宫中生荆棘、露沾衣也。""日暮"句：形容生产凋敝。《诗·王风·君子于役》："日之夕矣，牛羊下来。"此反其意而用之。 ⑱"左则"二句：唐昭宗本名傑，更名晔。"晔"字左从"日"，故云"姬昌之半字"；右从"华"，故谓"虞舜之全文"（舜名重华）。 ⑲作者：从事写作的人。司勋郎中：吏部司勋司的长官，主管功赏事务等。 ⑳魏博：方镇名，约当今河南北部、河北东南部、山东西北部之地，治所在魏州（今河北大名东北）。罗绍威：唐魏博节度使罗弘信之子。弘信死，领留后。

《全唐诗》卷七三四收绍威诗二首，谓其字端己，魏州贵乡（今河北大名）人，封邺王；入后梁，累拜太师兼中书令。　㉑落落：不遇。传食：谓辗转受人供养。　㉒多以：旧本作"凡以"，今据清钱熙祚校语改。㉓俎豆：有关祭祀、崇奉之事。《论语·卫灵公》："俎豆之事，则尝闻之矣；军旅之事，未之学也。"　㉔钟陵：约当今江西南昌市一带。《全唐诗》卷七四六陈陶《钟陵秋夜》诗云："洪崖岭上秋月明，野客枕底章江清。蓬壶宫阙不可梦，一一入楼归雁声。"　㉕一纪：十二年。　㉖脱白：脱下白衣，谓登第授官。　㉗隐赠诗：《全唐诗》卷六六二有罗隐《偶题》一首（一题作《嘲钟陵妓云英》）。　㉘掌上身：状体态轻盈。相传汉成帝后赵飞燕能舞蹈于掌，故云。　㉙顾云：唐池州（今属安徽）人，曾为高骈淮南节度从事。《全唐诗》卷六三七收其诗。淮南：旧本作"准南"，今改。高骈：唐幽州（今北京、天津一带）人，僖宗时任淮南节度使。　㉚毕将军：毕师铎，唐冤句（今山东曹县西北）人，原属王仙芝，后为高骈部下，光启中（887年顷）攻骈于扬州，杀之。延和阁：疑即"海风亭"。宋计有功《唐诗纪事》卷六十九："顾云依淮南高骈，隐讥之。夏饮于海风亭，云曰：'青蝇被扇扇离坐。'隐遽曰：'白泽遭钉钉在门。'"白泽，传说中神兽名。此指门上穿系门环的兽形装饰。　㉛郑畋：唐荣阳（今属河南）人，僖宗时以兵部侍郎同平章事。殊丽：疑当作"姝丽"。　㉜张华（232—300）：晋范阳方城（今河北固安县南）人，以博洽闻，诗多藻丽。如舟语：《全唐诗》卷六六五作"如丹语"，近是。张华被诛时曰："臣先帝老臣，中心如丹。臣不爱死，惧王室之难，祸不可测也。"见《晋书》本传。刘侯：刘琨（271—318），晋中山魏昌（今河北定州南）人，以功封广武侯，愍帝时任大将军。《晋书》本传云："琨少负志气，有纵横之才，善交胜己，而颇浮夸。与范阳祖逖为友，闻逖被用，与亲故书曰：‘吾枕戈待旦，志枭逆虏，常恐祖生先吾著鞭。’其意气相期如此。” ㉝精爽：神情。迂寝：迂阔，丑陋。 ㉞法书：书法。苌凤：唐制笔工人。 ㉟文章货：供写字作文的商品。 ㊱“毋以”二句：《易·系辞下》：“善不积不足以成名，恶不积不足以灭身。小人以小善为无益而弗为也，以小恶为无伤而弗去也。” ㊲谩作：犹幽默之作。 ㊳五鼎：古祭礼，大夫用五鼎盛羊、豕、肤、鱼、腊以祭。此借指显达。学述：治学，论述。 ㊴齐东野人：指道听途说，喜作荒唐之言的人。《孟子·万章上》：“此非君子之言，齐东野人之语也。” ㊵首：疑为“者”字之讹。 ㊶揄扬：宣扬。 ㊷慎微之义：旧本作“慎微之豫”，今依钱熙祚校语改。 ㊸阮嗣宗：阮籍（210—263），字嗣宗，三国魏陈留尉氏（今属河南）人。早岁蔑视礼教，对现实多所批判；后主张“口不臧否人物”，以求自全。 ㊹免其身：使自己免于祸患。㊺如：疑当作“与”。东方朔（前154—前93）：汉平原厌次（今山东惠民）人。武帝时，为太中大夫，以诙谐滑稽著名。

236 罗　虬[1]

虬词藻富赡，与族人隐、邺齐名[2]，咸通间称“三罗”，气宇终不逮。广明庚子乱后[3]，去从鄜州李孝恭为从事[4]。虬狂宕无捡束[5]，时雕阴籍中有妓杜红儿[6]，善歌舞，姿色殊绝，尝为副戎属意[7]。会副戎聘邻道[8]，虬久慕之，至是请红儿歌，赠以缯彩。孝恭以为副戎所盼，为从事歌则非礼，令勿受贶，虬不称意，怒拂衣起，诘旦手刃杀之[9]。孝恭以虬激己，坐之[10]。顷会赦，虬追其冤，于是取古之美女有姿艳才德者，作绝句一百首，以比红儿，当时盛传，此外不见有他作，体固凡庸，无大可采。序曰："红儿美貌年少，机智慧悟，不与群妓等。余知红者，择古灼然美色⑪，优劣于章句间。"其卒章云："华落尘中玉堕泥，香魂应上窈娘堤⑫。欲知此恨无穷处，长倩城乌夜夜啼⑬。"情极哀切。初以白刃相加，今日"余知红者"，虬实一狂夫也。且声律之道大爽⑭，姑录为笑谈耳。

[校注]

①罗虬：唐台州（今浙江临海一带）人。《全唐诗》卷六六六收其《比红儿诗》一百首。　②隐：罗隐（833—910），唐余杭（今属浙江杭州）人。邺：罗邺，唐余杭人。　③广明庚子：广明元年（880），岁在庚子，农民起义领袖黄巢率所部攻克洛阳及长安。　④鄜州：今陕西富县一带。　⑤捡束：同"检束"。检点，约束。　⑥雕阴：今陕西绥德一带。　⑦副戎：又称"贰车"或"副车"。见五代王定保《唐摭言》卷十《海叙不遇》。　⑧聘邻道：至邻道聘问。　⑨盼：看重。盼，旧本作"贮"。清钱熙祚云："'贮'当依阁本作'盼'。"今姑从之。为从事歌则非礼：旧本作"从事则非礼"，今依钱熙祚校语改。贶：赠礼。诘旦：次日晨。　⑩坐之：罪之。　⑪"择古"句：宋计有功《唐诗纪事》卷六十九作"乃择古之美色灼然于史传三数十辈"，可参。　⑫华：同"花"。窈娘：唐武后时补阙乔知之的侍婢，美丽善歌舞，后为武则天侄武承嗣所夺，愤而自杀。　⑬城乌夜夜啼：语本南朝梁吴均《城上乌》。　⑭爽：不合。

237 崔鲁①

鲁,广明间举进士②。工为杂文,才丽而荡。诗慕杜紫薇风范③,警句绝多。如《梅花》云"强半瘦因前夜雪,数枝愁向晚来天④",又"初开已入雕梁画,未落先愁玉笛吹",《莲花》云"何人解把无尘袖,盛取清香尽日怜⑤",《山鹊》云"一番春雨吹巢冷,半朵山华咽嘴香",又别题云"云生柱础降龙地,露洗林峦放鹤天"等⑥,皆绮制精深,脍炙人口。颇嗜酒,无德,尝醉辱陆肱郎中⑦,旦日惭甚,为诗谢曰⑧:"醉时颠蹶醒时羞,曲蘖催人不自由⑨。叵耐一双穷相眼,不堪花卉在前头。"陆亦谅之。悠悠乱世,竟无所成。鲁诗善于状景咏物,读之如咽冰雪,心爽神怡,能远声病,气象清楚,格调且高,中间别有一种风情,佳作也。诗三百余篇,名《无机集》⑩,今传。

[校注]

①崔鲁:唐僖宗时人,仕为棣州司马。《唐诗纪事》卷五十八、《全唐诗》卷五六七并作"崔橹"。《全唐诗》收其诗十六首。 ②广明间举进士:《唐诗纪事》《全唐诗》并谓系"大中时进士"。 ③杜紫薇:杜牧(803—853),官至中书舍人(唐称中书省为紫薇省),故云。 ④晚来天:《全唐诗》作"晚天来"。 ⑤清香:五代王定保《唐摭言》卷十《海叙不遇》作"残香"。 ⑥别题:《唐摭言》卷十题为《山寺》诗。

⑦陆肱:唐大中九年(855)进士,咸通六年(865)自前振武从事试

平判,入等,后牧南康郡。见《全唐诗》卷五六六。 ⑧为诗谢曰:《全唐诗》题为《有酒失于虔州陆郎中肱以诗谢之》。虔州,即南康郡,约当今江西赣州。 ⑨催人:《唐诗纪事》引作"推人"。 ⑩机:机巧变诈之心。《庄子·天地》:"有机械者必有机事,有机事者必有机心。机心存于胸中,则纯白不备;纯白不备,则神生不定;神生不定者,道之所不载也。"

238 秦韬玉①

韬玉,字中明②,京兆人。父为左军将军③。韬玉少有词藻,工歌吟,恬和浏亮。慕柏耆为人④。然险而好进,谄事大阉田令孜⑤,巧宦未期年,官至丞郎、判盐铁、保大军节度判官⑥。僖宗幸蜀,从驾。中和二年礼部侍郎归仁绍放榜⑦,特敕赐进士及第,令于二十四人内安排,编入春榜⑧,令孜引擢工部侍郎。韬玉歌诗,每作人必传诵。《贵公子行》云:"阶前莎毯绿未卷,银龟喷香挽不断。乱华织锦柳捻线⑨,妆点池台画屏展。主人功业传国初,六亲联络驰朝车。斗鸡走狗家世事,抱来皆佩黄金鱼⑩。却笑书生把书卷,学得颜回忍饥面⑪。"又,潇水出道州九疑山中⑫,湘水出桂林海阳山中⑬,经灵渠,至零陵,与潇水合,谓之潇湘,为永州之二水也,清泚一色⑭,高秋八九月,才丈余,浅碧见底,过衡阳,抵长沙,入洞庭。韬玉赋诗云:"女娲罗裙长百尺,担在湘江作山色⑮。"又云:"岚光楚岫和空碧,秋染湘江到底清⑯。"由是大知名,号为绝唱。今有《投知小录》三卷行于世。

[校注]

①秦韬玉：唐京兆（今陕西西安）人。《全唐诗》卷六七〇收其诗。 ②中明：《全唐诗》作"仲明"。 ③左军将军：武散官名。五代王定保《唐摭言》卷九《芳林十哲》、宋计有功《唐诗纪事》卷六十三并作"左军军将"。 ④柏耆：唐魏州（今河北大名一带）人，善纵横之学，义宗时授德州行军计会使。 ⑤田令孜（？—893）：唐宦官，恃宠专权，僖宗称之为"阿父"。 ⑥丞郎：疑当作"侍郎"。韬玉曾以工部侍郎为田令孜神策军判官，见《唐诗纪事》。判：兼任。盐铁：指盐铁使。保大军：今陕西延安一带。 ⑦归仁绍：唐懿宗咸通十年（869）第一名进士，与司空图同榜。曾任侍御史，见《资治通鉴》唐僖宗乾符四年（877）。 ⑧春榜：春季中式及第的榜（对秋榜而言）。 ⑨乱华：同"乱花"。 ⑩黄金鱼：唐代授予五品以上官属的符信，作鱼状，有金质、银质、铜质等。 ⑪书生：《唐诗纪事》作"儒生"。颜回：颜渊，名回，孔子学生。贫居陋巷，箪食瓢饮，不改其乐。 ⑫道州：约当今湖南道县、宁远以南一带。九疑山：今作"九嶷山"，在湖南宁远县南。 ⑬海阳山：今作"海洋山"，在广西兴安县南。 ⑭永州：唐辖境约当今湖南永州零陵区及广西全州一带。清泚（cǐ）：清澈。 ⑮女娲：女娲氏，传说中人类始祖。担：《全唐诗》作"搭"，近是。 ⑯"岚光"二句：见《全唐诗》卷六七〇《长安书怀》诗。岚光，《全唐诗》作"岚收"，近是。岚，山林中雾气。楚岫，湖广一带的峰峦。

239 郑　谷①

　　谷字守愚，袁州宜春人。父史，开成中为永州刺史②。谷幼颖悟绝伦，七岁能诗。司空侍郎图与史同院③，见而奇之，问曰："予诗有病否？"曰："大夫《曲江晚望》云④：'村南斜日闲回首，一对鸳鸯落渡头。'此意深矣！"图拊谷背曰："当为一代风骚主也。"光启三年右丞柳玼下第进士⑤，授京兆鄠县尉，迁右拾遗、补阙⑥。乾宁四年为都官郎中⑦，诗家称"郑都官"。又尝赋《鹧鸪》⑧，警绝，复称"郑鹧鸪"云。未几告归，退隐仰山书堂⑨，卒于北岩别墅。谷诗清婉明白，不俚而切，为薛能、李频所赏⑩。与许棠、任涛、张蠙、李栖远、张乔、喻坦之、周繇、温宪、李昌符唱答往还⑪，号"芳林十哲"⑫。谷多结契山僧，曰："蜀茶似僧，未必皆美，不能舍之。"齐己携诗卷来袁谒谷⑬，《早梅》云："前村深雪里，昨晚数枝开。"谷曰："数枝非早也，未若一枝佳。"已不觉设拜曰："我一字诗也。"尝从僖宗登三峰⑭，朝谒之暇，寓于云台道舍⑮，编所作为《云台编》三卷；归编《宜阳集》三卷，及撰《国风正诀》一卷，分六门，摭诗联，注其比象君臣贤否、国家治乱之意，今并传焉。

[校注]

　　①郑谷（？—897）：唐宜春（今属江西）人。《全唐诗》卷六七四至

六七七收其诗。　②父史：郑史，唐开成元年（836）进士，历国子博士、永州刺史。永州：约当今湖南永州及广西全州一带。　③司空侍郎图：司空图（837—908），昭宗时任兵部侍郎。　④大夫：宋计有功《唐诗纪事》卷七十作"丈丈"，近是。曲江：曲江池，唐时游览胜地，故址在今陕西西安市东南。　⑤右丞：尚书省右丞，总辖兵、刑、工三部之事。柳玭（pín）：唐华原（今陕西铜川市耀州区）人，昭宗欲倚之为相，为中官所谮而止。　⑥京兆：府名，约当今陕西西安、渭南、铜川等地。鄠县：今陕西省西安市鄠邑区。右拾遗、补阙：中书省的属官，掌讽谏、供奉、举荐等。　⑦都官郎中：刑部的属官。　⑧《鹧鸪》：《全唐诗》卷六七五《鹧鸪》诗云："暖戏烟芜锦翼齐，品流应得近山鸡。雨昏青草湖边过，花落黄陵庙里啼。游子乍闻征袖湿，佳人才唱翠眉低。相呼相应湘江阔，苦竹丛深春日西。"　⑨仰山：大仰山，在江西宜春。唐僧慧寂居此，号仰山。　⑩薛能（？—880）：唐汾州（今山西汾阳一带）人。李频：唐寿昌（今浙江建德市西南）人。　⑪许棠（约822—？）：唐宣州泾县（今安徽泾县）人。任涛：唐筠州（今江西高安一带）人。张蠙：唐清河（今属河北）人。李栖远：未详。张乔：唐池州（今安徽池州贵池区）人。喻坦之：唐睦州（今浙江建德一带）人。周繇：唐池州（今属安徽）人，咸通十三年（872）进士。温宪：唐太原（今属山西）人，温庭筠之子。李昌符：唐宣宗至僖宗时人，咸通四年（863）进士。　⑫芳林十哲：五代王定保《唐摭言》卷九："咸通中自云翔辈凡十人，今所记者有八，皆交通中贵，号芳林十哲。芳林，门名，由此入内故也。"按，所举沈云翔等八人，与此全异；则"十哲"所指，盖因时而不同。参见本书卷十《张乔》。　⑬齐己（约860—约937）：唐诗僧，益阳（今属湖南）人。　⑭三峰：指华山的三个主峰（落雁峰、朝阳峰、莲华峰)。⑮云台道舍：东汉有南宫云台，故址在今河南洛阳一带。

240 齐　己①

齐己，长沙人。姓胡氏，早失怙恃②。七岁颖悟，为大沩山寺司牧③，往往抒思，取竹枝画牛背为小诗。耆夙异之④，遂共推挽入戒。风度日改，声价益隆。游江海名山，登岳阳⑤，望洞庭，时秋高水落，君山如黛⑥，唯湘川一条而已。欲吟杳不可得，徘徊久之。来长安数载，遍览终南、条、华之胜⑦。归过豫章⑧，时陈陶近仙去⑨，己留题有云："夜过修竹寺，醉打老僧门⑩。"至宜春，投诗郑都官云⑪："自封修药院，别下著僧床。"谷曰："善则善矣，一字未安。"经数日，来曰："'别扫'如何？"谷嘉赏，结为诗友。曹松、方干⑫，皆己良契。性放逸，不滞土木形骸⑬，颇任琴樽之好。尝撰《玄机分别要览》一卷⑭，摭古人诗联，以类分次，仍别风、赋、比、兴、雅、颂。又撰《诗格》一卷。又与郑谷、黄损等共定用韵⑮，为葫芦、辘轳、进退等格⑯，并其诗《白莲集》十卷，今传。

[校注]

①齐己（约860—约937）：《全唐诗》卷八三八至八四七收其诗，云："齐己，名得生，姓胡氏，潭之益阳人。出家大沩山同庆寺，复栖衡岳东林。后欲入蜀，经江陵，高从诲留为僧正，居之龙兴寺。自号衡岳沙门。"　②怙恃：父母。《诗·小雅·蓼莪》："无父何怙？无母何恃？"

③大沩（wéi）山寺：大沩山密印寺，在湖南宁乡市西。司牧：掌管牲畜。　④耆夙：耆宿，佛教指出家满五十年以上者。　⑤岳阳：指岳阳楼。　⑥君山：在洞庭湖中，相传为舜妃湘君所游处，故名。　⑦终南：终南山，在陕西西安市东南。条：中条山，在山西省西南部。华：华山，在陕西华阴市南。　⑧豫章：今江西南昌市。　⑨陈陶（约812—约885）：唐鄱阳（今属江西）人，大中时（847—860）游学长安，后隐居南昌西山。　⑩"夜过"二句．见《全唐诗》卷八四〇《过陈陶处士旧居》。修竹寺，《全唐诗》作"秋竹寺"。　⑪郑都官：郑谷，乾宁四年（897）任都官郎中。　⑫曹松：唐舒州（今安徽潜山）人，光化四年（901），年七十余始登第。方干（？—约888）：唐新定（今浙江建德）人。　⑬土木形骸：像土木一样的形体。喻纯朴的风格，不加修饰的形貌。　⑭玄机：道家指深奥玄妙的义理。　⑮黄损：唐连州（今属广东）人，后梁龙德二年（922）登进士第。仕南汉刘䶮（yǎn），累官尚书仆射。《全唐诗》卷七三四收其诗四首。　⑯葫芦：写诗押韵时先二后四，如先押两个"东"韵，再押四个"冬"韵，两韵相通，先小后大，有如葫芦。辘轳：二、四句押甲韵，六、八句押乙韵，两韵相通，双出双入，此起彼落。进退：二、六句押甲韵，四、八句押乙韵，两韵相通，一进一退，相间为韵。

241 崔　涂①

涂字礼山。光启四年郑贻矩榜进士及第②。工诗，深造理窟③，端能辣动人意；写景状怀，往往宣陶肺腑④。亦穷年羁旅，壮岁上巴、蜀，老大游陇山⑤。家寄江南，每多离怨之作。警策如"流年川暗度，往事月空明⑥"，《巫娥》云"江山非旧主，云雨是前身"⑦，如"病知新事少，老别故交难⑧"，《孤雁》云"渚云低暗度，关月冷相随"，《山寺》云"夕阳高鸟过，疏雨一钟残"⑨，又"谷树云埋老，僧窗瀑照寒⑩"，《鹦鹉洲》云"曹瞒尚不能容物，黄祖何因解爱才"⑪，《春夕》云"胡蝶梦中家万里，杜鹃枝上月三更"⑫，《陇上》云"三声戍角边城暮，万里归心塞早春"⑬，《过峡》云"五千里外三年客，十二峰前一望秋"等联⑭，作者于此敛衽⑮。意味俱远，大名不虚。有诗一卷，今传。

[校注]

①崔涂：唐江南人。《全唐诗》卷六七九收其诗。　②郑贻矩：疑为"薛贻矩"。薛，仕唐至兵部侍郎；入梁，累拜司空，为相五年卒。　③理窟：义理所在。　④宣陶：同"宣导"。抒发，使舒畅。《吕氏春秋·古乐》："昔陶唐氏之始……民气郁阏而滞著，筋骨瑟缩不达，故作为舞以宣导之。"　⑤陇山：崔涂有《陇上》诗。　⑥"流年"二句：见所作《夕次洛阳（一作维扬）道中》诗。　⑦《巫娥》：《全唐诗》题为《巫山庙》。　⑧"病知"二句：见所作《南山旅舍与故人别（一作商山道中）》诗。　⑨《山寺》：《全唐诗》题为《题绝岛山寺》。　⑩"谷树"二句：见所作《宿庐山绝顶山舍》诗。　⑪《鹦鹉洲》：汉末江夏太守黄祖之子曾于此大会宾客。《全唐诗》题为《鹦鹉洲即事》。　⑫《春夕》：《全唐诗》作《春夕（一本下有旅怀二字）》。　⑬《陇上》：《全唐诗》题作《陇上逢江南故人》。　⑭《过峡》：《全唐诗》题作《巫山旅别》。　⑮作者：诗文家。敛衽：敛衣襟于带间，以表敬意。

242 喻坦之①

坦之，睦州人。咸通中举进士不第，久寓长安，囊罄，忆渔樵，还居旧山，与李建州频为友②。频以诗送归云③："从容心自切，饮水胜衔杯。共在山中住，相随阙卜来。修身空有道，取事各无媒④。不信升平代，终遗草泽才⑤。"又："彼此无依倚，东西又别离⑥。"盖困于穷蹇，情见于辞矣。同时严维、徐凝、章八元枌榆相望⑦，前后唱和亦多，诗集，今传。

[校注]

①喻坦之：唐睦州（今浙江建德一带）人。与许棠、张乔、郑谷、张蠙等齐名。《全唐诗》卷七一三收其诗。 ②李建州频：李频，唐寿昌（今浙江建德西南）人，大中八年（854）进士，僖宗时任建州刺史。 ③以诗送归：诗题为《贻友人喻坦之》，见《全唐诗》卷五八七。 ④取事：《全唐诗》云："一作取士"。 ⑤草泽才：草野之才。 ⑥"彼此"二句：见所作《送友人喻坦之归睦州》诗，收于《全唐诗》卷五八九。 ⑦同时：疑当作"同乡"。严维：唐越州（今浙江绍兴）人，隐居桐庐。至德二载（757）进士。徐凝：唐睦州（今浙江建德）人，元和间（806—820）有诗名。章八元：唐睦州桐庐（今浙江桐庐）人，大历六年（771）进士。枌榆：《史记·封禅书》："高祖初起，祷丰枌榆社。"南朝宋裴骃《集解》引三国魏张晏："枌，白榆也。社在丰东北十五里。或曰：枌榆，乡名，高祖里社也。"此借指乡里。严、章、徐、喻，同乡而不同时也。

243 任　涛①

涛，筠州人也。章句之名早擅。乾符中，应数举，每败于垂成。李常侍骘廉察江西②，素闻涛名，取其诗览之，见云"露抟沙鹤起，人卧钓船流"，大加赏叹曰："任涛，奇才也，何故不成名？会当荐之。"特与放乡里杂役③，仍令本贯优礼④。时盲俗互有论列⑤，骘判曰："江西境内，凡为诗得及涛者，即与放役，岂止一任涛而已哉？"未几，涛逝去。有才无命，大可怜也。诗集今传。

[校注]

①任涛：唐筠州（今江西高安一带）人。　②李常侍骘：李骘，官至江南西道都团练、观察、处置等使。《全唐诗》卷六〇七收其诗五首。廉察江西：任江南西道观察处置使。　③放：免除。　④本贯：指原籍官府。　⑤盲俗：犹陋俗、陋习。论列：议论，说长道短。

244 温　宪①

宪，庭筠之子也②。龙纪元年李瀚榜进士及第③，去为山南节度府从事④。大著诗名。词人李巨川草荐表⑤，盛述宪先人之屈⑥，辞略曰⑦："蛾眉先妒⑧，明妃为去国之人⑨；猿臂自伤⑩，李广乃不侯之将⑪。"上读表，恻然称美。时宰臣亦有知者，曰："父以窜死⑫，今孽子宜稍振之，以厌公议⑬，庶几少雪忌才之恨。"上颔之。后迁至郎中，卒。有集文赋等传于世。

[校注]

①温宪：唐太原人。《全唐诗》卷六六七收其诗四首。 ②庭筠：即温庭筠（约812—866），仕终国子助教。 ③李瀚：唐末、五代人。《全唐诗》卷八八一收其《蒙求》诗一卷。 ④山南：约当今秦岭以南、长江以北、嘉陵江以东、伏牛山以西之地。 ⑤李巨川：唐陇右（今甘肃东南部一带）人，乾符中（约877）进士。 ⑥宪先人之屈：指其父的不幸遭遇。参见本书卷八《温庭筠》。 ⑦辞略曰：清钱熙祚云："阁本'辞'作'其'。" ⑧蛾眉：指美貌。先：疑当作"见"。 ⑨明妃：汉元帝宫人王嫱，字昭君。 ⑩猿臂：指善射者。《史记·李将军列传》："广为人长，猿臂，其善射亦天性也。"自伤：谓深自伤悼。 ⑪李广（？—前119）：汉名将，善骑射，击匈奴有功，而未尝封侯，反受责，自杀死。 ⑫窜：流落。 ⑬孽子：孤子。厌：满足，使心服。

245 李　洞①

洞字才江，雍州人，诸王之孙也。家贫，吟极苦，至废寝食。酷慕贾长江②，遂铜写岛像③，载之巾中。常持数珠念贾岛佛④，一日千遍。人有喜岛诗者，洞必手录岛诗赠之，叮咛再四曰："此无异佛经，归焚香拜之。"其仰慕一何如此之切也。然洞诗逼真似岛⑤，新奇或过之。时人多诮其僻涩，不贵其卓峭，唯吴融异赏⑥。融以大才，八面受敌，新律著称，游刃颇攻骚雅，尝以百篇示洞。洞曰："大兄所示中一联：'暖漾鱼遗子，晴游鹿引麛⑦。'绝妙也。"融不怨所鄙，而善其许。洞诗大略如《终南山》云⑧："残阳高照蜀，败叶远浮泾⑨。斸竹烟岚冻，偷湫雨雹腥⑩。……远平丹凤阙，冷射五侯厅⑪。"《赠司空图》云⑫："马饥餐落叶，鹤病晒残阳。"又曰："卷箔清溪月，敲松紫阁书⑬。"《送僧》云⑭："越讲迎骑马，蕃斋忏射雕⑮。"《归日本》云⑯："岛屿分诸国，星河共一天。"《夜》云⑰："药杵声中捣残梦，茶铛影里煮孤灯。"皆伟拔时流者。昭宗时凡三上不第。裴公第二榜帘前献诗云⑱："公道此时如不得，昭陵恸哭一生休⑲。"果失意，流落往来，寓蜀而卒。初，岛任长江，乃东蜀，冢在其处。郑谷哭洞诗云⑳："得近长江死㉑，想君胜在生。"言死生不相远也。洞尝集岛警句五十联，及唐诸人警句五十联为《诗句图》，自为之序，及所为诗一卷，并传。

[校注]

①李洞：唐雍州人。《全唐诗》卷七二一至七二三收其诗。　②贾长江：贾岛（779—843），唐范阳（今河北涿州一带）人，曾任长江主簿。　③铜写：谓以铜浇铸。　④数珠：佛教徒用以掐计诵经遍数的串珠。　⑤逼真似岛：旧本作"逼真于岛"。据清钱熙祚校语改。　⑥吴融（？—903）：唐越州山阴（今浙江绍兴）人，龙纪元年（889）进士。　⑦麛（mí）：小鹿。　⑧《终南山》：《全唐诗》卷七二二题为《终南山二十韵》。　⑨泾：泾河在陕西省中部，流入渭河。　⑩斸（zhú）：斫。湫（qiū）：深潭。　⑪丹凤阙：指宫廷之门。五侯厅：指权贵之家。　⑫《赠司空

图》:《全唐诗》题作《郑补阙山居》。 ⑬卷箔:谓卷帘。《全唐诗》卷七二二。《送从叔书记山阴隐居》云:"卷箔清江月,敲松紫阁书。"紫阁书:指道书。 ⑭《送僧》:《全唐诗》卷七二一题作《维摩畅林居(一作〈题维摩畅上人房〉)》。 ⑮越讲:越族高僧的讲席。骑马:五代王定保《唐摭言》卷十《海叙不遇》及宋计有功《唐诗纪事》卷五十八并作"骑象",是。蕃斋:外族僧人所设的素餐。 ⑯《归日本》:沪本云:"'归日本'上当脱'送某某'等字。"今按,《唐摭言》作《送人归日本》,《唐诗纪事》作《送人归东南》,又作《送僧游南海》,《全唐诗》卷七二一题作《送云卿上人游安南》。 ⑰《夜》:《唐诗纪事》作《上崇贤曹郎中》,《全唐诗》作《赠曹郎中崇贤所居》。 ⑱裴公:裴贽,唐闻喜(今属山西)人,昭宗时拜中书侍郎、同中书门下平章事。 ⑲昭陵:唐太宗的陵墓,在醴泉(今陕西礼泉县)东北。 ⑳郑谷(?—897):袁州宜春(今属江西)人,光启三年(887)进士。哭洞诗:见《全唐诗》卷六七四《哭进士李洞二首》之二。 ㉑得近:《全唐诗》作"若近",较胜。

246 吴　融①

融字子华,山阴人。初力学,富辞,调工捷。龙纪元年李瀚榜及进士第②。韦昭度讨蜀③,表掌书记。坐累去官,流浪荆南④,依成汭⑤。久之,召为左补阙⑥,以礼部郎中为翰林学士,拜中书舍人。天复元年元旦,东内反正⑦,既御楼,融最先至,上命于前座跪草十数诏,简备精当,曾不顷刻,皆中旨,大加赏激,进户部侍郎。帝幸凤翔⑧,融不及从,去,客阌乡⑨,俄召为翰林承旨⑩,

卒。为诗靡丽有余，而雅重不足。集四卷及制诰一卷，并行。

[校注]

①吴融（？—903）：唐越州山阴（今浙江绍兴）人。《全唐诗》卷六八四至六八七收其诗。　②龙纪元年：公元889年。　③韦昭度：唐京兆（今陕西西安）人，累官兵部侍郎，曾讨平李昌符之乱，昭宗时授西川节度使。　④荆南：约当今湘、鄂、川一带。　⑤成汭：唐青州（约当今山东潍坊）人，昭宗时为荆南留后。　⑥左补阙：门下省的属官，掌进谏、荐举之事。　⑦天复元年：公元901年。东内：指唐昭宗。唐大明宫在西内东北，称东内，昭宗曾被废于此。反正：复位。　⑧凤翔：今属陕西宝鸡市。　⑨阌（wén）乡：今属河南灵宝市。　⑩翰林承旨：学士院的主要成员，位在诸学士之上。

247 韩　偓①

偓字致尧②，京兆人。龙纪元年礼部侍郎赵崇下擢第③。天复中，王溥荐为翰林学士④，迁中书舍人。从昭宗幸凤翔，进兵部侍郎、翰林承旨。尝与崔胤定策诛刘季述⑤。昭宗反正，论为功臣。帝疾宦人骄横，欲去之。偓画策称旨，帝前膝曰："此一事终始以属卿。"偓因荐座主御史大夫赵崇，时称能让。李彦弼倨甚⑥，因谮偓漏禁省语⑦，帝怒曰："卿有官属，日夕议事，奈何不欲我见韩学士邪？"帝励精政事，偓处可机密率与上意合⑧。欲相者三四⑨，让不敢当。偓喜侵侮有位⑩，朱全忠亦恶之⑪，乃构祸贬濮州司马⑫。帝流涕曰："我左右无人矣。"天祐二年，复召为学士，偓不敢入朝，挈其族南依王审知而卒⑬。偓自号"玉山樵人"。工诗，有集一卷；又作《香奁集》一卷，词多侧艳新巧；又作《金銮密记》五卷，今并传。

[校注]

①韩偓（约842—923）：唐京兆万年（今陕西西安）人。《全唐诗》卷六八〇至六八三收其诗。 ②致尧：《全唐诗》作"致光"。 ③赵崇：五代孙光宪《北梦琐言》卷三云："唐赵大夫崇，凝重清介，门无杂宾。慕王濛、刘真长之风也，标格清峻，不为文章，号曰'无字碑'。每遇转官，旧例各举一人自代。亚台未尝举人，云'朝中无可代已也'。世亦以此少之。" ④王溥：拥昭宗复位有功，以中书侍郎同中书门下平章事。 ⑤崔胤：昭宗时累迁御史中丞，由户部侍郎同中书门下平章事。刘季述：昭宗时宦官，曾与王仲先等图谋废帝，事败被杀。 ⑥李彦弼：昭宗时宦官。《资治通鉴》唐昭宗天复元年："上遣赵国夫人出语韩偓：'朝来彦弼辈无礼极甚，欲召卿对，其势未可。'" ⑦禁省：指皇宫内部。 ⑧处可：处置，办理。 ⑨欲相：欲以之为相。 ⑩有位：位高者。 ⑪朱全忠：朱温（852—912），宋州砀山（今属安徽）人。初参加黄巢起义，后降唐，赐名全忠。以镇压黄巢有功，封为梁王。天祐四年（907），代唐称帝，国号梁。 ⑫濮州：约当今河南濮阳一带。 ⑬王审知（862—925）：时居福建，任威武军节度使。后梁开平三年（909），封为闽王。

248 唐 备[①]

备，龙纪元年进士。工古诗，多涵讽刺，颇干教化，非浮艳轻斐之作[②]。与同时于濆者[③]，共一机轴[④]，大为时流所许。备诗有"天若无雪霜，青松不如草。地若无山川，何人重平道[⑤]"，又"狂风拔倒树，树倒根已露。上有数枝藤，青青犹未悟[⑥]"，又"一日天无风，四溟波自息。人心风不吹，波浪高百尺[⑦]"，又《别家》云"兄弟惜分离，拣日皆言恶"，于濆《对华》云"华开蝶满枝，花谢蝶来稀。惟有旧巢燕，主人贫亦归"等诗[⑧]，发为浇俗[⑨]，至今人话间，必举以为警戒，足见之矣。余诗多传。

[校注]

①唐备：唐懿宗至昭宗时人。《全唐诗》卷七七五收其诗三首。

②轻斐：疑当作"轻窕"。　③与同时于濆者：旧本作"同时干濆者"，据清钱熙祚校语改。于濆，唐咸通二年（861）进士，终泗州判官。

④机轴：当作"机杼"。喻艺术构思。　⑤"天若"四句：见《全唐诗》卷七七五《失题二首》之一。　⑥"狂风"四句：《全唐诗》题为《道傍木》。　⑦"一日"四句：见《全唐诗》卷七七五《失题二首》之二。四溟，四海。波自息，《全唐诗》作"波尽息"。　⑧《对华》：《全唐诗》卷五九九题作《对花（一作武瑾诗，题云感事）》。花谢蝶来稀：《全唐诗》作"花落蝶还稀"。　⑨浇俗：浮薄的习俗。

249 王　驾①

驾字大用,蒲中人,自号"守素先生"。大顺元年杨赞禹榜登第,授校书郎,仕至礼部员外郎。弃官嘉遁于别业②,与郑谷、司空图为诗友③,才名藉甚。图尝与驾书,评诗曰:"国初雅风特盛,沈、宋始兴之后④,杰出于江宁⑤,宏思至李杜极矣⑥。右丞、苏州⑦,趣味澄夐⑧,若清流之贯远⑨。大历十数公⑩,抑又其次。元白力勍而气孱⑪,乃都市之豪估耳⑫。刘梦得、杨巨源亦各有胜会⑬。浪仙、无可、刘得仁辈⑭,时得佳致,亦足涤烦。厥后所闻,徒褊浅矣。河、汾蟠郁之气⑮,宜继有人。今王生寓居其间,沉渍益久,五言所得,长于思与境偕,乃诗家之所尚者,则前所谓必推于其类⑯,岂若神跃色扬而已哉⑰!"驾得书,自以誉不虚己。当时价重,乃如此也。今集六卷行于世。

[校注]

①王驾:唐蒲中人,《唐诗纪事》《全唐诗》并作"河中人"。《全唐诗》卷六九〇收其诗六首。　②嘉遁:谓正常退隐。《易·遁》:"嘉遁贞吉。"　③郑谷(?—897):唐宜春(今属江西)人,光启三年(887)进士。司空图(837—908):唐河中(今山西永济)人,咸通十年(869)进士。　④沈、宋:指沈佺期、宋之问。　⑤杰出于江宁:"于"字原缺,依钱熙祚校语补。江宁,指王昌龄(曾任江宁丞)。　⑥宏思至李杜:钱熙祚云:阁本作"宏思于李杜"。李杜,指李白、杜甫。　⑦右

丞：指王维（官至尚书右丞）。苏州：指韦应物（曾任苏州刺史）。　⑧澄夐（xiòng）：清新，深远。　⑨若清流之贯远：沪本云："《司空表圣文集》本句作'若清沈之胃达'。"　⑩大历十数公：泛指"大历十才子"。按，大历十才子，《新唐书》《唐诗纪事》《唐才子传》诸书所指不同，合计可达十四人以上。　⑪元、白：指元稹、白居易。劲（qíng）：强劲。孱（chán）：懦弱。　⑫乃都市之豪估耳："之"字原缺，据清钱熙祚校语补。　⑬刘梦得：刘禹锡，字梦得。杨巨源：唐贞元五年（789）进士。胜会：犹佳致。　⑭浪仙：贾岛，字阆仙，一作浪仙。无可：唐诗僧，贾岛从弟。刘得仁：唐穆宗至宣宗时人。　⑮河、汾：黄河、汾水间，山西省西南部地区。蟠郁：盘曲，延伸。　⑯前所谓："所"字原缺，据钱熙祚校语补。　⑰岂若：沪本云："'若'，《司空表圣文集》作'止'。"

250 戴思颜①

思颜，大顺元年杨赞禹榜进士及第，与王驾同袍②。有诗名，气宇盘礴③，每有过人，遂得名家，岂泛然矣。有集，今传。

[校注]

①戴思颜：唐僖宗、昭宗时人，官太常博士。《全唐诗》卷六九〇收其诗二首。　②王驾：唐大顺元年（890）进士。同袍：谓同榜。　③盘礴：犹磅礴。

251 杜荀鹤[①]

荀鹤，字彦之，牧之微子也[②]。牧会昌末自齐安移守秋浦[③]，时妾有妊，出嫁长林乡士杜筠[④]，生荀鹤。早著诗名[⑤]。尝谒梁王朱全忠[⑥]，与之坐，忽无云而雨，王以为天泣不祥，命作诗[⑦]，称意；王喜之。荀鹤寒畯[⑧]，连败文场，甚苦，至是遣送名春官[⑨]，大顺二年裴贽侍郎下第八人登科[⑩]，正月十日放榜，正荀鹤生朝也。王希羽献诗曰[⑪]："金榜晓悬生世日，玉书潜记上升时[⑫]。九华山色高千尺[⑬]，未必高于第八枝。"荀鹤居九华，号"九华山人"。张曙拾遗亦工诗[⑭]，又同年[⑮]，尝醉谑曰："杜十五大荣[⑯]，而得与曙同年。"荀鹤曰："是公荣。天下只知有荀鹤，若个知有张五十郎邪[⑰]？"各大笑而罢。宣州田頵甚重之[⑱]，常致笺问。梁王立[⑲]，荐为翰林学士，迁主客员外郎。颇恃势悔慢缙绅，为文多主箴刺，众怒，欲杀之，未得。天祐元年卒[⑳]。荀鹤苦吟，平生所志不遂，晚始成名，况丁乱世，殊多忧惋思虑之语，于一觞一咏，变俗为雅，极事物之情，足丘壑之趣，非易能及者也。与太常博士顾云初隐一山[㉑]，登第之明年，宁亲相会[㉒]；云撰集其诗三百余篇，为《唐风集》三卷[㉓]，且序，以为"壮语大言，则决起逸发，可以左揽工部袂[㉔]，右拍翰林肩[㉕]，吞贾喻八九于胸中[㉖]，曾不芥蒂。或情发乎中，则极思冥搜，神游希夷[㉗]，形兀枯木[㉘]，五声劳于呼吸，万象贪于抉剔[㉙]，信诗家之雄杰者矣"。荀鹤嗜酒，善弹琴，风情雅度，千载犹可想望也。

[校注]

①杜荀鹤（846—904）：唐池州石埭（今安徽石台）人。《全唐诗》卷六九一至六九三收其诗。 ②牧：即杜牧（803—853），唐京兆万年（今陕西西安）人，太和二年（828）进士。微子：妾所生之子。 ③齐安：今属湖北黄冈。秋浦：今属安徽池州市。 ④乡士：宋计有功《唐诗纪事》卷六十五作"乡正"。 ⑤早著诗名：旧本作"早得诗名"，依清钱熙祚校语改。 ⑥梁王朱全忠：朱温，初从黄巢起义，降唐后赐名"全忠"。后以镇压黄巢，加封为梁王。 ⑦命作诗：宋计有功《唐诗纪事》卷六十五引荀鹤所作诗云："同是乾坤事不同，雨丝飞洒日轮中。若教阴翳都相似，争表梁王造化功！" ⑧寒暖：功名进展不顺利。 ⑨名：姓名。春官：礼部的别称。 ⑩裴贽：唐闻喜（今属山西）人，昭宗时拜中书侍郎、同中书门下平章事。第八人登科：《全唐诗》作"第一人擢第"，与王希羽诗不合。 ⑪王希羽：唐池州（今属安徽）人，天复初（901）始登第，年已七十余。献诗：《全唐诗》卷七一五题为《赠杜荀鹤》。 ⑫玉书：天子的诏书，亦泛指道书。 ⑬九华山：在安徽池州市，杜荀鹤两度隐居于此。 ⑭张曙：唐成都人，龙纪初（889）进士，官至右补阙。《全唐诗》卷六九〇收其诗一首。 ⑮同年：此指同岁。 ⑯杜十五：指杜荀鹤（排行十五）。 ⑰张五十郎：指张曙。 ⑱宣州：约当今安徽宣城。田頵：唐合肥人，累官太保、同中书门下平章事。 ⑲梁王立：指朱全忠代唐自立。 ⑳天祐元年：当为天祐四年或开平元年（907）之误。五代孙光宪《北梦琐言》卷六云："唐杜荀鹤尝游梁，献太祖诗三十章，皆易晓也，因厚遇之。洎受禅，拜翰林学士，五日

而卒。" ㉑太常博士：太常寺（掌宗庙礼仪的官署）的属官。顾云：唐池州（今属安徽）人，咸通十五年（874）进士。　㉒宁亲：省亲。㉓《唐风集》：宋蔡正孙《诗林广记》卷九云："《唐风集》诗极卑下，如云：'要知前路事，不及在家时。'又云：'不觉裹头成大汉，初看竹马作童儿。'前辈方之为太公家教。"　㉔工部：指杜甫。　㉕翰林：指李白。　㉖贾喻：指贾岛、喻坦之。　㉗希夷：空虚寂寞的境界。《老子》第十四章："视之不见名曰夷，听之不闻名曰希。"　㉘兀：混沌无知貌。晋陆机《文赋》："及其六情底滞，志往神留，兀若枯木，豁若涸流。"㉙贪于：《唐诗纪事》卷六十五作"贫于"，是。

卷十

252 王 涣①

涣，大顺二年礼部侍郎裴贽下进士及第②，俄自左史拜考功员外郎③。同年皆得美除④。涣首唱感恩长句，上谢座主裴公，当时甚荣之。后以礼部侍郎致仕，年九十，见《睢阳五老图》⑤。涣工诗，情极婉丽。常为《惆怅诗》十三首⑥，悉古佳人才子深怀感怨者崔氏莺莺⑦、汉武李夫人⑧、陈乐昌主⑨、绿珠⑩、张丽华⑪、王明君及苏武、刘、阮辈事成篇⑫，哀伤媚妩。如"谢家池馆花笼月⑬，萧寺房廊竹飐风⑭。夜半酒醒凭槛立，所思多在别离中"，又"梦里分明入汉宫，觉来灯背锦屏空。紫台月落关山晓⑮，肠断君王信画工⑯"等，皆绝唱，脍炙士林。在晚唐诗人中，霄壤不侔矣。有集，今传。

[校注]

①王涣：唐睢阳（今河南商丘一带）人，字群吉。《全唐诗》卷六九〇收其诗十四首。　②裴贽：唐闻喜（今属山西）人。　③左史：门下省的属官，掌史实记载。　④同年皆得美除：宋计有功《唐诗纪事》卷六十六云："同年李德邻自右史拜小戎，赵光胤自补衮拜小仪，王拯自小版拜少勋。"　⑤《睢阳五老图》：宋王辟之《渑水燕谈录》卷四《高逸》："庆历末，杜祁公告老，退居南京，与太子宾客致仕王涣、光禄卿致仕毕世长、兵部郎中分司朱贯、尚书郎致仕冯平为'五老会'，吟醉相欢，士大夫高之。"宋周密《齐东野语》卷二十《耆英诸会》："前辈耆年

硕德，闲居里舍，游从诗酒之乐，风流雅韵，一时歆羡。……至和五老则杜衍（丞相，祁国公，八十）、王涣（礼部侍郎，九十）、毕世长（司农卿，九十四）、朱贯（兵部郎中，八十八）、冯平（驾部郎中，八十八），时钱明逸留钥睢阳，为之图象而序之。"　⑥十三首：《唐诗纪事》及《全唐诗》皆为十二首。　⑦崔氏莺莺：唐元稹《莺莺传》中的人物。清钱熙祚云："句上阁本有'以'字。"按，"以"字宜置"悉"字后。⑧汉武李夫人：汉武帝夫人，李延年之妹，妙丽善舞。　⑨陈乐昌主：南朝陈后主之妹，号乐昌公主，初归徐德言；陈亡，为杨素所有；后复与徐德言团聚。　⑩绿珠：晋石崇歌妓，善吹笛；后坠楼以保节。　⑪张丽华：南朝陈后主之妃，隋兵入陈时，与后主投景阳井中，为隋军搜出，被杀。　⑫王明君：王嫱，字昭君，汉元帝之妃，后和亲于匈奴。晋避司马昭讳，改称"王明君"或"王明妃"。苏武（？—前60）：西汉杜陵（今陕西西安东南）人。出使匈奴，被扣十九年始归。刘、阮：指刘晨、阮肇。东汉时同入天台山采药，遇二仙女，半年后归，其子孙已历十世云。见《太平广记》卷六十一引《神仙记》。　⑬谢家：六朝时，王、谢皆望族。此以指高门世族之家。　⑭萧寺：指佛寺。竹飐风：《唐诗纪事》卷六十六引作"竹飒风"。　⑮紫台：指帝王所居之处。　⑯肠断君王：《唐诗纪事》及《全唐诗》并作"肠断君恩"。画工：指毛延寿。汉元帝命毛延寿为后宫美人画像，诸宫人皆赂之，独王嫱不肯，遂不得见云。

253 徐　寅①

寅，莆田人也。大顺三年蒋咏下进士及第②。工诗，尝赋《路傍草》云："楚甸、秦川万里平③，谁教根向路傍生。轻蹄绣毂长相蹋④，合是荣时不得荣。"时人知其蹭蹬⑤，后果须鬓交白，始得秘书省正字。竟蓬转客途，不知所终云⑥。有《探龙集》五卷，谓登科射策如探睡龙之珠也⑦。

[校注]

①徐寅：唐泉州莆田（今属福建）人。《全唐诗》作"徐夤"，卷七〇八至七一一收其诗。 ②大顺三年：即景福元年，公元892年。 ③楚甸：指江汉平原。秦川：指渭河平原。《全唐诗》卷七一一作"秦原"。 ④轻蹄绣毂：泛指高级车马。 ⑤蹭蹬：失意，潦倒。 ⑥不知所终：《全唐诗》谓其"依王审知，礼待简略，遂拂衣去，归隐延寿溪"云。 ⑦射策：主试者提问，书之于策；应试者作答，以定优劣。探睡龙之珠：喻得之不易。《庄子·列御寇》："夫千金之珠，必在九重之渊而骊龙颔下，子能得珠者，必遭其睡也。使骊龙而寤，子尚奚微之有哉！"

254 张 乔①

乔，池州人也，隐居九华山②。有高致，十年不窥园③。以苦学，诗句清雅，迥少其伦。当时东南多才子，如许棠④、喻坦之⑤、剧燕⑥、吴罕⑦、任涛⑧、周繇⑨、张蠙⑩、郑谷⑪、李栖远⑫，与乔亦称"十哲"⑬，俱以韵律驰声。大顺中，京兆府解试，李参军频时主文⑭，试以《月中桂》诗⑮。乔云："根非生下土，叶不坠秋风。"遂擅场。其年，频以许棠久困场屋，以为首荐，乔与喻坦之复受放⑯。薛尚书知之⑰，欲表于朝，以他不果。竟龃龉名途⑱，徒得一进耳。有诗集二卷传世。

[校注]

①张乔：唐池州（今属安徽）人。《全唐诗》卷六三八、六三九收其诗。　②九华山：在安徽池州市青阳县。　③十年不窥园：《汉书·董仲舒传》："下帷讲诵，弟子传以久次相授业，或莫见其面。盖三年不窥园，其精如此。"　④许棠（约822—?）：唐宣州泾县（今属安徽）人。　⑤喻坦之：唐睦州（今浙江建德一带）人。　⑥剧燕：唐蒲坂（今山西永济）人，工为雅正诗。　⑦吴罕：唐宜春（今属江西）人。　⑧任涛：唐筠州（今江西高安一带）人。　⑨周繇：唐池州（今属安徽）人，咸通十三年（872）进士。　⑩张蠙：唐清河（今属河北）人。　⑪郑谷（?—897）：唐宜春（今属江西）人。　⑫李栖远：未详。　⑬亦称：疑当作"并称"。十哲：即芳林十哲。但与《郑谷》之"芳林十哲"略异，彼之"温宪、李昌符"，此作"剧燕、吴罕"。五代王定保《唐摭言》卷十《海叙不遇》云："同时有许棠与乔，及喻坦之、剧燕、任涛、吴罕、张蠙、周繇、郑谷、李栖远、温宪、李昌符，谓之十哲。"则凡十二人矣。

⑭李参军频：李频，唐寿昌（今浙江建德）人，大中八年（854）进士。　⑮试以："以"字原缺，据清钱熙祚校语补。　⑯复受放：旧本作"复受许下"，依钱熙祚校语改。受放，谓降低名次。　⑰薛尚书：疑为尚书左丞薛廷珪。知之："之"字原缺，据钱熙祚校语补。　⑱龃龉名途：谓仕途不顺。

255 郑良士①

良士，字君梦，咸通中累举进士不第。昭宗时，自表献诗五百余篇，敕授补阙而终②。以布衣一旦俯拾青紫③，易如反掌，浮俗莫不骇羡，难其比也。今有《白岩集》十卷传世。○旧言："诗或穷人，或达人。"达者，良士是矣。穷亦命之所为，诗何能与？过诗，则不揣其本也④。

[校注]

①郑良士：唐闽中（今属福建）人。《全唐诗》卷七二六收其诗三首，谓其名"一作士良"。　②补阙：掌规谏、举荐的官。　③青紫：指高官显爵。　④过诗：诿过于诗。不揣其本：不从根本上考虑。《孟子·告子上》："不揣其本，而齐其末，方寸之木可使高于岑楼。"

256 张　鼎①

鼎字台业，景福二年崔胶榜进士②。工诗。集一卷，今行。同时赵抟③，有爽迈之度，工歌诗，韦蔼亦进而无遇、退而有守者④，诗各一卷；及谢蟠隐⑤，云是灵运之远孙⑥，有清才，知天下之将乱，作《杂感诗》一卷；张为⑦，闽中人，离群拔类，工诗，存一卷，及著《唐诗主客图》等⑧，并传于世。

[校注]

①张鼎：唐僖宗、昭宗时人。　②景福二年：公元893年。　③赵抟：《新唐书·艺文志》谓有歌诗二卷。《全唐诗》卷七七一收其诗二首。　④韦霭：韦庄之弟。《新唐书·艺文志》谓有诗集一卷。　⑤谢蟠隐：《新唐书·艺文志》谓有诗集二卷。　⑥灵运：谢灵运（385—433），南朝宋诗人。　⑦张为：唐宣宗至僖宗时人，与周朴齐名。《全唐诗》卷七二七收其诗三首。　⑧《唐诗主客图》：即《诗人主客图》，凡一卷，以白居易、孟云卿、李益、鲍溶、孟郊、武元衡为"主"，标以"广大教化主""高古奥逸主"等；以杨乘、张祜、卢仝、皇甫松等人为"客"，标以"上入室""入室""升堂""及门"等。为研究唐诗流派之作，但取材比较单薄。

257 韦　庄①

庄字端己，京兆杜陵人也。少孤贫，力学，才敏过人。庄应举，正黄巢犯阙②，兵火交作，遂著《秦妇吟》③，有云："内库烧为锦绣灰，天街踏尽却重回④。"乱定，公卿多讶之，号为"秦妇吟秀才"。乾宁元年苏检榜进士⑤，释褐⑥，校书郎。李询宣谕西川⑦，举庄为判官。后王建辟为掌书记⑧。寻征起居郎，建表留之。及建开伪蜀，庄托在腹心，首预谋画，其郊庙之礼，册书赦令，皆出庄手。以功臣授吏部侍郎同平章事。庄早尝寇乱，间关顿踬⑨，携家来越中⑩，弟妹散居诸郡。西江湖南，所在曾游，举目有山河之异，故于流离漂泛，寓目缘情，子期怀旧之辞⑪，王粲伤时之制⑫，或离群轸虑，或反袂兴悲，四愁、九怨之文⑬，一咏一觞之作⑭，俱能感动人也。庄自来成都，寻得杜少陵所居浣花溪故址⑮，虽芜没已久，而柱砥犹存，遂诛茅重作草堂而居焉。性俭，秤薪而爨⑯，数米而炊⑰，达人鄙之。弟蔼⑱，撰庄诗为《浣花集》六卷，及庄尝选杜甫、王维等五十二人诗为《又玄集》⑲，以续姚合之《极玄》⑳，今并传世。

[校注]

①韦庄（约836—910）：唐、五代京兆杜陵（今属陕西西安）人。《全唐诗》卷六九五至七〇〇收其诗。　②犯阙：指黄巢起义军于唐僖宗广明元年（880）十二月攻入长安城。　③《秦妇吟》：原作久佚，至清末始于敦煌所藏唐五代写本中被发现，后收入《全唐诗外编》第一编。其首句云："中和癸卯春三月，洛阳城外花如雪。"知当作于中和三年（883）三月之后。　④天街踏尽却重回：此句通作"天街踏尽公卿骨"。　⑤苏检：相传苏检登第后，归吴省家，行经同州澄城县，醉后梦中作诗云："还吴东去下澄城，楼上清风酒半醒。想得到家春欲暮，海棠千树已凋零。"见《太平广记》卷二七九引《闻奇录》。　⑥释褐：经吏部复试合格。　⑦李询：宋计有功《唐诗纪事》卷六十八云："庄疏旷不拘小节，李询为两川宣谕和协使，辟为判官。"　⑧王建（847—918）：唐昭宗时任西川节度副使，后梁时自立为蜀帝（史称前蜀）。　⑨间关：犹辗转。　⑩越中：今浙江一带。韦庄于中和三年（883）四月起，客游江南近十年。　⑪子期：向秀（约227—272），字子期，竹林七贤之一。为哀

悼嵇康、吕安，作有《思旧赋》。　⑫王粲（177—217）：建安七子之一。其《七哀》诗，为蒿目时艰之作。　⑬四愁：汉张衡思以道术报君，而惧谗邪不得以通，因作《四愁诗》四首。见《文选》卷二十九。此泛指以怨为主题的作品。九怨：以怨为主题的作品。如汉班婕妤《怨歌引》、魏曹植《怨诗行》、晋傅玄《怨歌行朝时篇》、梁简文帝《怨诗》、唐徐贤妃《长门怨》等，并见《乐府诗集》卷四十一、四十二。　⑭一咏一觞：谓赋诗饮酒。晋王羲之《兰亭集序》："列坐其次，虽无丝竹管弦之盛，一觞一咏，亦足以畅叙幽情。"　⑮杜少陵：杜甫尝自称"少陵野老"。浣花溪：在四川成都市西郊。溪畔有杜甫故居，名浣花草堂。据《浣花集序》，韦庄寻得杜工部旧址，在天复二年（902）顷。　⑯爨（cuàn）：烧火。　⑰炊：做饭。　⑱蔼：韦蔼，《新唐书·艺文志》谓有诗集一卷。韦蔼所编《浣花集》，今本凡十卷，收庄诗246首。　⑲《又玄集》：韦庄编成于光化三年（900），凡三卷150人之作。见《文苑英华》卷七一四《又玄集序》。　⑳姚合（777—843）：编有《极玄集》一卷，含王维、祖咏等十八家之作。

258 王贞白[①]

贞白，字有道，信州永丰人也。乾宁二年登第[②]，时榜下物议纷纷，诏翰林学士陆扆于内殿复试[③]，中选，授校书郎，时登第后七年矣。郑谷以诗赠曰[④]："殿前新进士，阙下校书郎。"初，兰溪僧贯休得雅名[⑤]，与贞白居去不远而未会，尝寄御沟诗[⑥]，有云："此波涵帝泽，无处濯尘缨。"后会，语及此，休曰："剩一字[⑦]。"

贞白拂袂而去。休曰："此公思敏，当即来。"休书字于掌心，逡巡，贞白还，曰："'此中涵帝泽'如何？"休以掌示之，无异所改，遂订深契。后值天王狩于岐⑧，乃退居著书，不复干禄，当时大获芳誉。性恬和，明易象，手编所为诗三百篇及赋、文等为《灵溪集》七卷，传于世。卒葬家山。○贞白学力精赡，笃志于诗，清润典雅，呼吸间两获科甲，自致于青云之上，文价可知矣。深惟存亡取舍之义，进而就禄，退而保身，君子也。梁陶弘景弃官隐居三茅⑨，国事必咨请，称"山中宰相"，号贞白⑩，今王公盖慕其为人而云尔⑪。

[校注]

①王贞白：唐信州永丰（今属江西）人。与罗隐、方干、贯休同唱和。《全唐诗》卷七〇一收其诗。　②登第：旧本作"登科"，依清钱熙祚校语改。　③陆扆（yǐ）：唐吴郡吴兴（今浙江湖州）人，光启二年（886）进士。《全唐诗》卷六八八谓系"吴郡嘉兴人，家于陕，昭宗朝拜相，迁洛后，贬濮州司户"云。　④郑谷（？—897）：唐宜春（今属江西）人，光启三年（887）进士。　⑤贯休：唐婺州兰溪（今属浙江）人，七岁出家为僧。　⑥御沟诗：《全唐诗》题为《御沟水》。　⑦剩一字：谓尚有一字未妥。　⑧天王：指唐昭宗。岐：岐山，在陕西省中部偏西。《史记·封禅书》列为华山以西七名山之一。　⑨陶弘景（456—536）：南朝齐梁间丹阳秣陵（今江苏南京）人。三茅：指茅山，在江苏西南部。古称句曲山，相传汉茅盈、茅固、茅衷隐居于此，故名。　⑩号贞白：陶弘景卒谥"贞白先生"。　⑪王公：指王贞白。盖慕其为人："盖"字原缺，依钱熙祚校语补。

259 张蠙①

蠙字象文，清河人也。乾宁二年赵观文榜进士及第②，释褐，为校书郎，调栎阳尉③，迁犀浦令④。伪蜀王建开国⑤，拜膳部员外郎⑥，后为金堂令⑦。王衍与徐后游大慈寺⑧，见壁间题⑨："墙头细金垂纤草，水面回风聚落花⑩。"爱赏久之，问谁作，左右以蠙对，因给札，令以诗进。蠙上二百篇，衍尤重待，将召掌制诰，朱光嗣以其轻傲驸马⑪，宜疏之，止赐白金千两而已⑫。蠙生而秀颖，幼能为诗，《登单于台》有"白日地中出，黄河天上来"句⑬，由是知名。初以家贫，累下第，留滞长安，赋诗云⑭："月里路从何处上，江边身合几时归？十年九陌寒风夜，梦扫芦花絮客衣。"主司知为非滥成名。余诗皆佳，各有意度，过人远矣。诗集二卷，今传。

[校注]

①张蠙（pín）：唐清河（今属河北）人。《全唐诗》卷七〇二收其诗。　②赵观文：《全唐诗》卷六九四有褚载《贺赵观文重试及第》诗云："一枝仙桂两回春，始觉文章可致身。已把色丝要上第，又将彩笔冠群伦。龙泉再淬方知利，火浣重烧转更新。今日街头看御榜，大能荣耀苦心人。"　③栎（yuè）阳：古县名，今属陕西西安市临潼区。　④犀浦：唐县名，在今四川成都市郫都区。　⑤王建（847—918）：五代前蜀的建立者。　⑥膳部员外郎：礼部属司的副长官。　⑦金堂：县名，在四川成

都市东北。　⑧王衍（899—926）：王建之子，继位后耽于声色，不数年而亡。徐后：王建之妃，王衍之生母，封"顺圣皇太后"。大慈寺：贯休有《蜀王入大慈寺听讲》一首。作于天复三年（903），见《全唐诗》卷八三五。　⑨壁间题：《全唐诗》题作《夏日题老将林亭》。　⑩细金：宋计有功《唐诗纪事》卷七十作"细雨"，近是。回风：宋吴开《优古堂诗话》作"微风"，差胜。　⑪朱光嗣：《唐诗纪事》卷七十、《全唐诗话》卷五并作"宋尤嗣"。　⑫白金：指白银。　⑬单于台：古地名，在今内蒙古呼和浩特市西南。天上：《全唐诗》作"天外"。　⑭赋诗：《全唐诗》题作《叙怀》。

260　翁承赞①

承赞，字文尧，乾宁三年礼部侍郎独孤损下第四人进士②，又中宏词敕头③。承赞工诗，体貌甚伟，且诙谐，名动公侯。唐人应试，每在八月，谚曰："槐花黄，举子忙。"承赞《咏槐花》云④："雨中妆点望中黄，勾引蝉声送夕阳。忆得当年随计吏⑤，马蹄终日为君忙。"甚为当时传诵。尝奉使来福州，见友僧亚齐⑥，赠诗云⑦："萧萧风雨建阳溪⑧，溪畔维舟见亚齐⑨。一轴新诗剑潭北⑩，十年旧识华山西⑪。吟魂昔向江村老⑫，空性元知世路迷。应笑乘轺青琐客⑬，此时无暇听猿啼。"他诗高妙称是。仕王审知⑭，终谏议大夫。有诗，以兵火散失，尚存百二十余篇，为一卷，秘书郎孙郃为序云⑮。

[校注]

①翁承赞：唐、五代福清（今属福建）人，曾任京兆府参军，《全唐诗》卷七〇三收其诗。　②乾宁三年：《全唐诗》作"乾宁二年"。独孤损：独孤及之从曾孙。《资治通鉴》唐昭宗天复三年（903）："以礼部尚书独孤损为兵部侍郎、同平章事。"　③敕头：唐人称进士第一名为"状头"，宏辞第一名为"敕头"，地方解送入试第一名为"解头"。　④《咏槐花》：《全唐诗》作《题槐》。　⑤计吏：上报计簿之吏。随计吏，谓入京应试。　⑥亚齐：唐诗僧。　⑦赠诗：《全唐诗》题作《访建阳马驿僧亚齐》。　⑧建阳溪：在福建省中北部，今名"建溪"。　⑨见亚齐：《全唐诗》作"访亚齐"。　⑩剑潭：在建溪入闽江处，即古之延平津，又名剑津。剑潭北，指建阳。　⑪华山：在陕西省东部。华山西，指长安。　⑫昔向：宋计有功《唐诗纪事》卷六十三作"惜向"，于义较胜。　⑬轺：一匹马驾驶的轻便马车。青琐：宫门上的一种装饰。青琐客，谓出入宫门者。此指翁承赞自己。　⑭王审知：五代闽政权的建立者。　⑮孙郃：唐四明（今浙江宁波一带）人，乾宁四年（897）进士。

261 王　毂①

毂字虚中，宜春人，自号临沂子。以歌诗擅名，长于乐府。未第时尝为《玉树曲》云："璧月夜，琼树春②；莺舌泠泠词调新③。当时狎客尽丰禄④，直谏犯颜无一人。歌未阕⑤，晋王剑上粘腥血⑥。君臣犹在醉乡中，一面已无陈日月⑦。"大播人口。适有同人为无赖辈驱⑧，毂前救之，曰："莫无礼！我便是道'君臣犹在醉乡中'者。"无赖闻之，惭谢而退。毂亦大节士，轻财重义，为乡里所誉。颇不平久困，适生离难间，辞多寄寓比兴之作，无不知名。乾宁五年羊绍素榜进士⑨，历国子博士。后以郎官致仕⑩，有诗三卷。于时宦进，俱素餐尸位、卖降恐后之徒，毂因撰前代忠臣临老不变者为图一卷⑪，及《观光集》一卷，并传。

[校注]

①王毂：唐、五代宜春（今属江西）人。《全唐诗》卷六九四收其诗十八首。 ②璧月夜，琼树春：宋计有功《唐诗纪事》卷七十作"璧月夜满楼风轻"。 ③莺舌泠泠：《唐诗纪事》作"莲舌泠泠"。 ④当时狎客尽丰禄：《唐诗纪事》作"当行狎客尽居禄"。 ⑤歌未阕：《唐诗纪事》作"歌舞未终乐未阕"，近是。 ⑥晋王：隋炀帝杨广，原为晋王。平陈时，与秦王杨俊、清河公杨素，同任行军元帅。全部兵力五十余万人，并受晋王节度。 ⑦陈：指南朝陈。 ⑧驱：疑当作"殴"。 ⑨羊绍素：吴融之表弟，所作夏课有《画狗马难为功赋》，吴融以为"未嘉"，竟不取。见五代王定保《唐摭言》卷五《切磋》。 ⑩以郎官致仕：《全唐诗》作"官终尚书郎"。 ⑪临老不变者为图："者为"二字原缺，据清钱熙祚校语补。

262 殷文圭①

文圭，字表儒，池州青阳人也。乾宁五年礼部侍郎裴贽下进士②。初未第时，道中相逢一老叟，目文圭久之，谓人曰："向者布衣，绿眉方口，神仙中人也。如学道，可以冲虚③；不尔，垂大名于天下。"未几，兵马振动④，大驾幸三峰⑤，文圭携梁王表荐及第⑥。时杨令公行密镇淮阳⑦，奄有宣、浙、扬、汴之间⑧。榛梗既久⑨，文圭辞亲，间道至行在⑩。无何，随榜为吏部侍郎裴枢宣慰判官记室参军⑪。至大梁，以身事叩梁王，王又上表荐之。文圭后饰非，遍投启事公卿间曰："於菟猎食⑫，非求尺璧之珍；爰居避风⑬，不望洪钟之乐⑭。"俄为多言者所发，更由宋、汴驰过⑮，梁王大怒，亟遣追捕，已不及矣。为诗有《登龙集》《冥搜集》《笔耕词》《冰镂录》《从军稿》集⑯，传世。○唐季，文体浇漓，才调荒秽，稍稍作者⑰，强名曰诗。南郭之竽⑱，苟存于众响，非复盛时之万一也⑲。如王周⑳、刘兼㉑、司马札㉒、苏拯㉓、许琳㉔、李咸用等数人㉕，虽有集相传，皆气卑格下，负鱼目唐突之惭㉖，窃碔砆韫袭之滥㉗，所谓家有弊帚，享之千金㉘，不自见之患也。文圭稍入风度㉙，间见奇崛，其殆庶几乎㉚。

[校注]

①殷文圭：唐、五代池州青阳（今属安徽）人。《全唐诗》卷七〇七收其诗。　②裴贽：唐闻喜（今属山西）人。　③冲虚：冲淡虚静，无所拘系。唐天宝时，封列子为"冲虚真人"。　④兵马振动：指黄巢起义。　⑤大驾：指唐僖宗。三峰：华山的朝阳峰、莲华峰、落雁峰一带。　⑥梁王：朱温，僖宗时封梁王。　⑦杨行密：唐昭宗时任淮南节度使，加中书令，封吴王。令公：称中书令。淮阳：五代王定保《唐摭言》卷九《表荐及第》作"维扬"。　⑧宣、浙、扬、汴之间：约当今安徽、浙

江、江苏、河南一带。 ⑨榛梗：阻塞不通。 ⑩行在：皇帝巡行时驻在之处。 ⑪裴枢：唐昭宗时以散骑常侍任为汴州宣谕使。宣慰：当作"宣谕"。 ⑫於菟：老虎的别称。 ⑬爰居：海鸟名。 ⑭洪钟：大钟。 ⑮宋、汴：今河南商丘、开封一带。 ⑯集：当作"等集"。 ⑰稍稍：犹小小。 ⑱南郭之竽：喻不够格之作。《韩非子·内储说上》："齐宣王使人吹竽，必三百人。南郭处士请为王吹竽，宣王说（悦）之，廪食以数百人。宣王死，湣王立，好一一听之，处士逃。" ⑲盛时：谓盛唐之时。 ⑳王周：后周末宋初人。《全唐诗》卷七六五收其诗。 ㉑刘兼：后周末宋初长安人。《全唐诗》卷七六六收其诗。 ㉒司马札：札或作"礼"，唐宣宗时人，官荣州刺史。《全唐诗》卷五九六收其诗。

㉓苏拯：唐僖宗、昭宗时人。《全唐诗》卷七一八收其诗。 ㉔许琳：《全唐诗》卷六七八云："许彬（一作'郴'，一作'琳'），睦州人，举进士不第。与郑谷同时。诗一卷。" ㉕李咸用：唐懿宗时人，尝应辟为推官，有《披沙集》六卷。《全唐诗》卷六四四至六四六收其诗。 ㉖鱼目唐突：喻以假乱真。《文选》卷四十梁任昉《到大司马记室笺》："府朝初建，俊贤翘首。惟此鱼目，唐突珪璠。" ㉗碔砆：似玉的美石。韫袭：疑当作"韫椟"。《论语·子罕》："有美玉于斯，韫椟而藏诸，求善贾而沽诸？" ㉘家有弊帚，享之千金：喻自我欣赏。 ㉙稍：颇。 ㉚庶几：相近，也借指好学而得以成材的人。《易·系辞下》："颜氏之子，其殆庶几乎！"

263 李建勋[①]

建勋，字致尧，广陵（今江苏、扬州）人。仕南唐为宰相，后罢，出镇临川。未几，以司徒致仕，赐号钟山公。年已八十，志尚散逸，多从仙侣参究玄门[②]。时宋齐丘有道气[③]，在洪州西山[④]，建勋造谒致敬，欲授真果，题诗赠云："春来涨水凉如活[⑤]，晓出西山势似行。王洞有人经劫在[⑥]，携笻步步就长生。"归高安别墅[⑦]，一夕无病而逝。能文赋诗。琢炼颇工，调既平妥，终少惊人之句也。有《钟山集》二十卷行于世。

[校注]

①李建勋：唐、五代广陵（今江苏扬州）人。《全唐诗》卷七三九收其诗，谓系陇西人。　②玄门：指道教。《老子》第一章："玄之又玄，众妙之门。"《老子》第六章："谷神（道）不死，是谓玄牝；玄牝之门，是谓天地根。"　③宋齐丘：五代庐陵（今江西吉安）人。吴时，累官右仆射、平章事；李昪代吴，任为丞相，出为镇南军节度；李璟时，召为中书令。见《全唐诗》卷七三八。　④洪州西山：在今江西南昌市西。⑤凉如：清钱熙祚云："阁本'凉如'作'波似'。"按，"似"字与下句重复，且平仄不协；《全唐诗》作"流而"，近是。　⑥王洞：疑为"玉洞"之误。唐白居易《送毛仙翁》诗："晴眺五老峰，玉洞多神仙。"⑦高安：在今江西宜春。

264 褚 载①

载字厚之，家贫，客梁、宋间②，困甚，以诗投襄阳节度使邢君牙云③："西风昨夜坠红兰，一宿邮亭事万般。无地可耕归不得，有恩堪报死何难。流年怕老看将老，百计求安未得安。一卷新诗满怀泪，频来门馆诉饥寒。"君牙怜之，赠绢十匹，荐于郑滑节度使④，不行。乾宁五年礼部侍郎裴贽知贡举⑤，君牙又荐之，遂擢第。文德中⑥，刘子长出镇浙西⑦，行次江西，时陆威侍郎犹为郎吏⑧，亦寓于此。载缄二轴投谒，误以子长之卷面贽于威。威览之，连见数字触家讳，威瞿然，载错愕，白以大误，寻谢以长笺，略曰："曹兴之图画虽精，终惭误笔⑨；殷浩之竞持大过，翻达空函⑩。"威激赏而终不能引拔，竟流落而卒。集三卷，今传。

[校注]

①褚载：唐僖宗、昭宗时人。《全唐诗》卷六九四收其诗十四首。 ②梁、宋间：今河南开封及商丘一带。 ③襄阳：约当今湖北北部、河南西南部一带。邢君牙：唐代宗时以扈从功累封河间郡公，德宗时任节度使、检校尚书右仆射。按，褚载与邢君牙相去百余年，此处记载疑有误。《全唐诗》有《投节度邢公》诗，可能指另一"邢公"。 ④郑滑：约当今河南郑州及安阳滑县一带。 ⑤乾宁五年：公元898年。《全唐诗》作"乾宁二年"。裴贽：唐闻喜（今属山西）人。 ⑥文德：公元888年。按，文德在乾宁之前，此处时序疑有误。 ⑦刘子长：昭宗时任仆射，与

高逢休谏议友善。见五代王定保《唐摭言》卷十二《轻佻》。 ⑧陆威：与陆扆、陆希声同在朝，名冠一时，号为"三陆"。见五代孙光宪《北梦琐言》卷四。 ⑨"曹兴"二句：曹兴，疑指曹不兴。曹不兴，三国吴吴兴（今浙江湖州）人，以善画名。相传孙权命画屏风，曹误落墨点，因改作蝇状，权疑其真，径以手掸之云。 ⑩"殷浩"二句：殷浩（？—356），晋穆帝时任中军将军，都督扬、豫、徐、兖、青五州军事，因战败废为庶人。后大司马桓温欲以浩为尚书令，浩答书时虑有谬误，开闭者数十，竟以空函达之，遂大忤温意。兢持大过：《唐摭言》卷十一《恶分疏》引作"矜持太过"，是。

265 吕 岩①

岩字洞宾，京兆人，礼部侍郎吕渭之孙也②。咸通初中第，两调县令。更值巢贼，浩然发栖隐之志，携家归终南，自放迹江湖。先是有钟离权③，字云房，不知何代何许人，以丧乱避地太白，间入紫阁④，石壁上得金诰玉箓，深造希夷之旨⑤，常鬓䰅，衣櫯叶⑥，隐见于世。岩既笃志大道，游览名山，至太华，遇云房，知为异人，拜以诗曰："先生去后应须老⑦，乞与贫儒换骨丹。"云房许以法器⑧，因为著《灵宝毕法十二科》，悉究性命之旨。坐庐山中数十年，金丹始就。逢苦竹真人⑨，乃能驱役神鬼。时及□世⑩，不复返也。与陈图南音响相接⑪。或访其室中，尝白襕角带⑫。卖墨于市，得者皆成黄金。往往邀游洞庭、潇、湘、溢浦间，自称"回道士"，时传已蝉蜕矣⑬。有术，佩剑自笑曰："吾仙人，安用剑为？所以断嗔爱烦恼耳。"尝题寺壁曰："三千里外无家客，七百年前云水身⑭。"后书云："唐室进士，今时神仙。足蹑紫雾，却归洞天。"又宿湖州沈东老家⑮，白酒满瓮，恣意拍浮⑯。临去，以石榴皮画壁间云："西邻已富忧不足，东老虽贫乐有余。白酒酿来因好客，黄金散尽为收书⑰。"又尝负局佺于市⑱，为贾尚书淬古镜⑲，归急不见，留诗云："袖里青蛇凌白日，洞中仙果艳长春。须知物外餐霞客，不是尘中磨镜人⑳。"又醉饮岳阳楼，俯鉴洞庭㉑。时八月，叶下水清，君山如黛螺㉒，秋风浩荡，遂按玉龙作一弄㉓，清音嘹亮，金石可裂。久之，度古柳，别去。留诗云："朝游南浦暮苍梧，袖里青蛇胆气粗。三入岳阳人不识，朗吟飞过洞庭湖㉔。"后往来人间，乘虚上下㉕，竟莫能测。至今四百余年，所在留题，不可胜纪。凡遇之者，每去后始觉，悔无及矣。盖其变化无穷，吟咏不已，此姑纪其大概云。

论曰：晋嵇康论神仙非积学所能致㉖，斯言信哉！原其本自天灵，有异凡品，仙风道骨，迥凌云表。历观传记所载，雾隐乎岩岭，霞寓于尘外，崆峒、羡门以下，清流相望㉗，由来尚矣。虽解化一事㉘，似或玄微，正非假房中黄白之小端，从而服食颐养㉙，能尽其道者也。不损上药，愈益下田㉚，熊经鸟伸，纳新吐故㉛，无七情以夺魂魄㉜，无百虑以煎肺肝，庶几指识玄户㉝，引身长年，然后一跃，顿乔、松之逸驭也㉞。今夫指青山首驾㉟，卧白云振衣，纷长往于斯世，遗高风于无穷，及见其人，吾亦愿从之游耳。韩湘控鹤于前㊱，吕岩骖鸾于后，凡其题咏篇什，铿锵振作，皆天成云汉㊲，不假安排，自非咀嚼冰玉，呼吸烟霏，孰能至此？宁好事者为之，多见其不知量也。吴筠、张志和㊳、施肩吾、刘商㊴、陈陶、顾况等㊵，高躅可数，皆颉顽于玄化中者欤㊶。

[校注]

①吕岩：唐、五代、宋京兆（今陕西西安一带）人，相传寿至百余岁。《全唐诗》卷八五六至八五九收其诗。 ②吕渭：唐河中（今山西西南部一带）人。德宗时累迁礼部侍郎，出为潭州刺史。《全唐诗》卷三〇七收其诗五首。 ③钟离权：姓钟离，名权，唐咸阳（今属陕西）人。《全唐诗》卷八六〇收其诗四首。 ④太白：山名，在陕西宝鸡。紫阁：峰名，在陕西西安市鄠邑区。 ⑤金诰玉篆：指道教经典。希夷：虚寂微妙。《老子》第十四章："视之不见名曰夷，听之不闻名曰希，搏之不得名曰微，此三者不可致诘，故混而为一。" ⑥髽髻（zhuā jì）：梳发髻于头顶两旁。槲：一种有香味的树。 ⑦应须老：《全唐诗》作"身须老"。 ⑧许以法器：称之为具有传承佛法条件的人。 ⑨苦竹真人：未详。 ⑩时及□世：清钱熙祚云："阁本作'时移世换'。"今按，应作"时及改世"；改世，谓改朝换代之世。 ⑪陈图南：五代、宋真源（今河南鹿邑）人，后唐末进士不第，遂隐不出；宋太宗甚重之，赐号希夷先生。 ⑫白襕：上下衣相连的白色服装。角带：以犀角为钩的衣带。 ⑬溢浦：溢水入长江处，在江西九江。蝉蜕：喻解脱。 ⑭"三千"二句：见《全唐诗》卷八五八《答僧见》诗。 ⑮沈东老：宋沈恩，归安（在今浙江湖州境内）人，隐于县东之东林，号东老，喜藏书，好宾客，能酿十八仙白酒。 ⑯拍浮：谓酣饮。 ⑰"西邻"四句：见《全唐诗》卷八五八《熙宁元年八月十九日过湖州东林沈山用石榴皮写绝句于壁自号回山人》诗。 ⑱局查：盛放修理工具的带曲足的小箱子。 ⑲贾尚书：贾

师雄。淬：磨砺。 ⑳"袖里"四句：见《全唐诗》卷八五八《为贾师雄发明古铁镜》诗。袖里，作"手内"；餐霞客，作"烟霞客"，可参。 ㉑俯鉴：犹"俯瞰"。 ㉒君山：在湖南洞庭湖中，岳阳以西。如黛螺：好像妇女的翠眉。 ㉓玉龙：指笛子。 ㉔"朝游"四句：见《全唐诗》卷八五八《绝句》之十六。南浦，在江西南昌市西南。唐王勃《滕王阁》诗："画栋朝飞南浦云，朱帘暮卷西山雨。" ㉕乘虚：谓御风凌空。 ㉖嵇康：三国魏中散大夫。《嵇康集·养生论》："夫神仙虽不目见，然记籍所载，前史所传，较而论之，其有必矣。似特受异气，禀之自然。非积学所能致也。" ㉗崆峒：《庄子·在宥》："（黄帝）闻广成子在于空同之山，故往见之。"此指广成子。羡门：古仙人名。战国楚宋玉《高唐赋》："有方之士，羡门，高谿。"清流：指有道之士。 ㉘解化：谓解脱肉身，羽化登仙。 ㉙黄白：指方士烧炼丹砂，点化金银之事。颐养：保养。 ㉚上药：三国魏嵇康《养生论》："故神农曰：上药养命，中药养性者，诚知性命之理，因辅养以通也。"下田：下丹田。晋葛洪《抱朴子·地真》："一有姓字服色，男长九分，女长六分，或在脐下二寸四分下丹田中，或在心下绛宫金阙中丹田也，或在人两眉间，却行一寸为明堂，二寸为洞房，三寸为上丹田也。" ㉛"熊经"二句：《庄子·刻意》："吹呴呼吸，吐故纳新，熊经鸟申，为寿而已矣。"熊经鸟伸，指体操动作。 ㉜七情：喜、怒、哀、惧、爱、恶、欲。见《礼记·礼运》。 ㉝玄户：高深玄妙的境界。 ㉞乔、松：古代仙人王子乔、赤松子，合称乔松。《国策·秦策三》："世世称孤，而有乔松之寿。" ㉟首驾：谓驾车就道。 ㊱韩湘：韩湘子，传说中八仙之一。 ㊲云汉：指银河。《诗·大雅·棫朴》："倬彼云汉，为章于天。" ㊳吴筠（？—778）：唐华州华阴（今属陕西）人。张志和（约730—约810）：唐婺州金华（今属浙江）人。�539施肩吾：唐道士，睦州分水（今浙江桐庐西北）人。刘商：唐彭城（今江苏徐州）人。㊵陈陶（约812—约885）：唐鄱阳（今属江西）人。顾况（约730—806后）：唐苏州海盐（今属浙江）人。

㊶高躅：雄健豪迈的艺术风格。玄化：至德的教化。

266 卢延让①

延让，字子善，范阳人也。有卓绝之才。光化三年裴格榜进士②。朗陵雷满荐辟之③，满败，归伪蜀④，授水部员外郎，累迁给事中，卒官刑部侍郎。延让师许下薛尚书为诗⑤，词意入僻，不竞纤巧，且多健语，下士大笑之⑥。初，吴融为侍御史，出官峡中⑦，时延让布衣，薄游荆渚⑧，贫无卷轴，未遑赘谒。会融弟得延让诗百余篇，融览其警联，如《宿东林》云"两三条电欲为雨，七八个星犹在天"⑨，《旅舍言怀》云"名纸毛生五门下，家僮骨立六街中⑩"，《赠元上人》云"高僧解语牙无水，老鹤能飞骨有风"⑪，《蜀道》云"云间闹铎骡驮去⑫，雪里残骸虎拽来"，又云"树上諏咨批颊鸟，窗间逼驳扣头虫"等句⑬，大惊曰："此去人远绝，自无蹈袭，非寻常耳。此子后必垂名。余昔在翰林召对，上曾举其'臂鹰健卒横毡帽，骑马佳人卷画衫'一联⑭，虽浅近，然自成一体名家，今则信然矣。"遂厚礼遇，赠给甚多。融雪中寄诗云。"永日应无食，终宵必有诗。"后奋科第，多融之力也。今诗一卷传世。

[校注]

①卢延让：唐、五代范阳（今河北涿州）人。《全唐诗》卷七一五收其诗十首。　②光化三年（900）：《全唐诗》作"光化九年"。　③雷满：唐武陵（今湖南常德一带）人，曾据朗州（今常德地区）为帅，以轻舟上下荆江，攻劫州县。　④伪蜀：指五代前蜀政权。　⑤许下薛尚书：薛能（？—880），唐汾州（今山西汾阳一带）人，懿宗时授工部尚书，僖宗时曾任忠武军节度使，驻军于许（今河南许昌一带），故称。　⑥下士：低下之士。《老子》第四十一章："上士闻道，勤而行之；中士闻道，若存若亡；下士闻道，大笑之，不笑不足以为道！"　⑦吴融（？—903）：唐越州山阴（今浙江绍兴）人。峡中：长江三峡一带。　⑧荆渚：荆江两岸一带。　⑨《宿东林》：《全唐诗》题为《松寺》。东林，东林寺，在江西庐山。　⑩名纸：指名片。毛生：犹言变质。五门：天子所居有五门。此指都城。骨立：瘦骨嶙峋貌。六街：都城中的街道。　⑪《赠元上人》：《全唐诗》题作《赠僧》。　⑫骡驮去：《全唐诗》作"骡驮至"。　⑬"树上"二句：《全唐诗》云，出于《冬夜》诗。诹咨，宋计有功《唐诗纪事》卷六十五作"咨诹"，是。批颊鸟，即鹎鹈，俗名白头翁。逼驳，状声词。《唐诗纪事》作"壁驳"。扣头虫：《唐诗纪事》作"叩头虫"，是。等句："句"字原缺，依清钱熙祚校语补。　⑭"臂鹰"二句：《全唐诗》云，出于《送周太保赴浙西》诗。横毡帽，《全唐诗》作"悬毡帽"。

267 曹 松①

松字梦徵，舒州人也。学贾岛为诗，深入幽境，然无枯淡之癖。尤长启事，不减山公②。早岁未达，尝避乱来栖洪都西山③。初在建州依李频④，频卒后，往来一无所遇。光化四年礼部侍郎杜德祥下，与王希羽、刘象、柯崇、郑希颜同登第⑤，年皆七十余矣，号为"五老榜"。时值新平内难，朝廷以放进士为喜⑥，特授校书郎而卒。松野性方直，罕接俗事⑦，故拙于进宦，构身林泽⑧，寓情虚无，苦极于诗，然别有一种风味，不沦乎怪也。集三卷，今传。

[校注]

①曹松：唐舒州（今安徽安庆市一带）人，授秘书省正字。《全唐诗》卷七一六、七一七收其诗。　②启事：一种陈述事情的文体。山公：山涛（205—283），"竹林七贤"之一。《晋书·山涛传》："涛所奏甄拔人物，各为题目，时称山公启事。"　③早岁未达："岁"字原缺，依清钱熙祚校语补。洪都西山：今江西南昌市西。　④建州：约当今福建南平市以上的闽江流域。李频：唐寿昌（今浙江建德）人，曾任建州刺史。　⑤杜德祥：五代孙光宪《北梦琐言》卷十："杜德祥侍郎昆弟力困，要举息利钱济急用，召同坊富民到宅，且问曰：子本对是几钱？其人拂袖而出。"王希羽：唐池州（今属安徽）人。刘象：《全唐诗》卷七一五收其诗十首，谓系京兆人。柯崇：《全唐诗》卷七一五收其诗二首，谓系闽人，授太子校书。郑希颜：唐闽中人。见五代王定保《唐摭言》卷八《放老》。　⑥以放进士："以"字原缺，依钱熙祚校语补。　⑦罕接：旧本作"罕尝"。钱熙祚校云："阁本'尝'作'接'。"今据改。　⑧构身林泽：钱熙祚云："阁本'构身'作'逍遥'。"

268 裴 说①

说工诗，得盛名。天祐三年礼部侍郎薛廷珪下状元及第②。初年窘迫乱离，奔走道路，有诗曰："避乱一身多③。"见者悲之。后仕为补阙，终礼部员外郎。为诗足奇思，非意表琢炼不举笔，有岛洞之风也④。弟谐⑤，亦以诗名世，仕终桂岭假官宰⑥。今俱有集相传。

[校注]

①裴说：唐哀帝时人。《全唐诗》卷七二〇收其诗。 ②薛廷珪：唐河东（今山西永济一带）人。 ③一身多：《全唐诗》作"一生多"。 ④岛洞：指贾岛和李洞。宋计有功《唐诗纪事》卷六十五曰："（裴说）尝有诗曰：'苦吟僧入定，得句将成功。'又《赠僧贯休》云：'总无方是法，难得始为诗。'又云：'是事精皆易，准诗会却难。'" ⑤弟谐：裴谐，《全唐诗》卷七一五收其诗一首，谓于天祐三年（906）登第，官终桂岭摄令。 ⑥桂岭：在广西贺州市东北。假官宰：代理县令。

269 贯 休①

休字德隐，婺州兰溪人，俗姓姜氏。风骚之外，尤精笔札。荆州成中令问以书法②，休勃然曰："此事须登坛而授，安可草草而言③！"中令衔之，乃递入黔中④，因为《病鹤诗》以见志云⑤：

"见说气清邪不入，不知尔病自何来?"初，昭宗以武肃钱镠平董昌功⑥，拜镇东军节度使⑦，自称吴越王；休时居灵隐⑧，往投诗贺，中联云："满堂花醉三千客，一剑霜寒十四州⑨。"武肃大喜，然僭侈之心始张，遣人谕令改为"四十州"⑩，乃可相见。休性躁急，答曰："州亦难添，诗亦难改。余孤云野鹤⑪，何天不可飞?"即日裹衣钵，拂袖而去。至蜀，以诗投孟知祥云⑫："一瓶一钵垂垂老，万水千山特特来⑬。"知祥久慕，至是非常尊礼之。及王建僭位⑭，一日，游龙华寺，召休坐，令口诵近诗，时诸王贵戚皆侍。休意在箴戒，因读《公子行》曰："锦衣鲜华手擎鹘⑮，闲行气貌多陵忽。稼穑艰难总不知，五帝三皇是何物?"建小忍，然敬事不少怠也。赐号"禅月大师"。后顺寂，敕塔葬丈人山青城峰下⑯。有集三十卷，今传。○休一条直气，海内无双，意度高疏，学问丛脞⑰，天赋敏速之才，笔吐猛锐之气，乐府古律，当时所宗。虽尚崛奇，每得神助，余人走下风者多矣。昔谓龙象蹴踏，非驴所堪⑱，果僧中之一豪也。后少其比者，前以方支道林不过矣⑲。

[校注]

①贯休（832—912）：唐、五代婺州兰溪（今属浙江）人。《全唐诗》卷八二六至八三七收其诗，谓其"七岁出家，日诵经书千字，过目不忘"云。　②成中令：成汭，唐青州（今山东潍坊一带）人，曾为荆南留后。中令，中书令的简称。成汭曾任中书令。　③登坛而授："而"旧本作"可"，依清钱熙祚校语改。安可：旧本作"安得"，依钱熙祚校语改。　④衔：怀恨。乃递入黔中：钱熙祚云："阁本无'乃'字，'入'作'放'。"按，当作"乃递放黔中"。　⑤因为《病鹤诗》以见志：钱熙祚

云："阁本作'以《病鹤诗》见意'。" ⑥钱镠：当作"钱镠"。五代吴越政权的建立者，卒，谥"武肃"。董昌：唐临安（今属浙江）人，累拜检校太尉、同中书门下平章事，后以"僭位"，为钱镠所杀。 ⑦镇东军：今浙江东部一带。 ⑧灵隐：灵隐寺，在浙江杭州市西。 ⑨"满堂"二句：见《全唐诗》卷八三七《献钱尚父》诗。 ⑩遣人谕令："人"字原缺，依清钱照祎校语补。 ⑪孤云野鹤：《全唐诗》作"闲云孤鹤"，于义较胜。 ⑫孟知祥（874—934）：五代后蜀政权的建立者。按孟知祥于同光四年（926）始抵蜀，其时贯休已逝，安得以诗投之？此处"孟知祥"，当为"王建"之误。《全唐诗》卷八二六贯休小传云："天复中，入益州，王建礼遇之，署号禅月大师，或呼为得得来和尚。"可参。 ⑬"一瓶"二句：见《全唐诗》卷八三五《陈情献蜀皇帝》诗。下句作"千水千山得得来"，似较胜。 ⑭王建（847—918）：五代前蜀政权的建立者。 ⑮鹘（hú）：猛禽的一种，又名"隼"，可助人打猎。

⑯顺寂：（僧侣）去世。青城峰：在四川省成都市都江堰市西南。相传黄帝曾筑坛于此，封青城山为"五岳丈人"云。 ⑰丛脞：深细。 ⑱龙象：水行龙力最大，陆行象力最大，故以喻勇猛修行之高僧。谌：能。 ⑲方：与之并列。支道林（314—366）：东晋佛教学者，名遁，与谢安、王羲之等交游，以好谈玄理闻名于世。

270 张 瀛①

瀛，碧之子也②。仕广南刘氏，官至曹郎③。尝为诗赠琴棋僧云："我尝听师法一说，波上莲花水中月。不垢不净是色空，无法无空亦无灭。我尝对师禅一观，浪溢鳌头蟾魄满④。河沙世界尽空空，一寸寒灰冷灯畔⑤。我又闻师琴一抚，长松唤住秋山雨。弦中雅弄若铿金，指下寒泉流太古。我又看师棋一着，山顶坐沉红日脚。阿谁称是国手人，罗浮道士赌却鹤⑥。输却药葫芦，斟下红霞丹，束手不敢争头角。"同列见之曰："非其父不生是子。"瀛为诗尚气而不怒号，语新意卓，人所不思者，辄能道之，绰绰然见乃父风也。有诗集，今传于世。

[校注]

①张瀛：唐、五代人。 ②碧：张碧，唐德宗时人，诗为孟郊所推重。宋计有功《唐诗纪事》卷四十五引孟东野《读张碧集》诗云："天宝太白没，六义已消歇。大哉《国风》本，丧而王泽竭。先生今复生，斯文信难缺。" ③广南：指五代南汉政权（917—971），都广州，辖今广东、广西地区。刘氏：指刘䶮（yǎn），南汉政权的建立者。曹郎：诸曹郎中。 ④蟾魄：指月亮。 ⑤河沙：恒河沙数，言多至不可胜数。寒灰：犹死灰。 ⑥罗浮：罗浮山，在广东省惠州。

271 沈 彬①

彬字子文，筠州高安人。自幼苦学，属末岁离乱，随计不捷，南游湖、湘，隐云阳山数年②，归乡里。时南唐李昪镇金陵③，旁罗俊逸，名儒宿老，必命郡县起之。彬赴辟④，知昪欲取杨氏⑤，因献画山水诗云⑥："须知笔力安排定⑦，不怕山河整顿难。"昪览之大喜，授秘书郎。保大中，以尚书郎致仕归，徙居宜春⑧。初经板荡⑨，与韦庄、杜光庭、贯休俱避难在蜀⑩，多见酬酢。彬临终指葬处，示家人窆⑪，果掘得一空冢，有漆灯青荧，圹头立一铜版⑫，篆文曰："佳城今已开，虽开不葬埋。漆灯终未灭，留待沈彬来。"遂窆罗于此⑬。有诗集一卷传世。彬第二子廷瑞⑭，性坦率，豪于觞咏，举动异俗，盛夏附火，严冬单衣，或遇崇山野水，古洞幽坛，竟日不返，时人异之，呼为"沈道者"。士大夫多邀至门馆。一日，邑宰戏问："何日道成？"廷瑞即留诗曰："何须问我道成时，紫府清都自有期。手握药苗人不识，体涵仙骨俗争知⑮？"宰惊谢。后浪游四方，或传仙去也。

[校注]

①沈彬：唐、五代筠州高安（今属江西）人，事吴为秘书郎，以吏部郎中致仕。《全唐诗》卷七四三收其诗十九首。　②云阳山：疑为"云雾山"，在湖南安化县北。　③南唐（937—975）：五代时十国之一，都于金陵（今江苏南京），辖今江南大部地。李昪：徐州人，曾改名徐知诰，仕吴，累官参知政事，出镇金陵。后为南唐政权的建立者。　④赴辟：犹应命。　⑤杨氏：杨行密，五代时吴政权的建立者。　⑥献画山水诗：《全唐诗》作《献李昪山水图诗》。　⑦笔力：《全唐诗》作"手笔"。　⑧保大：公元943—957年。尚书郎：《全唐诗》卷八六一作"吏部侍郎"。宜春：在江西省西部。　⑨板荡：谓政局动荡不安。　⑩韦庄（约836—910）：唐、五代京兆杜陵（今陕西西安）人。杜光庭（850—933）：唐、五代处州缙云（今属浙江）人。《全唐诗》卷八五四收其诗，谓光庭"字圣宾，括苍人。……应百篇举不中，入天台山为道士。僖宗

召见，赐以紫服，充麟德殿文章应制。后隐青城山白云溪，自称东瀛子。蜀主王建赐号广成先生"云。贯休（832—912）：唐、五代婺州兰溪（今属浙江）人。　⑪窆（biǎn）：此指墓地。　⑫青荧：微光。圹头：墓穴的一端。　⑬窀穸（zhūn xī）：安葬。　⑭廷瑞：沈廷瑞，唐、五代高安（今属江西）人，有道术，嗜酒，相传寒暑皆着一单褐，数十年不易云。《全唐诗》卷八六一收其诗四首。　⑮"何须"四句：《全唐诗》题为《答高安宰》。紫府清都，道家称仙人居所。

272 唐　求①

求，隐君也②，成都人。值三灵改卜，绝念鼎钟③，放旷疏逸，出处悠然，人多不识。方外物表，是所游心也。酷耽吟调，气韵清新，每动奇趣，工而不僻，皆达者之词。所行览不出二百里间，无秋毫世虑之想。有所得，即将稿捻为丸，投大瓢中。或成联、片语，不拘长短，数日后足成之。后卧病，投瓢于锦江④，望而祝曰："兹瓢倘不沦没，得之者始知吾苦心耳。"瓢泛至新渠，有识者见曰："此唐山人诗瓢也。"扁舟接之，得诗数十篇。求初未尝示人，至是方竞传，今行于世。后不知所终。江南处士杨夔⑤，亦工诗文，名称杰出如求⑥，今章句多传。

[校注]

①唐求：唐、五代成都人。宋计有功《唐诗纪事》卷五十作"唐球"。《全唐诗》卷七二四收其诗，云："唐求（一作球），居蜀之味江山，

至性纯悫。王建帅蜀，召为参谋，不就。放旷疏逸，邦人谓之唐隐居。"
②隐君：隐居之士。　③三灵：指天、地、人。三灵改卜：谓改朝换代。鼎钟：喻建功立业。　④锦江：在四川成都平原。　⑤杨夔：五代吴人，为宣州田頵上客，知頵不足以抗杨行密，著《溺赋》以谏之；頵不用，遂败。《全唐诗》卷七六三收其诗十二首。　⑥如求：与唐求相类。

273 孙鲂①

鲂，唐末处士也，乐安人。与沈彬、李建勋同时②，唱和亦多。鲂有《夜坐》诗，为世称玩。建勋尤器待之，日与谈宴，尝匿鲂于斋幕中，待沈彬来，乃问曰："鲂《夜坐》诗如何？"彬曰："田舍翁火炉头之语③，何足道哉！"鲂从幕中出，诮彬曰："何讥谤之甚？"彬曰："'画多灰渐冷④，坐久席成痕。'此非田舍翁炉上，谁有此况？"一座大笑。及《金山寺》诗云："天多剩得月，地少不生尘。"当时谓骚情风韵，不减张祜云⑤。有诗五卷，今传。

[校注]

①孙鲂：唐、五代乐安（今属江西）人。《全唐诗》卷七四三收其诗七首，云："孙鲂，字伯鱼，南昌人。从郑谷为诗，颇得郑体。事吴，为宗正郎。与沈彬、李建勋友善。"　②沈彬：唐、五代高安（今属江西）人。李建勋（约872—952）：唐、五代广陵（今江苏扬州一带）人。
③田舍翁：老农。　④画多灰渐冷：宋计有功《唐诗纪事》卷七十一作"划多灰渐冷"，是。划，谓拨动炉火。　⑤张祜（约785—约852）：

贝州清河（今属河北）人。初寓姑苏，称处士；元和、长庆间，深为令狐楚所器；晚年与白居易日相宴谑，隐居于丹阳以终。

274 李 中①

中字有中，九江人也。唐末，尝第进士，为新涂、滏阳、吉水三县令②，仕终水部郎中。孟宾于赏其工吟③，绝似方干、贾岛，时复过之。如"暖风医病草，甘雨洗荒村④"，又"贫来卖书剑，病起忆江湖⑤"，又"闲花半落处，幽鸟未来时⑥"，又"千里梦随残月断，一声蝉送早秋来⑦"，又"残阳影里水东注，芳草烟中人独行⑧"，又"闲寻野寺听秋水，寄睡僧窗到夕阳⑨"，又"香入肌肤花洞酒，冷浸魂梦石床云⑩"，又"西园雨过好花尽，南陌人稀芳草深"等句⑪，惊人泣鬼之语也。有《碧云集》，今传。

[校注]

①李中：唐、五代九江（今属江西）人。《全唐诗》卷七四七至七五〇收其诗。　②新涂：疑当作"新淦"（今江西新干）。滏阳：疑当作"淦阳"。《全唐诗》卷七五〇有《壬申岁承命之任淦阳再过庐山国学感旧寄刘钧明府》诗，可证。吉水：在江西省中部。　③孟宾于：后晋连州（今属广东）人，南唐时任丰城簿，后隐于玉笥山。　④"暖风"二句：见所作《春日野望怀故人》诗，收于《全唐诗》卷七四七（下同）。　⑤"贫来"二句：见所作《书王秀才壁》诗。　⑥"闲花"二句：见《寄刘钧秀才》诗。幽鸟，《全唐诗》作"幽客"。　⑦"千里"二句：

见《海上从事秋日书怀》。 ⑧"残阳"二句：见《江边吟》。 ⑨"闲寻"二句：见《赠永真（一作贞）杜翱少府》诗。 ⑩"香入"二句：见《赠钟尊师游茅山》诗。冷浸，《全唐诗》作"冷侵"，是。 ⑪"西园"二句：见《暮春有感寄宋维员外》诗，收于《全唐诗》卷七四九。

275 廖 图①

图字赞禹，虔州虔化人。文学博赡，为时辈所服。湖南马氏辟致幕下②，奏授天策府学士。与同时刘禹、李宏皋、徐仲雅、蔡昆、韦鼎、释虚中③，俱以文藻知名，赓唱迭和。齐己时寓渚宫④，相去图千里，而每诗简往来不绝，警策极多，必见高致。集二卷，今行于世。时有荆南从事郑准⑤，亦工诗，与僧尚颜多所酬赠⑥，诗亦传。

[校注]

①廖图：五代时虔州虔化（今江西赣州一带）人。《全唐诗》卷七四〇作"廖匡图"，收其诗四首。 ②马氏：马殷，五代楚鄢陵（今属河南）人，后梁时拜天策上将军，封楚王，为楚政权的建立者。 ③刘禹：清钱熙祚云："'禹'上当依阁本补'给'字。"今按，当作"刘昭禹"。昭禹于后梁时，仕楚为县令，署天策府学士，终岩州刺史。《全唐诗》卷七六二收其诗九首。李宏皋：五代时仕楚，累迁都统，掌书记，为十八学士之一。《全唐诗》卷七六二收其诗二首。徐仲雅：五代时仕楚，为十八学士之一。《全唐诗》卷七六二收其诗六首。蔡昆：《全唐诗》卷七七八

收其诗一首。韦鼎：《全唐诗》卷七四〇收其诗一首，云："韦鼎，湖南人，与廖匡图俱知名。"释虚中：唐宜春（今属江西）人。　④齐己（约860—约937）：旧本作"齐巳"，今正。有《白莲集》十卷。渚宫：春秋时楚之别宫，故址在今湖北江陵。　⑤郑准（？—903前）：字不欺，登乾宁进士第。曾任荆南节度使成汭推官，后与汭不合，为汭所害。有《渚宫集》一卷。《全唐诗》卷六九四收其诗五首。　⑥僧尚颜：与陈陶、陆龟蒙为诗友。

276　孟宾于①

宾于，字国仪，连州人。聪敏特异，有乡曲之誉。垂髫时书所作百篇，名《金鳌集》，献之李若虚侍郎。若虚采猎佳句，记之尺书，使宾于驰诣洛阳，致诸朝达，声誉蔼然，留寓久之。晋天福九年②，礼部侍郎符蒙知贡举③，宾于帘下投诗云："那堪雨后更闻蝉，溪隔重湖路七千。忆得故园杨柳岸，全家送上渡头船④。"蒙得诗，以为相见之晚，遂擢第，时已败六举矣。与诗人李昉同年情厚⑤。后宾于来仕江南李主，调滏阳令⑥。因犯法，抵罪当死，会昉拜翰林学士，闻在缧绁，以诗寄之曰⑦："初携书剑别湘潭，金榜名标第十三。昔日声尘喧洛下⑧，近来诗价满江南。长为邑令情终屈，纵处曹郎志未甘⑨。莫学冯唐便休去，明君晚事未为惭⑩。"后主偶见诗⑪，遂释之，迁水部郎中，又知丰城县。兴国中致仕，居玉笋山⑫，年七十余卒。自号"群玉峰叟"⑬。有集，今传。

[校注]

①孟宾于（约904—983）：五代、宋连州（今属广东）人。《全唐诗》卷七四〇收其诗八首。　②（后）晋天福九年：公元944年。　③符蒙：五代时赵州昭庆（今属河北）人，后唐同光三年（925）进士，累官成德军节度副使；入后晋，官至礼部侍郎。　④"那堪"四句：《全唐诗》题作《献主司》。诗末注云："主司得诗，自谓得宾于之晚。后宾于致仕，归连上，过庐陵，吉守题诗，有'今日还家莫惆怅，不同初上渡头船'，用此。"　⑤李昉（925—996）：五代宋深州饶阳（今属河北）人，仕后汉、后周；入宋，两任中书侍郎、平章事，并主编《太平御览》《太平广记》《文苑英华》等。　⑥江南李主：指南唐（937—975）李昪、李璟、李煜等。滏阳：疑为"滏阳"之误。　⑦以诗寄之：见《全唐诗》卷七三八《寄孟宾于》诗。　⑧洛下：指洛阳。　⑨曹郎：各部的郎官。　⑩冯唐：西汉安陵（今陕西咸阳东北）人，文帝时，为郎中署长、车骑都尉；景帝时，任楚相；武帝时求贤良，举唐，唐时年九十余，不能为官，乃以其子遂为郎。明君：汉元帝宫人王嫱，字昭君（晋人避司马昭讳，改称明君），为和亲，嫁与匈奴呼韩邪单于；呼韩邪死，其子立，复以昭君为妻。　⑪后主：指五代南唐后主李煜（937—978）。　⑫兴国：宋太平兴国（976—984）。玉笋山：《全唐诗》作"玉筍山"（在江西永新），是。　⑬群玉峰：群玉山，传说中仙山。李白《清平调词三首》云："若非群玉山头见，会向瑶台月下逢。"

277 孟 贯①

贯，闽中人。为性疏野，不以荣宦为意，喜篇章。周世宗幸广陵②，贯时大有诗价，世宗亦闻之，因繕录一卷献上。首篇《书贻谭先生》云③："不伐有巢树，多移无主花。"世宗不悦曰："朕伐叛吊民，何得有'有巢''无主'之说④！献朕则可，他人则卿必不免。"不复终卷，赐释褐进士⑤，虚名而已。不知其终。有诗集，今传。○孟子曰："予之不遇鲁侯⑥，天也。"至唐开元，孟浩然上失帝心，和璧堕地⑦；孟郊之出处，梗概苦艰，薄宦而死⑧。今孟贯坐此诗穷，转喉触讳，非意相干，竟尔埋没，与前贤俱亦相似，命也。孟氏之不遇，一何多耶！

[校注]

①孟贯：五代时闽中人。《全唐诗》卷七五八收其诗，云："孟贯，字一之，建安人，初客江南，后仕周。" ②周世宗：后周世宗柴荣（921—959）。 ③《书贻谭先生》：《全唐诗》题作《赠栖隐洞谭先生》。 ④何得有"有巢"：旧本作"何得有巢"。清钱熙祚云："当依阁本重一'有'字。"今从之。 ⑤释褐：经吏部复试合格。 ⑥"予之"句：见《孟子·梁惠王下》，予，当作"吾"。鲁侯，鲁平公（前322—前303年在位）。 ⑦上失帝心：失去了唐玄宗的器重。和璧：和氏璧，春秋时楚人卞和所献。 ⑧薄宦：谓孟郊只当过溧阳县尉、节度参谋等小官。

278 江 为①

为,考城人,宋江淹之裔②。少帝时,出为建阳吴兴令③,因家,为郡人焉。为唐末尝举进士,辄不第。工于诗,有"天形围泽国,秋色露人家","月寒花露重,江晚水烟微"等④,脍炙人口。少游白鹿寺⑤,有句:"吟登萧寺梅檀阁,醉倚王家玳瑁筵⑥。"后主南迁⑦,见之曰:"此人大是富贵家。"时刘洞、夏宝松就传诗法⑧,为益傲肆,自谓俯拾青紫,乃诣金陵求举⑨,屡黜于有司,怏怏不能已;欲束书亡越,会同谋者上变⑩,按得其状,伏罪。今建阳县西靖安寺,即处士故居,后留题者甚众。有集一卷,今传。

[校注]

①江为:五代时宋州考城(今河南兰考县东)人。《全唐诗》卷七四一收其诗八首。 ②江淹(444—505):南朝济阳考城(今河南民权)人,历宋、齐、梁三朝,官至金紫光禄大夫,有《江文通集》。 ③少帝:后唐闵帝李从厚(934年在位)。《资治通鉴》后唐潞王清泰元年:"太后下令废少帝为鄂王。"又,后晋出帝石重贵(942—946年在位)亦称"少帝"。见《旧五代史·晋·少帝纪》。 ④"天形"二句:见《全唐诗》卷七四一《送客》。"月寒"二句:见《全唐诗》卷七四一《江行》。 ⑤白鹿寺:故址在江西庐山白鹿洞,南唐昇元(937—942)中所建。 ⑥萧寺:佛寺。梅檀阁:《全唐诗》作"旃檀阁",是。旃檀,梵文檀香的音译。唐贯休《游金华山禅院》诗:"兹地曾栖菩萨僧,旃檀楼

殿瀑崩腾。"王家：高门世族之家。　⑦后主：南唐后主李煜（937—978）。　⑧刘洞：《全唐诗》卷七四一收其诗一首，云："刘洞，庐陵人，学诗于陈贶，隐居庐山。后主召见，献诗百篇，有集行世。"夏宝松：唐庐陵（今江西吉安）人。《全唐诗》卷七九五收其诗句三联。就传：犹求授。　⑨青紫：指高官显爵。金陵：今江苏南京市。南唐都城所在。　⑩亡越：逃亡至吴越。上变：向朝廷告密。

279　熊　皎①

皎，九华山人。唐清泰二年进士②。刘景岩节度延安③，辟为从事。晋天福中④，说景岩归朝，以功⑤，擢右谏议，竟坐累黜为上津令⑥。工古律诗，语意俱妙。尝赋《早梅》云："一夜开欲尽⑦，百花犹未知。"甚传赏士林，且知其必遇。今有《屠龙集》《南金集》合五卷传世，学士陶穀序之⑧。

[校注]

①熊皎：五代时九华山（今安徽青阳县西南）人。《全唐诗》卷七三七收熊皦诗二首，谓系后唐清泰二年（935）进士，有《屠龙集》五卷；又收熊皎诗四首，谓自称九华山人，有《南金集》二卷。不知是否即一人？　②（后）唐清泰二年：公元935年。　③刘景岩：五代延州（今陕西延安）人。时任延州节度使。　④（后）晋天福：公元936—944年。　⑤以功：清钱熙祚云："阁本'以'作'有'。"　⑥上津：在湖北郧西县西。　⑦开欲尽：《全唐诗》熊皎《早梅》诗作"欲开尽"，于律

为协。　⑧陶穀：五代、宋新平（今陕西彬州）人，历仕晋、汉、周，至翰林学士；入宋，历礼、刑、户三部尚书。

280 陈　抟①

抟字图南，谯郡人②。少有奇才经纶，易象玄机③，尤所精究。高论骇俗，少食寡思。举进士不第，时戈革满地，遂隐名，辟谷炼气④，撰《指玄篇》。同道风偃⑤。僖宗召之，封清虚处士，居华山云台观⑥。每闭门独卧，或兼旬不起。周世宗召入禁中⑦，上试之，扃户月余，始启，抟方熟寐鼾鼾⑧。觉即辞去，赋诗云："十年纵迹走红尘⑨，回首青山入梦频。紫陌纵荣争及睡⑩，朱门虽贵不如贫。愁闻剑戟扶危主，闷听笙歌聒醉人。携取旧书归旧隐，野花啼鸟一般春。"还山后，因乘驴游华阴市⑪，见邮传甚急，问知宋祖登基⑫，抟抵掌长叹曰："天下自此定矣。"至太宗⑬，征赴，戴华阳巾⑭，草屦垂条，与万乘分庭抗礼⑮，赐号"希夷先生"。时居云台四十年，仅及百岁⑯。帝赠诗云："曾向前朝出白云，后来消息杳无闻。如今已肯随征召，总把三峰乞与君⑰。"真宗复诏⑱，不起，为谢表，略曰："明时闲客⑲，唐室书生。尧道昌而优容许由，汉世盛而善从商皓⑳。况性同猿鹤，心若土灰，败荷制服，脱箨裁冠㉑，体有青毛㉒，足无草屦，苟临轩陛㉓，贻笑圣朝。数行丹诏，徒教彩凤衔来；一片野心，已被白云留住。咏嘲风月之清，笑傲烟霞之表，遂性所乐，得意何言！"后凿石室于莲华峰下㉔，一旦坐其中，羽化而去㉕。有诗集，今传。如洛阳潘阆逍遥、河南种放明逸、钱塘林逋君复、钜鹿魏野仲先、青州李之才挺之、天水穆修伯长㉖，皆从学先生，一流高士，俱有诗名。大节详见之《宋史》云。

[校注]

①陈抟：五代、宋亳州（今属安徽）人。《宋史·隐逸列传》说他曾隐居武当山、华山修道。　②谯郡：唐天宝、至德时曾改亳州为谯郡。　③玄机：玄妙深奥的义理。　④遂隐名：清钱熙祚云："阁本'名'作'居'。"辟（bì）谷：不食五谷。　⑤风偃：钦仰折服。《论语·颜渊》："君子之德风，小人之德草。草上之风，必偃。"　⑥云台观：《全唐诗》卷八六三云："元和十二年五月……有四女同夜成仙，会西岳云台峰。"云台观即在华山北之云台峰。　⑦周世宗：后周世宗柴荣，公元954—959年在位。　⑧齁䶎（hōu hē）：鼻息声。　⑨纵迹：《全唐诗外编》第三编卷之十八陈抟《归隐》诗作"踪迹"，是。　⑩紫陌：帝都郊野的道路。借指在京都做官。争：怎能。　⑪华阴市：在今陕西华山北。　⑫宋祖：宋太祖赵匡胤，公元960—976年在位。　⑬太宗：宋太宗赵炅（jiǒng），公元976—997年在位。　⑭华阳巾：一种便帽。　⑮万乘：指皇帝。　⑯仅：几乎，将近。　⑰三峰：指华山的朝阳峰、莲华峰和落雁峰。　⑱真宗：宋真宗赵恒，公元997—1022年在位。　⑲明时："政治清明"之时。　⑳许由：尧时高士。相传尧想让位于他，他逃至箕山之下；尧请他为九州牧，他到颍水边洗耳，不愿再听。商皓：汉初东园公、绮里季、夏黄公、甪里先生隐于商山，称商山四皓。相传汉高祖欲废太子，吕后用张良计，迎来四皓，使辅太子，高祖见其羽翼已成，遂辍前议

云。　㉑败荷制服：用破荷叶制成衣服。脱箨裁冠：用枯笋皮裁成帽子。　㉒青毛：清钱熙祚云："阁本作'绿毛'。"今按，本书卷二《常建》有"遍体毛绿"句，可参。　㉓轩陛：帝王的车驾和朝廷的台阶。借指帝王居止之处。　㉔莲华峰：华山的中峰。　㉕羽化：谓升天。　㉖潘阆：宋大名（今属河北）人，自号逍遥子，尝居洛阳卖药。种（chóng）放：宋洛阳人，字明逸，隐居三十年，以讲习为业。林逋：宋钱塘（今浙杭江州）人，字君复，隐于西湖孤山，以梅为妻，以鹤为子。魏野：宋真宗时人，隐居不仕。按，《宋史》以野为陕人，《四川通志》谓系蜀人居陕，不详孰是？李之才：宋仁宗时人，字挺之，官至殿中丞。穆修：《宋史》谓系郓州（今山东东平一带）人，工古文，累官颍州文学参军。

281 鬼①

杂传记中②，多录鬼神灵怪之词，哀调深情，不异畴昔③。然影响所托④，理亦荒唐，故不能一一尽之⑤。

[校注]

①鬼：《全唐诗》卷八六〇至八六八收有仙诗三卷，女仙诗一卷，神诗一卷，鬼诗二卷，怪诗、梦诗各一卷。　②杂传记：指杂传、杂记等。　③畴昔：往昔，平日。　④影响：犹言报应。《书·大禹谟》："惠迪吉，从逆凶，惟影响。"《传》："顺道吉，从逆凶，吉凶之报，若影之随形，响之应声，言不虚。"　⑤故不能一一尽之：《论语·述而》曰："子不语怪力乱神。"所以辛文房于神鬼怪楚之诗，亦存而不论也。

附录

四库全书总目提要（《唐才子传》）

《唐才子传》八卷　永乐大典本

元辛文房撰。文房字良史，西域人。其始末不见于史传，惟陆友仁《研北杂志》称其能诗，与王执谦齐名，苏天爵《元文类》中载其《苏小小歌》一篇耳。是书原本凡十卷，总三百九十七人①，下至妓女、女道士之类，亦皆载入。其见于新、旧唐书者，仅百人，余皆从传记说部各书采辑。其体例因诗系人，故有唐名人，非卓有诗名者不录。即所载之人，亦多详其逸事，及著作之传否，而于功业行谊，则只撮其梗概。盖以论文为主，不以记事为主也。大抵于初、盛稍略，中、晚以后渐详。至李建勋、孙鲂、沈彬、江为、廖图、熊皦、孟宾于、孟贯、陈抟之伦，均有专传，则下包五代矣。考杨士奇《东里集》有是书跋，是明初尚有完帙，故《永乐大典目录》于"传"字韵内载其全书。今"传"字一韵适佚，世间遂无传本。然幸其各韵之内，尚杂引其文，今随条掇拾，裒辑编次，共得二百四十三人，又附传者四十四人，共二百八十七人②，谨依次订正，厘为八卷。按，杨士奇跋，称是书凡行事不关大体，不足为劝戒者不录；又称杂以臆说，不尽可据。今考编中，如《许浑传》称其梦游昆仑，《李群玉传》称其梦见神女，杂采孟棨《本事诗》、范摅《云溪友议》荒唐之说，无当史裁。又如储光羲污禄山伪命而称其养浩然之气，尤乖大义。他如谓骆宾王与宋之问唱和灵隐寺中,谓《中兴间气集》为高适所选,谓李商隐曾为广州都督,谓唐人效杜甫者惟唐彦谦一人,乖舛不一而足。盖文房抄掇繁富,或未暇检详,故谬误抵牾,往往杂见。然较计有功《唐诗纪事》,叙述差有条理,文笔亦秀润可观。传后间缀以论,多掎摭诗家利病,亦足以津逮艺林,于学诗者考订之助,固不为无补焉。

[**注释**]

①按,辛文房自撰小引,共为三百九十八人。 ②此处"沪本"作"共得二百三十四人,又附传者,四十四人,共二百七十八人",今据中华版《四库全书总目》订正。

《佚存丛书》本《唐才子传》天瀑山人跋[①]

《唐才子传》十卷，元辛文房撰。坊刻颇多舛讹。有称"五山版"，系数百年前物。审其版样，盖得元椠而翻雕之，字画精整，纰谬极少。间有其本，世称罕遘。余家旧藏一部，今据此以订坊本之误云。案，《四库全书总目》著录《唐才子传》八卷曰："考杨士奇《东里集》有是书跋，是明初尚有完帙，故《永乐大典目录》于'传'字韵内载其全书。今'传'字一韵适佚，世间遂无传本。然幸其各韵之内，尚杂引其文，今随条摭拾，裒辑编次，共得二百四十三人，又附传者四十四人，共二百八十七人，依次订正，厘为八卷。"则彼之所存，已非完帙；所谓八卷，亦成于摭拾之余者也。独幸皇国有传本，安得不珍而传之乎？壬戌首春月念六日[②]，天瀑识。

[注释]

①天瀑山人：日本藏书家林衡，号天瀑山人，于19世纪初辑有《佚存丛书》，含中国古籍十七种。 ②壬戌：此跋作于《四库全书》编就之后，《指海》本成书之前，则"壬戌"当指1802年。

《指海》本《唐才子传》钱熙祚跋[①]

日本人刊《佚存丛书》内《唐才子传》十卷，列传二百七十八人，附见者百二十人，与辛文房原序所称卷目适符，信为完帙。惟序云："如方外高格，逃名散人，上汉仙侣，幽闺绮思，虽多征考实，故别总论之。"今隐逸仙释及名媛诸传，仍依时次，前后杂出，颇不可解。据天瀑跋，所据"五山版"，系依元椠翻雕，纰谬极少，然此本错乱颠倒处不可枚举，盖缘活字排版，未尝检正也。《四库全书》本从《永乐大典》撺拾成编，虽残阙而校阅精审，兹据以订正为多，其两通者附注于下各存之。壬寅季春雪枝氏识[②]。

古典文学出版社编者按：《粤雅堂丛书》亦收有《唐才子传》[③]，同系以天瀑本覆刻。是本之后，有同治壬戌（1862）伍崇曜跋文[④]，共两叶，曾检《粤雅堂丛书》三部，皆失去首叶，甚为可讶，用是不能录其跋文。附志于此，以待求访。

[注释]

①钱熙祚：清道光举人，字雪枝。刊有《守山阁丛书》及《指海》等，世称善本。　②壬寅：道光二十二年（1842）。　③《粤雅堂丛书》：清伍崇曜辑刊，共收书二百零八种。　④伍崇曜：清广东富商，所居称"粤雅堂"，刊有《粤雅堂丛书》《岭南遗书》《广东十三家集》等。

丁丙《善本书室藏书志》(《唐才子传》)①

《唐才子传》十卷　日本刊本

　　西域辛文房撰。文房始末不可考。其卷第八题"辛良史撰",当为文房之字。卷首自引,题"有元大德甲辰春",则为元时人。陆友仁《研北杂志》称其能诗②,与王执谦齐名。杨士奇《东里集》有是书跋,是明初尚存中土也。录凡二百七十八篇,因而附录不泯者又一百二十家,皆以时代为次,时代之中又以科目先后为断。始大业初,终五季末。继往开来,别具微旨;伸真黜妄,雅具体裁;评论得失,好而知恶,非徒知诵诗而不知尚论者。《四库》从《永乐大典》采辑,厘为八卷。此则东瀛刊本,尚属原帙。厥后萧山王宗炎以陆芝荣校汪继培勘者雕于三间草堂③,即是本耳。

[注释]

　　①丁丙(1832—1899):清藏书家,字松生,浙江钱塘(今杭州市)人。室名"八千卷楼"。著有《庚辛泣杭录》《善本书室藏书志》等。②陆友仁:元平江(今江苏苏州)人,名友,字友仁,号研北生。著有《墨史》《研北杂志》等。　③王宗炎:清萧山(今属浙江杭州)人,乾隆进士。三间草堂:清陆芝荣的室名。

陆心源《皕宋楼藏书志》(《唐才子传》)[①]

《唐才子传》十卷　东洋刊本

〔元〕西域辛文房撰自序曰:"魏帝著论……有元大德甲辰春引[②]。"

[注释]

①陆心源(1834—1894):清归安(今浙江湖州)人。咸丰举人。著有《仪顾堂集》《皕(bì)宋楼藏书志》等。　②有元大德甲辰:指1304年。

《唐才子传》人名索引

1. 凡本书人名，不论有无小传，全部收入本索引。

2. 一人不止一个称谓者，以习见者为主条，余者以见条处理。如：

杜审言（必简）9* 29 48

必简　见杜审言

见条与主条相邻者，酌予省略，如"于武陵（于邺）"。

3. 人名后的数码，为本书各篇序号（不是页码）；凡序号带*者，即表示小传所在。

4. 索引按音序排列，同音字以笔画多少为序。如：

长通　见朱放

苌凤　235

常衮　94

5. 末附人名首字的"笔画通检"和"四角号码通检"，以利应用。

A

安禄山　28　31　35　38　47　48　49

聱叟　见元结

B

白居易（白乐天、醉吟先生、香山居
　　士、白舍人）　98　120　128
　　135　140　145　146　153　156
　　167　179　217　249

白云孺子　见令狐楚

班固　178

班姬（班倢伃）　41

包何（幼嗣）　29　56*

包佶（幼正、丹阳郡公）　29　56
　　57*　75

包融　29*　56

包子虚　79

宝月　66

鲍参军　见鲍照

鲍防（子慎、东海公、鲍侯）61*　76
　　115　124

鲍君徽　41

鲍溶（德源）　148*

鲍谢　见鲍防、谢良辅

鲍照（鲍昭、鲍参军）　10　26　34
　　39　41　60　95

必简　见杜审言

毕师铎（毕将军）　235

卞和　178

表儒　见殷文圭

表圣　见司空图

宾光　见郑嵎

宾王　见骆宾王

伯苍　见武元衡

伯长　见穆修

伯玉　见陈子昂

柏耆　155　238

逋翁　见顾况

不特　66

C

才江　见李洞

蔡昆　275

蔡琰　41　113

沧浩　66

沧洲子　见朱湾

曹霸（将军）　44

曹不兴　264

曹操（曹瞒）　241

曹刘　见曹植、刘桢

曹丕（魏帝、魏文帝）　1　138

曹松（梦徵）　240　267*

曹唐（尧宾）　216*

曹邺（邺之）　191*　193　207

曹元　5

曹植（子建）　33　58　174

岑参　53*　96

岑文本　53

禅月大师　见贯休

昌黎韩先生　见韩愈

长吉　见李贺

长林公主　184

长通　见朱放

苌凤　235

常衮　94

常浩　41

常建　34*

常无名　19　25

畅当 54　93　99*

巢父 42　51

巢由　见巢父、许由

彻上人　见灵彻

陈盖 214

陈宽 175

陈乐昌公主 252

陈琳（记室）　44　99

陈情 162

陈权 137

陈商 190

陈上美 178*

陈少游 83

陈胜 166

陈拾遗　见陈子昂

陈陶（嵩伯、三教布衣）　200*　240　265

陈抟（图南、陈图南、清虚处士、希夷先生）　265　280*

陈羽 134*

陈子昂（伯玉、陈拾遗）　13*　52

成封　见韩琮

成汭（成中令）　246　269

承吉　见张祜

承祐　见赵嘏

程长文 41

鸱夷　见范蠡

迟之　见孟迟

赤松子 265

种放（明逸）　280

处默 66

储光羲　28*　30　33

储嗣宗 198*

楚望　见李郢

褚载（厚之）　264*

垂后　见李宣古

次山　见元结

从一　见李嘉祐

崔安潜 213

崔道融（东瓯散人）　222*

崔峒　84　91*

崔公达 41

崔瑾（崔中丞）　79　81

崔国辅 30*

崔沆 228

崔颢 26*

崔涣 73

崔胶 256

崔珏 233

崔侃（崔使君）　82

崔鲁（崔橹）　237*

崔明允 37

崔群　132　155　157

崔融　9　15

崔使君　见崔侃

崔曙 36*

崔潭峻 146

崔涂（礼山）　241*

崔岘 181

崔信明 4*

崔兴宗 38

崔铏 197

崔吁（崔旰?）　48

崔铉 181

崔涯 167

崔郾 170

崔胤　247

崔莺莺　41　252

崔膺　118

崔峒　193

崔圆　49

崔中丞　见崔瓘

崔仲容　41

崔紫云　170

崔宗之　47

存博　见李约

D

达夫　见高适

大用　见王驾

代宗　见唐代宗

戴叔伦（幼公）　137*

戴思颜　250*

戴颙　207

丹列　见窦群

丹阳郡公　见包佶

淡交　66

岛洞　见贾岛、李洞

盗跖　见跖

道济　见张说

道遇　66

道正　见章孝标

德宗　见唐德宗

德新　见李频

德隐　见贯休

德源　见鲍溶

邓王　见李元裕

狄慎思　183

钓鳌客　见张祜

丁泽　103

东方虬　11

东方朔　235

东岗子　见陆羽

东皋子　见王绩

东海钓客　见秦系

东海公　见鲍防

东瓯散人　见崔道融

东野　见孟郊

董昌　269

董晋　132

董廷兰　48

洞宾　见吕岩

窦常（中行）　94　107*

窦巩（友封、啜嚅翁）　94　111*　146

窦建德　4

窦牟（贻周）　94　108*

窦群（丹列）　94　109*　124　135
　　139

窦叔向（遗直）　57　94*　107

窦庠（胄卿）　94　110*

独孤及（至之）　67　69*

独孤恂　61

独孤损　260

独孤樟　160

杜悰　170　184

杜德祥　267

杜伏威　14

杜甫（子美、杜工部、工部、杜少陵）
　　29　40　48*　49　50　52　53
　　58　62　81　140　170　227　249
　　251　257

杜羔　41

杜工部　见杜甫

杜光庭　271

杜红儿　236

杜鸿渐　53

杜华　17

杜牧（牧之、杜紫薇）　117　155　167
　　　170*　177　182　237　251

杜确　53

杜儒休　184

杜少陵　见杜甫

杜审言（必简）　9*　29　48

杜恕　48

杜绾　27

杜韦娘　104

杜闲　48

杜荀鹤（彦之、九华山人）　170　251*

杜裔休　184

杜预（预）　9　48

杜筠　251

杜陟　172

杜紫薇　见杜牧

端己　见韦庄

短李相　见李绅

段成式　179　196

段简　13

E

娥皇　196

F

法宣　66

法照　66

法振　66

樊晃　48

樊宗师　116

范蠡（鸱夷）　83　193

范式　137

范张　见范式、张劭

方干（雄飞、方三拜、玄英先生）　156
　　　194*　195　240

房琯　48　105

飞卿　见温庭筠

飞燕　见赵飞燕

封孟绅　140

冯道明　175

冯唐　276

夫子　见孔子

扶苏　166

符蒙　276

符载　144

涪翁　218

福畤　见王福畤

甫里先生　见陆龟蒙

G

高蟾　229*

高崇文　230

高构（高孝基）　4

高锴　178　179

高力士　18　47

高骈（千里、落雕御史）　158　230*
　　　235

高湜　223

高适（达夫、仲武）　50*　51　53　54
　　　96　106

高湘　226

高孝基　见高构

高郢　145

高宗　见唐高宗

高祖　见唐高祖

哥舒翰　50

哥舒晃　81

葛鸦儿　41

耿沨　80　84　87*

工部　见杜甫

公乘亿（寿山）　223　225*　228

公垂　见李绅

公绪　见秦系

龚黄　见龚遂、黄霸

龚遂　61　137

古之奇　80*　87

顾非熊　29　77　188　190*　198

顾况（逋翁）　29　77*　145　190　265

顾栖蟾　220

顾云　235　251

贯休（德隐、禅月大师）　66　234　258　269*　271

广津　见王涯

广宣　66

归仁　66

归仁绍　219　238

龟龄　见张志和

贵妃　见杨贵妃

郭暧　88　93

郭子仪（令公）　47　93

国钧　见雍陶

国仪　见孟宾于

H

韩琮（成封）　165*

韩衮　210

韩翃　84　86*　97　107

韩滉（韩晋公）　46　77

韩洄　142

韩晋公　见韩滉

韩吏部　见韩愈

韩柳　见韩愈、柳宗元

韩退之　见韩愈

韩偓（致尧、玉山樵人）　217　247*

韩湘（清夫）　164*

韩湘（韩湘子）　265

韩英　41

韩愈（韩吏部、昌黎韩先生、韩退之、退之）　103　108　114　116　117　120　132*　133　134　136　140　155　156　164　203

韩准　47

汉文帝　60

汉武李夫人　252

汉阴丈人　82

翰林　见李白

浩然　见卢鸿

何逊　59

何晏（何郎）　93

和叔　见吕温

贺兰进明　35

贺知章（季真、四明狂客、秘书外监）　47　55*　167

衡岳幽人　见李端

洪度　见薛涛

洪源　80　87

鸿渐　见陆羽

侯希逸　86

后晋出帝（少帝）　278

后唐闵帝（少帝）　278

后主　见李煜

厚之　见褚载

胡杲 145

胡亥 166

胡曾 158 214*

湖南马氏　见马殷

护国 66

华母崔氏（杜华之母崔氏） 17

怀浦 66

怀素（玄奘弟子） 66

怀素（钱起之甥） 88

淮南李相　见李绅

还朴　见袁不约

皇甫彬 67

皇甫镈 128

皇甫补阙　见皇甫冉

皇甫昆季　见皇甫冉、皇甫曾

皇甫冉（茂政、皇甫补阙） 29 63 66 67* 68 70 76 86 123

皇甫湜 77 115 117 147

皇甫曾（孝常） 29 66 68* 72 123

皇太子　见李贤

黄霸 61 137

黄巢 219 230 234 257 265

黄帝 7 13 47

黄老　见黄帝、老子

黄绮　见夏黄公、绮里季

黄损 240

黄祖 235 241

回道士　见吕岩

绘之　见张仲素

惠标 66

惠侃 66

惠休 66 197

浑瑊 84

J

嵇康 265

吉皎 145

吉中孚 41 84 85*

记室　见陈琳

纪唐夫 204

季川　见元融

季真　见贺知章

季直　见张南史

贾长江　见贾岛

贾驰（贾先辈） 176*

贾岛（阆仙、碣石山人、无本、贾长江、浪仙） 66 120* 121 140 151 152 159 160 175 187 197 245 249 251 267 268 274

贾季邻 43

贾稜 131

贾尚书 265

贾生　见贾谊

贾先辈　见贾驰

贾谊（贾生） 12 197 204

贾喻　见贾岛、喻坦之

贾曾 60

贾至（幼儿） 60*

间气布衣　见皮日休

暕上人 89

见素　见周朴

江鲍　见江淹、鲍照

江东生　见罗隐

江国公 3

江湖散人　见陆龟蒙

江南李主　见李昪、李璟、李煜

江宁　见王昌龄

江上丈人　218

江为　278*

江谢　见江淹、谢朓

江淹　26　218　278

姜公辅　71

将军　见曹霸

蒋涣　72

蒋咏　253

降臣　见林嵩

焦遂　47

皎彻　见皎然、灵彻

皎然（皎然上人、清昼、昼上人）　41
　　　66　75　76　93　105*　107　123

接舆　76

碣石山人　见贾岛

晋王　261

景山　见杨巨源

景阳　见张协

景云　66

静　见王静

九公主　见秦主

九华山人　见杜荀鹤

居云　见姚鹄

巨川　见朱湾

巨山　见李峤

剧燕　254

君复　见林逋

君梦　见郑良士

君虞　见李益

君胄　见郎士元

K

康　见黔娄

康乐　见谢灵运

康洽　95*

柯崇　267

可久　见朱庆馀

可朋　66

可止　66

孔巢父　18　47

孔缄　229

孔释　见孔子、释迦牟尼

孔纬　198

孔昭　见张又新

孔子（夫子）　76　213　235

苦竹真人　265

蒯通　81

L

来鹏　203*

郎士元（君胄）　40　59　65*　88

浪士　见元结

浪先　见贾岛

阆仙　见贾岛

老子　7　13　18　47

乐彦祯　215

雷满　266

冷朝阳　79　97*

礼卿　见裴夷直

李昂　20*

李翱　136　138　150

李白（太白、李翰林、翰林）　18　26
　　　47*　48　49　50　60　140　249
　　　251

李百药（重规）　14*

李泌　77

李昇　271　276

李渤　118　144

李昌符（若梦）　208*　239

李昌巙　79

李程　136　160

李憕　30

李淳风　3

李从实　180

李德林　14

李德裕　83　84　147　210

李洞（才江）　245*　268

李杜　见李白、杜甫

李端（衡岳幽人、李司马）　32　80　84　85　88　93*　95　97　99　105

李端公　见李益

李藩　117

李昉　276

李逢吉　149　159

李福　183

李辅国　50

李皋（嗣曹王）　123

李郜　192

李观　136

李广　244

李龟年　146

李珪　174

李翰林　见李白

李瀚　244　246

李暠（凉武昭王暠）　47

李贺（长吉）　96　112　117*　121　155　212　231

李宏皋　275

李华　21

李彙　155

李吉甫　109　124　139

李季兰（李冶）　41*

李季卿　76

李嘉祐（从一）　40　56　59*　69　93　97

李兼　142

李建勋（致尧、钟山公）　263*　273

李将军　见李陵

李绛　146

李晋肃　117

李琎（汝阳王琎）　47

李璟　276

李敬方（中虡）　173*

李琚　42

李巨川　244

李巨卿　88

李廓　160*

李谅（郑孝王）　117

李璘（永王璘）　47

李陵（李将军）　1　10　148

李录事　19

李勉（汧国公）　70　81　82　86　100　154

李穆　40

李频（德新）　194　195*　196　199　239　242　254　267

李栖远　239　254

李颀　43*　44　70

李峤（巨山）　9　15*

李钦之　175

李群　144　165

李群玉（文山） 172 196*

李若虚 276

李山甫 215*

李商隐（义山、玉溪子） 155 159 179* 204 233

李涉（清溪子） 118* 119

李绅（公垂、淮南李相、短李相） 147* 149 161 167

李适之 47

李纾 75

李司马 见李端

李司徒 见李愿

李随 138 139

李抟 93

李昕 88

李蔚 209

李文爽（李元爽?） 145

李希言 77

李贤（沛王、皇太子） 5 6

李咸用 262

李孝恭 236

李宣古（垂后） 29 184*

李宣远 29 184

李询 257

李训 149

李彦弼 247

李冶 见李季兰

李夷简 112

李巘 19 33

李亿 205

李益（君虞、文章李益、李端公） 84 96* 148

李郢（楚望） 197* 205

李邕 26 48

李馀 120

李煜（后主） 276 278

李元爽 145

李元懿（郑惠王） 117

李元裕（邓王） 7

李远（求古） 172*

李愿（李司徒） 170

李约（存博） 89 154*

李说 128

李筠 224

李昭 229

李之才（挺之） 280

李鹗 243

李中（有中） 274*

李宗闵 166

理莹 66

厉元（厉玄） 152 170

莲花 200

廉氏 41

良义 66

凉武昭王暠 见李暠

梁琼 41

梁肃 131 139

梁王 见朱温

廖图（赞禹） 275*

列子 58

林逋（君复） 280

林嵩（降臣） 228* 234

临沂子 见王毂

蔺相如 122

令狐楚（壳士、白云孺子、令狐文公） 128* 167 179 217

令狐滈 204

令狐峘 92

令狐绹（令狐相国） 172 179 204

令狐文公 见令狐楚

令狐相国 见令狐绹

灵彻（彻上人、灵彻上人） 66 75* 105 123

灵一（灵一上人、一公） 66* 75 134

令公 见郭子仪

刘表（刘荆州） 235

刘宾客 见刘禹锡

刘沧（蕴灵） 199*

刘叉 116*

刘长卿（文房、刘随州） 40* 41 57 71 86 195

刘晨 216 252

刘得仁 168* 183 190 249

刘洞 278

刘方平 70*

刘光远 212

刘侯 235

刘季述 247

刘济 96

刘驾（司南） 193* 207

刘兼 262

刘荆州 见刘表

刘景岩 279

刘李 见刘长卿、李嘉祐

刘梦得 见刘禹锡

刘栖楚 120

刘阮 见刘晨、阮肇

刘单 46

刘商（子夏） 113* 265

刘慎虚 24*

刘随州 见刘长卿

刘太真 129

刘希夷（延芝） 11 12*

刘祥道 5

刘象 267

刘言史 112*

刘鼒 270

刘晏 57 137

刘瑶 41

刘禹锡（刘宾客、刘梦得、梦得） 128 133 135* 146 153 249

刘媛 41

刘云 41

刘昭禹 275

刘桢 33 34

刘真 145

刘瑑 181

刘子长 264

柳公绰 61

柳公权 13

柳浑 77

柳玭 239

柳氏（王季友妻） 100

柳恽（柳吴兴） 175

柳中庸 93

柳仲郢 179

柳宗元（子厚） 133 *135 203

卢弼 233

卢储 162

卢从史 108

卢庚 65 67

卢纶（允言） 84* 85 138

卢鸿（浩然、卢征君） 22* 31

卢黄门 30

卢仝（玉川子） 114* 115 116

卢渥 219

卢象（纬卿） 31*

卢携 219

卢顼 130

卢延让（子善） 266*

卢逸 17

卢照邻（昇之） 6 7*

卢肇 184

卢贞 145

鲁望 见陆龟蒙

陆长源 136

陆肱 237

陆龟蒙（鲁望、江湖散人、天随子、甫里先生） 217 218*

陆机 33

陆威 264

陆象先 55

陆谢 见陆机、陆云、谢灵运

陆云 33

陆扆 258

陆羽（鸿渐、桑苎翁、东岗子） 30 41 76* 83 105 149 154

陆云 33

陆贽 131 134 139

鹿门先生 见唐彦谦

禄山 见安禄山

闾丘晓 33

吕渭 265

吕温（和叔） 109 124 138 139*

吕岩（洞宾、回道士） 265*

吕用之 230

绿珠 252

罗虬 213 236*

罗绍威 235

罗邺 213* 236

罗隐（昭谏、江东生） 213 216 235* 236

罗则 213

骆宾王 6 8*

落雕御史 见高骈

M

马戴（虞臣） 150 152 187* 224

马逢 130*

马侍郎 229

马希振 220

马异 115*

马殷（湖南马氏） 275

漫郎 见元结

漫叟 见元结

茂业 见唐彦谦

茂政 见皇甫冉

枚皋 48

梅市 89 182

门户李益 96

孟宾于（国仪、群玉峰叟） 274 276*

孟迟（迟之） 188*

孟贯 277*

孟浩然 19 29 45* 56 167 277

孟郊（东野、贞曜先生） 112 116 119 120 136* 140 277

孟九 见孟云卿

孟母 17

孟阳 见张载

孟云卿（孟九） 52* 58

孟知祥 269

孟子 131 277

梦得 见刘禹锡

梦徵 见曹松

祢衡 12 45 235

米嘉荣 104

秘书外监 见贺知章

眆眆 41

苗发 84 90*

苗晋卿 90

明妃 见王昭君

明皇 见唐玄宗

明君 见王昭君

明逸 见种（chóng）放

摩诘 见王维

目莲 167

牧之 见杜牧

慕幽 66

穆修（伯长） 280

穆质 61

N

耐辱居士 见司空图

南楚材 41

南乡 见清塞

内史 见王羲之

聂夷中（坦之） 223*

嗫嚅翁 见窦巩

牛峤（延峰） 231*

牛僧孺 170 231

女娲 238

女英 196

P

潘阆（逍遥子） 280

潘岳 67

潘张 见潘岳、张华

裴迪 38

裴度 132 135

裴格 266

裴球 169

裴枢 262

裴坦 204

裴诚 204

裴谐 268

裴休 53 191 196

裴延鲁 207

裴耀卿 23

裴夷直（礼卿） 157*

裴羽仙 41

裴说 268*

裴政 47

裴赟 245 251 252 262 264

沛王 见李贤

盆成括 131

彭先生 198

皮日休（袭美、逸少、醉吟先生、醉士、间气布衣） 22 112 217* 218

漂母 82

Q

栖白 66 168

栖蟾 66 220

栖浩 234

戚夫人 20

栖一 66

齐己 66 220 239 240* 275

齐映 96 97

岐王 38

琦玕子 见元结

綦毋潜 25 30 32*

绮里季 3

千里 见高骈

汧国公 见李勉

钱徽 88

钱郎 见钱起、郎士元

钱镠（钱尚父、吴越王、武肃） 235 269

钱起（仲文） 29 40 59 65 84 88* 93 97 232

钱尚父 见钱镠

钱翊 29 88 232*

黔娄（康） 194 234

乔松 见王子乔、赤松子

樵青 83

壳士 见令狐楚

郄云卿 8

秦韬玉（中明） 238*

秦始皇（祖龙） 166

秦系（公绪、东海钓客） 71*

秦主（九公主） 38

卿云 66

清夫 见韩湘

清江 66 98

清塞（周贺、南乡） 66 151* 197

清尚 66

清溪子 见李涉

清虚处士 见陈抟

清越 194

清昼 见皎然

丘丹 38

丘为 46*

仇士良 146

求古 见李远

屈平 见屈原

屈宋 见屈原、宋玉

屈原（屈平） 9 135 196

麹信陵 126*

蘧伯玉 167

权德舆（载之） 18 40 71 127 142*

佺期 见沈佺期

群玉峰叟 见孟宾于

R

任蕃 189*

任涛 239 243* 254

戎昱 79*

如满 145

汝阳王琎 见李琎

阮孚 89

阮公 见阮咸

阮籍（嗣宗） 235

阮咸（阮公） 35

阮瑀 99

阮肇 216 252

睿宗 见唐睿宗

若梦 见李昌符

若虚 66

S

三教布衣 见陈陶

桑苎翁 见陆羽

僧泚 66

僧鸾 66

沙吒利 182

山涛（山公） 267

山中宰相 见陶弘景

善生 66

商璠 见殷璠

尚颜 66 220 275

少伯 见王昌龄

少帝 见子婴

少帝 见后唐闵帝

少帝 见后晋出帝

邵安石 226

邵谒 206* 207

沈彬（子文） 271* 273

沈传师 170

沈道者 见沈廷瑞

沈东老 见沈思

沈光 211*

沈千运（沈四山人） 51* 52

沈佺期（云卿、沈三兄、佺期） 10*
　　40 69 88 104 249

沈侍郎 见沈询

沈思（沈东老） 265

沈四山人 见沈千运

沈崧 235

沈宋 见沈佺期、宋之问

沈廷瑞（沈道者） 271

沈谢 见沈约、谢朓

沈询（沈侍郎） 204

沈亚之（下贤） 150 155*

沈约 10 67 69

昇平公主 93

昇之 见卢照邻

诗颖 见姚合

施肩吾（希圣） 156 162* 265

石崇 12

释迦牟尼 76

守素先生 见王驾

守愚 见郑谷

寿山 见公乘亿

顺宗 见唐顺宗

舜 3 218

司空曙（文初、文明、司仓郎中） 84
　　89* 99

司空图（表圣、知非子、耐辱居士）
　　133 219* 220 222 239 245
　　249

司空舆 219

司马长卿 见司马相如

司马迁（太史公） 17 178

司马相如（相如、司马长卿） 7 122

司马札 262

司南 见刘驾

四明狂客 见贺知章

嗣曹王 见李皋

嗣宗 见阮籍

嵩伯 见陈陶

宋齐丘 263

宋守节 9

宋太宗 280

宋太祖 280

宋玉 9

宋真宗 280

宋之问（之问、延清） 8 9 10 11*
　　12 40 69 88 104 249

苏涣 81*

454 | 家藏文库

苏检　257

苏晋　47　60

苏李　见苏武、李陵

苏属国　见苏武

苏司业　见苏源明

苏颋（苏许公）　49

苏味道　9　15

苏武（苏属国）　1　10　148　252

苏许公　见苏颋

苏源明（苏司业）　49　64

苏拯　262

苏州　见韦应物

肃宗　见唐肃宗

隋侯　12

孙策（孙郎）　44

孙绰　66　174

孙逖　21*

孙魴　273*

孙郃　194　260

孙简　159

孙郎　见孙策

孙启　233

孙偓　231

孙许　见孙绰、许逊

T

台业　见张鼎

太白　见李白

太碧　见张碧

太平公主　11

太史公　见司马迁

太易　66

太拙　见薛能

太宗　见唐太宗

昙域　66

谭先生　277

谭意哥　41

坦之　见聂夷中

唐哀帝　219

唐备　248*

唐代宗　38　69

唐德宗　2*　77　84　86　109　128
　　132　137　142

唐高宗　5　7

唐高祖　14

唐求（唐山人）　272*

唐睿宗　11　16

唐山人　见唐求

唐顺宗　124

唐肃宗　35　48　51　60　64　78　83

唐太宗　2*

唐文宗　2*　84　145

唐僖宗　2*　219　238　239　280

唐宪宗　2*　79　83　96　109　128
　　131　132　135

唐宣宗　120　157　172　182　204

唐玄宗（玄庙、明皇）　2*　15　18
　　21　22　41　45　47　48　49　60
　　95　104

唐彦谦（茂业、鹿门先生）　227*

唐懿宗　195

唐昭宗　219　232　235　245　246
　　247　255　269

唐中宗　8

陶臣　见薛逢

陶毂　279

陶翰　37*

唐才子传　｜　455

陶弘景（山中宰相、贞白）　258

陶令　见陶渊明

陶沔　47

陶渊明（陶令）　66　125　133　150

天随子　见陆龟蒙

田頵　251

田令孜　238

挺之　见李子才

图南　见陈抟

退之　见韩愈

W

汪遵　210*

王勃（子安）　5*　6　15

王粲（仲宣）　235　257

王昌　26

王昌龄（少伯、王江宁）　33*　34　45　54

王储　107

王大夫　见王龟

王导　196

王杜　见王维、杜甫

王铎　181　230

王福畤　5

王毂（虚中、临沂子）　261*

王龟（王大夫）　194

王翰（子羽）　17*

王铣　30

王涣　252*

王绩（无功、东皋子）　3*

王季友　65　100*

王驾（大用、守素先生）　249*　250

王建（仲初、王司马）　103*　120　140　190

王建（五代前蜀）　231　257　259　269

王江宁　见王昌龄

王缙　38　67

王静（靖）　3

王丘　20

王泠然　23*

王茂元　179

王明君　见王昭君

王凝　219

王仫　149

王溥　247

王起　164　185　186　187

王审知　247　260

王适　13

王守澄　103

王叔文　124　133　135　139

王司马　见王建

王通（文中子通）　3　5

王湾　25*

王维（摩诘、王右丞、右丞）　27　32　38*　39　40　44　45　46　49　62　68　88　159　249　257

王武俊　112

王希羽　251　267

王羲之（内史）　9　44

王献之（小王）　44

王谢　见王导、谢安

王潋　98

王涯（广津）　114　131*　134

王衍　259

王右丞　见王维

王源中　111

王赞　194

王昭君（明妃、明君） 244 252 276

王贞白（有道） 258*

王之涣 33 54*

王重荣 227

王周 262

王蜀 219

王子乔 265

韦霭（韦蔼） 256 257

韦筹 170

韦楚老 166*

韦鼎 275

韦皋 89 158

韦贯之 149 150

韦瑾 148

韦况 154

韦渠牟 84

韦悫 191

韦述 31

韦苏州 见韦应物

韦夏卿 109

韦岫 203 211

韦应物（韦苏州、苏州） 52 69 71 98 104* 105 125 133 150 249

韦昭度 246

韦执谊 133

韦庄（端己） 257* 271

惟审 66

纬卿 见卢象

卫伯玉 79

魏帝 见曹丕

魏绛 79

魏文帝 见曹丕

魏野（仲先） 280

温八叉 见温庭筠

温八吟 见温庭筠

温李 见温庭筠、李商隐

温庭筠（飞卿、温八吟、温八叉） 29 179 204* 205 206 227 233

温宪 29 239 244*

温彦博 204

文昌 见张籍

文初 见司马空曙

文房 见刘长卿

文化 见许棠

文姬 见张文姬

文明 见司空曙

文秀 66

文尧 见翁承赞

文益 66

文章李益 见李益

文中子通 见王通

文宗 见唐文宗

翁承赞（文尧） 260*

翁绶 209*

无本 见贾岛

无功 见王绩

无可 66 120 151 152* 175 249

无闷 66

吴罕 254

吴均 59

吴融(子华) 194 217 218 245 246* 266

吴武陵 170

吴越王 见钱镠

唐才子传 | 457

吴筠（贞节、宗元先生） 18* 265

吴仲孺 40

伍乔 177*

武后 见武则天

武皇帝 104

武平一 9

武三思 11

武肃 见钱镠

武翊黄 147

武元衡 106* 109 113 158

武则天（武后） 7 8 9 11 13 15

X

希圣 见施肩吾

希夷先生 见陈抟

僖宗 见唐僖宗

袭美 见皮日休

下贤 见沈亚之

夏宝松 278

夏侯审 84 92*

夏黄公 3

宪宗 见唐宪宗

香山居士 见白居易

相如 见司马相如

向长（向子平） 3

向秀（子期） 257

向子平 见向长

项斯（子迁） 186* 187

象文 见张蠙

逍遥子 见潘阆

萧傲 208

萧颖士 21 137

小王 见王献之

孝常 见皇甫曾

谢安 196

谢道韫（谢娥） 41

谢良辅 61

谢灵运（康乐） 33 39 65 66 69 105 125 256

谢蟠隐 230 256

谢陶 见谢灵运、陶渊明

谢朓（谢宣城） 67 69 175 218

辛渐 33

信明 见崔信明

邢君牙 264

雄飞 见方干

熊皎 279*

熊孺登 153*

修睦 66

虚中（僧） 66 220* 275

虚中 见王毂

徐后 259

徐晦 155

徐坚 11

徐敬业 8

徐陵 10 13

徐凝 156* 175 194 242

徐孺子 见徐稺

徐商 204

徐寅 253*

徐庚 见徐陵、庾信

徐徵 24 40

徐稺（徐孺子） 203

徐仲雅 275

许洞庭 见许棠

许飞琼 174

许浑（仲晦） 174* 199

许琳　262

许且　13

许棠（文化、许洞庭）　187　210　223
　　　224*　239　254

许逊　66

许由　42　51　280

许圉师　174

玄宝　66

玄庙　见唐玄宗

玄明　7

玄英先生　见方干

玄真子　见张志和

玄宗　见唐玄宗

薛逢（陶臣）　181*

薛兼训　71

薛据　36　39*　52

薛能（太拙、薛尚书）183*　217　221
　　　239　266

薛涛（洪度）　41　158*

薛廷珪　227　254　268

薛莹　180

薛媛　41

薛缊　41

薛展　106

荀彧（荀令）　93

Y

亚齐　66　260

烟波钓徒　见张志和

燕公　见张说

燕国公　见张说

延峰　见牛峤

延清　见宋之问

延之　见刘希夷

严迪　28　30　32

严光（子陵、严先生）　73　83　156

严少府　见严维

严绶（严司空）　128　158

严挺之　48

严维（严少府、正义）　66　73*　75
　　　98　242

严武（严中丞）　48　73

严先生　见严光

严宇　200

严恽（子重）　170

严中丞　见严武

阎伯屿（阎公）　5

阎防　42*

阎公　见阎伯屿

颜标　195

颜回　238

颜真卿（颜平原）　21　42　79　83
　　　105

彦之　见杜荀鹤

扬雄　48　178

羊绍素　261

羊士谔　109　124*　139

杨发　171*

杨贵妃（贵妃）　47

杨汉公（杨尚书）　150

杨衡（仲师）　144*

杨纮　86

杨国忠　210

杨护　57

杨儇　61　68

杨敬之　186

杨炯（盈川）　6*　11　15

杨巨源（景山） 129* 249
杨开府 104
杨夔 272
杨栖梧 81
杨虔州 149
杨汝士 148
杨尚书 见杨汉公
杨氏 见杨行密
杨收 181
杨守亮 227
杨嗣复 142
杨素 3
杨行密（杨氏） 262 271
杨浚 63 64
杨誉 56 59
杨赞禹 249 250
杨执戟 95
尧 3 218
尧宾 见曹唐
姚崇 159
姚合（诗颖） 120 151 152 159*
　　195 201 257
姚鹄（居云） 185*
姚伦 29 125
姚係 29 125*
姚月华 41
窈娘 236
邺之 见曹邺
一公 见灵一
贻周 见窦牟
遗直 见窦叔向
义山 见李商隐
易重 188

逸少 见皮日休
懿孙 见张继
殷璠（商璠） 27
殷浩 264
殷文圭（表儒） 262*
殷尧藩 150* 175
殷遥 29 62*
尹枢 128
隐峦 66
英王 5
盈川 见杨炯
雍陶（国钧） 120 150 175*
雍裕之 141*
永王璘 见李璘
友封 见窦巩
有道 见王贞白
有中 见李中
右丞 见王维
幼公 见戴叔伦
幼几 见贾至
幼嗣 见包何
幼正 见包佶
于邺 72
于頔 105 109
于濆（子漪） 207* 248
于鹄 102* 140
于良史 74*
于武陵（于邺） 202*
鱼玄机 41 205*
渔父 83 218
渔童 83
虞臣 见马戴
虞咸 35

禹　218

庾承宣　161

庾信　10　13　60

玉川子　见卢仝

玉山樵人　见韩偓

玉溪子　见李商隐

郁浑　147

预　见杜预

喻凫　180*

喻坦之　239　242*　251　254

元白　见元稹、白居易

元淳　41

元德秀（紫芝、元鲁山）　64　70

元季川　72

元结（次山、元子、琦玗子、浪士、聱
　　　叟、漫叟、漫郎）　64*

元鲁山　见元德秀

元融（季川）　72

元徽之　见元稹

元载　84

元稹（元徽之）　98　120　128　140
　　　145　146*　147　156　158　167
　　　217　249

元子　见元结

袁不约（还朴）　163*

袁高　108

原宪　234

源少良　26

苑论　133

云表　66

云房　见钟离权

云卿　见沈佺期

云英　235

允言　见卢纶

蕴灵　见刘沧

Z

载之　见权德舆

赞禹　见廖图

曾参　194

张八　见张谂

张碧（太碧）　29　122*　270

张彪（张十二山人）　58*

张蠙（象文）　239　254　259

张登　127*

张鼎（台业）　256*

张方　15

张芬　93

张偾　34

张夫人　41

张镐　33　48

张公子　见张祜

张鹤龄　83

张弘靖　129

张祜（承吉、张公子、钓鳌客）　118
　　　167*　273

张华　235

张浑　145

张籍（文昌、张水部）　103　120　136
　　　140*　162　169　186

张洎　177

张继（懿孙）　63*　137

张嘉贞　17

张建封　41　71　132

张九龄　45　67

张均　16

张丽华　252

唐才子传　|　461

张南史（季直）　78*
张乔　239　254*
张三头　见张又新
张劭　137
张谂（张八）　154
张十二山人　见张彪
张式　99
张守一　230
张叔明　47
张署　132
张曙　251
张水部　见张籍
张通　49
张抟　218
张为　256
张谓（正言）　101*
张温琪　191
张文姬（文姬）　41
张协（景阳）　67　68
张旭　47
张燕公　见张说
张演　221
张窈窕　41
张易之　11
张谭　44*
张瀛　29　270*
张又新（孔昭、张三头）　149*　154　218
张说（张燕公、燕国公、道济、燕公）　6　10　16*　17　25
张载（孟阳）　67　68
张璪　113
张正甫　108

张芝　58
张志和（子同、龟龄、烟波钓徒、玄真子）　83*　265
张仲素（绘之）　138*
张仲之　11
张众甫　72*　137
张子容　19*
章八元　98*　242
章碣　29　226*
章孝标（道正）　29　161*　175　226
长孙公辅　143
长孙佐辅　143*
昭谏　见罗隐
赵崇　247
赵飞燕（飞燕）　47
赵嘏（承祐、赵倚楼）　182*　187　199
赵观文　259
赵光远　233*
赵牧　212*
赵氏　41
赵抟　256
赵微明　72
赵壹　45
赵倚楼　见赵嘏
赵隐　233
赵岳　53
赵鹭　211
柘枝　167
贞白　见陶弘景
贞节　见吴筠
贞曜先生　136
正言　见张谓
正义　见严维

郑蔼　232

郑昌图　221

郑常　99

郑巢　201*

郑儋　128

郑都官　见郑谷

郑昉　37

郑谷（守愚、郑都官、郑鹧鸪）　208　224　229　239*　240　245　249　254　258

郑冠　163　173

郑滑　264

郑澣　171

郑惠王　见李元懿

郑絾（郑诚?）　45

郑解（郑澥?）　159

郑据　145

郑良士（君梦）　255*

郑虔　49*

郑全济　126

郑确　176

郑史　239

郑世翼　4

郑畋　235

郑希颜　267

郑孝王　见李谅

郑薰　186　199

郑亚　179

郑言　182

郑贻矩　241

郑益　10　12

郑余庆　136

郑嵎（宾光）　192*

郑愚　217

郑鹧鸪　见郑谷

郑准　275

之问　见宋之问

支遁（支道林）　66　269

知非子　见司空图

跖（盗跖）　118　234

至之　见独孤及

致尧　见韩偓

致尧　见李建勋

智积　76

智遥　66

中明　见秦韬玉

中虔　见李敬方

中行　见窦常

中宗　见唐中宗

忠王　62

钟离权（云房）　265

钟山公　见李建勋

仲长子光　3

仲初　见王建

仲晦　见许浑

仲师　见杨衡

仲文　见钱起

仲武　见高适

仲先　见魏野

仲宣　见王粲

重规　见李百药

周墀　170

周贺　见清塞

周炭　183

周朴（见素）　234*

周世宗　277　280

唐才子传　|　463

周繇　221*　239　254

胄卿　见窦庠

昼上人　见皎然

朱放（朱山人、长通）　66　123*　137

朱光嗣　259

朱庆馀（可久）　169*

朱山人　见朱放

朱叔明　230

朱湾（巨川、沧洲子）　82*

朱温（朱全忠、梁王）　247　251　262

朱昼　119*

诸葛亮（诸葛）　5

诸葛殷　230

庄蹻　118

庄南杰　121*

卓文君　158　200

子安　见王勃

子厚　见柳宗元

子华　见吴融

子建　见曹植

子兰　66

子陵　见严光

子美　见杜甫

子期　见向秀

子迁　见项斯

子善　见卢延让

子慎　见鲍防

子同　见张志和

子文　见沈彬

子夏　见刘商

子漪　见于濆

子婴（少帝）　186

子羽　见王翰

子重　见严恽

紫云　170

紫芝　见元德秀

宗元先生　见吴筠

祖君彦　81

祖龙　见秦始皇

祖咏　17　27　159

醉士　见皮日休

醉吟先生　见白居易

醉吟先生　见皮日休

左思　34

《唐才子传》人名索引首字笔画通检

1. 人名首字以笔画多少为序；同笔画者，按起笔笔形排列。
2. 人名首字右边的数码，即本书人名索引的页数。

一画		飞	444	仇	453	目	425	**六画**	
一	460	马	451	从	442	田	456	邢	458
二画		**四画**		公	445	四	454	戎	453
丁	443	王	456	丹	443	丘	453	吉	446
九	447	天	456	卞	441	代	443	老	443
三画		夫	444	文	457	白	441	扬	459
三	453	元	461	方	444	令狐	449	亚	459
于	460	无	457	尹	460	令	450	权	453
工	445	韦	457	孔	447	乐	447	有	460
才	441	云	461	允	461	处	442	存	443
下	458	支	463	邓	443	包	441	达	443
大	443	不	441	**五画**		冯	444	列	449
小	458	太	455	玉	461	玄	459	尧	460
山	454	友	460	正	462	汉	445	毕	441
千	453	巨	447	古	445	礼	447	至	463
广	445	少	454	可	447	必	441	贞	462
门	451	中	463	厉	449	记	446	吕	451
义	460	内	452	石	454	永	460	回	446
之	463	见	446	右	460	司	454	朱	463
卫	457	牛	452	东	443	皮	452	乔	453
子	464	长	441	卢	450	台	455	成	442
女	452	长孙	462	归	445	幼	460	伍	458

唐才子传 | 465

延	459	甫	444	**八画**		鱼	460	贻	460
仲	463	还	446	武	458	郑	463	种	442
任	453	来	447	表	441	法	444	香	458
华	446	邺	460	坦	455	宝	441	钟	463
向	458	吴	457	苦	447	宗	464	重	463
后	445	岐	453	若	453	郎	447	段	444
庄	464	岑	441	茂	451	诗	454	顺	454
刘	450	何	445	苗	452	房	444	修	458
齐	453	伯	441	英	460	肃	455	信	458
次	442	彻	442	苗	461	居	447	皇	446
汝	453	希	458	范	444	屈	453	禹	461
羊	459	龟	445	林	449	承	442	侯	445
米	452	狄	443	枚	451	孟	451	盆	452
江	446	岛	443	郁	461	降	447	独	443
守	454	冷	447	卓	464	贯	445	将	447
安	441	辛	458	尚	454	**九画**		彦	459
许	458	间	446	昙	455	封	444	施	454
阮	453	汪	456	国	445	项	458	间	451
孙	455	汧	453	昌	441	赵	462	姜	447
如	453	沛	452	畅	442	挺	456	洪	445
纪	446	沙	454	昇	454	荀	459	洞	443
七画		沧	441	明	452	胡	446	浑	446
寿	454	沈	454	易	460	南	452	宪	458
扶	444	怀	446	忠	463	柯	447	祖	464
赤	442	宋	454	罗	451	柘	462	祢	452
孝	458	良	449	图	456	相	458	退	456
护	446	君	447	钓	443	柏	441	昼	464
壳	453	灵	450	知	463	柳	450	姚	460
芪	441	迟	442	垂	442	厚	445	贺	445
严	459	张	461	牧	452	耐	452	盈	460
苏	454	陆	451	和	445	临	449	绘	446
杜	443	陈	442	季	446	昳	452	骆	451
李	447	邵	454	佺	453	昭	462	**十画**	
杨	459	纬	457	郏	458	胄	464	秦	453
求	453			周	463	贵	445	班	441

载	461	娥	444	惟	457	禅	441	谭	455
袁	461	预	461	隋	455	禄	451	熊	458
耿	445	桑	453	隐	460	谢	458	十五画	
聂	452	十一画		绮	453	十三画		麹	453
莲	449	理	449	绿	451	剻	447	蕴	461
晋	447	接	447	巢	442	楚	442	樊	447
栖	452	黄	446	十二画		雷	447	醉	464
逋	441	萧	458	琦	453	虞	460	德	443
哥	445	梅	451	彭	452	暕	446	摩	452
贾	446	梦	452	葛	445	嗫	452	颜	459
夏	458	曹	441	董	443	嗣	454	潘	452
原	461	戚	452	蒋	447	嵩	454	十六画	
顾	445	龚	445	落	451	鲍	441	燕	459
致	463	袭	458	韩	445	廉	449	薛	459
逍	458	虚	458	惠	464	雍	460	翰	445
钱	453	常	441	雄	458	源	461	樵	453
秘	452	崔	442	紫	464	窦	443	黔	453
徐	458	符	444	景	447	褚	442	赞	461
殷	460	皎	447	跖	463	福	444	穆	452
翁	457	象	458	遗	460	群	453	衡	445
鸥	442	逸	460	喻	461	十四画		謦	441
卿	453	庚	461	短	444	静	447	十七画	
高	444	康	447	智	463	綦	453	戴	443
郭	445	鹿	451	嵇	446	慕	452	魏	457
唐	455	盗	443	程	442	蔡	441	十九画	
凉	449	章	462	焦	447	蔺	449	蓬	453
阆	447	商	454	储	442	碣	447	二十二画	
烟	459	阎	459	释	454	裴	452	懿	460
浩	445	清	453	舜	454	睿	453		
浪	447	鸿	445	鲁	451	僖	458		
宾	441	淮	446	善	454	僧	453		
窈	460	渔	460	道	443	廖	449		
诸	464	涪	444	曾	461	端	444		
剧	447	淡	443	湖	446	漂	452		
陶	455	梁	449	温	457	漫	451		

《唐才子传》人名索引首字四角号码通检

1. 人名首字以四角号码为序（"附号"从略）；四角同码者，隐按其"附号"排列。

2. 人名首字右边的数码，即本书人名索引的页数。

0		0073 玄	459	夏	458	1240 延	459	1814 致	463
0020 广	445	0128 颜	459	1041 无	457	1241 孔	447	1865 群	453
0021 鹿	451	0212 端	444	1044 聂	452	1314 武	458	1940 孙	455
庄	464	0240 刘	450	1060 晋	447	1412 琦	453	1948 耿	445
雍	460	0742 郭	445	石	454	1420 耐	452	**2**	
0022 方	444	0821 施	454	雷	447	1611 理	449	2010 垂	442
彦	459	**1**		1062 可	447	1662 碣	447	重	463
廖	449	1000 一	460	哥	445	1710 卫	457	2022 禹	461
齐	453	1010 三	453	1064 醉	464	孟	451	乔	453
高	444	正	462	1073 云	461	盈	460	2025 舜	454
商	454	工	445	1080 贾	446	1712 马	451	2026 信	458
0023 卞	441	亚	459	天	456	1716 骆	451	2033 焦	447
廉	449	玉	461	1090 不	441	1723 承	442	2040 千	453
0025 麽	452	王	456	1111 班	441	1740 子	464	季	446
0026 唐	455	至	463	1118 项	458	1742 邢	458	2060 香	458
0028 庾	461	1020 丁	443	1128 预	461	1750 尹	460	2064 皎	447
0029 康	447	严	459	1173 裴	452	1760 君	447	2108 顺	454
0040 文	457	1021 元	461	1201 飞	444	1762 司	454	2120 卢	450
辛	458	1023 下	458	1220 列	449	邵	454	2121 虚	458
章	462	1040 于	460	1223 张	461	1780 灵	450	伍	458

2122	何	445	2600	白	441	3022	房	444	3512 沛 452	3918 淡 443

编号	字	页	编号	字	页	编号	字	页	编号	字	页	编号	字	页
2122	何	445	2600	白	441	3022	房	444	3512	沛	452	3918	淡	443
	衡	445	2610	皇	446	3030	之	463		清	453	3930	道	458
2128	虞	460	2620	伯	441	3034	守	454	3530	遗	460	**4**		
2140	卓	464	2641	魏	457	3040	安	441	3611	温	457	4000	义	460
2160	睿	453	2690	和	445	3072	窈	460	3614	漫	451	4001	九	447
2180	贞	462	2691	程	442	3073	良	449	3700	门	451	4003	太	455
2220	岑	441	2692	穆	452	3080	宾	441	3710	盗	443	4020	才	441
2221	任	453	2707	归	445		窦	443	3711	渔	460	4021	壳	453
	崔	442	2710	鱼	460	3090	宗	464	3712	洞	443	4022	内	452
2222	嵩	454	2711	鲍	441		宋	454		湖	446		有	460
2233	熊	458		纪	446		永	460		冯	444		希	458
2240	毕	441	2719	绿	457	3111	江	446		邺	460		南	452
2277	山	454	2722	向	458		汪	456		鸿	445	4024	皮	452
2290	紫	464		彻	442	3114	泙	453	3714	汉	445		存	443
	巢	442		修	458	3119	漂	452		将	447	4033	赤	442
2321	允	461	2723	象	458		源	461	3715	浑	446	4040	女	452
2324	代	443	2724	殷	460	3126	福	444	3718	次	442		支	463
2340	处	442	2728	侯	445	3130	还	446	3721	祖	464		友	460
2360	台	455	2760	鲁	451	3174	谭	455	3729	祢	452		李	447
2390	秘	452	2771	包	441	3216	潘	452		禄	451	4060	古	445
2397	嵇	446		龟	445	3221	礼	447	3730	逸	460		右	460
2412	绮	453	2772	岛	443	3300	必	441		退	456		吉	446
2421	仇	453	2795	释	454	3313	浪	447		迟	442	4071	雄	458
2423	德	443	2806	临	449	3330	逋	441	3760	间	446	4073	袁	461
2426	储	442	2813	绘	446	3390	梁	449		闾	451	4080	大	443
	傅	458	2821	伫	453	3411	沈	454	3771	记	446	4090	东	443
2440	华	446	2826	僧	453	3413	法	444	3772	郎	447	4093	樵	453
2472	幼	460	2829	徐	458	3414	汝	453	3773	阗	447	4192	柯	447
2474	岐	453	2854	牧	452	3416	浩	445	3777	阎	459	4196	栖	462
2480	赞	461	**3**			3418	洪	445	3811	沧	441		栖	453
2500	牛	452	3010	宝	441	3426	褚	442	3813	冷	447	4212	彭	452
2512	纬	457	3011	淮	446	3430	达	443	3825	禅	441	4220	蒯	447
2520	仲	463	3016	涪	444	3470	谢	458	3830	道	443	4241	姚	460
2590	朱	463	3019	凉	449	3474	诗	454	3874	许	458	4273	长	441
	种	442	3021	宪	458	3476	诸	464	3912	沙	454		长	462

4345 娥	444	黄	446	贵	445	6702 明	452	8	
4355 载	461	4490 蔡	441	5090 来	447	6706 昭	462	8010 盆	452
4373 袭	458	綦	453	秦	453	6722 嗣	454	8012 翁	457
4380 龚	445	4491 杜	443	5204 挺	456	6802 喻	461	8030 令	450
4385 戴	443	4499 林	449	5300 护	446	6832 黔	453	8040 姜	447
4390 求	453	4523 独	443	5320 成	442	7		8050 羊	459
4410 封	444	4542 韩	445	戚	452	7121 阮	453	8060 善	454
董	443	4611 坦	455	5322 甫	444	7122 厉	449	曾	461
4411 范	444	4640 如	453	5340 戎	453	7124 厚	445	8073 公	445
蕴	461	4680 贺	445	5508 扶	444	7128 顾	445	8181 短	444
4414 蒋	447	4690 柏	441	5560 曹	441	7129 原	461	8375 钱	453
4416 落	451	相	458	5702 扬	459	7117 巨	447	8570 钟	463
4420 梦	452	4713 懿	460	畅	442	7210 丘	453	8660 智	463
4421 苑	461	4722 郁	461	5725 静	447	7220 剧	447	8680 知	463
4422 萧	458	4762 胡	446	5742 麴	453	7226 后	445	8772 钓	443
蔺	449	4772 郏	458	5840 聱	441	7290 乐	447	8782 郑	463
4425 茂	451	4792 杨	459	6		7386 贻	460	8800 从	442
4430 蓬	453	柳	450	6010 目	425	7422 隋	455	8824 符	444
莲	449	4794 权	453	国	445	7429 陈	442	9	
4433 燕	459	4842 翰	445	6020 罗	451	7527 陆	451	9000 小	458
苏	454	4894 枚	451	6021 四	454	7710 昼	464	9001 惟	457
慕	452	4895 梅	451	6022 易	460	7721 见	446	9020 少	454
4440 孝	458	4928 狄	443	6030 图	456	7722 周	463	9022 尚	454
4460 苗	452	5		6040 田	456	陶	455	常	441
苦	447	5000 中	463	6044 昇	454	7723 隐	460	9090 米	452
若	453	5002 韦	457	6060 吕	451	7725 降	447	9109 怀	446
4462 荀	459	5004 接	447	回	446	7726 居	447	9680 烟	459
4471 老	447	5021 尧	460	昌	441	7727 屈	453		
4472 葛	445	5022 肃	455	6073 县	455	7742 邓	443		
4473 袁	441	肯	464	6080 吴	457	7744 丹	443		
4474 薛	459	5033 惠	464	6090 景	447	段	444		
4480 楚	442	忠	463	6102 昕	452	7772 卿	453		
英	460	5034 寿	454	6104 暖	452	鸥	442		
赵	462	5073 表	441	6116 跰	463	7780 贯	445		
樊	444	5080 夫	444	6509 睐	446	7790 桑	453		

隋唐五代中西历年份对照表

朝代	帝王	年号	元年合公历纪年
隋	文帝杨坚	开皇	581
		仁寿	601
	炀帝杨广	大业	605
	恭帝杨侑	义宁	617
唐	高祖李渊	武德	618
	太宗李世民	贞观	627
	高宗李治	永徽	650
		显庆	656
		龙朔	661
		麟德	664
		乾封	666
		总章	668
		咸亨	670
		上元	674
		仪凤	676
		调露	679
		永隆	680
		开耀	681
		永淳	682
		弘道	683

续表

朝代	帝王	年号	元年合公历纪年
(唐)	中宗李显（又名哲）	嗣圣	684
	睿宗李旦	文明	684
	武后武曌	光宅	684
		垂拱	685
		永昌	689
		载初	690
	武后称帝，改国号为周	天授	690
		如意	692
		长寿	692
		延载	694
		证圣	695
		天册万岁	695
		万岁登封	696
		万岁通天	696
		神功	697
		圣历	698
		久视	700
		大足	701
		长安	701
	中宗李显（又名哲），复唐国号	神龙	705
		景龙	707
	睿宗李旦	景云	710
		太极	712
		延和	712
	玄宗李隆基	先天	712
		开元	713
		天宝	742
	肃宗李亨	至德	756

续表

朝代	帝王	年号	元年合公历纪年
(唐)	(肃宗)	乾元	758
		上元	760
	代宗李豫	宝应	762
		广德	763
		永泰	765
		大历	766
	德宗李适	建中	780
		兴元	784
		贞元	785
	顺宗李诵	永贞	805
	宪宗李纯	元和	806
	穆宗李恒	长庆	821
	敬宗李湛	宝历	825
	文宗李昂	宝历	826
		大(太)和	827
		开成	836
	武宗李炎	会昌	841
	宣宗李忱	大中	847
	懿宗李漼	大中	859
		咸通	860
	僖宗李儇	咸通	873
		乾符	874
		广明	880
		中和	881
		光启	885
		文德	888
	昭宗李晔	龙纪	889
		大顺	890

续表

朝代	帝王	年号	元年合公历纪年
（唐）	（昭宗）	景福	892
		乾宁	894
		天祐	904
		光化	898
		天复	901
		天祐	904
	哀帝李柷	天祐	904
后梁	太祖朱晃（又名温、全忠）	开平	907
		乾化	911
	末帝朱瑱	乾化	913
		贞明	915
		龙德	921
后唐	庄宗李存勖	同光	923
	明宗李亶	天成	926
		长兴	930
	闵帝李从厚	应顺	934
	末帝李从珂	清泰	934
后晋	高祖石敬瑭	天福	936
	出帝石重贵	天福七年	942
		开运	944
后汉	高祖刘暠（本名知远）	天福十二年	947
		乾祐	948
	隐帝刘承祐	乾祐	948
后周	太祖郭威	广顺	951
		显德	954
	世宗柴荣	显德	954
	恭帝柴宗训	显德六年	959